선문답의 일지미

‖ 필자소개 ‖

脫空 居士 辛奎卓   e메일: ananda@yonsei.ac.kr

1994년 동경대학 중국철학과에서 「圭峰宗密の'本覺眞心'思想硏究」로
문학박사 학위를 받고 연세대 철학과 교수로 부임하여, 화엄철학, 선불교,
중국철학사 등을 강의한다.
불교평론 학술상, 연세대 공헌교수상, 청송학술상 등을 받기도 했다.
『선학사전』(공저), 『선사들이 가려는 세상』, 『화엄의 법성철학』, 『때 묻은 옷을 걸치며』,
『한국 근현대 불교사상 탐구』, 『규봉 종밀과 법성교학』 등의 저서와 『벽암록』,
『선과 문학』, 『원각경』, 『화엄과 선』, 『선문수경』, 『원각경·현담』 등의 번역서를 냈다.
학회활동으로는 한국정토학, 한국선학회 학회장을 맡고 있다.

선문답의 일지미

탈공 신규탁

2014년 3월 3일 초판
2015년 2월 12일 2판

펴낸이: 신지연
펴낸 곳: 정우서적
서울시 종로구 삼봉로 81 두산위브 637호
신고 1992.5.16. 제300-1992-48호
Tel: 02/720-5538

값: 15,000원

ISBN 978-89-8023-193-5   03220

추천사

　신규탁 교수가 추천사를 부탁하기에 그동안 여러 인연도 있어 대답을 하였습니다. 그런데 막상 쓰려고 하니 할 말도 없었고, 더군다나 동안거가 시작되어 '이 뭣고?' 챙기느라 쉽사리 틈이 생기지 않았습니다. 그러던 어느 날 휴식 시간에 편집을 마치고 보내온 원고를 살짝 들쳐보았는데, 책장이 나도 모르는 결에 술술 넘어갔습니다. 감미로운 향기에 젖어 손에 든 채로 다 읽고 말았습니다. 부담도 없고 쉽고 재미있게 읽으며 수행자의 시상을 일깨우는 선구(禪句)와 마음의 인식을 확! 전환시키는 기발한 선기(禪機)에 때로는 희열도 느꼈습니다.

　소감을 간략히 소개하면 이렇습니다.

　제1부는 온갖 상품이 즐비하게 진열된 '잡화포(雜貨鋪)'에 들어선 기분이었습니다. 28폭으로 늘어놓은 진열장 하나하나를 구경하느라니, 물건마다 풍겨나는 향운은 형언할 수 없는 선의 심연으로 나를 이끌었고, 마침내는 '진금포(眞金鋪)'를 만난 선열에 잠겼습니다.

　제2부로 들어가 열 두 고개를 넘으니, 교학과 선 수행이 대칭을 이루어 점입가경이었습니다. 교학의 철학적인 논리를 획 돌려 선 수행으로 인도하는 사고입선(捨敎入禪)의 묘기가 연출되더니, 끝내는 자성을 체득하게 하는 선 수행의 길을 훤하게 밝혔습니다.

　제3부로 접어드니 또 다시 열 두 마당이 펼쳐지는데, 마당마다

선 체험을 점검할 수 있는 선어록이 소개되어 있었습니다. 선어록의 용광로는 자성을 용해하여 은산철벽을 타파하게 하고 있습니다.

제4부의 긴 글 세 편에서는 선문답을 문헌학적으로 분석하여 회광반조의 길로 안내하는데, 특히 마지막 단원 「선사들이 가려는 세상」에 이르러서는 산승의 오장육부를 홀딱 뒤집어 대분심(大憤心)을 격발시키고 있습니다.

이 책에는 탈공 거사 신규탁 교수가 젊은 시절부터 겪었던 신행적인 체험과 학문적 탐구에서 체득된 불교관이 그 특유의 필체로 발휘되고 있습니다. 누구나 읽고 흥미롭게 선사의 길을 동행할 수 있게 하는 친절한 안내서입니다. 선문답의 일지미(一指味)를 여러 독자들과 함께 나누고 싶습니다.

신 교수의 학문에는 스승을 섬기는 향심(向心)이 있습니다. 가까이는 한국불교의 대종장인 운허 노사의 강맥을 계승한 봉선사 월운 강백을 흠모하고, 멀리는 화엄과 선과 그리고 원각의 세계를 넘나들며 유불도(儒佛道)를 회통한 당나라 규봉 종밀 선사를 우러릅니다. 최근 들어 '법성교학(法性敎學)'의 깃대를 높여가는 신 교수의 학운을 빌며, 지리산 백장암 저 너머의 소식을 전합니다.

**봄 비 지나가니 쑥 잎은 창공에 놀고
구름 걷힌 새벽달은 작은 호수에 떴네.**

    2014년 2월 갑오년 춘절에
    지리산 실상사 백장선원에서 법산 경일 쓰다.

선문답의 일지미

신규탁 지음

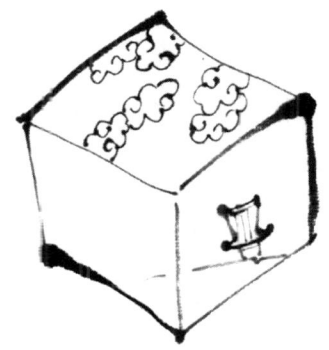

정우서적

‖ 필자 서문 ‖

1.

　1980년 여름날이었다. 당시 필자는 봉선사에서 『능엄경 계환해』 3권을 수강하고 있었는데, 한국불교에 관심 있는 네덜란드의 눈 푸른 순례자가 봉선사를 방문하여 월운 큰스님을 친견했다. 그가 영어를 좀 할 수 있어서 필자가 통역을 맡았다. 그 외국인은 한국불교에 대해 월운 큰스님께 이런 저런 질문을 했다. 그 때의 대화 내용은 지금으로서는 전혀 기억나지 않지만, 꽤 많은 이야기가 오고 갔다.

　그 외국인은 나름 느끼는 것이 있었던지 절에서 며칠 살아보기를 청했고, 월운 큰스님께서는 허락을 하셨다. 그러던 어느 날 그 외국인이 절 생활을 마치고 월운 큰스님께 작별 인사를 청했다. 그 때에도 필자는 통역자로 동참했다. 마침 스님께서는 화선지를 내놓고 글씨를 쓰고 계셨다. 그 외국인은 신기한 듯 손으로 이리저리 붓을 만져보다가, 봉선사의 수행 가풍을 붓글씨로 받아 간직하기를 청했다. 사양하시다가 이렇게 적어주셨다.

　　困來打眠家常事　到處逢人莫錯擧
　　곤래타면가상사　도처봉인막착거

순간 나는 만감이 교차했다. 내가 이해하는 대로 통역을 했다.

"피곤하면 조는 것이 이 집안의 일상사이니, 가는 곳마다 사람을 만나더라도 (이런 사실을) 잘못 들먹거리지 마십시오."

눈 푸른 외국 순례자가 이 뜻을 얼마나 이해했는지, 나로서는 알 수 없다.

배고프면 밥 먹고 목마르면 물 마시는 것이 수행인의 일상사이다. '가상사(家常事)'는 '가리사(家裏事)' 또는 '옥리사(屋裏事)' 또는 '본분사(本分事)'라는 말로도 쓰이는데, 이는 수행자 자신의 내부에 본래 갖추어져 있는 보물을 뜻한다. 어묵동정하는 일상의 삶 속에 진리가 있는 것이다. 우리의 일상적인 삶의 세계를 떠나서 달리 도를 찾아서는 안 된다. 삶 그대로가 진리이다. 본분(本分)의 입장에서 보면 그렇다는 말이다. 물론 신훈(新熏)의 입장에서는 수행을 해야 한다.

진여 자성은 본래 나 자신에게 갖추어져 있다는 진리를 깨닫고, 이런 깨달음을 바탕으로 해서 무명의 거친 풀을 헤쳐가다 보면 수행의 과정에서 단계 단계마다 다양한 체험을 하게 된다. 수행의 단계에서 생기는 일을 선가에서는 '도중사(途中事)'라 한다. 수행의 단계에서 이런 저런 체험을 하지만 결국 귀착되는 곳은 '가상사(家常事)'이다.

눈 푸른 순례자여! 천하를 누벼 이곳 봉선사까지 오셨고, 또 그렇게 머나먼 고향으로 되돌아가시더라도 이 집안의 가풍을 온전히 전하소서! 스님들의 삶은 언뜻 보면 빈들빈들 청춘만 녹이는 것 같지만, 그 내면에서는 촌철살인하는 기막힌 내면의 세계가 있답니다.

2.

  법성교학(法性敎學)에 관련된 서적 중에서도 화엄 관계의 문헌을 읽다보면, 치밀하고 논리적인 사유가 문장으로 표현되어 장중하고 유장한 멋이 있다. 반면에 선 관계의 문헌에 담긴 선사들의 대화를 보면, 상황과 상대의 심정에 딱 들어맞는 전광석화와 같은 번쩍임이 있다. 그들의 대화는 단순한 언어적 유희가 아니다. 그것은 순간순간 우리를 긴장하게 하고, 또 정신이 번쩍 들게 한다. 자성청정심을 등지고 타향에서 헤매는 나그네에게 제 고향으로 돌아갈 것을 촉구하고 있다. 대문 앞에 열려있는 길이 모두 서울 장안으로 연결되어 있듯이, 선사들의 일거수일투족에는 모두가 본분(本分)의 소식을 전하는 작가(作家)의 솜씨가 들어 있다.
  여기에 소개하는 여러 글들은 필자가 그동안 선어록을 읽으면서 그때그때 느꼈던 생각을 발표한 것이다. 때로는 선의 역사에 대해 논하기도 했고, 때로는 선사들의 언어에 대해 평하기도 했다. 특정한 주제를 가지고 논증하는 철학적 글쓰기의 형식을 취하지는 않았다. 소위 두서없이 쓴 글이다. 한 권의 책으로 엮는 과정에서 독자들의 입장을 고려하여 분류하고 순서를 잡아본 것이다.

'제1부 선의 향기'에서는 비교적 짧은 글들을 모아놓았는데, 이곳에서는 주로 선 문답을 처음 접하는 분들에게 선문답의 일지미(一指味)를 맛볼 수 있게 했다. '제2부 선사들이 그리는 세계'에서는 말 그대로 선사들이 추구하는 가치와 그들이 지향하는 세계를 드러낼 수 있는 글들을 모아보았다. '제3부 선어록을 읽는 묘미'에서는 한국의 독서계에 많이 읽히는 선어록들을 소개하였다. 그리하여 선어록을 직접 읽으려는 독자들에게 길 안내의 역할을 하고자 했다. '제4부 선어록 읽기 진검 승부'에서는 선불교 사상의 철학적인 내용을 비롯하여 문헌적인 분석을 소개했다. 그러다보니 전문가가 아닌 사람들에게는 좀 어려울 수 있다. 아무튼 이 책은 선 문헌을 전문적으로 연구하려는 분들에게 문헌 읽기의 맛보기를 보여드린 것이다. 따라서 독자들께서는 제1부부터 순서대로 읽는 것이 이 책의 내용을 이해하는 데에 도움이 될 것이다.

3.

책 이름을 『선문답의 일지미』라고 한 것은 이 책의 내용이 주로 당나라 시대 선사들의 선문답을 담았기 때문에 '선문답'이라고 했다. 그렇지만 선문답에서 전하고자 하는 참맛을 제대로 전하는 것은 필자로서는 힘에 겨운 일이다. 이것을 누구보다 잘 아는 필자로서는 마음이 무거웠다. 그래서 '일지미'라고 고백을 할 수밖에 없었다. '일지미'란 한자로는 '一指味'인데, 이 용어는 선문답에 자주 등장하는 용어이다. 전체의 맛을 한 손가락에 찍어서 일부만 맛보여 줄 때에 쓰이는 말이다. 맛있는 음식을 다 먹여주지 못하는 아쉬움이 들어있는 용어이다. 이 책의 내용이 그렇다는 필자의 자조 섞인 고백이다.

'활계상유일지미(活計常有一指味)'라는 말이 있듯이, 이 책을 읽으신 독자들께서는 '일지미'를 통해서 '활계(活計)'를 찾으시기를 기대한다.

정우서적 이성운 박사의 덕분에 지난날을 다시 돌아볼 수 있는 좋은 계기가 되었다. 선과 문학을 연구하는 연세대 대학원 현지혜 양이 지난 원고를 입력하는 수고를 맡아주었다. 금상첨화로 전북 남원에 있는 선 수행도량 백장암에서 동안거를 지내시는 법산 큰스님의 추천사를 받게 되었다. 백장암의 해맑은 소식에 감사드린다. 법산 큰스님께서는 동국대학교 선학과 교수직을 퇴임하신 후에 철마다 선원에서 수행 정진을 하신다. 인연되어 주신 분들께 거듭 배례한다.

2014년 1월
脫空 居士 辛奎卓 적다.

‖ 제2쇄 서문 ‖

『시경(詩經)』「대아(大雅)」'문왕(文王)'조에 이런 말씀이 있습니다.
"無念爾祖(무념이조)아 聿修厥德(율수궐덕)하라."
여러분들은 이 구절을 어떻게 읽으시렵니까?
"그대의 조상께서 하신 일을 잊지 말지니,
항상 덕을 닦아 키워가라."

저는 한대(漢代) 정현(鄭玄)의 주석에 따라, '無念(무념)'을 '不忘(불망)'으로 읽었습니다. 덕을 닦는 주체를 자손으로 보았습니다. 조상의 위대함에 빌붙어 저도 그런 체 하지 말고, 제 스스로 덕을 닦아라. 그리하여 자손의 공덕으로 '뉘 집 자손'이라는 찬사가 널리 펴져, 그 덕에 조상의 이름을 빛내라는 뜻으로 말입니다.

그간 저의 불교학 연구를 돌아보면, 교학으로는 청량징관과 규봉종밀의 화엄사상을 그리고 선학으로는 육조혜능과 원오극근의 남종선사상을 지남(指南)으로 삼았습니다. 이렇게 된 연유에는 사부 월운해룡 강백의 경안(經眼)에 은혜 받은 것이 절대적입니다. 이런 은혜 속에서 조선후기 화엄대강백이신 설파상언과 백파긍선을 제 학문의 중시조(中始祖)로 삼아 불조의 혜명을 계승하려 했습니다. 그러나 돌아보면 저 자신은 한 발짝도 떼지 못하면서 천리(千里)를 달리는 조상 등에 업힌 점도 없지 않은 듯합니다. 선조님들의 덕과 독자님들의 배려로 이 책도 1년 만에 2쇄를 내게 되었습니다. 이것을 계기로 제 자신의 '철학세계'를 구축하여 조상을 빛내는 자손이 되도록 노력하겠습니다.

2015년 1월
연세학교대 문과대학 외솔관 601호에서
신규탁 적다.

‖차 례‖

추천사: 법산 스님(동국대 선학과 명예교수)

제1부 **선의 향기**

- 선문답하니 _ 18
- 야, 조용히 해! _ 21
- 해처럼 달처럼 영원한 내 모습 _ 24
- 처녀 속곳 _ 27
- 불립문자 _ 30
- 맨살에 흠집 내기 _ 33
- 자식 기르는 법 _ 36
- 술지게미 먹고 기분 내는 놈 _ 39
- 삼 세 근이 부처다 _ 42
- 온 세상이 불타는 날 _ 45
- 자나 깨나 한 생각 — 48
- 뿔 달린 호랑이 _ 51
- 운문 스님의 호떡 _ 54
- 사람 달아매는 말뚝 _ 57
- 마음이 부처 _ 60
- 네 명의 검객 _ 63
- 부처님 같은 삶 _ 66
- 내가 부처된 때 _ 69

- 불교학의 과제 _ 72
- 잘 보면 꼬리가 보입니다 _ 75
- 방온 거사 _ 78
- 말 잘 하는 조주 스님 _ 81
- 신라 촌놈들 _ 84
- 스승의 은혜 _ 87
- 마음을 다스리는 공부 _ 90
- 수행에 관한 두 입장 _ 93
- 개에게 불성이 있는가? _ 96
- 자기 중심적으로 읽는 세상 _ 99

제2부 선사들이 그리는 세계

- 미생(未生) _ 106
- 십자가 위의 돌사자 _ 111
- 부처도 사모하지 않는다 _ 119
- 자기만의 목소리 _ 127
- 오늘을 사는 임제선풍 _ 133
- 유교 · 불교 · 도교 · 선 _ 141
- 절에는 밥 먹으러 가는 거다 _ 149
- 사람의 본성 _ 157
- 불경 읽고 번역하며 생각하며 _ 163
- 괴로움에서 해방 _ 170
- 우는 두꺼비 _ 177
- '선어록 읽기 사전' 편찬의 꿈 _ 184

제3부 선어록을 읽는 묘미

- 선어록을 읽기 위한 예비지식 _ 196
- 육조단경 _ 204
- 마조어록 _ 212
- 전심요법 _ 220
- 임제록 _ 230
- 선원제전집도서 _ 239
- 조주록 _ 250
- 위산록 _ 259
- 오등회원 _ 268
- 벽암록 _ 276
- 중봉광록 _ 286
- 본지풍광 _ 295

제4부 선어록 읽기 진검 승부

- 선서의 해독을 위한 문헌적 접근 _ 306
- 『벽암록』 번역 맛보기 _ 353
- 선사들이 가려는 세상 _ 400

찾아보기 _ 439

제1부
선의 향기

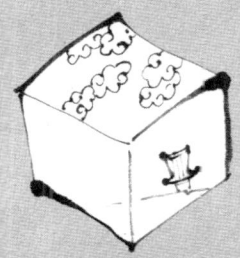

선문답하네

해인사 성철 선사가 열반하신 그 해 겨울 동경 신주쿠(新宿)에 갔을 때의 일이다. 수많은 인파에 휩쓸리어 가고 있는데 어디선가 한국말이 들려왔다. "산은 산이고 물은 물이여!" 귀가 번쩍 띄었다. 일본 번화가 한복판에서 우리말로 이 소리를 듣다니, '성철 신드롬'이 일본까지 상륙했나 하는 생각이 들었다.

인파의 물살을 헤치고 그 말의 주인공 얘기를 들어보니, "다 그게 그거고 그런 거니까 이것저것 고르지 말고 아무거나 빨리 사자는 이야기"라는 것이다. 액세서리를 고르던 친구가 망설이니까 곁에서 보다 못한 친구가 재촉하는 말이었다. 이 설명에 한 번 더 놀랐다. 정말 선문답이란 본래 그런 건가? 게다가 세간에서는 흔히 논리적으로 상황적으로 의미가 통하지 않을 때 "선문답한다"고 하는데, 정말 선문답이란 그런 것인가?

다음 예를 보자. 양 무제가 달마에게 물었다. "부처가 가르친 핵심이 무엇입니까?" 달마가 대답했다. "그런 거 없습니다."

석가 교주가 있고 그의 가르침이 있어서 이것을 따르고 배우려는 수행승 달마가 분명히 있는데, 그 입에서 부처의 가르침이 없다니 이게 무슨 똥딴지같은 소리인가? 이렇게 '언어'로 설명할 수 없고 '이성'으로 접근할 수 없는 대화 속에 선의 오묘함이 있는 것인가? 과연 그런가?

양 무제의 질문에 대해 『벽암록(碧巖錄)』 제1칙에서 원오 선사는 "이 무슨 말뚝인가!"라고 설명을 붙인다. 이 설명의 의도는 자기를 떠나 획득할 대상으로 부처의 가르침이 존재한다는 그런 생각이 바로 당신을 얽어매는 말뚝이라는 말이다. 그런 말뚝에 매이지 말고 각자의 본래 면목을 깨치라는 충고이다. 적어도 자기를 떠난 그런 부처의 가르침은 없다는 입장이다. 이렇게 보면 달마의 "그런 거 없습니다"라는 대답에 이해가 간다.

그렇다면 원오 선사는 달마의 대답에 동의했어야 하는데, 왜 그의 말을 비판했는가? 그는 이렇게 비판한다. "(달마 스님이) 꽤 기특한 줄 알았는데, 화살은 저 멀리 신라 땅으로 날아가 버렸구나!" 그 당시 중국인들에게는 신라는 어느 모로 보나 중심이 아닌 변방이라는 의식이 있었다. 그러니까 달마의 대답은 화살이 변방 신라로 빗나간 것과 닮았다는 비유이다. 이런 비판의 의도는 "달마 스님이 정면으로 무제를 내질렀지간 상당히 허점을 내보였다"라는 원오 선사 자신의 해설에서 더욱 명백하게 드러난다.

그러면 무슨 심사로 원오 선사는 위와 같이 달마의 대답에 아픈 침을 놓는가? 그것은 당시 직업적인 꾼(?)들이 달마의 말을 공식인 양 외워서 무반성적으로 내뱉었기 때문이다. 이런 풍토는 일찍이 원오 선사의 스승 오조 법연 선사도 비판했었다. 원오 선사의 비판의 표적은 달마의 말 자체라기보다, 당시 선사들이 자기의 참된 깨침을 중히 여기지 않고 남의 말이나 앵무새처럼 지껄이는 꼴에 있다. 그러니까 양 무제의 질문에 답한 달마의 의도와, 달마의 대답을 비판하는 원오의 의도는 같다. 부모가 낳아주기 이전 자신의 본래 모습을 깨치라는 것이다. 자기를 버려두고 남의 말에 휘말리지 말라는 충고이다.

이렇게 보면 선문답이 언어나 우리의 인식 저편에 있는 것이 아님을 알 수 있다. 문제는 그것을 잘못 읽어서 선문답이 '이해할 수 없는 대화' 또는 '이래도 되고 저래도 되는 것'과 동급으로 취급되는 것이다. 그러나 이것은 오해이다.

야, 조용히 해!

점심을 먹고 난 오후의 교실은 졸리기만 하다. 뒷산에서 들려오는 뻐꾹새 울음소리는 나직한데, 눈꺼풀은 왜 이다지도 묵직한지. 칠판 한가득 판서하시는 담임 선생님의 뒷모습은 저 멀리 가물거리기만 한다. 원수같은 졸음은 왜 이리 쏟아지는지. 당장이라도 선생님의 불호령이 떨어질 것만 같다. 순간, 긴장과 위험을 직감했다. 더 졸다가는 들킨다. 얼른 옆을 돌아보며 수작을 부렸다.

"야, 조용히 해. 누가 이렇게 시끄럽게 떠드는 거야?"

위기를 모면하려는 임기응변을 했는데, 묘하게도 이심전심이 되었다. 옆줄에서 졸던 줄반장이 맞장구를 쳤다.

"야, 너나 조용히 해. 떠들긴 누가 떠들었어?"

졸다 들키는 위기는 겨우 모면했지만, 웬걸 충성스런 반장에게 덜미를 잡힐 줄이야.

"다들 조용히 해. 떠들긴 누가 떠들었다고 그래. 너희 둘이 떠들고서는. 끝나고 변소 뒤로 와."

변소 뒤로 불려간 나는 '떠들지 말라'고 말했을 뿐이지, 안 떠들었다고 대들었다. 눈에 별이 몇 번 왔다 갔다 하고, 후끈거리는 볼을 손으로 부비며 분해서 또 우긴다.

"우리 보고 뭐라고 말한 너도 떠든 거면서, 짜식……."

벌써 수 십 년 전 초등학교 시절의 일이었다. 이때의 경험은 대학에 들어와 언어철학의 '메타언어'를 배우던 그때나, 그리고 불교철학 교수가 된 지금이나 잊은 적이 없었다. 언어나 문자의 지시적 기능이라는 철학적 문제를 맛본 눈물겨운 첫 경험이었기 때문이다. 적어도 나의 불교연구에 이 경험은 소중했다.

"이 세상의 모든 것은 무상하다"고 불교에서는 말한다. 왜냐하면 그것은 연기법에 의해서 생겼기 때문이고, 무아이기 때문이고, 공이기 때문이다. 그렇다면 "이 세상의 모든 것은 무상하다"라는 그 말 자체도 무상해야 한다. 그러나 이 논리는 성립되지 않는다. 불교의 이 말은 진실을 설명하는 방편 언어, 곧 '메타언어'이기 때문이다. "만들어진 모든 것은 무상하다"라는 이 말만은 무상하지 않다.

서릿발 같은 말을 잘도 하는 저 조주 선사가 하루는 『신심명(信心銘)』의 한 구절을 인용하여, "궁극적 진리는 어렵지 않으니 그저 취하거나 버리지만 말라"라고 설교했다. 이 말을 듣던 한 수행승이 질문한다. "취하거나 버리지 말라고 하셨지만, 선사께서도 결국은 『신심명』의 한 구절을 취한 게 아니십니까? 또 취하거나 버리지 않으면 뚜렷이 명백하다고 말씀하셨는데, 그러면 당신은 명백을 취한 게 아니십니까?" 이런 질문에 조주 선사는 "난 모른다"로 모르쇠 한다.

여기서 우리는 조주의 설교가 메타언어임을 알아야 한다. 이 말이 지시하는 '저쪽'을 보아야 한다. 달을 가리키는 손가락이다. 이 말에 어떠한 알음알이를 내어서는 안 되고 그저 무심히 깨달아야 한다. 그렇다고 수행해서 넘어야 할 그 무엇으로서의 '무심'이 저 높은 곳에 있는 것이라고 생각해서도 안 된다. 그래서 성철 선사는 '무심' 대신 '돈수'라는 말을 사용한다. 긁음 자체의 시간성과 연장성 둘 다를 아예 지워 버린다.

변소 뒤에서 때리던 반장더러 너도 떠든 거 아니냐고 따질 일이 아니다. 반장이 오죽 답답했으면 주먹질을 했으랴! 조주 스님은 주먹 대신 "나도 모른다"라는 말로 한 방 먹인다. 그런데 후세 사람들은 또다시 조주의 "나도 모른다"라는 말을 공식처럼 외워서 누가 질문만 하면 "나도 모른다. 몰라" 한다. 원오 선사가 바로 이 병을 치료하려고 『벽암록』 제2칙에서 이런저런 설명을 한다. 저만의 언어로 자기의 체험을 흠집 내지 말고 고스란히 표현해야 한다. 남의 말이나 옮기는 그런 어설픈 수작으로는 선어록의 세계에 손톱도 못 내긴다.

뱀은 이미 허물을 벗고 빠져 나갔는데, 어리석은 이들은 그 허물 속으로 다시 기어들어간다.

해처럼 달처럼 영원한 내 모습

초등학교 3학년 때, 난 내 짝하고 급식실 앞에서 곧잘 놀곤 했다. 급식실에서 일하던 '소사' 아저씨가 가끔 빵을 주기도 했다. 나중에 안 일이지만 그 아저씨는 내 짝의 외삼촌이었다.

그때 주로 공놀이를 했는데, 공이래야 요즘 테니스공만 한 고무공이었다. 어느 날, 던지고 차고 정신없이 노는데, 그만 공이 지붕 위로 날아갔다. 처마 밑에 가서 공이 떨어지길 기다렸다. 그런데 암만 기다려도 소식이 없다. 빗물받이 홈통에 걸려서 공이 내려오질 않는다. 뒤로 물러나 까치발을 뛰고 목을 쭉 빼고 보면 공이 보이기는 하는데, 도통 내려오질 않는다.

그간 세월이 몇 십 년이나 지났다. 그러나 지금도 내 마음속에는 급식실 지붕 위 홈통에 공이 걸려 있다. 공만 아니라 친구도 있고, 급식실 소사 아저씨도 계신다. 더구나 급식 빵 맛은 지금도 입가에 남아 있다. 눈만 지그시 감으면 당장 그 자리로 돌아갈 수 있다.

지난 세월 서로 다른 인생살이도 우리들의 이 공통 기반을 지우지는 못한다. 너와 나, 어제와 내일, 여기와 저기, 등등의 차별성을 이어주는 기반, 기반 중의 기반인 '이것[這個]'이 있기 때문이다.

세상을 살면서 우리는 개별자를 경험한다. 영희와 철수, 잠자리와 노고지리, 이렇게 모두 개체의 차별성만 보이는 게 경험 세계이다. 그러나 우리에게는 개별자를 개별자이게 하는 '이것'이 있다. '이것'은 단독자나 차별성이나 특수성 때문에 생기는 것도 아니고, 그렇다고 그것 때문에 사라지지도 않는다. 우연적이고 불완전하고 상대적인 요소가 다 사라지고 난 자리에 나타나는 본래성이다. 우리들의 본래의 모습이다.

우리 시대의 선사 퇴옹 성철은 이 본래성을 이렇게 말한다.

> 교도소에서 살아가는 거룩한 부처님들,
> 오늘은 당신네의 생일이니 축하합니다.
> 술집에서 웃음 파는 엄숙한 부처님들,
> 오늘은 당신네의 생일이니 축하합니다.
> ·······
> 천지는 한 뿌리요, 만물은 한 몸이라.
> 입은 옷은 각각 천차만별이지만
> 변함없는 부처님의 모습은 한결같습니다.
>
> (『자기를 바로 봅시다』 1986년 부처님오신날 법어 중에서)

그런가 하면 『벽암록』 제3칙에서는 '이것'을 이렇게 드러낸다. 마조 도일 선사께서 몸이 불편하자, 원주가 걱정이 되어 스승께 여쭙는다.

"스승님, 요즈음 몸이 어떠십니까?"

"일면불(日面佛) 월면불(月面佛)이지."

이런 대화가 오고간 뒤 3일 만에 마조 스님은 입적하셨다. 마조의 이 대답은 삶과 죽음을 넘어선 영원한 생명의 소식이다. 원주는 세속의 정으로 사그라져가는 스승의 육신이 측은해 여쭈었는데, 정작 마조 선사는 참 생명의 영원성으로 대답한다. '이것'은 해와 달처럼 영원하다고 말이다. 마조는 이 영원성을 직시하고 있었던 것이다.

이 영원하고 본래적인 '이것'은 우리가 아무리 세속에 물들어도 사라지지 않고, 세월이 지나도 잊혀지지 않는다. 지금도 눈감으면 나지막한 급식실 지붕 위의 홈통에 공이 보이듯, 모든 사량분별을 쉬어 무심하기만 하면 대뜸 '이게[這個]' 눈앞에 나타난다.

처녀 속곳

『금강경』 강의로는 날 당할 자가 없다고 뽐내며 천하를 누비던 젊은 덕산의 콧대를 꺾어 놓은 기름떡 파는 노파의 이야기는 법회의 얘깃거리로 곧잘 등장한다.

이 노파의 안내로 덕산은 용담 선사를 뵙는다. 서로 만나 대화를 마치고 덕산이 마침 방문을 나서는데 칠흑 같은 어둠이 깔렸다. 용담 선사가 종이에 불을 붙여 덕산에게 건네주었다. 덕산이 받으려고 손을 내미는 순간 '후'하고 바람을 불어 불을 꺼버렸다. 순간, 눈앞이 깜깜해졌다. 이에 덕산은 크게 뉘우치고 넙죽 절을 올리자 용담 선사가 묻는다.

"그대는 무엇을 보았기에 갑자기 절을 하는가?"

덕산은 대답한다.

"앞으로 다시는 선사들을 깔보지 않겠습니다."

어록 편찬자가 우리에게 무엇을 전하려고 이 일화를 소개한 것인지 온전하게 알 수는 없지만, 우리는 용담 선사의 다음 이야기로 편찬자의 의중을 엿볼 수 있다.

"만일 칼로 된 숲과 같은 이빨에 시뻘겋게 크게 벌린 입으로 부처와 조사를 욕하다가 한 대 얻어맞고도 뒤도 안 돌아보는 놈이 있다면, 훗날 그는 나의 도를 드날릴 것이다."

여기에서 우리는 자기 자신에게 철저한 뚝심 있는 수행자를 찬탄하는 용담 선사의 속마음을 짐작할 수 있다. 철저한 자기 확신, 자기 자신을 제쳐두고 목매야 할 부처나 조사 따위는 없다는 그런 당당한 뚝심 말이다. 『벽암록』 제4칙이 전하듯이, 위산 선사는 젊은 덕산의 앞날을 예언하여 "이 사람은 훗날 외로운 봉우리 꼭대기에 암자를 짓고, 부처를 꾸짖고 조사를 욕할 것이다"라고 했다.

덕산 선사는 바로 임제 선사와 더불어 선풍을 온 천하에 드날렸던 인물이다. 자기 확신이 없는 청년들을 임제 선사는 당나귀에 비유한다. 짐을 잔뜩 짊어지고 얼음판 위에서 벌벌 떠는 그런 당나귀 말이다. 사기가 저하되고 패배의식이 깔린 문화에서 자란 이들은 움츠리기만 한다. 절도사 안록산의 말발굽에 짓밟힌 당나라 말기 청년들은 자신감을 잃고 패배의식에 가득 찼다.

이런 나약한 젊은이들에게 본래성과 주체성을 심어준 것이 덕산과 임제 선사이다. 남의 시선을 의식하거나 남의 말에 휘둘리지 말라. 그대는 우리가 조상으로 섬기는 부처와 조금도 다름이 없다. 그대가 바로 부처이다. 그대 자신 속에 모든 게 다 갖추어져 있다. 밖에서 찾지 말라. 이게 덕산 선사의 몽둥이요, 임제 종사의 고함이다.

이 몽둥이와 고함이 이미 우리사회에도 와 있다. 길거리의 젊은이들을 보자. 일본 제국주의의 오욕도, 6·25전쟁의 비참함도,

찌든 가난도, 저 멀리는 신분제의 구습도 모두 떨쳐버리고 당당하다. 청년들의 딱 벌어진 어깨, 젊은 처자들의 개성 있는 화장, 자신감 있는 매무새. 이제 미인 대회의 관중은 사라졌다. 거리의 사람 모두가 미인이다. 저고리 깃은 배꼽 위로 올라갔고, 치맛단은 무릎을 넘어선 지 오래다.

이미 세상은 이렇지 자신에 차 있는데, 임제와 덕산의 후손들은 어떠한가? 세속의 학문으로 영혼을 오염시키고, 세간의 윤리 도덕에 길들여져 있지는 않은가? 낭생고(娘生袴)라는 말도 있지 않던가? 글자의 뜻은 어머니가 만들어 주신 맨살의 고쟁이를 가리키는 단어로, 본래 면목이란 의미이다. '처녀 속곳'이라고 억지로 번역해도 좋다. '낭생(娘生)의 고(袴)'라고 말이다. 껍데길랑 다 벗어 버리고 이 '처녀 속곳'만 입고 온 거리를 걸어보자. 세간의 학문도, 윤리도, 염치도, 다 버리고 …….

홀딱 벗고 말이다.

불립문자

　한 학기동안 선불교 강의를 마치고 학기말 시험을 치르게 되었다. 논술형으로 두 문제, 그리고 100자 내외로 짧게 대답하는 문제 넷을 냈다. 문제를 내는 것까지는 좋았는데, 290명의 답안지를 채점하는 일이 보통이 아니었다. 게다가 진지한 답안이 많았기 때문에 조금도 긴장을 늦출 수가 없었다.
　대학을 처음 보낸 어느 아버지가 첫 시험을 고민하는 딸에게 해주는 이야기도 적혀 있었다. 열심히 시험공부 하는 딸아이에게 아버지께서 하시는 말씀이 "불립문자(不立文字)라고 쓰면 됐지, 공부할 게 뭐 있냐?"고 하셨다는 것이다. 그러자 딸아이는 "선 또는 깨달음 그 자체는 문자나 언어는 아니지만, 문자나 언어가 없이는 깨달음을 전할 수 없으며, 더구나 선어록은 깨달음 그 자체를 기록한 것이기보다는 오히려 깨달음을 체험하게 된 인연이나 상황을 기록한 것입니다. 그래서 선사들의 어록을 부지런히 읽어야 합니다. 아버지도 읽어보세요"라고 대답했다는 것이다. 한 학기 애쓴 보람이 있었다.
　이 두 부녀의 대화는 선과 문자에 대한 세간의 이해를 잘 대변해주고 있다. 나는 철학과에 몸담고 있지만, 철학하는 사람치고 철학자가 남긴 글을 철학이라고 생각하는 이는 없다. 그들은 모두 '철학하기'라는 입장을 취한다. 이 점은 불교의 교종에 속한 이들도 마찬가지이다. 철학자에게도 교학자에게도 선학자에게도 문헌이란 어디까지나 반성적 사유를 위한 수단이며 한갓 자료에 지나지 않을 뿐이다. 다시 말하면, 모두 불립문자를 한다. 문자에 의존하지 않는다. 문자를 읽어 가면서 반성적인 자기 사유를 쉬지 않는다. 그런데도 우독 선의 경우에만 문자에 대한 오해의 짐을 지고 있는 것은 안타까운 일이다.

『벽암록』 첫머리에 삼교 노인이라 불리는 여여 거사 안병(顏丙)의 「서문」에 이런 말이 있다.

> "문자에 있지 않지만, 문자를 떠나지 않는다고 생각하는 사람은 정말로 말을 아는 사람이다."

풀어 말하면, 진리는 문자에 의해서 완전하게 표현되지 않지만, 문자를 이용하지 않고는 남에게 전할 수 없다는 것이다.

연애편지를 받고 사랑을 받았다고 생각하는 이는 아마도 없을 것이다. 그리고 연애편지로 연인을 향한 자기의 사랑을 모두 표현했다고 하는 이도 없을 것이다. 그래서 연애의 정이 깊어지면 깊어질수록 한 글자 한 글자 쓰기가 더욱 어렵기 마련이다. 그렇다고 편지지와 연필을 던져 버릴 수는 없다. 그래서는 자신의 정을 전할 길이 없다. 물론 꼭 언어로만 전할 필요는 없다. 그러나 어떤 방법으로든 표현해야 한다. 표현하지 않으면 사랑도 아니다.

 선사들도 마찬가지이다. 꼭 언어로만 전하려 하지 않는다. 때로는 침묵하기도 하고, 때로는 때리기도 하고, 때로는 소리 지르기도 한다. 그러나 일단 말로 표현하게 될 때는 자신의 체험을 고스란히 전할 수 있는 적절한 어휘를 찾느라고 고심한다. 시인이 자신의 체험을 시어(詩語)로 표현하기 위해 애쓰듯이 말이다. 선사들은 언어의 위력을 누구보다 더 잘 안다. 바로 요 말이 아니고서는 도저히 표현할 수 없는 생생한 깨달음의 체험을 우리 앞에 내놓는다.

 경청 도부(864~937) 선사가 낙숫물 소리를 듣다가 남긴 유명한 말이 있다.『벽암록』제46칙을 보자.

 "속박에서 벗어나기는 그래도 쉬운데, 그대로 말하기란 더욱 어렵다."

 깨닫는 일이 참으로 어렵다. 그런데 이 깨달음을 말로 표현하기는 더욱 어렵다는 것이다. 제대로 된 선어록은 이 경청 선사처럼 내면적인 고민을 통하여 표현 기록된 것이다.

맨살에 흠집 내기

그러니까 내가 대학을 입학한 1978년도의 일이다. 대학 동아리에서 봉선사로 수련회를 갔다. 새벽예불을 마치자 스님들이 큰방에 모여 경전을 읽었다. 문창호 밖으로 들려오는 독경소리가 어찌나 낭랑하고 좋은지, 나도 저것 해야겠다고 생각했다.

여름방학이 시작되자마자 봉선사로 달려가 여기서 경전을 배우게 해 달라고, 동국역경원장을 역임하신 월운 스님께 졸라댔다. 그러자 절 건너편 집이 마침 비어 있으니 거기서 지내라고 하셨다. 한 동자 스님의 안내로 그 집에 갔다. 장마가 끝난 뒤여서인지 마당 여기저기 풀이 삐죽삐죽 솟아 있었다. 풀을 뽑고, 부엌에 불을 지펴서 방바닥의 습기를 제거하고, 물을 뿌리고, 비질을 하고, 정신없이 하루를 보냈다.

그 뒤 며칠이 지났는데, 하루는 날 안내한 동자 스님이 물었다.

"지금 묵고 있는 방이 어떤 방인지 아세요?"

무슨 영문인지 몰라 잠자코 있었다. 그런데 며칠 뒤 다시 물었다.

"정말 그 집이 어떤 집인지 모르십니까?"

이쯤 되니 궁금해졌다. 붙들고 물어보았다. 절에서는 그 집을

'열반당'이라고 부른단다. 스님들이 돌아가시려 할 때면 단체생활이 어려우시므로, 이 집에 별거시킨다고 한다. 특히 젊어서 수행하지 않은 사람이 주로 그곳에서 죽음을 맞이한다고 한다. 내가 무서워하자, 동자 스님은 더욱 실감나게 얼마 전에 죽은 스님이 이 열반당에 들어오게 된 경위를 비롯하여, 열반하던 그날의 모습 등등을 말해주었다. 3일 전에 장례를 치렀다는 것이다. 그 말을 듣는 순간 전신이 오싹했다. 도저히 그냥 있을 수가 없었다. 짐을 챙겨들고 뒤도 안 돌아보고 큰절로 들어왔다.

이렇게 해서 큰절 생활이 시작되었다. 스님들 틈에 끼어 이런저런 경전을 맛보게 되었다. 이때의 인상은 내 영혼 깊이 새겨졌다. 게으름 피우지 말고 정진해야겠다고 말이다. 얼굴은 본 적이 없지만 홀로 쓸쓸히 죽어간 수행자의 모습이 내게는 오래도록 남아있다. 두 번 다시없는 기회라 생각하여 노력했다.

봉선사의 그때 인연이 씨앗이 되어 경학의 언저리를 맴돌았고, 규봉 종밀 스님 연구로 동경대학에서 박사학위를 받았으며, 여태껏 그것으로 대학 강단에 서 있다.

그러는 동안 교학에 대한 나름대로의 자부심을 갖게 되었다. 그래서 선사 스님들이 교학을 비평하면, 내심 못마땅해 하곤 했다. 심지어는 그런 말을 하는 선사들의 지식수준을 의심한 적도 없지 않았다. 그런데 이 생각이 결정적으로 바뀌게 된 것은 『전등록』의 다음과 같은 일화를 접하고부터이다.

화엄강사 장수 자선(長水子璿; 964~1038) 스님이 낭야 혜각(琅琊慧

覺; 생몰미상) 선사를 시험하느라고 『능엄경』의 한 구절을 들어 질문 공세를 했다.

"온 세상이 본래 깨끗한데 어찌 갑자기 산하대지가 생겼습니까?"

질문의 요지인즉, 이 현상계에 펼쳐진 차별상의 원인을 선사 주제인 당신이 알겠느냐는 것이다. 그러자 낭야 선사는 그 말을 이렇게 받아친다.

"온 세상이 본래 깨끗한데 어찌 갑자기 산하대지가 생겼습니까?"

겉으로는 보면 똑같은 말이다. 그런데 이 말의 속뜻은, 지금 여기가 본래 깨끗한데 당신은 왜 멀쩡한 살에 흠집을 내느냐는 호통이다. 그야말로 경전에 대한 깊은 통찰력에서 우러나오는 대답이다. 선어록을 읽다보면 경전이나 교학의 이론을 소재로 한 선문답이 많다. 선사들이 결코 경학에 소홀하지 않았고, 또 강사들이 결코 자기 성찰 없이 글자만 읽었던 것은 아니었다. 『논어』에 이런 말이 있다.

"배우기만 하고 생각하지 않으면 혼미하여 얻을 게 없고, 생각만 하고 배우지 않으면 위태롭다."

배움과 사색은 새의 양 날개와 같다고 할까, 교와 선은 마차의 두 바퀴와 같다고나 할까?

자식 기르는 법

집안마다 자식을 기르는 방식이 다르듯, 선가에서도 제자를 기르는 가풍이 다르다. 법안 문익(法眼文益; 885~958) 선사에서 시작되는 법안종의 가풍은 절묘한 공안 사용에 있다. 『벽암록』 제7칙에서는 법안 스님의 공안 사용법을 화살과 화살이 서로 맞부딪치는 것처럼 절묘하다고 했다. 적군의 미사일이 날아오면 아군도 동시에 미사일을 쏘아 공중에서 충돌시키듯 말이다.

청림(靑林) 선사 밑에서 수행하다 온 스님이 법안 스님 절에 와서 감원 소임을 보았다. 감원이란 절의 살림살이를 하는 소임이다. 그런데 그는 법안 스님의 지도를 도통 받으려 하지 않았다. 법안 스님이 이유를 물었더니, 자신은 예전에 청림 선사에게 "무엇이 부처입니까?"라고 물었을 때, "병정 동자(丙丁童子)가 불을 찾는 것이다"라는 대답을 듣고 그때 벌써 도를 깨쳤단다. 그래서 더 물을 것이 없다는 것이다.

법안 스님은 감원이 이 화두를 제대로 깨쳤는지 확인하려고 무엇을 깨달았는지 말해 보라 했다. "병정은 육갑으로 불에 해당하니, 불을 가지고 불을 찾는 격입니다. 이는 마치 제가 부처인데 다시 부처를 찾는 것과 같습니다." 그러자 법안 스님은 "예상했던 대로군. 깨치지 못했어! 틀렸어! 그 질문 다시 나에게 해봐!" 했다. 이에 감원이 "부처가 무엇입니까?" 하고 묻자, 법안 스님은 "병정 동자가 불을 찾는 것이네"라고 했다. 이 말 끝에 감원은 완전히 깨쳤다고 한다.

부처가 무엇이냐는 질문에 두 사람이 모두 '병정 동자가 불을 찾는 것'과 같다고 대답했다. 그러면 병정 동자가 불을 찾는다는 게 무슨 뜻인가? 이 물음의 답은 이미 감원이 했다. 곧, 자신이 이미 부처인데 밖에서 왜 다시 부처를 찾느냐는 것이다. 선어록에 나오는 법안 스님의 대화를 분석 종합해보면, 부처가 무엇이냐는 질문에 대한 법안 스님의 대답은 '네 자신이 부처니까 밖에서 찾지 말라'로 일반화 된다. 필자의 이런 분석은 모든 생명체에 불성이 있다는 이론이나, 중생은 본래 성불한 존재라는 이론들이 입증해 줄 것이다.

그러면 법안 스님은 왜 감원의 해석이 틀렸다고 나무랐을까? 이 해답은 '법안종'의 가풍에서 찾을 수 있다. 법안 스님은 화두 참구가 안푸으로 사무치고, 또 전율이 감돌 정도로 빈틈없는 통찰력을 갖추어 긴장감 있게 언어를 사용할 것을 요구한다. 아무런 자기 고민이나 체험 없이 남의 말이나 줄줄 외는 것을 몸서리치게 싫어한다. 법안 스님이 보기에 감원은 그저 남의 말이나 외워서 앵무새처럼 뱉은 것이다. 그것은 자기 체험도 치밀함도 긴장감도 없는 빈 소리였다. 간절하고 철두철미한 자기 체험이 빠지면 일대 장경을 줄줄이 왼다 해도 그것은 한낱 지식에 불과하

자식 기르는 법 37

기 때문이다.

　어미 닭이 알을 품어 병아리를 까는 모습을 보자. 어미 닭은 스무날 남짓 정성껏 발로 알을 굴려가면서 따뜻하게 품는다. 때가 되면 알 속의 병아리는 껍질을 깨고 나오려고 여린 부리를 껍질에 대고 소리를 낸다. 이 순간 어미 닭은 바로 '그 자리'에 맞추어 탁 쫀다. 품기를 게을리 하면 알이 곯고, 병아리와 어미 닭이 동시에 때를 맞추어 쪼지 않으면 병아리는 죽고 만다.

　화두 일념이 안 된 제자는 화두에 철저하도록 품어준다. 때가 되었을 때 스승이 날카롭게 튕기면, 그와 동시에 제자는 깨고 나온다. 이때 긴장과 전율이 돈다. 한 생명이 세상에 나오는 순간이다.

　해인사 성철 선사는 수행자들에게 화두 공부를 철저히 할 것을 당부한다. 어미 닭이 알을 품듯 말이다. 그리하여 자기 점검 방법으로 '동정일여', '몽중일여', '오매일여'를 제시한다. 그러나 화두 공부도 제대로 안하고 공부가 어려우니 어쩌니 하면, "네가 목숨 걸고 공부한 적 있느냐?"며 호되게 야단치신다고 한다.

　자식 기르는 법, 이보다 좋을 수 있을까?

술지게미 먹고 기분 내는 놈

(『벽암록』 제11칙)

  필자는 중국 화엄학을 전공했고, 지금도 그 언저리에 텐트를 치고 산다. 그러다 보니 화엄학 관계 서적은 '읽는 즐거움'에 앞서 '직업적 일'이 돼버렸다. 이런 나에게 선어록은 좋은 피난처가 된다. 선어록을 읽다보면 그간을 돌아보게 하고 앞으로의 사태를 준비하게 된다. 거기에는 수행자들의 진솔하고 철저한 자기계발이 담겨져 있기 때문이다.
  선어록에 황벽(?~350) 선사의 이런 일화가 실려 있다. 그가 살던 절에는 언제나 구름같이 수행승들이 많았다. 그들은 이름난 스승 밑에서 '법통'을 이으려는 속셈이다. 이런 광경은 예나 지금이나 마찬가지인데, 그들에게 황벽 선사가 이렇게 호통을 친다. "너희들은 모두가 술지게미를 먹고 진짜 술을 마신 듯이 구는 놈들이다. 이처럼 수행한다면 언제 깨칠 날이 있겠는가?" 진짜 술은 무엇이고 술지게미는 무엇인가?
  내 어릴 적 고향 경기도 이천에서는 집에서 술을 담갔다. 할머니께서는 헛간 짚단 밑에 술독을 묻어 두신다. 밀주니까 관원의 눈을 피하려는 것이다. 술을 내리는 날이면 어른들이 모여서 한 사발씩 드신다. 그리고는 입가 수염에 묻어있는 술을 소맷자락으로 훔치며 "커~" 하신다. 군침이 돌았지만 어린 나에게는 맛볼 기회가 없었다. 그러나 고모들 틈에 끼어 '당원'을 타서 술지게미 맛을 보기는 했다. 우리 할머니는 술을 잘 앉히기로 온 마을에 소문이 났었는데, 나는 그 술 맛을 못 보고 그만 어른이 되고 말았다. 맛본 것이라곤 술지게미뿐이다.

　나는 황벽 선사의 술지게미 이야기를 읽을 때면 어릴 적 생각이 난다. 할머니의 술 맛은 어떠했을까? 황벽 선사의 선 체험은 어떠했기에 당시의 행각승들에게 술지게미 먹은 놈들이라고 호통을 쳤을까?

　불경에는 '술' 대신에 '우유' 이야기가 나오는데, 성 밖 시골농가에서 우유를 짰을 때는 진국이지만, 성 안으로 들어오는 과정에서 중간상인들이 분량을 늘리려고 물을 탄다. 성이 가까워질수록 우유의 농도는 엷어지게 마련이다. 경전에서는 '성 밖의 우유' 마실 것을 자주 권하는데, 진짜 우유 맛은 어떨까?

　한 수행자가 체험한 깨달음을 그 제자가 우려먹고 또다시 그 제자가 우려먹는다면, 밑으로 내려가면 갈수록 참맛에서는 멀어진다. 그것은 '성 안의 우유'가 되고 만다. 황벽 선사네 집안은 그런 짓을 철저히 거부한다. 이 집안의 가계는 황벽←백장←마조←회양←육조 혜능이다. 황벽 선사가 처음 백장 선사를 뵈었을 때, 백장은 황벽의 됨됨이를 보고 자기의 법통을 물려주려고 "그대는 훗날 마조 대사의 법통을 계승하거라" 한다. 그러나 황벽은 고마워하기는커녕 "마조 대사님을 그대로 따라했다가는 나의 자손이 없어질 것입니다"라고 거절한다.

　유명한 이가 나오면 그 밑에서 제자들이 서로 자기가 정통이라고 나서는 게 보통인데, 황벽이 싫다고 하니 놀랍다. 더구나 스승 백장의 태도는 우리를 다시 한 번 더 놀라게 한다.

　백장 왈, "그럼 그렇지! 깨달음이 스승과 똑같으면 스승의 덕을 반감시키지. 지혜가 스승보다 뛰어나야 비로소 전수할 만하다." 스승의 은혜를 갚으려면 스승이 남긴 술지게미만 먹지 말고 스승을 능가하는 깨침을 얻어야 한다는 말이다.

　성철 선사의 열반 유언에 "일생 동안 남의 집의 괜한 아이들을 속였으니 그 죄가 하늘에 닿는다"란 말이 있다.

　우리가 보기에는 모두가 금과옥조인데, 당신이 보시기에는 그것은 다 껍질이라는 거다. 황벽 선사의 말로 다시 표현하면 그것은 다 술지게미이다. 스승을 능가해서 저마다 자신의 참 술을 마셔야만 스승의 가르침에 은혜를 갚을 수 있다. 성철 선사께서 열반에 앞서 남긴 유언을 나는 이렇게 읽는다.

삼 세 근이 부처다 (『벽암록』 제12칙)

선객들 사이에는 "부처란 무엇인가?"라는 질문을 가지고 상대방을 떠보는 경우가 종종 있다. 이 물음은 "불교란 무엇인가?" 또는 "불교의 핵심 되는 가르침은 무엇인가?" 등등으로 환원할 수 있다. 이런 물음에 대하여 "마음이 부처다"라고 하는 대답을 우리는 기억할 것이다. 이 대답은 마조교단에서 단골로 써먹는 전가의 보검으로서, 마조의 후손 임제종에서는 지금도 애용한다. 마시고 또 퍼 마셔도 마르지 않는 샘처럼 말이다.

이와 함께, 뒷날 조동종의 종조로 추앙받는 동산 양개(東山良介; 910~990) 화상도 "부처란 무엇인가?"에 대한 독창적인 대답으로 오늘날까지도 선문에 유명하다.

동산 양개 화상하면 『치문(緇門)』에 실린 모자간의 왕복편지로 유명하다. 홀어머니를 두고 집을 떠나 수행하는 자식의 심정과, 부디 도를 이루기를 바라는 어머니의 크나큰 서원이 가슴을 찡하게 한다.

바로 이 동산 스님의 대답은 "삼 세 근이다." 불교가 무엇이냐고 묻는데, 삼베옷 만드는 삼 세 근이라니, 이 도대체 무슨 소리인가?

필자는 대학 강단에서 불교철학을 담당하다 보니 주위에서 "불교란 무엇인가?"라는 질문을 많이 받는다. 그때면 연기론이 어쩌니 공 사상이 저쩌니 늘어놓는다. 그런데 동산 선사의 대답은 기상천외하다. 도대체 동산 선사가 전하려 한 메시지는 무엇인가?

여기에는 예부터 많은 이야기가 있다. 이 '공안(公案)'은 담박하여 맛이 없기 때문에 참으로 씹기가 어려워 입을 댈 수 없다고 설명하는 이도 있다. 어떤 이는 대웅전 안에 계신 분이라고 하고, 어떤 이는 32상을 갖춘 분이라 하고, 어떤 이는 장림산 밑에 있는 대나무 지팡이라 한다. 또 어떤 이는 병정 동자가 불을 찾는다고 한다. 그런데 이런 대답과는 달리 동산 선사는 "삼 세 근이다"라고 했다는 것이다. 이제 무슨 뜻인가?

사람들은 이말 저갈 둘러대어 이렇게 말한다. 동산 스님이 그때 창고에서 삼을 저울질하는데 어떤 스님이 물었기에 이처럼 대답하였다 하기도 하고, 또는 동산 스님이 동문서답을 하였다 하기도 하고, 또는 그대가 부처인데 다시 부처를 물었기에 동산 스님이 우회해서 대답한 것이라 말하기도 한다.

그러나 이런 설명들도 이해가 가지 않는다. 여기서 이 분야의 연구 축적을 약간만 소개한다. 독자들은 어떻게 생각하실까? 공안을 참구하지 않고 해석한다고 나무라기에 앞서, 연구자들의 성과도 참고하기 바란다.

'삼 세 근'은 당시 당나라의 조·용·조 세법에서 특산물을 바치는 것과 관련이 있다. 그 중에서 삼을 특산물로 바치던 이 고장에서는 '삼 세 근'이란 한 장정이 나라에 바쳐야 할 최소한의 단위이다. 그래서 그 당시 청주 지방의 건장한 사람이라면 누구나 담당해야 할 자기 몫임을 잘 알고 있을 터이다. 따라서 이 '삼 세 근'이라는 말은 '당사자가 마땅히 감당해야 할 몫'이라는 의미의 민간 용어이다.

따라서 동산 선사의 대답은, 부처는 그대 자신이 마땅히 감당해야 할 너의 몫이지, 내가 대신할 것은 아니라는 말이다. 이것은 마치 국가의 병역의무를 남이 대신할 수 없는 것과 같은 말이다.

한편, 위의 '공안'을 조주의 화두와 관련시켜 생각해도 좋다. 조주 스님에게, "만법은 하나로 돌아가는데 이 하나는 어디로 갑니까?" 하고 묻자, "나는 청주에서 장삼을 한 벌 지었는데 일곱 근이더라"라고 대답한 것을 상기하면 좋다. 핵심은 장삼을 입은 출가 수행자 자신에게로 돌아간다는 것이다. 수행이란 자신이 몸소 담당해야 할 몫인 것이다.

온 세상이 불타는 날

1996년 8월 15일을 동경에서 보냈다. 각 언론에서는 50여 년 전 당시 전쟁의 상처를 보여준다. 다 타버린 도시, 잿더미 위에서 우는 아이, 파편에 맞아 파르르 떨며 죽는 모습, 피 흘리는 동지를 구하는 장면.

아쉽게도 생명과 재산 그리고 인격을 강탈한 전쟁의 '비도덕성'을 고발하는 얘기는 별로 없다. 그것보다는 으히려 그 잿더미 속에서 새 일본의 재건 내지는 '단결'을 호소하고 있었다. 추상화된 개념으로 전쟁을 미워하는 이야기도 간혹 하기는 하지만, 그 속을 들여다보면 세계 경영의 밑그림이 놓여 있다. 물론 그림의 저편에는 '일본의 눈'이 있다.

이런 생각에 잠겼는데, 연세대학교에서 데모한다는 소식이 전해온다. 20일 저녁에 귀국하여 그간에 쌓였던 신문을 훑어보고 21일 아침 학교로 갔다. 신문에는 문과대학과 연결되어 있는 종합관이 망가졌다는 보도를 주로 했다. 그러나 막상 가보니 문과대학도 박살났다. 문과대 건물은 거의가 교수연구실이다. 연구실의 문은 다 부서졌고 교수들의 책상과 서류함들은 계단에 처박혀 있었다. 컴퓨터 디스켓은 여기저기 뒹굴고, 말이 아니다.

철학과 강사실이 있는 종합관으로 가 보았다. 건물 안의 모든 연구 도구는 다 들어내다가 계단을 틀어막았다. 경찰의 최루탄으로 건물 안은 타고 그을리고 유리창은 성한 게 없다. 며칠 전에 일본 텔레비전에서 보았던 전쟁의 잿더미와 진배없었다. 일본은 모든 것을 다 불에 태웠어도 무언가를 남겨 그것을 밑천으로 세계 경영을 꿈꾸는데, 우리는 다 타고 남은 강의실과 난장판이 된 교수연구실에서 무엇을 남겨 장래의 밑천을 삼을까?

대체 이 세상이 다 불타면 무엇이 남을까? 무엇을 짚고 일어설까? 당나라 때 대수(大隨; 834~919) 선사에게 어떤 선객이 물었다.

"겁화(劫火)가 훨훨 타서 대천세계가 모두 무너지는데 '이것'도 따라서 무너집니까?"(『벽암록』 제29칙)

겁화란 불교에서 말하는 우주공간 중의 하나인 삼선천(三禪天)까지 높이 치솟는 엄청난 불이다. 그리고 '이것'이란 '중생의 본성' 내지는 '깨달을 수 있는 밑천'이다. 그러니까 이 세상이 다 불타서 사라지면 '깨달음의 씨앗'도 타버리냐는 물음이다. 이에 대한 대수 법진 선사의 대답은 다음과 같다.

"다 타 없어진다."

이런 대답을 들은 선객은 불만에 찼다.

"그러면 저도 불에 타 죽고 말겠습니다."

불성은 어디에나 있고 소멸하는 게 아니라고 여러 경전과 조사들이 말하고 있다. 그런데 그대는 일개 까까중 주제에 겁화가 치솟으면 불성도 타버린다는 소리를 지껄여 부처와 조사들의 말씀을 거역하느냐는 것이다. 그는 서쪽 지방의 브처라는 별명이 붙을 정도로 안목이 바른 수행자였다.

"그래, 너 말 잘했다. 너도 따라서 타 죽어라."

불교는 자비심을 으뜸으로 한다. 그런데 상대더러 불에 타 죽으라니 이게 무슨 말인가? 그래서 이 공안에 대해서는 예부터 선사들의 해석이 분분하다. 그 중에서도 『벽암록』에서는 "간절하게 그리고 몸소 얻고자 한다면 개념을 가지고 묻지 말라"는 말을 소개한다. 정말로 절실한 문제라면 남에게 의존할 것이 아니다. 개념 이전의 소리를 들어라. 『논어』 「팔일편」에 "회사후소(繪事後素)"라 했지만, '소전(素前)'에는 무엇이 있었을까? 그림을 그리는 일은 '흰 바탕'이 있은 다음에 하는 일이라는 말이다. 그러면 '흰 바탕' 이전에는 무엇이 있을까?

통일이 간절하고 몸소 얻고자 하면 교수연구실을 난장판으로 만들어서는 안 된다. 그런가 하면 한편 장래를 걸머질 학생을 간절히 위하고 그들을 내 몸처럼 여기지 않는 자는 학원에 들어와서는 안 된다. 어설픈 대답을 하려면 모두 대수 선사의 말을 따라야 한다. 겁화가 하늘을 치솟더라도 상식과 진실성에 터한 '자기 반성'에 근거해야 한다. 그렇지 않고는 너와 내가 모두 타 죽고 만다.

자나 깨나 한 생각

선어록에 나오는 수행자들의 이야기를 읽다보면 자나 깨나 자기 체험에 전념하는 것을 볼 수 있다. 그들이 주고받는 한 마디 한 구절은 모두 몸소 깨닫는 것과 연결되어 있다. 때로는 제자를 때리기도 하고 욕하기도 하지만, 결국은 거기로 귀결된다.

하루는 장사 스님과 그의 조카뻘 되는 앙산 스님이 달구경을 하였다. 앙산 스님이 달을 가리키며 말했다.

"사람마다 '이것'이 있지만 쓰지 못할 뿐입니다."

사숙인 장사 스님이 한마디 응수한다.

"옳지! 그것 좀 빌려 써 봤으면 좋겠네 그려."

조카인 앙산 스님이 그 말을 되받았다.

"그럼 사숙님께서 마음대로 쓰세요."

이 말이 떨어지자 장사 스님은 한 발에 걷어차서 앙산 스님을 넘어뜨렸다. 앙산 스님이 일어나면서 말했다.

"사숙님은 마치 호랑이 같으십니다."

이 대화에서 '이것'이란 중생의 불성이라고도 하고, 본래 면목이라고도 하고, 부모의 몸을 빌려 태어나기 이전의 본래 자기라고도 한다. '이것'이 모두에게 있다는 것이 대승불교의 출발점이다. 이런 맥락에서 "모든 중생은 불성을 가지고 있다"는 학설이 성립된다. 조카의 이야기는 '이게' 사숙님께서도 있으니 마음대로 사용하시라는 거다. 말로서는 틀린 게 아니다. 그런데 왜 때렸을까?

그러나 이 명제는 '개념화된 것'으로 그 속에는 구체적인 '당사자의 처절한 수행 체험'이 들어 있지 않다. 철저한 자기 수행에 바탕을 둔 조카 앙산의 체험이 빠졌다고 사숙은 판단했던 것이다. 철저하게 자기화 되어 있지 않고 남의 집 불 보듯 상투어로 전락될 위험이 들어 있다. 이런 위험은 언어나 문자로 표현된 주장 속에서는 개체의 생동감과 현장감은 추상화되고 일반화 된다. 선사들은 이것을 지극히 싫어한다. 그래서 자나 깨나 자기화 하기 위해 노력한다. 그래서 장사 스님은 조카 앙산을 걷어찬 것이다.

장사 스님의 이런 정신은 장졸이라는 이름을 가진 벼슬아치와의 대화에서도 잘 드러난다.

진사 장졸이 장사 스님에게 물었다.

"수많은 부처님의 이름을 들었습니다만, 그분들은 도대체 어느 국토에서 어떤 중생을 교화하고 계십니까?"

이 질문에 장사 스님은 이렇게 응수한다.

"시인 최호가 「황학루(黃鶴樓)」라는 시를 지어낸 후로, 그대는 황학루에 관한 시를 써 본 적이 있느냐?" 하자

이에 벼슬아치가 대답했다.

"아직 쓰지 못했습니다."

이에 장사 스님이 한마디 한다.

"그럼, 한가할 때 손수 시 한 편을 써 보는 것이 좋겠구려."

황학루는 중국 호북성 무창현에 있는 누각인데, 이것을 소재로 많은 문인들과 화인들이 작품을 내었다. 그런데 최호(704?~754)의 「황학루」가 나온 이래, 그것을 대표하게 되었다. 『당시삼백수』에도 7언 율시의 으뜸으로 수록되었다.

昔人已乘黃鶴去 此地空餘黃鶴樓

옛 사람은 이미 황학을 타고 가버렸는데,
이곳 공터에는 황학루만 덩그렇게 남겼네."

이후로 범인들은 황학루를 말할 때면, 황학루에 대한 자기 자신의 체험은 뒷전에 두고 최호의 시로 대신한다.

철저한 자기 체험을 으뜸으로 하는 선승 장사 스님으로서는 도저히 이것은 받아들일 수 없는 일이다. 자신의 체험을 자신의 언어로 한 치의 틈도 없이 고스란히 표현해야 한다. 어정쩡하게 남의 말을 주워 섬겨서야 되겠는가? 불경과 조사들의 어록에서 하는 말이 모두 옳은 소리이기는 하다. 그러나 그것은 어디까지나 그 사람들의 것이다. 자기 자신의 체험의 지평에 떠오르지 않는 한 적어도 자기에게는 의미가 없다.

선어는 철저한 현량(現量)에 의존한다. 이것은 형식논리학의 경험판단에 해당하는 것으로, 추론에 의존하는 간접판단인 비량(比量)과는 다르다. 비량은 어디까지나 2차적이고 개념적이다.

뿔 달린 호랑이

선어록의 많은 부분은 대화로 이루어진다. 거기에는 '구어' 내지는 '속어'가 많이 등장한다. 이런 어법의 문제는 학문적 연구를 통해서 어느 정도까지는 합리적인 설명이 가능하다. 그런데 문제는 이 대화를 통해서 드러내고자 하는 핵심 내용이 무엇인가를 확정 짓는 일이다. 노골적으로 말해서, 이 대화에서 누가 이기고 누가 진 것이냐는 것이다. 다음에 소개하는 대화도 그런 예 중의 하나이다.

한번은 위산·오봉·운암 세 제자 스님이 함께 스승 백장 선사를 모시고 있었다. 이때 백장 선사가 위산에게 질문을 던진다.

"그대는 목구멍과 입을 닫아버리고 말할 수 있겠소?"

이 질문의 속뜻은 불교의 핵심은 문장이나 개념으로 표현할 수 없는데, 이런 사실을 충분히 감안하고 불교 또는 깨달음의 핵심을 표현해보라는 것이다. 자기 자신의 깨달음을 조금도 손상시키지 않고 고스란히 나에게 드러내 보이라는 것이다. 너무나도 예리한 질문에 등골이 오싹할 정도이다. 독자들은 이 질문을 어떻게 받아 낼 것인가?

이렇게 갑자기 질문 공세를 받은 위산은 화살을 돌려 스승 백장 선사에게 되묻는다.

"사부님께서 먼저 말해 보시지요."

이에 백장 선사는 핀잔을 준다.

"나는 사양하지 않고 그대에게 대답해주고 싶지만 훗날 나의 자손을 잃을까 염려스럽다."

이번에는 백장 선사가 다시 오봉 스님에게 같은 질문을 하니, 오봉 스님은 말하였다.

"사부님, 입 닥치세요."

이 말을 듣자 백장 선사는 크게 칭찬한다.

"사람이 없는 곳에서도 이마에 손을 얹고[斫額] 멀리 그대를 바라보겠노라."

멀리 있는 물체가 잘 안 보일 때 사람들이 그것을 잘 보려고 이마에 손을 가리고 보듯이, 그대가 아무리 멀리 떨어져 있어도 간절히 우러르겠다는 것이다. 오봉 스님의 대답이 백장 선사의 마음에 들었다. 그를 인정한 것이다.

다음에 운암 스님에게 묻자, 운암 스님은 대답했다.

"선사께서는 하실 수 있으신지요?"

그런데 이 대답을 듣고 백장 선사는 이렇게 나무란다.

"나의 자손을 잃었다."

이 선객들이 주고받은 이야기에 숨어 있는 중심 화제는 깨달음 내지는 불교의 핵심이다. 즉 입을 막고 깨달음이 무엇인지 내지는 불교의 핵심이 무엇인지를 말할 수 있겠느냐는 것이다. 우리는 네 선승들의 대화를 통해, 입을 막고 말하는 게 불가능하듯이, 깨달음은 자기 자신의 문제이기 때문에 남의 입을 빌려서 설명해서는 아무 의미가 없다는 교훈을 얻을 수 있다. 그래서 옛 선사들은 이렇게 말씀하시곤 했다.

"자기 스스로 간절히 얻고자 한다면 남에게 묻지 말라."

그러나 위산 스님과 운암 스님이 선은 언어나 말로 할 수 없다는 것을 머리로는 알았지만, 결국은 대답을 하고 말았다. 질문을 정면 돌파한 것은 오봉 스님 한 분이다. 선생님께 쓸데없는 소리 하지 말고 입 닥치라는 것이다. 위산 너처럼 이러쿵저러쿵 말했다가는 결국 제자들이 그 말에 눈멀어 제 생명을 잃을까 걱정이 된다는 뜻이다. 그리고 운암 너는 눈 밝은 자손을 벌써 잃어버렸다는 것이다.

백장 선사의 질문은 사량 분별로는 도저히 대답할 수 없다. 개념이나 말로 하자니 이미 선가의 금기 사항을 범하게 되고, 그렇다고 질문을 회피해서는 안 된다. 그런데 오봉 선사만은 제대로 백장의 의도를 간파했다. 오봉의 이 대답은 중국 전한시대의 명장 이광 장군이 '용사진법'으로 적을 무찌르는 것에 비유되기도 한다. 화살을 뽑았다 하면 만 리 밖에 있는 독수리도 떨어뜨린다. 독수리는 백장 선사이고, 장군 이광은 오봉 스님이다. 또는 오봉을 '뿔 달린 호랑이'라고 비유하기도 한다. 호랑이도 용맹스러운데 거기에 뿔까지 났으니 말해서 무엇하랴.

운문 스님의 호떡

선어록에는 "부처가 무엇이냐?"라고 묻고 그것을 답하는 대화가 많이 나온다. 그런데 이 질문의 대답은 천차만별이어서 종잡을 수가 없다. 어느 때는 '딱딱하게 굳은 똥 덩어리다' 하기도 하고, 어느 때는 '서강에 흐르는 물을 다 마시면 말해준다' 하기도 하고, 어느 때는 '삼 세 근이다' 하기도 하고, 어느 때는 '뜰 앞의 잣나무다'라 하기도 하고, 어느 때는 '일, 이, 삼, 사, 오, 육, 칠이다'라고 대답한다.

도대체 어느 대답이 옳은가? 이 의문은 겉으로 드러난 말만 봐서는 풀리지 않는다. 거기에는 문제를 묻는 방식을 뿌리부터 뒤집어 봐야만 한다. 궁극적으로 말해서 "부처가 무엇이냐?"라는 질문은 남에게 던질 게 아니라, 자기 자신에게 던져야 한다. 이렇게 이해하는 것이 위의 선문답을 더 적합하게 이해할 수 있다.

추상같은 언어 사용으로 이름 높은 운문 문언(雲門文偃; 864~949) 스님의 대화를 보자.

하루는 객승이 찾아와 운문 스님에게 물었다.

"어떤 것이 부처와 조사를 초월하는 말입니까?"

이런 질문을 받은 운문 스님은 "호떡."이라고 기상천외한 대답을 한다. 이 무슨 소리인가? 부처보다도 그리고 조사스님들보다도 더 높은 그곳으로 뛰어넘는 이치가 무엇이냐고 물었는데 '호떡'이라고 대답하다니 ……. 호떡이 부처와 조사를 초월하는 이치라는 것인가? 선문답이 아무리 앞뒤가 안 맞는 말이라고 잘못 이해하는 요즈음의 상식으로도 도저히 이해되지 않는다.

그런데도 이 공안은 운문 스님의 선사상을 단적으로 드러내는 것으로 예부터 이름이 높다. 이 말은 당시의 선사들이 큰소리만 냅다 치고 알음알이로 이리저리 따지는 작태에 일침을 가한 것이다. 잘 알려진 대로, 선종에서는 부처도 죽이고 조사도 죽인다는 말이 전해진다. 엄청난 소리이다. 그 정도로 자기 자신에 충실하여 남에게 흘리지 말라는 것이다. 이것은 좋기는 좋다. 그러나 문제는 진실한 수행 없이 말로만 큰소리 뻥뻥 치는 것이 문제이다.

운문 스님이 보기에 부처와 조사를 뛰어넘는다는 그런 큰소리는 그만두라는 것이다. 입 닥치라는 소리이다. 터진 입으로 잘도 지껄이는 것을 '호떡으로 틀어막겠다'는 것이다. 이런 해석은 천년 전에 벌써 설두 중현(雪竇重顯; 980~1052) 스님이 『벽암록』 제77칙에서 했다. 필자도 이 해석에 동감한다.

요즈음 불교계 한 구석에서는, 자기 자신의 진실한 수행은 팽개치고 세상의 정치가 어떠니 현대의 철학사조가 어떠니 번잡하기 한이 없다. 말이 좋아서 자신의 깨달음을 뒤로 미루고 고통 받는 중생을 구한다는 것인데, 그게 가능한가? 석가세존께서 그렇게 가르치시던가? 대승불교의 자비사상도 한때 한 지역에서 만들어진 사조이다. 그런 사상 이면에 자신의 깨달음이 굳건히 자리하고 있음을 잊어서는 안 된다. 자신을 포기하고 남을 위하려는 선한 마음에서 출발했더라도 결과적으로는 우리를 괴로움으로 이끈다. 포교라는 또 하나의 망상에 사로잡혀 자신의 깨달음을 소홀히 하는 어리석음을 범해서는 안 될 것이다.

선어록을 읽다보면, "유유저개재(猶有這箇在)"라는 말을 자주 만나게 된다. 우리말로 옮기면 "아직도 이게 있구나!"이다. 맨 끝의 '재(在)'는 문장 끝에서 단정 내지는 감탄을 나타내는 어조사이다. 이 말은 흔적이 남아 있다는 질책이다.

연세대학교 정문의 백양로를 걷다보면 한여름의 더위는 가셨지만, 아직도 남은 더위가 있어 햇볕이 따갑다. 이 남은 더위가 있는 한 완전한 가을은 멀었다. 초월해야 할 부처와 조사라는 흔적을 남겨서는 아직 깨달음은 멀었다. 포교한다는 자취가 남아서는 깨달음으로 인도하지 못한다. 자기 수행을 소홀히 한다면 운문의 호떡에 입이 틀어막힐 것이다.

사람 달아매는 말뚝

"학부에서 all A를 받았다고 해서 대학원 학위 논문을 성공적으로 쓰는 것은 아니다." 교수들은 이렇게 말하곤 한다.

각 과목에서, 개성으로 둘째가라면 서러워하는 철학 교수가 요구하는 답안을 요령 있게 쓴다는 것은 보통일이 아니다. 그런데 왜 교수들은 이런 말을 하는 걸까?

사실, 철학은 그 학문의 성격상 선생의 입장과 견해가 다를 수도 있다. 그런데 전 과목 모두 만점을 받았다면, 그것은 결국 자기의 생각은 접어두고 교수의 가르침을 그 교수가 원하는 대로 답안지에 쓴 게 아니냐는 것이다. 이것은 결국 자기 자신의 문제의식이 투철하지 못함을 드러낸다. 그러나 대학원에서는 자기 자신의 문제의식이 투철하지 못하면 좋은 논문이 나오질 않는다. 철학의 무대는 철저한 자기의 문제의식과 그것을 풀어가는 논리적 사고로 훈련된 이들이 꾸며간다.

철학사적 지식을 습득해 가면서도 자기 문제를 놓쳐서는 안 된다. 그리하여 철학사적 지식을 뛰어넘는 그 순간 자기의 철학이 영글게 된다. 이 점은 시를 쓰는 시인이나 선사들의 선문답과도 서로 통한다. 『시인옥설』이라는 책에서 송나라의 위경지(魏慶之)

는 『창랑시화』의 저자인 엄창랑의 말을 빌려서 이렇게 말한다.

"시에는 별다른 재주가 있어야 하는데 그것은 책 많이 보는 것과도 관련이 없다. 시에는 별다른 멋이 있어야 하는데 그것은 이치를 잘 설명하는 것과도 관련이 없다. 옛 분들이 독서를 하지 않은 것도 아니고 이치를 연구하지 않은 것도 아니지만, 이치에 빠지지도 않고 언어에 얽매이지 않는 시가 최고다."

이치를 밝혀내고 언어를 쪼고 깎고 닦는 것도 좋지만, 거기에 빠져서는 안 된다. 일부 송대 성리학자들의 시나 불교 강사들의 교학에 이치에 들어맞는 말이 많기는 하지만, 아직도 그 흔적을 싹 털어버리지 못하는 경우가 있다. 흔적마저도 사라져야만 그것이 최상승이다.

이런 흔적 없는 무심한 수행을 선어록에서는 영양(羚羊)이 잠자는 모습에 비유한다. 영양은 나무 위로 높이 기어 올라가 가지 끝에 뿔을 걸고 잠을 잔다고 한다. 땅 위에 남긴 발자취가 싹 사라졌기 때문에 쫓아오던 사냥개도 그만 길을 잃고 만다는 이야기이다.

팔만사천 경전을 앞으로도 외우고 뒤로도 외워 불교 냄새를 풀풀 풍기며, 입만 열었다 하면 부처님이 어쩌니 보살이 저쩌니 하더라도 그 흔적이 남으면, 그것 때문에 도리어 제 목숨을 잃는다는 것이다. 그래서 역대 선사들은 자신의 본성을 돈오한 뒤에는 무심하라고 한다. 돈오한 뒤에 이 소리 저 소리하여 냄새를 피우지 말라는 것이다.

구두피선(口頭皮禪)이라는 별명이 붙을 정도로 말 잘하는 조주 스님은 이렇게 말한다.

"불법은 저 남쪽에 있다. 여기 북방 조주 땅에는 그런 거 없다. 나는 '부처님' 할 때의 '부'라는 소리만 들어도 구역질이 난다."

이것은 남방의 설봉교단의 아류들이 언어나 문자에 얽매이는 것을 꾸짖는 말이다. 또 이렇게 말한다.

"남방에서 오는 자들에게는 '짐'을 덜어 주리다. 남방에서 수많은 선승들이 죽어간다."

남방의 어리석은 수행자들이 불교의 이치에 찍어 눌려서 자기의 영혼을 말려 죽이는 것을 걱정하는 말씀이다. 불법도 때로는 '짐'이 된다. 진리도 때로는 '짐'이 된다는 말이다.

팔만사천 법문이 말씀마다 모두 이치에 딱딱 들어맞는다. 그러나 그것의 자취가 남아 있으면, 그 말씀이 도리어 수행자의 영혼을 영원히 얽어매는 말뚝이 된다. 저 유명한 '일구합두어 만겁계려궐(一句合頭語 萬劫繫驢橛 : 이치에 딱 맞는 한마디가 영원토록 그대를 매어두는 말뚝이 된다)'이라는 말을 상기하자. 이 자리는 이치도 사라지고 언어도 끊어진 자리이다. 흔적이 없는 무심의 경지이다. 수백억 부처님을 공경하는 것이 무심한 도인 한 분 모시는 것만 못하다고 한다.

마음이 부처

최근 몇 년간은 2월말이나 8월말이 되면 뭔가 모르게 불안해하는 나 자신을 발견한다. 양 어깨를 누르는 듯한 그런 중압감이다. 곰곰이 생각해보니 원인은 대학의 개강이 가까워졌기 때문이다. 그러다가 이 불안감이 가시는 것은 강의가 시작되면서부터이다. 그때부터는 정신없이 바쁘다. 그러다가 10월 첫 입새로 접어들면서 약간 여유도 생기고 강의하는 즐거움도 솔솔 느끼기 시작한다.

매 학기마다 세 과목을 맡아서 일 주일에 아홉 시간씩 강의한다. 그 중 하나는 대학원 수업이고 나머지 둘은 학부 수업이다. 이번 학기 대학원에서는 '선불교연구'라는 과목을 걸고 『오등회원』(전20권)을 보기로 했다. 다른 대학에서도 학생이 오고 해서 모두 22명이 듣는다. 그동안 나는 대학원에서 한문 원전을 교재로, 학생들에게 번역시키고 나는 주로 듣기만 했었다. 그런데 이번에는 방법을 달리하여 내가 초고를 번역하여 나누어주고, 그것을 자료로 삼아 그 속에 담긴 선사상을 논의하기로 했다. 내 자신이 배우는 게 한두 가지가 아니다.

지난주에는 제3권 남악 회양과 마조 및 그의 제자들에 관한 기록을 읽었는데, 그 중 마조의 이야기 속에서 기가 막힌 말들이 많이 나왔다. 대학 강의실에서만 보기에는 정말 아까워 소개한다. 중국의 선종은 남악 회양 문하의 마조와 청원 행사 문하의 석두 두 분이 터를 닦았다는 생각이 새록새록 든다.

　마조 스님하면 신라 때 9산 선문에서도 추모하던 선사이며, 요즈음 우리나라 불교 신도들의 귀에 익은 "마음이 부처다"라는 말의 주인이다. 현실에서 울고 웃고 작용하는 바로 그 마음이 불성이며 중생의 본성이란다. 여기에서는 우리는 마조 선사가 무슨 뜻으로 이 말을 했는지 다져 볼 필요가 있다. 왜냐하면 이 말은 뒷날 송나라의 신유학자 주희가 불교비판의 표적으로 삼은 이래, 조선시대 유학자들이 불교를 비판하는 모범답안이 되었기 때문이다.

　한 객승이 마조 선사에게 질문했다.

"스님께서는 왜 '마음이 부처다'라고 하십니까?"

마조 스님이 말하였다.

"어린애 울음 그치게 하려고 그런 말을 했다."

"울음을 그치면 어떻게 합니까?"

"그때는 마음도 (말할 것) 없고 부처도 (말할 것) 없다."

　마음이 부처라고 한 것은 그저 우는 애 달래는 수단이며 방편이라는 것이다. 이쯤 되자 질문하던 스님이 한 차원 높여 이렇게 묻는다.

"그러면 울지도 않고, 그렇다고 안 울지도 않는 사람에게는 뭐라고 말하겠습니까?"

이 말을 듣자 마조는 상대가 무색할 정도로 면박을 준다.

"그대에게 '그대는 그것을 감당할만한 사람이 아니다'라고 말하지."

그런 사람이란 마음을 어디에도 붙이지 않는 무심한 수행자이다. 그러나 이 경지는 네 깜냥으로는 누리지 못한다는 것이다.

그러나 질문자는 물러서지 않고 세차게 달려든다.

"만약 그런 사람을 만나면 어찌 하시겠습니까?"

"에~, (그 사람을 시켜서) 그대가 위대한 도를 깨닫도록 하겠다."

다시 말하면 그런 무심한 사람이 있다면 너부터 지도하도록 하겠다는 것이다.

이쯤 했는데도 상대방이 못 알아듣고 다시 칼을 들이댄다.

"달마가 인도에서 왜 왔습니까?"

이쯤 되면 마조로서는 더 이상 시간 끌 필요를 못 느낀다. 시퍼런 칼날을 상대의 목에 척~ 댄다.

"지금은 어떻고?"

이 마지막 말의 원문은 '즉금시심마의(卽今是甚麽意)'이다. 달마 스님이 인도에서 중국으로 온 것을 물을 게 아니라, 그대가 여기에 온 까닭은 무엇이냐는 것이다. 결국 같은 게 아니냐는 것이다. 시선을 밖으로 돌릴 것이 아니라, 그대 자신한테로 돌리라는 것이다. 특정한 사람의 마음이 아니라, 이렇게 내 앞에서 질문하는 바로 여기 '그대의 마음' 밭에서 부처 과일이 영글기 때문일 것이다.

네 명의 검객

저 멀리 옛날 당나라에는 뒷날 정승이 된 배휴와 규종 종밀 사이에 오고간 글이 있다. 세상에서는 이 글을 『중국에서 마음을 전한 선가의 스승과 제자의 내력』이라고 부른다. 대학원 수업에서 한 두 주일간 이 글을 함께 읽어보았다. 이 글에는 한 스승 밑에서 수학한 네 부류의 선객이 등장한다. 하나는 북종의 신수(神秀) 선객이고, 둘은 우두(牛頭) 선객이고, 셋은 마조(馬祖) 선객이고, 넷은 하택(荷澤) 선객이다.

이 글을 다 읽고 나서, 학생들에게 남의 말 인용하지 말고 자신의 언어로 그 체험을 적어오라고 했다. 저마다의 개성과 문체를 살려서 적어왔다. 그 중 한 학생의 글을 여기에 소개한다. 선종의 각 특징을 잘 포착한 글이라고 생각한다.

서역에서 온 어떤 검객이 무림을 제패하고, 수제자 네 명을 두었다. 하루는 네 명의 제자를 모아놓고 그 동안 쌓아 온 실력의 경지를 보고자 하였다. 스승은 먼저 칼을 뽑지도 않은 채 앞마당의 아름드리 전나무를 가볍게 넘어뜨린 뒤, 한 사람씩 그렇게 할 수 있는 무공의 경지를 말해보라고 했다.

가장 '신수(神秀)'가 훤한 제자가 앞으로 나서더 말했다.

"언제나 몸을 연마하여 군살 하나 붙지 않으면, 빠르기가 바람같고, 마음을 갈고 닦아 그것이 칼과 같으면, 한 치의 오차도 없습니다. 사부님의 검법은 이 경지에 이르렀기에 칼을 움직이지 않은 듯 몸을 쓰지 않은 듯 보인 것입니다."

그러자 '머리가 소[牛頭]'처럼 생긴 자가 껄껄 웃으며 말을 잇는다.

"그것이 아니오. 선생님의 경지는 너무도 높아 칼을 쓰지 않고도, 마음을 움직이지 않고도 아름드리 나무를 쓰러뜨린 것입니다. 다시 말해서, 선생님의 경지는 검(劍)의 법이 없는 듯 있는 듯 한 경지로서, 칼이 없이도 적을 제압하고, 적을 제압하겠다는 마음먹음 없이도 적을 순간에 제압할 수 있는 최고의 경지이지요, 또한 이 최고의 경지는 어떤 '비약'이 있어야 도달됩니다."

그때 형상이 꼭 '말같은 늙은이[馬祖]'가 손은 내저으며 말한다.

"당신도 틀렸소. 스승님의 도(道)는 그렇게 멀리 있는 것이 아니오. 마음 닿는 대로 움직이고, 그 어디에도 얽매이지 않으면서 지금 '여기'를 중시하는 것이 스승님의 도입니다. 한 번의 칼 놀림, 한 번의 마음 씀에 천지의 기(氣)를 쏟기 때문에, 무위의 유위(無爲之有爲)를 할 수 있는 것이지요. 아까 스승님이 비록 나무 쓰러뜨리는 일과 무관하게 보였는지 모르겠지만, 그 분의 일거수일투족은 모두 버려지는 것이 없어 그렇게 보일 따름이지 실은 그렇지 않습니다."

오랫동안 높은 산꼭대기에서 수련을 쌓은 마지막 제자가 조리 있게 다음과 같이 말하였다.

"여러분의 견해는 모두 맞으면서 틀립니다. 한마디로 진정한 검법은 법이 아님을 '아는 것[知]', 칼을 쓰지 않고서도 상대를 제압하고, 마음을 내지 않고서도 하지 못하는 일이 없는 것, 그래서 있고 없음에 자유로운 것이 사부님의 경지입니다."

이 말을 듣고 있던 스승은 조용히 웃고만 있었다.

'신수'가 훤한 제자는 북종의 대통 신수요, '머리가 소처럼 생긴' 검객은 우두산의 법융 선사이고, '말같이 생긴 늙은이'는 마조 도일이다. 맨 끝에 나선 사람은 두말 할 것 없이 하택 신회이다. 중원의 무림에서 마지막 승리자가 된 것은 마조 계통의 검법이다. 현실의 작용에서 드러난 이 마음에서 활과 검의 진수를 보았던 것이다. 선종사의 우여곡절 끝에 신수는 그만 방계가 되고 말았지만, 그의 안목과 수행만큼은 여전히 천하제일이다.

부처님 같은 삶

성철(性徹; 1912~1993) 선사께서 열반하신지도 많은 세월이 지났다. 몸은 갔어도 남기신 말씀만은 여전하다. 사려 깊은 제자들의 덕분으로 생전의 말씀이 여러 책 속에 전한다. 1996년에는 해인사 학인들이 발행하는 『수다라』에 '1947년 봉암사 결사'가 실려 결사운동의 본보기를 알려 주었다.

'봉암결사'의 영향은 우리에게 너무나도 가까이 있는 탓에 실감하지 못하고 산다. 마치 공기의 고마움을 모르는 것처럼. 돌이켜 보면 조선시대 500년간은 불교탄압의 역사였다. 유가사상으로 무장된 양반사회에서 승려는 한낱 천한 계층이었다. 물론 양반 중에도 점잖은 이는 불교를 받아들였지만, 내놓고 승려에게 예를 갖출 수 있는 분위기는 아니었다. 그러니 외골수 유생이나 어여쁜 백성들이야 승려 알기를 뉘 집 종 보듯 하였다.

이것을 뒤집어 놓으신 어른이 성철 선사이다. 우리 근대사에서 잃어버렸던 삼보의 하나인 승보를 찾아주신 분이다. 이제는 어느 절을 가보더라도 신도들이 승려에게 큰절을 올린다. 지금의 우리들에게는 너무나도 당연한 듯하지만, 이렇게 된 것도 불과 삼사십년 전이다. 요즈음은 '스님'이라 부르는 것도 속이 안 차서 '큰

스님'이라고 부르지만, 그 당시에는 승려에게 '야야' 또는 '자자'했다고 한다. 고작해야 '대사'이다.

삼보 중에서 가장 중요한 것이 수행자 집단인 승보이다. 이 승보 속에서 부처님이 나왔고, 그로 인해 부처님의 가르침이 퍼졌기 때문이다. 부처님이 바로 이 승단에서 나왔다는 것을 상기하면 수행자 집단이 얼마나 중요한지 짐작이 된다. 우리가 수행자 집단을 잃으면 불상은 하나의 조각품으로 전락하고, 팔만대장경도 그저 관광 유산일 뿐이다.

조선시대 500년간 승보는 감추어졌다가 성철 선사가 주석하던 도량에서 다시 싹텄다. 봉암사에서 신도들이 승려에게 절하게 하고, 합장하게 했다. 그러면서 승려들은 부처님 법대로 살아가자고 피나는 실천을 했단다. 자주자치(自主自治)의 깃발 아래 동량해서 먹고 살며 수행하자는 '공주규약(共住規約)'이 불교의 물꼬를 오늘로 휘잡아 돌렸다. 백장 선사의 '선원청규'가 산문의 법도를 만들었다면, 그것을 실천에 옮긴 것이 성철 선사의 '공주규약'이다.

나무로 만든 바리때 탕탕 때려 부수고, 비단 가사 훨훨 불사르고, 승도 속도 아닌 짤막한 두루마기 싹싹 잘라버리고, 장삼을 항상 수하고, 대중공양하게 하고, 여법하게 보살계 수계 살림하고, 도반들 챙기고, 포살과 자자하고, 그리고 남모르게 남 도와주는 불공법을 가르쳤다.

당신 살아계신 때인들 어찌 사회운동이 없었겠으랴! 그때야말로 사회주의니 민주주의니 해서 남북이 갈리고, 6·25전쟁으로 사회가 좀 술렁거렸겠는가? 그러나 성철 선사의 결사운동은 "불법대로 살자"라는 것이다. 불교로 사회를 정화하려는 것이다. 어찌 다수결의 원칙으로 산문의 법도를 논하고, 마을의 논리로 숲의 논리를 칼질하려 하는가?

한편, 성철 선사는 이제까지의 법문의 형식과 내용에 새 생명을 불어넣었다. 죽어있는 말이나 글이 아니라 활발한 새 소식이다.

> "자기를 바로 봅시다. 부처님이 이 세상을 구원하러 오신 것이 아니요, 이 세상이 본래 구원되어 있음을 가르쳐주려고 오셨습니다."

타고난 저마다의 상품을 깨쳐 부처되자는 것이다. 그것도 수많은 세월을 거쳐서 하자는 게 아니고, 이 자리에서 당장에 하자는 것이다. 바로 이런 마음과 몸가짐으로 노력하라는 것이다. 그것도 티 없이 무심하게 말이다. 청담 스님과 함께 마을에서 동냥한 것을 돌아오면서 남의 솥에 몰래 넣어주고 오듯이 무심하게 말이다. 선사의 돈오무심 가르침은 당신의 생활과 하나 되어 나온 것이다. 그것은 이론 이전에 선사께서 몸소 하신 실천의 결과이다. 그것은 현량(現量)이지 비량(比量)이 아니다.

내가 부처된 때

　비가 내리는 날의 찻집은 그 어느 때보다 분위기가 가라앉는다. 창 밖에 빗물 떨어지는 소리가 들리고, 클래식 음악이 낮게 흐를 때면 더욱 그렇다. 찻잔을 마주한 두 남녀 사이에는 침묵이 흐른다. 그녀의 입에서 나온 "도둑놈!"이라는 말이 찻집의 고요를 깬다. 이미 그녀의 두 볼에는 눈물이 맺혔다. 여기에서 우리는 그녀가 무엇을 잃었는지 짐작할 수 있다.

　택시를 탑승했다. 앞좌석에 탄 손님이 기사와 국방부 무기 수입 뭐라고 뭐라고 한참 열을 올리더니 "도둑놈!" 했다. 이것은 분명히 돈과 관련이 되었을 것이다.

　하나는 사랑의 도둑이요, 하나는 돈 도둑이다. 이처럼 같은 말인데도 그 쓰이는 곳에 따라 전하는 뜻이 달라지는 것이 말의 속성이다. 긴 문장 속에 쓰인 말이면 앞뒤를 헤아려 그 뜻을 알 수 있지만, 위의 "도둑놈!"처럼 한 단어로 된 문장이면 그 의미를 알아차리기가 쉽지 않다.

　중국의 선어록을 읽다보면 이런 경우를 많이 만나게 된다. 우리말로 옮기는 과정에서 번역자는 이 점을 분명히 밝혀주어야 한다.

황벽 희운 선사와 남전 보원 선사가 선방에서 수좌 소임을 보고 있었다. 마조 스님의 제자 중에 남전 보원과 백장 회해 등이 있었는데, 남전 밑에서 조주 스님이 나왔고, 백장 밑에서 황벽 스님이 나왔다. 그러니까 황벽이 조카이고 남전이 삼촌인 셈이다. 그런데 조카가 식당에서 선임자의 자리인 남전의 자리에 떡 하니 앉아 있었다.

남전이 이것을 보고는 묻는다.

"그대는 어느 해에 도를 닦았는가?"

조카인 황벽이 대답한다.

"위음왕 부처 이전입니다."

이 말을 들은 삼촌 남전이 말한다.

"그러면 내 손자구먼! 꺼져! 자리 내놔."

조카가 자리를 양보하자 삼촌은 더 이상 말하지 않았다.

위음왕 부처는 『법화경』「상불경보살품」에 나오는 부처로 공겁 시절에 맨 처음 부처가 된 이이다. 그러니까 온 우주의 처음이라는 말과도 통한다. 따라서 황벽의 이야기인즉, 우주가 생기기 이전에 이미 수행했다는 것이다. 그러니 내가 나이가 더 많다는 것이다. 이 말을 들은 남전 선사는 그렇다면 내 손자뻘이 된다는 것이다. 한 수 더 뜬 것이다.

이 선문답 속에서 두 선지식은 무슨 소리를 하고 있는 것인지 쉽게 납득이 가지 않는다. 노인들에게서 흔히 보이는 누가 형님인지 나이 싸움 하는 것일까? 여기에서 분명한 것은 남전이 자신이 수행을 더 오래했으니 윗자리에 앉아야 한다는 것이다. 그런데 만일 말 그대로라면 모든 명예를 버린 수행자가 뭐 그렇게 자리에 연연해 싸우느냐는 비판도 있을 수 있다.

'도둑놈!'이 무슨 뜻인가를 밝혀내야 하듯이, 위음왕 부처 이전에 도를 닦은 것이 무엇을 의미하는가를 밝혀야 한다. 그렇지 않으면 삼촌과 조카가 자리싸움을 한 것밖에는 안 된다.

자세한 설명은 줄이고 결론을 말한다. 이 두 선사 사이에는 모든 중생은 본래 부처였다는 불성사상이 전제되어 있다. 위음왕 부처 이전에 이미 도를 닦았다는 황벽의 말이나, 그렇더라도 결국은 내 손자뻘이라는 남전의 말이나 전하려는 내용은 동일하다. 나는 옛날 꼰날에 수도했다는 것이다.

이 선문답에서는 승자와 패자가 갈리지 않고 모두 승자가 되었다. 옛날 꼰날부터 본래 깨달은 자였다는 말을 두 선사가 제각각 상황에 딱 맞게 표현한 것이다. 게다가 남의 흉내 내지 않고 자기만의 언어로 설명한 것이다.

불교학의 과제

　세상을 살다보면 여러 일에 얽힐 때가 많다. 이수일과 심순애의 신파극처럼 이리 가자니 사랑이 울고 저리 가자니 돈이 운다. 둘 다 가지면 오죽이나 좋으련만, 그렇지 않은 일들이 더 많은 것 같다.

　불교학도들도 이런 처지를 종종 당한다. 우리가 현실에 살고 있는 한 당면한 문제를 외면할 수는 없다. 그런가하면, 한편으로는 읽어야할 고전이 산처럼 쌓여 있다. 쉽게 말해 8만4천 경전이 있다. 이것을 독파한다는 일은 일생을 두고 해도 못할 지경이다. 이 고민을 크게 정리해 보면 불교연구 안에서 기초학과 응용학 사이의 갈등이다.

　사회가 다양해지면 해질수록 이 사회가 불교에 요구하는 분야도 많아질 게 분명하다. 여기서 우리는 기초학과 응용학 사이의 갈등을 전면으로 풀어가야 한다. 동국대학교 개교 90주년 기념행사로 열렸던 '21C 문명과 불교'도 그런 해결책의 하나로 기획된 듯하다.

　그런데 불교학을 하는 우리는 이 시점에서 잊어서는 안 될 것이 하나 있다. 그것은 석가모니 내지는 역대 선지식들의 경험과 방법을 주의 깊게 살펴봐야 한다는 점이다. 그리하여 그들이 공통적으로 문제 삼아 왔고, 또 대안으로 내놓은 해결 방식을 분명히 알아야 한다. 그러면 석가모니를 포함한 수행자 집단이 공통으로 문제시했던 것은 무엇인가? 그것은 두말할 것도 없이, 번뇌에서 벗어나는 것이다. 소위 8만 4천에 달한다는 경전이 번뇌로부터의 해탈과 연결되지 않은 것이 없다.

불교에서는 괴로움을 하나의 장애로 보았다. 따라서 우리는 분명히 '편안함'과 '괴로움'이라는 두 세계를 방법적으로나마 나누지 않을 수 없다. 장애의 정체를 밝히고 그것을 없애려고 수많은 불교인들이 노력했다. 미래의 불교도 이런 연장선에서 그 지평이 보인다.

원효 스님의 대표작으로 우리는 『이장의(二障義)』를 꼽을 수 있다. 우리의 장애를 둘로 나누어 그 정체를 밝히고 그것을 없애려고 수많은 불교인들이 노력했다. 선사 스님들은 장애라는 것은 본래 공한 것으로서 그 실체가 없으니, 모든 인간이 타고난 편안함을 자각하라 한다. 편안함은 인연에 의해 만들어진 것이 아니므로 생멸변화하지 않는다고 한다.

『금강경』에서는 괴로움을 포함한 모든 형상 있는 것은, 망망한 바다에 뜬 거품 같고, 아침 햇볕의 이슬과 같다 했다. 『성유식론』에서는 괴로움을 128종의 범주로 나누어 낱낱이 파헤친다. 그런가 하면 화엄종주 규봉 종밀 스님은 이 문제를 해결하기 위해 이(理)와 사(事)라는 두 개의 개념 축을 만들어 과거의 논의를 정리

불교학의 과제 73

하고, 돈(頓), 점(漸), 오(悟), 수(修) 개념을 조합하여 괴로움을 없앨 수 있는 여러 수행 방법을 제시한다.

　면벽하고 있던 달마 스님과 그를 찾아가 가르침을 구한 혜가 스님의 이야기는 유명하다. 혜가가 괴로움을 없애 달라고 하자 달마는 그 괴로움을 이리 내놓으라고 한다. 도대체 괴로움이란 게 뭐 물건인가? 주고받게. 물론 위의 이야기는 후세의 선사들이 꾸며 낸 이야기이다. 그러나 분명한 것은 괴로움을 없애는 것이 불교의 핵심임을 드러냈고, 또 그 괴로움을 없애는 방식을 제시했다. 괴로움이란 실체가 없는 허망한 것임을 알아차리면 당장에 사라진다는 것이다.

　요즈음 우리 불교계의 학술발표가 이 문제를 정면으로 해결하려 했는가? 응용에 대한 요구에 끌려 기초학을 소홀히 하지는 않는지?

잘 보면 꼬리가 보입니다

 필자는 전철을 타면 광고 문구를 보는 습관이 있다. 짧은 문장으로 상품을 선전하는 밀도 있는 언어의 짜릿함을 맛볼 수 있기 때문이다. 어떤 때는 광고 문구에 정신이 팔려 내릴 역을 지나치는 경우도 있다. 얼마 전에는 "잘 보면 꼬리가 보입니다"라는 안기부의 간첩 신고 포스터 때문에 그렇게 되었다. 일파만파의 물결을 일으킨 구절은 '꼬리'이다. 포스터에는 꼬리가 긴 쥐가 그려져 있었다.
 시골에 살았던 나는 꼬리만 내놓고 숨어있는 쥐를 잡곤 했는데, 서울에 와 보니 꼬리 잘린 고양이가 더러 보였다. 주인 따라 방안에 들어오다가 꼬리를 추스르기 전에 문이 닫힌 것이다. 살다보면 꼬리 때문에 낭패를 보는 경우가 있다. 이것만 없으면 죽음도 모면할 수 있을 텐데 말이다.
 불교는 이 흔적을 없애는 공부를 강조한다. 마음에 실오라기만한 움직임이라도 있으면 그것이 원인이 되어 업을 불러일으킨다. 그러면 그 업이 선하든 악하든 그에 따르는 과보가 오게 마련이다. 이렇게 되면 윤회의 사슬에서 벗어날 겨를이 없다.
 선에서도 흔적 없는 수행을 현장감 있는 말로 강조한다. 당나라 때에 어떤 선사가 절 땅을 부쳐 먹는 사람을 살피러 가려고 마음먹었다. 이튿날 갔더니 그 사람이 음식을 푸짐하게 내어 대접을 하는 것이다. 그 스님이 물었다. 내가 올 줄 어떻게 알았느냐고. 그 사람의 대답은 이러했다.

"토지신이 알려 주셨습니다."

이 말을 들은 스님은 자신이 무심 공부를 못해 귀신에게 들켰다고 크게 반성한다. 이 이야기는 『전등록』을 비롯하여 『오등회원』 등에 전한다.

어릴 때 모래사장에서 자라 잡이를 한 적이 있다. 저녁에 긴 널빤지를 가지고 모래사장을 편편하게 고르고 이튿날 새벽에 간다. 그러면 자라 발자국이 모래사장에 생기는데, 그 발자국을 따라가면서 쇠막대기로 꾹꾹 찌르면 자라 등껍질에 닿는 촉감이 온다. 잽싸게 모래를 파헤쳐 그 놈을 잡는다. 자라는 그만 발자국 때문에 붙잡히는 신세가 된다.

이런 어린 시절이 있던 나는 "신령한 거북이 꼬리를 끈다"라는 『벽암록』의 선문답을 당장에 알아듣는다. 자라나 거북은 모래사장에 제 발자국을 남긴다. 그런데 신령스런 거북은 발자국 때문에 죽은 사연을 잘 안다. 그래서 꼬리를 끌면서 살살 흔들어 제 발자국을 지우고 간다. 그러면 발자국은 사라진다. 그런데 문제는 발자국 지우느라 흔들어댄 꼬리자국이다. 제8 아뢰야식에 들어있는 망상마저도 끊어져 자취가 완전히 사라져야 그 깨달음이 오묘한 경지에 이른다.

흔히 시를 논하는 것을 선을 논하는 것에 비유하기도 한다. 대표적인 사람으로는 『창랑시화』를 쓴 엄우를 꼽을 수 있다. 허공의 메아리 같고 물에 비친 달처럼 말은 다 하였어도 뜻이 다함이 없어야 한다고 한다. 이 경지를 그는 영양이 나뭇가지에 뿔을 걸고 잠자는 것에 비유한다. 이 말은 한의학 서적인 『본초』에 자세한 설명이 나온다.

포수가 사냥개를 데리고 다니면서 사냥을 하는데, 이 영양은 나뭇가지에 올라가 등그렇게 구부러진 자신의 뿔을 이용하여 나무에 매달려 쉰다. 기막힌 개코지만 냄새의 흔적이 사라지니 여기에는 당할 재간이 없다. 『전등록』에도 이 사연이 전해진다. 동산 스님의 제자 운거 도응 선사가 대중들에게 말한다.

"훌륭한 사냥개는 냄새를 잘 맡지만 영양이 뿔을 걸고 매달려 있으면 냄새는 말할 것도 없고 숨소리도 찾지 못한다. 그렇게 수행하라."

방온 거사

 절이나 불교단체를 기웃거리다 보면 거사(居士)라는 단어를 귀에 접하게 된다. 요즈음 우리나라에서는 거사가 어떤 모습으로 남들에게 보이는지 모르겠지만, 불교에서는 직업적인 수행자들의 상투적인 나태성을 일깨우는 주인공으로 종종 등장한다.
 거사로서 우리에게 잘 알려진 사람은 『유마힐경』의 주인공인 유마 거사이다. 부처님의 가르침을 직접 들은 성문의 제자들을 일깨워 대승의 정신을 선양하는 점은 대단히 명쾌하다. 더구나 '유마의 침묵'이라 불리는 일화는 그의 "둘이 아니다"라는 설법과 함께 많은 지식인들을 사로잡았다.
 교학의 거사가 유마라면, 선문의 거사는 단연 방온 거사이다. 그는 마조의 제자로 알려졌지만, 실은 마조와 석두의 문전 사이를 오가며 수행한 사람이다. 이 점은 임제종과 조동종을 구별하려는 요즈음의 시각을 반성하게도 한다. 이 두 종파는 송대 이후에는 수행상의 차이를 보이지만 당나라 당시에는 모두 돈오무심을 종지로 했다.
 젊은 날에 방온 거사가 석두 스님을 만나 가르침을 받을 때의 일이다. 석두에게 방 거사가 가르침을 구한다.

"만법과 짝하지 않는 이는 어떤 사람입니까?"

많은 사람들이 환경에 휘말려 사느라 본래의 자기를 잃어버린다. 그런데 외부 경계에 메이지 않고 사는 저간의 소식을 스승에게 물은 것이다. 어쩌면 석두 스님 당신은 만법과 짝하지 않고 어떻게 사시냐는 비수가 들었는지도 모른다. 석두의 응수도 만만치 않다. 그 질문이 끝나기도 전에 석두 선사는 방 거사의 입을 틀어 막는다. 이유는 명확하다. 그것은 언어로 설명할 세계가 아니기 때문이다. 몸소 체험해야 하는 것이다. 이는 유마의 침묵과도 통한다.

이런 훌륭한 스승을 만난 방온 거사는 다시 발길을 돌려 강서 지방의 마조 대사에게 간다. 대사를 만나자 대뜸 묻는다.

"만법과 짝하지 않은 이는 어떤 사람입니까?"

석두에게 했던 질문을 그대로 마조 대사에게 들이댄 것이다. 마조 대사는 조금도 주저 없이 즉각 반응을 보인다.

"그대가 서강에 흐르는 물을 모두 마시고 오면, 그때 내가 말해주겠네."

마조가 전하려는 내용은 석두의 행동과 통한다. 서강의 물을 다 마시는 것이 불가능하듯이, 말로는 안 된다. 그것은 그대가 몸소 할 일인 것이다. 깨달음은 자신의 몫이다.

방 거사에게는 딸이 있었다. 그녀의 이름은 영조라 불린다. 이 딸이 대바구니를 만들어 시장에 내어 조석을 이어간 적도 있다. 그 아버지의 그 딸이어서 여간내기가 아니다. 영조는 송원시대의 화가들에 의해 그려진 그림에도 등장하게 된다. 그 가운데 임인 발이라는 작가의 작품으로 '방삼도'라 불리는 그림이 있다. 방 거사와 그의 처, 그리고 영조가 그려졌다. 이 그림의 사진첩을 볼 기회가 있었다. 영조는 녹색 저고리에 갈색치마를 입고는 손에는 대바구니와 돈을 들고 있었다. 어딘지 모르게 측은한 감이 들었다.

더구나 그 딸의 죽음에 대한 내력을 아는 나는, 그림을 본 후 지금도 그 애잔함이 남아 있다. 아버지 방 거사가 자신의 죽음이 왔음을 알고 정오가 되면 알려달라고 딸에게 시켰다. 딸도 아버지의 속마음을 알고는 정오가 되기는 했는데 해가 일식을 하니 밖에 나와서 구경하시라고 꾸며댄다. 아버지가 밖으로 나온 틈을 타서 방에 들어가 아버지 자리에 앉아 홀연히 세상을 뜬다. 아버지는 자신의 죽음을 보름 뒤로 연장했지만, 이번에는 처가 알아채고 먼저 간다. 세속의 기운이 남아서 그런지, 내게는 지금도 영조가 가엾기만 하다. 도대체 도가 무엇이길래, 인생이 무엇이길래 그렇게 죽는단 말인가?

말 잘 하는 조주 스님

구두피선(口頭皮禪)이라는 말이 있다. 이 갈은 조주 스님의 선풍을 나타내는 말로서, 말로 하기 어려운 깨달음의 경지를 입으로 기막히게 잘도 설명함을 뜻한다. 항간에서 말하는 입으로만 나불대는 선이란 뜻은 아니다.

조주 스님은 그의 스승 남전 보원 선사를 뵈올 때부터 말 잘하는 총기가 그대로 드러난다. 워낙 영특한 사미가 찾아오니 남전은 탐이 나서 그에게 법사 스님이 계시냐고 묻자, 조주는 얼른 "스승님 날씨가 싸늘하니 몸조심하세요"라며 착 달라붙는다. 여자친구의 어머니를 처음 만난 자리에서 '어머니'라 불러 성공한 사람이면 이 사연을 알고도 남을 것이다.

하루는 조주 스님이 마당을 쓰시는데 어떤 스님이 말을 건다.

"당신은 큰스님이신데 왜 먼지를 쓰십니까?"

이 말에는 비수가 들어 있다. '먼지'는 티끌을 말하는 것으로 번뇌와 같은 뜻이다. 그러니까 도를 많이 닦은 큰스님에게 왜 번뇌가 있느냐는 일침이다. 말 잘하는 조주의 대답은 만만찮다.

"티끌이 밖에서 왔다."

그러자 상대방 스님은 다시 대든다.

"깨끗한 수행 도량에 어찌 티끌이 있습니까?"

맹랑한 질문이다. 본래는 깨끗한데 더러움이 밖에서 왔다고 하니까, 그러면 깨끗한 본성이 왜 오염되느냐는 날카로운 지적이다. 그렇다고 물러설 조주가 아니었다. 이렇게 응수하여서 상대방을 비로 쓸어낸다.

"어이쿠, 여기 큰 먼지 하나 날아왔네 그려!"

번뇌가 어쩌니 부처가 어쩌니, 하는 말은 조주에게는 씨가 먹히지 않았다. 그는 그저 무심하게 자신의 본성을 단박에 깨쳐 자기의 언어로 드러낼 뿐이다. 당시에 잘못된 선승들이 말끝마다 부처가 어떠니, 번뇌가 저떠니, 몇 겁을 수행하여 깨달음을 얻으니, 이러쿵저러쿵 말이 많았다. 자신의 본성을 깨닫고 무심히 살아가는 조주 선사에게는 이런 것들이 모두 부질없는 망상이었다.

어떤 스님이 하직 인사를 하자 조주 스님이 어디로 가느냐고 묻는다. 그러자 천지사방을 다니면서 불법을 배우겠다고 한다. 불법이 어느 일정한 곳에 특별하게 있으리라고 생각하는 그 승려를 그냥 놔둘 조주가 아니었다.

"부처 있는 곳일랑 아예 머물지 말고, 부처 없는 곳은 얼른 지나 가거라."

당시 남방에 거점을 두고 있던 설봉교단의 아류들이 툭하면 부처를 들먹이고 깨달음을 지껄였다. 조주 선사는 이것이 구역질났다. 자기의 보배는 버리고 밖으로만 향하는 주체성 없는 선객들을 나무랐던 것이다.

깨달음이란 기성품처럼 백화점에 걸려있는 게 아니고, 자신의 생명에 뿌리내린 내면의 깊은 체험에서 자신이 만드는 것이다. 수행은 수제품이다. 그러나 예나 제나 어떤 체격에나 딱 맞고 누구에게나 어울리는 기성복이 있으리라는 기대감에 젖어 온 백화점을 휘젓는다. 이런 망상에 싸여, 도(道=길)가 무엇이냐고 묻는 객승에게 조주 스님은 말한다.

"도란 너네 집 담 너머에 있다."

그래도 못 알아듣고 객승은 다시 묻는다. 그런 도를 말한 게 아니고 대도(大道)를 여쭌 것이라고, 조주의 대답은 냉담하기만 하다.

"큰 길은 임금님 사시는 서울에 가면 있다."

도에 홀려서 도를 찾는 이들을 일깨우시는 말씀이다.

갈 길이 저기에 있는데 그것을 못 찾아서 헤매는 것이 아니라, 길이 저 멀리 어디엔가 있다고 믿어 그 길에 홀려 인생을 허비하는 것은 아닐까? '미도(迷道)'라는 한자어를 도를 미혹하다가 아닌 '도에 미혹되다'라고 번역할 수는 없을까? 남의 돈 세느라, 자기 세월만 보낸다.

신라 촌놈들

 요즈음은 모르겠지만 필자가 중·고등학교 다닐 때는 학교에서 단체로 영화관람을 하곤 했다. 우리나라에서 만든 영화도 있었지만 거의 다른 나라에서 만든 것이고, 그 중에는 제2차 세계대전을 소재로 한 것이 많았다. 나치를 무찌르는 미군의 이야기가 주류이며, 젊은 남녀의 사랑이야기는 양념으로 넣는 정도이다. 이기는 것은 항상 미군이고, 얻어터지는 것은 독일군이다.
 세월이 지나 대학에 있다 보니 독일에서 유학한 분들을 만날 기회가 많았다. 독일 영화관에서도 밤낮 깨지는 독일군이 등장하냐고 물었더니, 그런 영화는 보기 힘들단다. 영화에도 결국은 그것을 만든 나라의 이념이 반영된다.
 나는 일본에서 유학하면서 8월 15일을 여러 번 겪었다. 이날을 앞뒤로 각 방송국마다 영화를 만들어 내보낸다. 어린 시절에 보았던 미군에게 판판이 지는 일본군의 모습은 거의 볼 수 없다. 자기네 민족과 국가를 위해 한 목숨 바치는 장렬한 죽음이 그려졌다. 거기에는 만든 사람이나 그 사람이 속해 있는 지역의 이념이 들어 있다.
 인간이 만든 것 치고 시간적 혹은 지역적 한계를 띠지 않은 게 없다. 이렇게 믿는 나에게는 인문학의 보편성이란 공허한 메아리로 들린다. 개별자인 인간 지성의 산물인 인문학이야말로 특수성을 끝까지 밀고 갔을 때, 그리고 서로 다른 특수성이 한데 어우러져 인정될 때 비로소 보편지성의 지평이 열린다고 생각한다.

불교신자들은 불교야말로 누구에게나 적용 가능한 보편적인 가르침이라고 믿고 싶을 것이다. 그러나 그것은 희망이다. 인도 불교에는 인도 사람의 그림자가 어리고, 중국 불교에 중국 사람의 그림자가 어린다.

선어록에서조차 이런 그림자를 볼 수 있다. 중화의식에 꽉 차 있는 중국인들이 신라를 어떻게 이해했는지 잘 드러난다. 문답을 주고받다가 이야기가 핵심을 벗어나면 "화살이 신라로 날아갔다"라고 한다. 화살이 과녁 중앙에 맞아야 하는데 빗나갔다는 것이다. 당나라는 중앙이고, 신라는 변방이라는 의식이 그대로 드러난다. 『벽암록』에 보면 화살이 신라로 날아갔다는 이야기가 적잖아 보인다. "신라 놈이 중국말을 한다"라는 말도 있는데, 이것은 이치에 맞지 않는 소리를 지껄인다는 뜻이다. 콩글리쉬인가? 칭클리쉬인가?

이 밖에도 신라를 깔보는 이야기가 많다. "위대한 당나라에서는 아직 법회를 알리는 북도 치지 않았는데, 촌구석 신라 땅에는 벌써 상당법어를 시작했다"라는 말도 있다. 『벽암록』의 말은 상대가 선수를 놓쳤을 경우 주로 쓰인다. 아니, 신라 사람이 먼저 상당법어를 시작하는 것이 왜 선수를 빼앗긴 것인가? 개도 불성이 있다면서, 신라에서 먼저 법회를 시작한 게 뭐 그리 못마땅한가?

물론 그 반대되는 이야기도 있다. 송나라에 강백석이라는 시인이자 시평론가가 있었다. 그는 『백석시설(白石詩說)』에서 시를 지음에는 자신의 가풍을 살려야지 결코 남을 모방해서는 안 된다고 한다. 강백석은 이렇게 말한다.

"남의 시를 모방하면 말은 엇비슷하지만 운치가 없어지니, 신라 사람을 어찌 속일 수 있으리오."

당시에 신라의 계림지방에 도연명의 시를 수집하는 자가 있었다. 중국을 오가는 신라의 상인들이 연명의 시집을 사 오면 후하게 값을 쳐 주었다. 그러나 조금이라도 가짜가 섞여 있으면 귀신같이 알아본다고 한다. '짝퉁'을 만들었다가는 송나라 사람은 말할 것도 없고, 저 촌구석에 있는 신라 사람도 알아챈다는 것이다. 보편의 이념에 매몰되어 구체적인 자기를 잃어서는 안 될 것이다.

스승의 은혜

지난주에는 지공·나옹·무학 3대 화상의 얼이 깃든 천보산 회암사에서 하루를 묵었다. 눈발을 헤치며 자동차로 백리 길을 달려갔다. 온 천지가 흰 눈으로 덮였고 사방은 꽁꽁 얼었다. 도시의 번거로움은 모두 옛일처럼 느껴졌다.

그 절 주지 인묵 스님과는 20대 시절부터 지기로 지내는데, 내가 봉선사에서 불경을 배울 때 당신께서는 범패로 이미 일가를 이루시더니 이제는 당대 제일가는 어장(魚匠)으로 우뚝하시다. 당신의 소리는 애달프면서도 결코 마음을 상하게 하지 않는다. '애이불상(哀而不傷)'이다. 나지막하게 천천히 움직이는 그 소리는 깊은 연못에서 큰 잉어가 움직이듯 유유하면서도 힘이 있다.

그 소리를 기대하며 새벽예불에 들어갔다. 영혼을 사로잡는 염불소리 한마디 날아든다. 종을 "땡~" 치고는, "바른 가르침을 전하시는 스승님들의 은혜, 이 염불로 갚겠나이다. 땡, 땡······."

사방은 어둡고 고요한데 흔들리는 촛불 사이로 관음보살의 옷깃이 드리운다. 엄동설한에 소리도 꽁꽁 얼어붙어 덩어리째로 귀에 들어온다.

"유통정법사장지은 당가위보유차염불
(流通正法師長之恩 當可爲報唯此念佛)······."

이 한마디가 귀에 박혀 다음 염불소리가 들어오질 않는다.

"바른 가르침을 전하시는 스승님들의 은혜를 이 염불로 갚게 하소서."

깊은 선사에 향 한 줄기 피워 어둠을 껴안고 목 놓아 부른다. 이 얼마나 간절한 염원인가! 정말이지, 스승이 아니었더라면 이 고해를 어찌 건널 수 있을까? 바른 스승이 계시니 인생이 바르게 되고, 벗이 있어 외롭지 않다.

사제의 인연을 고이 간직하여 선문의 귀감이 된 단하 선사의 이야기를 들어보자. 그는 처음에는 유학을 공부하여 과거를 보러 장안의 객사에 묵다가 한 선객을 만났는데, 그가 물었다.

"어디 가십니까?"

"과거 보러 갑니다."

"관리로 뽑히는 것보다, 부처에 뽑히는 것이 백 배 낫지요."

"거기가 어디오?"

"지금 강서 지방에 마조 대사께서 출세하여 대중을 교화하는데, 거기가 바로 부처 뽑는 곳[選佛場]입니다."

이리하여 단하는 강서로 발길을 옮긴다. 마조를 뵙고 그의 제자가 되려 하니, 마조 대사는 손을 내저으며 말하였다.

"나는 그대의 스승이 아니다. 남악산의 석두 선사에게 가거라."

단숨에 남악산으로 달려가 석두 선사를 배알하니, 석두 선사는 "방아 찧는 곳에 가서 행자들과 함께 있도록 하거라" 하였다.

이리하여 거기서 3년을 지냈다. 하루는 석두 선사가 대중들에게 내일은 법당 앞에서 잡초를 베겠으니 각자 준비를 하라고 했다. 대중들이 호미와 낫을 준비하여 모였는데, 유독 단하 행자만은 물을 길어다 머리를 감고 석두 스님 앞에 무릎을 꿇는 게 아닌가! 석두 선사가 그의 마음을 알고 단하의 머리를 깎아주었다. 그리고는 계를 설해주려 했다. 그러자 단하는 귀를 막고 달아나 강서의 마조 대사에게로 돌아왔다.

돌아와서는 마조 대사께서 인사도 드리지 않은 채 큰방에 들어가서는 거기에 모셔져 있는 문수보살상의 목에 걸터앉았다. 대중이 놀라서 이 사실을 마조 대사에게 보고했다. 마조 대사는 큰방에 벌어진 광경을 보았다. 그리고는 이렇게 말했다.

"내 아들 그대로구나[我子天然]."

단하는 문수보살상에서 내려와서는 "스승님 제게 천연(天然)이라는 법호를 내려 주셔서 감사합니다" 하고는 넙죽 절을 올리는 게 아닌가? 이 이가 바로 단하 천연(丹霞天然; 739~824) 선사이다.

처음 맺은 인연을 소중히 여겨 천리 길을 되돌린 사연과, 올바른 교육을 위해 먼 길 보내는 스승의 마음은 선문의 아름다운 향기가 되어 오늘에 전한다.

마음 다스리는 공부

주위에서 가까운 친구나 아는 사람의 갑작스런 죽음을 접할 때 우리는 슬픔과 함께 인생의 무상함을 느낀다. 무상하다는 말은 항상성이 없다는 뜻이다. '아무개'라고 하는 자기 동일성에 단절이 올 때 우리는 그것이 무상하다고 한다.

이 무상이라는 말만큼 불교와 밀접한 단어도 드물다. 그것은 불교가 그만큼 무상을 강조해 왔기 때문이다. 그러면 대체 무엇이 무상하다는 말인가? 불교에서는 "모든 행이 무상하다"고 한다. 이 말은 한역경전의 '제행무상(諸行無常)'을 번역한 말이다. 이때의 '행(行)'이란 산스끄리스트어의 '쌈스카라'를 중국식으로 번역한 표현이다. '함께'라는 뜻의 '쌈'과 '만들다'라는 뜻의 '크리'가 모여 '함께 만들어진'이라는 뜻이다. 그러니까 만들어진 모든 것은 무상하다는 말이다.

인간이란 물질적인 현상과 심리적인 현상이 모여서 만들어졌기 때문에, 불교의 입장에서 보면 인간의 무상성은 자명하다. 그러나 인간이 아무리 무상하더라도 거기에는 우리의 인생을 이끌어 가는 주체가 있다. 지금 이 시간에도 열 일 제쳐놓고 이 글을 읽는 내가 있다. 불교에서도 행위의 당사자인 자기의 작용성을 부정하지는 않는다. 그러니까 만들어진 모든 것이 무상하다고 하면서도, 행위 당사자인 자기의 작용성은 인정하는 셈이다. 이 점은 불교철학의 모순인 동시에 다양한 철학적 논의의 출발점이 되었다.

　이런 양상은 불교의 여러 문헌에서 발견된다. 가까이 볼 수 있는 『원각경』에서만 하더라도 그렇다.

　"저 중생들 중에 모든 게 무상할 줄 아는 자가 있다면, 그렇게 아는 그의 마음도 무상하온데, 무상한 마음으로 어떻게 삼매를 수행하란 말씀이십니까?"

　이 질문은 중생은 무명에 싸인 허망한 존재여서 진실을 보지 못한다고 하신 부처의 말을 이어서, 보현보살이 제기한 질문이다. 다시 말하면, 허망한 마음으로 허망한 마음을 어떻게 치료할 수 있을까 하는 문제이다. 이 말을 일반화 하면 무상과 무아를 골격으로 하는 불교가 행위나 실천의 주체를 어떻게 설정할 수 있느냐이다.

　『원각경』에서는 모든 중생이 본래부터 타고난 '본각묘심(本覺妙心)'에 의지하여 허망한 마음을 물리치라고 한다. '본각묘심'이란 본래부터 존재하고, 조금의 오염됨이 없고, 오묘한 작용을 갖춘 마음을 말한다. 이 마음은 대상으로 달려가는 지향성이 있고 또 표상을 만드는 힘이 있다. 우리가 경험하는 세계는 모두 '본각묘심'의 작용 속에서 일어나는 현상이라고 한다. 세간의 유행가에 "타향살이 몇 해던가 손꼽아 세어보니……." 뭐라고 뭐라고 하는

가사가 있다. 여기서 '타향'이라는 말 속에는 이미 '고향'이 전제되어 있다. 따라서 우리는 모든 현상 속에서 '본각묘심'과 관계를 맺고 있다. 따라서 우리는 모든 현상 속에서 '본각묘심'을 자각할 수 있다. 이것이 바로 법성종(천태종, 화엄종, 선종) 철학의 골격이다.

선종에서 깨달음을 울고 웃고 행주좌와하는 현실에서 찾는 것도 바로 이런 철학 때문이다. 그들은 일상성을 떠난 참마음을 상정하지 않는다. 이 연장선에서 이분법적인 분별심을 쳐부수는 돈오무심법을 발명했다. 선종은 초월론적이거나 절대론적인 오류를 범하지 않으면서도, 행위의 가능성을 설명할 수 있었다. 그것이 바로 돈오한 뒤에 무심하라는 말이다.

비록 선어록에서 본래의 자기, 부모가 낳아주기 이전의 자기, 주인공 등등을 말하지만, 그것을 초월적으로 상정하는 선사는 없다. 부처가 무엇이냐고 묻는 선객에게, 내 앞에서 질문하고 있는 그대 자신이 부처라는 임제 선사의 호령도 그 좋은 예이다. 그들은 자신이 체험한 상태에도 안주하지 않는다. 왜냐하면 그들은 깨달음을 내재화 시키지도 초월화 시키지도 않기 때문이다. 불교의 핵심인 제행무상을 어기는 선사는 아무도 없다. 마음이란 무상하므로 거기에서 나오는 모든 표상은 무상하다. 이 무상을 가지고 참을 알 수는 없다. 바로 이 지점에 무심(無心)이 매개되어야 한다. 이 주장은 미래에 억만 부처가 출현하여도 이구동성으로 제창할 것이다.

수행에 관한 두 입장

규봉 종밀(781~840) 선사는 우리나라 불교계에 매우 익숙한 당나라의 승려이다. 그는 인간이 본래부터 타고난 신령한 성품의 상주불멸을 논거로 거대한 불교체계를 세웠다. 현수 법장의 화엄교학을 재정립하고, 당시에 난립하던 선종의 갈래를 잡고, 선교일치 이론을 확립한 학승이다. 뿐만 아니라 당시에 유행하던 유교와 도교의 인간론도 비판하면서 불교의 인간론으로 회통한 사상가이기도 하다. 바로 이 규봉 종밀 선사에게 당시에 상서 벼슬을 지낸 온조 거사가 이렇게 질문한다.

"이치를 깨달아 망념을 쉬어버린 사람은 다시는 업을 짓지 않으니, 목숨이 다하여 죽은 뒤에는 그의 신령한 성품은 어디에 의지하여 존재합니까?"

즉, 죽은 뒤에 우리의 참 자아는 어떻게 되느냐는 질문이다. 이에 종밀은 이렇게 대답한다.

"모든 중생이 신령한 성품을 간직하고 있는 점에서는 부처와 다를 바가 없습니다. 그러나 오랜 옛적부터 자기의 실체가 있다는 잘못된 생각에 사로잡혀 사랑과 미움 등의 정이 생겨나고, 정 때문에 업을 짓고, 또 그에 상응하는 과보를 받습니다. 비록 그렇기는 하지만 모든 인간이 간직한 무언가를 아는 작용만은 소멸되지 않습니다. 이것은 마치 기온에 따라 물이 얼기도 하고 녹기도 하지만, 물의 축축한 성질은 변함이 없는 거와 같지요."

그러니까 본래부터 깨달은 참 마음은 상주불멸 하는데, 번뇌에 뒤덮여 그것의 온전한 작용이 제대로 드러나지 못한다는 것이다. 인간 본질에 대한 이런 입장은 수행론에도 그대로 적용된다. 이어지는 온조 상서의 질문을 보자.

"그러면 어떻게 하면 신령한 앎의 작용을 완전히 드러낼 수 있습니까?"

규봉의 대답은 이렇다.

"오랜 옛적부터 윤회하면서 미세한 망상이 쌓였기 때문에, 무언가를 아는 신령스런 작용을 자각하더라도 번뇌를 당장에 없애기는 어렵습니다. 그러므로 오래도록 살펴서 줄여가고 또 줄여가야 합니다."

이러한 수행이론을 '돈오점수론'이라 한다. 그러나 정통 선종에서는 이와 다른 입장이다. 송나라의 시랑 한종고와 회당 선사의 대화가 선종의 수행론을 잘 드러낸다.

시랑이 이렇게 편지를 낸다.

"스님께서 전에 말씀하시길 깨달으면 의심이 완전히 없어진다고 하셨는데, 까마득한 예부터 익혀온 번뇌와 습기는 한꺼번에 다 없앨 수가 없으니 어떻게 합니까?"

회당 선사의 답서는 이렇다.

"마음 밖에 다른 법이 없으니 번뇌와 습기가 무엇이기에 그처럼 깡그리 없애려 하는지 모르겠습니다. 만일 없애려는 마음을 내면 도둑을 자식으로 오인하는 격입니다. 또 다스려야 할 습기가 단연코 있다고 한다면 그것은 마음 바깥에 없애야 할 어떤 법을 두는 것입니다. 이것은 비유하자면, 거북이가 진흙 위에 꼬리를 끌고 가면서 발자국을 없애려다 도리어 자신의 꼬리자국을 내는 것과 비슷합니다. 이는 마음을 가지고 마음을 없애는 격이니 도리어 병만 깊어집니다. 절대로 마음을 떠나서는 어떤 표상도 없습니다."

여기에서 우리는 선사들이 왜 무심을 강조하는지 알 수 있다. 인간의 마음은 밖으로 향하고, 또 무언가를 표상시키는 능력을 갖추고 있다. 불교에서 보면 우리가 인식하는 대상이란 바로 마음이 표상화해 놓은 상이다. 그런데 이 상은 자기 존재의 근거를 자기 속에서 갖지 못한, 다만 연기론적으로 실재하는 무상한 존재이다. 번뇌니 무명이니 하는 것도 모두 그렇다. 그런데 번뇌와 무명을 없애려고 마음을 내면 그림자를 잡으려고 애쓰는 격이다. 이 점을 당나라의 청량 국사는 「임금에게 올리는 글」에서 이렇게 비유한다.

"어리석은 이는 제 그림자를 떨쳐 버리려고 이리 달리고 저리 뛰어 애를 쓰지만, 지혜로운 이는 그늘 속으로 들어갑니다. 그러면 그림자는 당장에 사라집니다."

이것이 선종의 기본 입장인 돈오무심법이다.

개에게 불성이 있는가?

　1994년 어느 날이었다. 서산에 사는 오랜 친구가 중국산 강아지를 인연 맺어주었다. 성품도 원체 온순하고 또 영리해서 온 식구들이 좋아한다. 개 당번은 열 살난 작은애가 맡기로 했는데, 하루는 작은애가 하는 말이 자기도 개로 태어났으면 좋았을 걸 그랬다는 것이다. 이유를 물으니, 학교 안 가도 되고 매일매일 놀 수 있으니 얼마나 좋으냐는 것이다. 이유가 납득이 간다. 그래서 개 목걸이를 작은애에게 달아주고 강아지처럼 살게 했다. 마침 방학이니 학교 가는 것을 볼모로 협상을 하더라도 내가 꿀릴 것은 없다는 계산이 섰다. 원체 능청스런 녀석이라서 개 목걸이를 달고 하루를 신나게 놀았다. 은근히 걱정이 되어서 살살 말을 걸었다. 고전에 나오는 개 이야기를 온통 늘어놓았다. 그 중 하나가 다음이다.
　어떤 스님이 조주 종심 선사에게 물었다.
　"개도 부처가 될 수 있습니까?"
　그러자 조주 스님은 이렇게 대답했다.
　"없다."
　이에 그 스님이 다시 물었다.

"모든 중생이 부처가 될 수 있다고 하는데 왜 유독 개만 그렇지 못한다고 하십니까?"

이렇게 다시 묻는 스님의 심정을 충분히 이해가 간다. 이 세상의 모든 생명체에 부처가 될 종자가 있다고 인정하는 것이 불교의 세계관이다. 물론 부처님께서 개라는 동물을 꼬집어 그에게도 부처가 될 가능성이 있다고 말씀하시지는 않았다. 그러나 역사 속에서 전개된 불교의 사상적 발전을 볼 때 개도 부처가 될 가능성이 있다고 추론하는 것은 가능하다. 그러면 조주 선사가 말장난한 것인가? 그럴 리는 만무하다. 그러니 이런 정황을 알고 있는 독자라면 두 스님 사이에 오고간 대화에 흐르는 긴장을 짐작할 것이다.

그래서 이 말을 놓고 예부터 이야기가 오고갔다. 교리 상으로 보면 개도 깨달을 가능성이 인정되어야 할 것이다. 그런데 선사인 조주 스님이 교리에 어긋나는 소리를 하다니, 이런 모순을 피해 보기 위해 "선사들의 언어를 이치로 따져서는 안 된다. 그것은 마음으로 알아차려야 한다"고 둘러대는 이들도 있다.

그런가하면 조주 스님이 없다고 한 그 '없음'은 '있다', '없다'의 상대적인 것이 아닌 '절대적인 없음'이라고 주장하는 이도 있다. 이런 등의 해석은 일본 경도 지방에서 선을 연구하는 이나 그들을 추종하는 이들이 주로 하는 말이다.

그러나 불교에서, 그 중에서 선불교에 '절대'라는 말은 어떤 상황에서도 설정될 수 없다. 석가모니의 말씀조차도 절대적이지 않다. 그래서 '방편'이니 "중생들의 병에 맞추어 서로 다른 약을 주셨다"느니 하는 이야기가 생겼다. 이 '절대'라는 생각이 고개를 드는 순간 불교와는 천리 만리 멀어진다는 사실을 분명히 알아야 한다. 시인처럼 적절한 말로 깨달음을 명쾌하게 풀어내는 조주 선사가 그런 '절대'라는 오류를 범할 리가 없다.

이런 팽팽한 긴장감과 어려움 속에서 나온 조주 스님의 대답은 다음과 같다.

"개에게는 업식이 있기 때문에 부처될 가능성이 없다."

이 말의 내용은 분명하고도 자명하다. 개에게도 부처될 가능성이야 있지마는 개는 번뇌와 업장 때문에 부처될 가능성을 제대로 살리지 못한다는 것이다.

이 말은 생사의 고통에서 벗어나 해탈을 얻겠다고 출가 수행하는 네 놈도 업식에 휘말렸다가는 개처럼 저렇게 일생을 보낸다는 조주 선사의 서슬 시퍼런 꾸짖음이다. 불성이야 본래 누구에게나 있지만 노력하지 않으면 안 된다.

자기 중심적으로 읽는 세상

옛날 중국 전국시대 일곱 강대국의 하나인 제나라가 있었다. 이 나라는 주나라 무왕이 태공망을 제후로 봉하면서 생겼는데, 세월 속에서 전 씨(田氏)가 전권을 휘두르기도 했다가, 뒷날 진나라 시황제 26년에 멸망한 나라이다. 자세한 이야기는 『사기』의 「제태공세가」로 미루고, 전 씨가 정원에서 송별회를 열던 그때에 있었던 이야기를 소개하려 한다. 이 이야기는 『열자』의 「설부편」에도 실려 있다.

제나라의 전 씨가 하루는 정원에서 환송회를 열었다. 그때 모인 손님들이 천 명을 헤아렸다. 손님들은 저마다 선물을 들고 왔는데, 그 중에는 기러기를 가지고 온 사람도 있었고, 생선을 가지고 온 사람도 있었다. 전 씨는 이것을 보고 감탄하면서 이렇게 말한다.

"하늘이 인간에게 진실로 많은 것을 베풀었구나! 오곡을 자라게 하고, 물고기며 날짐승을 자라게 한다. 그렇게 해서 인간들이 먹을 수 있도록 하는구나!"

전 씨의 기분을 짐작하게 하는 한마디이다. 식객을 천 명이나 거느린 행복한 패권자의 자만심이 엿보인다. 닮은 사람이 자기를 위해 왔고, 이 세상 모두가 자기를 위해서 존재하는 듯 생각한 것이다. 들판에 풍요로운 곡식도 자기를 위해서 자라는 듯하고, 땅 위의 짐승이나 물속의 생물들도 모두 자신을 위해서 있는 듯하다. 송별회에 모인 손님들도 전 씨의 그 말과 그의 기분에 동조하는 듯했다.

그런데 손님들 속에는 아버지의 손을 잡고 따라온 어린아이가 한 명 있었다. 성은 포 씨였다. 나이는 불과 12세였지만, 그 애가 이렇게 말하는 것이 아닌가?

"어르신네께서 하신 말씀은 틀립니다. 하늘과 땅 사이에 있는 모든 생명체들은 인간과 똑같은 살아있는 존재입니다. 살아있다는 점에서는 누가 더 귀하고, 누가 더 천하다고 할 수 없습니다. 그것이 사람이든 기러기든 심지어는 곡식이든 같은 생물이지만, 다만 지혜의 힘이 큰 생물이 그만 못한 것을 잡아먹는 것일 뿐입니다. 지혜가 모자라서 남에게 지배당하는 것이지, 결코 누구를 위하여 생긴 것은 아닙니다. 사람은 자신이 잡아먹을 수 있는 것만 잡아먹는 것입니다. 그렇다고 해서 사람더러 잡아먹으라고 기러기와 물고기가 생긴 것은 아니지요. 만약에 인간들이 잘 쓰게 할 목적으로 이 세상을 만든 것이라면, 이런 경우는 어떻게 이해해야 합니까? 모기와 파리는 사람의 살갗을 물어뜯고, 호랑이와 이리는 사람의 고기를 먹습니다. 그렇다면 호랑이와 모기를 먹게 하려고 하늘이 사람을 만든 것인가요?"

이 말 뒤에 잔치판이 어떻게 되었는지는 알 수 없다. 『열자』에는 그 다음 기록이 없기 때문이다. 날아가는 새도 떨어뜨릴 말한 권력을 휘두르는 패권자의 자만심이나, 그 사람의 기분을 맞추려는 주위사람의 아부가 하나 되어 자기네 중심으로 세상을 이해하고 설명하는 것이다. 그러나 열 살 갓 넘은 이 어린아이가 보기에는 모든 생명은 자연 속에서 나와 자연으로 돌아가는 것이지, 누구를 위하여 만들어진 것은 아니었다. 자기 중심적인 인간의 착각에 일침을 놓은 것이다.

2천여 년 전, 저 멀리 외국 땅에서 있었던 이야기지만, 지금 여기에서도 생각해 볼만한 반성이다. 세월의 무게와 습관의 그물 속에서 우리는 본말을 거꾸로 생각하는 경우가 적지 않다. 보통은 자기가 속해있는 집단에서 세상을 설명한다. 환경문제를 부르짖던 단체도 자기네 단체의 건물을 지을 때는 예외적으로 방편을 쓴다. 집단의 둘레를 넓혀 종교를 예로 들면, 종교인들은 자기네 종교의 테두리에서 인간과 세계를 설명한다. 그러나 세계와 인간에는 그 자체로서의 움직이는 인과적인 관계성이 있을 뿐이다. 불교를 위하여 도교를 망하도록 하지 않고, 도교를 위하여 유교를 망하게 하지도 않는다. 존재의 목적 자체가 인간 때문에 있는 것은 없다. 각 개체는 그것이 있을 수 있는 이유가 자기 속에 있기 때문이다.

눈을 돌려 불교를 신앙하는 내부를 들여다보자. 불교활동에 오랫동안 젖어있다 보면, 불교집단을 중심에 놓고 그 밖의 여러 가지를 생각하는 사람이 있다. 『열자』에 나오는 전 씨의 일화처럼 불교를 위해서 모든 것이 존재하는 듯이 생각한다. 이 말은 불교적인 입장에서 세상을 설명하는 것과는 다르다. 후자는 이 세상에 생기는 여러 문제를 불교의 선지식들이 찾아낸 방식과 경험으로 해결하자는 것이다. 반면에 전자는 모든 가치 중심을 불교집단 내지는 불교도에 놓고 그 밖의 것을 자기 속으로 귀속시키는 것이다. 전자의 발상이 극단적으로 가면, 불교도와 비불교도를 나누고 모든 것을 불교도의 손으로 하려는 아주 위험한 생각이 나온다. 그러나 구체적이고 개별적인 현상 하나하나 속에서 불교 선지식들의 경험을 살려가야지, 종교집단으로서 불교도의 손에 의해서만 무슨 일을 할 수 있다는 생각은 위험하다. 왜냐하면 이 세상은 불교도만을 위해서 존재하는 것은 아니기 때문이다.

우리처럼 직업으로 불교를 연구하는 사람은 자기도 모르는 사이에 불교연구를 위해서 태어난 듯한 착각에 빠지는 경우도 있다. 우리는 가끔씩 이런 소리를 귀에 접한다.

"일생을 불교를 위해서 바치겠습니다."

참으로 훌륭하고도 거룩한 말씀이다. 위의 따옴표 안에서 불교라는 말 대신 그 어떤 종교나 사상이념을 거기에 대입해도 좋다. 나아가 깨달음을 대입해도 좋다. 그래, 깨달음을 위해서 일생을 바친다. 이 얼마나 가슴 설레는 일인가?

그러나 곰곰이 생각해보자. 그런 생각이 『열자』에 나오는 전 씨의 어리석음은 아닌지? 그리하여 12살배기 포 씨네 꼬마의 지적을 귓전으로 돌리고 있지는 않은지? 불교의 첫 출발이 존재의 근원자로서의 브라흐만이나 아트만을 중심에 놓고 나머지를 주변이나 부차적으로 생각하는 인도 고유사상에 대한 반성에서 시작했던 것이 아닌가? 중심과 주변이라는 관계로 인간과 인간을 둘러싼 세계를 이해하기보다는, 이것과 저것의 관계 속에서 인간을 이해하고 세계를 이해하려는 것이 이른바 연기론적인 성찰이 아닐는지.

제2부
선사들이 그리는 세상

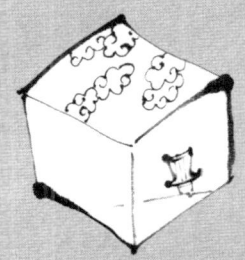

미 생(未生)

1

 1996년 민주화운동 열사 고 노수석 군의 상여가 이제 막 정든 교정을 떠나려 한다. 백양로 한복판에서 함께 밤을 지새우던 동지들의 어깨에 실려 고향으로 간단다. 만장은 펄럭이고 조문의 행렬은 꼬리를 문다. 그 무엇이 이 젊음을 죽음으로 보내는가? 험난한 세상에 태어나 불의를 참지 못하고 항거한 그. 이제는 모두가 사라지고 종합관 101호 강의실에는 군이 남긴 자리만 오롯하다.

 290여 명을 대상으로 하는 대형 강의다 보니, 마이크를 사용하고 출석은 좌석표를 만들어 조교가 점검한다. 눈을 맞추어 이름을 부르면 "네"하고 대답하는 인연도 우리는 갖지 못했다. 옷깃만 스쳐도 인연이라는데 3월 한 달이나 강의실에서 만났으면서도 말이다.

 군을 영결하는 날, 남은 우리가 칠판에 적었던 왕범지의 시, 그 중 '미생(未生)'이란 말은 내 영혼의 깊은 곳에 박혀든다.

 산 사람들은 죽은 이를 보내는데 죽어서는 어디로 가는 것인가? 거기는 모든 고통과 욕망이 사라진 곳인가? 거기가 어디에 있는가?

我昔未生時	내가 옛날 태어나지 않았을 때
冥冥無所知	아득하여 알 수가 없네.
天公强生我	하늘님이 억지로 날 낳아
生我復何爲	날 낳아 다시 무엇을 하시려는가.
無衣使我寒	입을 게 없어 날 춥게 하고
無食使我飢	먹을 게 없어 날 굶주리게 하네.
還你天公我	하늘님, 날 돌려보내 주오
還我未生時	태어나기 이전으로 날 보내주시오.

2

　노군은 선불교를 강의하는 내 수업의 학생이었다. 뜻밖의 죽음이 생사문제를 다시금 생각게 하는 계기가 되었다. 위는 「도정시(道情詩: 정을 노래한 시)」로 불리는 왕범지(王梵志: 7세기 후반~8세기 전반)의 시이다. 최근 『역대시화(歷代詩話)』에 실린 당나라의 시승 석교연(釋皎然)의 「시식(時式)」을 배우다 이 시를 접했다. 이 시는 좋은 시가 갖추어야 할 요소인 해속(駭俗), 곧 세속을 놀라게 하는 멋이 있는 실례로 인용된다.

　왕범지는 거사 몸으로 선종의 돈오사상에 입각하여 백화시를 썼던 인물이다. 교연 스님은 이 시에 세속을 놀라게 하는 정취가 서려있음을 발견하는데, 그러면 과연 무엇이 교연으로 하여금 왕범지의 이 시가 세속을 놀라게 하는 멋이 있다고 여기게 했는가?

"개똥밭에 굴러도 이승이 좋다"라는 말이 있다. 남 보기는 어떻게 저런 고생을 견디는가 하는 사람에게도 '당신은 죽고 싶소?' 하면 다 고개를 설레설레 흔들 것이다. 그런데 왕범지는 오히려 하늘이 억지로 날 낳아 이 고생을 시키니 태어나기 이전으로 돌려보내 달라는 것이다. 그러니 이것이야말로 세속을 놀라게 하는 게 아니고 무엇이겠는가. 아마도 시승 교연의 눈에는 그렇게 비쳤던가 보다.

'태어나기 이전'이란 선불교의 특수 용어로서, 특히 송대 이후의 선가에서는 부모가 낳아주기 이전 자기의 참모습을 깨치라고 강조한다. 왕범지는 시인답게 하늘님이 우리를 낳았다고 시적으로 표현했다. 이승에 몸을 받아 태어난 뒤로는, 많은 고통을 겪는다. 그 종류도 가지가지이다. 늙고, 병들고, 그러다가 끝내는 죽는다. 그러는 사이에도 좋아하는 사람과 헤어지는 일, 싫은 상황을 만나야하는 일, 갖고 싶어도 갖지 못하는 일, 일정한 상황 속에 존재하기 때문에 겪는 괴로움 등등 이루 말할 수 없다.

그러나 태어나지 않으면 이런 괴로움을 당할 주체가 없어진다. 육신을 갖고 태어났기 때문에 겪어야하는 괴로움은 이루 말할 수 없다. 그런가하면 마음이 있기 때문에 생기는 괴로움도 육신의 그것 못지않다. 우선 성내는 마음만 하더라도 그것 때문에 괴로움을 겪어보지 않은 사람은 드물 것이다. 그런가하면 즐거워할 줄 하는 그런 능력이 인간에게 있기에, 긴 밤 잠 못 이루던 경험을 누구나 했을 것이다.

3

 6식(識)으로서의 마음은 실은 육신에 깃든다. 육신이 있어 거기에 마음이 붙어서 사는 것이다. 불교학에서 마음을 육신의 그림자라고 하는 것도 이런 철학적 배경에서 나온 표현이다. 그래서 눈에 깃들어 사는 마음을 안식이라 하고, 나아가 의라는 감각기관에 붙어사는 마음을 의식이라 이름 붙였다. 그러니 이 육신만 없으면 마음이 깃들 의지처도 없어지고, 결국 이 세상의 오만가지 괴로움이 우리를 엄습하더라도 그 괴로움을 당할 주체가 없어진다. 태어나지 않으면 괴로움을 겪지 않을 것이다. 이쯤 되면 태어나기 이전을 동경하는 왕범지의 심정도 가히 이해가 된다.

 태어나기 이전의 자기는 생긴 것도 아니고 누가 만든 것도 아니다. 생긴 것은 소멸하게 마련이고, 만들어진 것은 부서지게 마련이다. 그러나 생긴 것도 아니고 만들어진 것도 아닌 태어나기 이전의 자기는 참 자기로서 불생불멸한다. 그 상태는 모든 번뇌가 녹아, 하룻밤 묵었다가 제 갈 길 떠나가는 길손도 아니고, 털면 떨어질 먼지도 아니다.

 그러니 우리가 영원히 쉴 수 있고 끝없는 즐거움을 누릴 수 있는 곳은 부모가 날 낳기 이전의 그 자리이다. 이것을 깨치라고 선사들은 고구정녕 말한다. 왕범지는 이것을 시적으로 표현하여 "태어나기 이전으로 날 보내주시오"라고 했다. 그러면 이 태어나기 이전의 자기는 어디에 있는가? 이것은 당연한 물음이다. 왕범지는 "아득하여 알 수가 없네"라며 슬며시 발을 뺀다.

그렇기는 하지만 그는 다른 많은 시에서 현실에서 울고 웃는 마음이 바로 태어나기 이전의 참 자기가 활동하는 곳이라고 한다. 현실을 초월한 저곳이 아닌 이곳에 참 자기가 있다고 한다. 왕범지의 이런 철학은 당시 선종의 전통에서 나온 것임은 의심할 여지가 없다. 이것이 바로 저 유명한 마음이 바로 부처이지, 구해서 얻어지는 대상으로서 부처가 존재하는 것은 아니라는 즉심즉불(卽心卽佛)의 철학이다. '마음이 부처다'라는 말이 처음 문헌에 나타나는 것은 『무량수경』이고, 다음은 부 대사의 『심명왕』이고, 당나라에 들어와서는 마조 도일 선사에 의해 새롭게 강조되어 선종의 표준이 되었다.

그러면 여기서 모순이 생긴다. 현실에 뒹구는 마음은 번뇌의 마음인데, 이 번뇌의 마음으로 어떻게 태어나기 이전의 참 마음을 알 수 있을까? 또 현실의 이 마음이 부처라고 했는데, 이 마음 말고 태어나기 이전의 참 자기를 찾으라는 말은 서로 모순되지 않는가. 이 모순을 극복하는 실천 방법이 바로 무심(無心) 수행이다. 참 자기는 단계적으로 구해서 얻어지는 대상으로 존재하는 것이 아니다. 분별심을 떠나 무심해지면 단박에 이 자리에 나타난다. 이런 정신이 바로 조계선종의 종풍인 돈오무심이다.

십자가 위의 돌사자

1

연세대 정문을 지나 백양로를 따라 200여 미터 올라가면 오른쪽에 흰 건물이 보인다. 대강당이라고 불리는 이 건물 108호실에 불교학생회 동아리방이 있다. 방에 들어서면 정면에는 서 있는 부처님이 모셔져 있고, 그 좌우에 큰 붓으로 '불(佛)' 자를 쓴 2폭의 족자가 걸려 있다. 하나는 송광사의 구산 선사께서 쓰셨고, 다른 하나는 통도사의 경봉 선사께서 쓰셨다. 구산 스님 글씨는 1978년에, 경봉 스님 글씨는 1973년에 학생회 회원들이 수련회를 가서 받아 온 것이다. 두 고승은 이미 고인이 되었지만, 글만은 여전하여 그 가풍을 오늘에 전한다.

여기서는 경봉 선사의 족자를 소개하고자 한다. '불(佛)' 자는 크게 쓰여 있는데 가만히 들여다보면, 그 밑에 작을 글씨로 '불시십자가두석사자 회득마(佛是十字街頭石獅子 會得麼)'라고 되어 있다. 합쳐서 우리말로 새겨보면 "부처란 네거리에 있는 돌사자이다. 알겠는가"쯤 된다. 이게 대체 무슨 뜻인가? 어찌하여 네거리에 있는 돌사자가 부처란 말인가? 당시 어떤 친구는 "부처란 교회당 지붕의 십자가 머리에 앉아 있는 돌사자이다"라고 번역했다. 그리고는 '부처란 특정한 곳에만 계시는 게 아니고 모든 곳에 계신다, 불신은 상주한다, 그러니 교회당 지붕의 십자가 꼭대기인들 부처가 없을 리 없다'라고 설명했다. 그럴 듯도 했지만, 그렇다면 왜 돌사자라고 했는가? 아무래도 석연치 않았다. 내가 이 동아리방문을 출입한 게 1978년 봄부터였으니 수 십 년이 되어간다. 후배들은 이 족자를 어떻게 읽을까?

2

지나는 세월 속에서 선서를 읽을 기회가 주어져 '십자가두(十字街頭)'라는 구절을 다시 접하게 되었다. 그때마다 저 연세대 불교동아리방에 걸려 있는 족자 생각이 났다. 그래서 기회를 봐서 이 문제를 함께 풀어봐야겠다고 마음먹었다.

선서에 나오는 이 구절의 용례를 종합해 보면, '십자가두'는 '네거리'라는 뜻이다. 그런데 문제는 이 '네거리'가 담고 있는 의미이다. 크게는 둘로 압축되는데, 하나는 어디로든 갈 수 있는 자유로운 곳이라는 의미이고, 다른 하나는 네거리가 있을 정도로 번화한 장소, 곧 세속을 뜻한다.

번화한 세속의 뜻으로 여겨지는 용례로는 『임제록』의 상당법어를 들 수 있다. 당나라 때의 임제 선사는 다음과 같이 말하였다.

"어떤 사람은 드높은 산꼭대기에 있으면서도 몸을 벗어나지 못하는데, 어떤 사람은 세속에 있으면서도 얽매이지 않는다."
　一人在孤峰頂上 無出身之路
　一人在十字街頭 亦無向背

앞 구절은 수행의 궁극에는 도달했지만 도달했다는 생각마저 초월한 무심 도인이 되지 못함을 나무라는 말이다. 그리고 뒷 구절은 상대적인 일상의 현실에 살면서도 그 상대성을 뛰어넘는 자유자재한 모습을 칭찬하는 것이다.

한편, 어디로든 갈 수 있는 자유로운 위치라는 뜻의 용례는 『조당집』의 「설봉화상조」나 「경산선사조」 등에 나온다. 이 글의 화제가 되는 경봉 선사의 족자에 쓰인 화두도 여기에 해당한다. 다시 경봉 선사의 글을 풀어보자.

"부처란 어디로든 갈 수 있는 자유로운 네거리에 있는 돌사자이다. 알겠는가?"

사자란 불교에서는 지혜와 민첩함을 상징하는 동물로 등장한다. 그러나 제아무리 민첩하고 지혜롭더라도 돌로 된 이상에야 꼼짝 못한다. 아무리 사통팔달한 네거리에 갖다 놓아도 돌사자는 어디로도 못 간다. 그러니까 부처란 그런 돌사자와 같다는 것이다. 그러면 경봉 선사는 왜 이런 대답을 했을까? 그 의도는 무엇인가?

여기서 우리는 당시 상황을 되살려 볼 필요가 있다. 당시 통도사로 수련회 갔던 일행의 한 사람이 불교의 핵심 사상이 무엇이냐고 물었다. 그에 대한 대답을 경봉 선사가 이 족자로 대신한 것이다. 우리는 입으로 별별 표현을 다한다. 남남끼리였지만 말이 통해 정이 쌓여 애를 낳고 살기도 하고, 그러다가 말을 창칼 삼아 싸우다 질리고 찢겨 헤어지기도 한다. 천 냥 빚을 말 한마디로 갚고, 말 한마디에 감옥도 간다. 이렇게 인간은 입을 가지고 언어를 사용하여 자유자재로 자신을 표현하고, 나아가서는 대상을 지배한다. 성경에서도 태초에 말씀이 있다고 하지 않던가? 그런데 이런 능력을 갖춘 입을 가지고도 말할 수 없다는 것이다. 마치 확 뚫린 네거리에 서 있는 돌사자가 꼼짝 못하는 것처럼.

3

부처 또는 부처의 가르침은 경봉 나의 입으로 설명해서 될 게 아니고 오히려 그것은 그대들 자신이 몸소 체득해야 할 몫이라는 대답이다. 이렇게 통도사의 경봉 선사처럼, 불교의 깨달음은 남의 말에 의존해서는 안 된다는 입장은 선종의 근본입장 중의 하나다.

조주 종심(趙州從諗; 778~897) 선사에게 한 객승이 물었다.

"만법은 하나로 돌아가는데, 하나는 어디로 돌아갑니까?"

이 말은 모든 존재는 마음으로 환원되는데, 이 마음은 어디로 환원되느냐는 것이다. 이 질문에 조주 선사는 이렇게 대답한다.

"나는 청주 땅에서 베옷 한 벌을 만들었는데, 무게가 일곱 근이었다."

　베옷의 무게는 일곱 근이다. 나도 이 일곱 근 장삼을 입었고, 그대도 이 일곱 근 장삼을 입었다. 마음이란 이렇게 일곱 근 장삼 입는 너와 나 모두에게 있다. 그러니 이 문제는 장삼 입은 수행자들 각자가 스스로 깨쳐야 할 일이라는 것이다. 조주 선사는 이렇게 곧잘 말한다. "그대가 물어올 것도 아니요, 내가 대답할 것도 아니다"라고.

　이런 입장은 어느 한 선사만의 독특한 입장은 아니다. 당나라에 대수 법진(大隨法眞; 834~919) 선사의 일화를 보자. 그는 위산 영우 선사의 회상에서 밥 짓는 소임을 맡고 있었다. 당시에 많은 수행자들이 영우 선사에게 많은 질문을 했다. 그러나 대수 선사는 몇 년이 지나도록 질문을 하지 않았다. 그 이유를 위산 선사가 묻자, "제가 무엇을 물어야 합니까?"라고 반문한다. 그러자 위산 선사는 질문거리를 만들어 준다. "정 무슨 질문을 해야 할지 모르겠거든 부처가 무엇이냐고 묻게." 이 말을 듣던 대수 선사는 위산 선사의 입을 틀어막았다. 위산 영우 선사는 "이처럼 모두 싹 쓸어버린 참 수행자를 내가 앞으로 만날 수 있을까?"라고 칭찬했다. 깨달음은 남이 설명해 주어서 될 일이 아니다. 그것은 어디까지나 제 자신의 몫이다.

　그러면 어떤 이는 이런 반문을 할 것이다. 스승에게 듣고 지도 받아서 되는 게 아니라면, 수많은 불경과 역대 조사들의 어록이 저토록 많은 이유는 무엇이며, 지금도 훌륭한 선사 밑에 몰려드는 수행자는 무엇인가? 여기에 대해서는 '달을 가리키는 손가락'이라는 말로 대답할 수 있다. 달을 가리키는 손끝을 따라가다 그것이 지향하는 저쪽의 달을 보는 것은 당사자가 직접 할 일이다. 남이 대신 봐 주어서 될 일이 아니다. 여기에서 철저한 자기의 수행과 깨침을 강조하는 선종의 특색이 제대로 드러난다. 자기에게서 나온 것이 아니면 귀하게 여기지 않는다. 이런 가풍 속에서 경봉 선사의 족자도 그 의미를 가진다고 할 수 있다. 부처가 무엇이냐는 질문의 답은 혀를 굴려 이리저리 말할 수 있는 것이 아니다. 돌사자처럼 꼼짝 못하는 것이다. 그 대답은 각자의 몫이다.

4

'돌사자'와 이미지가 서로 통하는 것으로 선서에 좌단(坐斷)이라는 용어가 종종 나온다. 이 말은 좌단설두(坐斷舌頭), 좌단요진(坐斷要津), 좌단보화불두(坐斷報化佛頭) 등으로 쓰인다. 여기에 쓰인 좌단에서의 '단'은 동사 뒤에서 그 의미를 강조시키는 조사이다. '절단하다'의 뜻은 없다. 의미는 '좌'에 있다. '坐'는 원래는 '挫'와 음이 통하여 섞어 쓰는데, 그 의미는 '꺾다'·'박살내다'이다. 그러니까 위의 원문을 번역하면, 혀를 꺾어 박살내다, 핵심이 되는 나루터를 박살내다, 보신부처와 화신부처를 박살내다가 된다.

깨달음 자체는 각자가 스스로 터득해야 할 것이지 입으로 설명할 수 있는 게 아니다. 그래서 천하 조사 스님들의 혀도 옴짝달싹 못하게 꺾어버리는 것이다. 또 이 번뇌의 세계에서 열반의 저 언덕으로 건너가는 중요한 나루터 역할을 하는 방편으로 수많은 경전이 있지만, 그것도 자신의 깨침이 없으면 공허한 개념들의 모임일 뿐이다. 그래서 그런 나루터도 쳐부수는 것이다. 나아가 보신불·화신불의 영험을 말하지만, 그것도 자기의 깨침에는 관계없다는 것이다. 자기 자신을 제쳐두고 밖에서 부처를 찾는 그런 생각을 쳐부수는 것이다.

결국은 이 세상의 모든 일은 마음의 조화인데, 이 마음은 일반화 되거나 추상화 된 영어의 대문자 Mind가 아니라, 이 마음은 각자 구체적인 생활 속에서 울고 웃는 소문자 mind이다. 때문에 이 mind에 관한 문제는 당사자 그 사람의 문제이지 누가 대신해 줄 수 있는 게 아니다. 일반 명제로 환원될 수도 없다. 환원되면 죽는다.

그래서 사실 '선학개론'이라는 말만큼 모순되는 것도 없다. '개론'에서의 개(槪)란 쌀집에서 말이나 되로 쌀을 될 때 평평하게 깎기 위해 사용하는 평미레이다. 높고 낮음을 일정하게 하는 도구이다. 그러나 인생과 그 인생이 투여된 체험은 평미레로 일정하게 깎을 수 없다. 내가 마신 물맛을 네가 알 리 없다. 차고 더움은 스스로가 알 뿐이다. 선가에서 말하는 깨침이 바로 그런 부류에 속한다. 그런데 이런 깨달음을 둘러싼 선사들의 이야기를 '개론'이란 틀 속에 꾸겨 넣을 수 있겠는가? 그럴 수도 없으려니와 그래서도 안 된다. 어설픈 '선학개론'을 읽기보다는 차라리 선서

한줄 제대로 읽는 게 낫다.

경봉 선사에게 부처가 무엇이냐고 묻는 일부터가 잘못이다. 깨달음은 남에게서 구할 수 있는 게 아니다. 선사께서는 이 점을 잘 아셨기 때문에 정답을 말해 주신 것이다. 그 대답의 내용이 정답이라기보다는 문제의 본질을 제대로 일깨워 주신 것이다. 어설픈 수행자였더라면, 불교의 핵심이 무엇이냐는 질문은 받고, 연기법이 어쩌니 팔정도가 어쩌니 사성제가 어쩌니 해서, 결국은 부처의 씨를 말리고 선법을 문란시켰을 것이다.

부처란 네거리에 놓여 있는 돌사자다. 알겠는가?

부처도 사모하지 않는다

1

일본의 우에노(上野) 공원에 있는 드쿄국립박물관에 간 적이 있다. 상해박물관 소장품이 이동 전시 중이었는데, 글씨와 그림 등이 많았다. 여기저기 기웃거리던 중 눈에 번쩍 띄는 그림이 있었다.

남송 중기의 가태 연간(1201~1204)에 활동하던 궁중화가 양해(梁楷)의 그림이 걸려 있었다. 선승 여덟 명의 일화를 소재로 한 두루마리였다. 첫째 그림은 달마와 혜가(신광)의 만남을, 둘째는 홍인과 도신의 문답을, 셋째는 조과 화상과 백거이와의 만남을, 넷째는 향엄 지한의 대나무치는 소리를, 다섯째는 원택 법사와 이원의 고사를, 여섯째는 관계 지한 선사의 고사를, 일곱째는 누자 화상의 고사를, 끝으로는 헌사 사비와 설봉 의존 선사의 일화를 각각 소개하고 있다.

선어록에서 문장으로만 보던 내용을 그림으로 보니 그 느낌이 또 달랐다. 그림에 나온 인물들의 얼굴 표정을 자세히 들여다보면 그 표현이 매우 기괴하다. 선도 굵고 움직임을 잘 포착하였음을 알 수 있다.

이 두루마리의 네 번째 그림인 향엄 지한 선사의 일화를 보자. 그림에 보이다시피 대나무 숲이 있고 향엄 선사가 비를 들고 마당을 쓰는 모습이 보인다. 그림만 보아서는 그가 누구인지 쉽사리 짐작이 가지 않지만, 제찬(題贊)이 적혀 있어 그 주인공을 가늠케 한다. 제찬의 내용은 이러하다.

"등주 땅의 향엄 지한 선사가 하루는 풀과 나무를 베다가, 마침 기와 조각을 대나무에 집어던지니 '딱'하는 소리가 났다. (불법의 이치를) 홀연히 스스로 깨치고는 처소로 돌아와 목욕하고, 향을 사루어 위산 영우 스님께 절을 올렸다. 그리고는 찬탄했다. '사부님의 대자대비하신 은혜는 부모의 은혜보다 높습니다. 그 당시에 저에게 만약 설명해주셨더라면, 어찌 오늘의 통쾌함이 있었겠습니까?' 그리고는 게송을 지었다. 한 번 쳐서 앎을 잊으니, 다시는 닦고 다스리지 않게 됐네.……."

2

향엄 지한 선사의 이야기에는 사연이 있다. 『전등록』이나 『오등회원』은 이렇게 전한다. 그는 청주 지방 사람인데 위산에서 주지하는 영우 선사의 제자로 들어간다. 영우 스님은 그에게 이렇게 질문한다.

"경전이나 책을 통해서 얻은 지식으로 대답하지 말고, 그대가 아직 이 세상에 태어나기 전의 그대 자신의 본래 면목을 말해 보아라."

이 질문의 요지는 이러하다. 우리는 흔히 대상세계로 말미암아 자기를 의식한다. 아침에 이불 속에서 눈을 뜨면 물체가 보인다. 이렇게 대상세계가 보일 때 비로소 자기의 존재를 의식한다. 혹시 꿈을 꾸더라도 꿈속에서 무언가가 보여야 꿈을 꾸는 '나'가 있는 줄 알게 된다. 그러나 꿈속에서의 '나'도 깨고 나면 어디론지 사라진다. 이렇게 의식은 대상에 의존되어 있다. 물론 대상을 의식하는 주체를 다시 대상화시켜 다시 그것을 인식하는 주관의식이라는 것도 있기는 하다. 그러나 그것도 대상의식에 의존한다는 점에서 보면 의존성이 있기는 마찬가지이다.

한편, 깊이 잠들었을 때는 자기를 자각하지 못한다. 보통 우리가 말하는 자기라고 하는 주체는 따지고 보면 대상세계에 의존되어 있다. 이쯤 되면 나는 나 아닌 대상계에 붙어있는 예속된 존재이다. 위산 스님의 질문은 바로 여기에 있는 것이다. 그런 예속된 존재가 아닌, 자기 존재의 근거가 자기 속에 있는 그런 자아를 말해 보라는 질문이다.

이 질문을 받은 향엄은 이리저리 궁리해 보았지만, '나'는 대상에 의존해 있고, 대상이 사라지면 깜깜해진다. 도대체 무엇을 '나'라고 할지 종잡을 수가 없었다. 이 지경에 이르자 향엄은 한 수 가르쳐달라고 매달리지만 스승의 반응은 야멸차다.

"내가 말하면 그것은 나의 깨달음이다. 그대의 깨달음에 무슨 도움이 되겠는가?"

이 말에 제자 향엄은 탄식을 하며 길을 떠나 등주 땅 백애산에

부처도 사모하지 않는다 121

있는 혜충 국사의 부도탑에 이른다. 거기서 그저 밥이나 죽이면서 세월을 보낼 생각이었다. 금생에 깨닫기는 다 글렀다는 자포자기에 빠졌던 것이다.

이 탑은 당나라의 대종(代宗) 황제가 세워 준 것인데, 양해의 그림에 따르면 대나무 숲에 있었던 것 같다. 스승이 던진 질문이 커다란 의심 덩어리가 되어 가슴 깊이 박혔다. 제자는 자나 깨나 앉으나 서나 잊을 수가 없었다. 말하자면, 일생의 화두가 된 셈이다. 화두 한 생각이 사무쳐 일념만년이 된 어느 날 대나무에 기왓장 부딪치는 소리에 '나'를 자각한 것이다. 영원한 본래의 자기를 깨친 것이다. 향엄 스님이 뒷날 고백하듯이 만약에 당시에 스승이 일러줬더라면, 그것은 어디까지나 스승의 체험이지 결코 자신의 것이 되지는 못했을 것이다.

3

이야기는 이쯤하고 다시 그림을 자세히 보자. 그림 설명을 "풀과 나무를 베다가"라고 했는데, 그림에는 대숲 옆에서 한 스님이 비질을 하고 있다. 아무래도 이 점은 이상하다. 불교학자들 사이에는 향엄 선사가 풀을 베다가 기왓장이 걸려, 기왓장을 대숲으로 휙 집어던진 것으로 알려졌다. 마당을 쓸다 기왓장을 던졌든, 아니면 풀을 베다 기왓장을 던졌든, 분명한 것은 대나무와 기왓장이 부딪치는 소리로 인해, 부모가 낳아주기 이전의 본래 자기를 깨친 것이다.

자기 자신의 체험을 귀하게 여기는 향엄의 이러한 정신은 뒷날의 표본이 되기에 족했다. 돌아가신 해인사의 성철 선사도 향엄에 관한 이야기를 많이 한 편이다. 다음의 이야기는 성철 선사의 상당법어집인 『본지풍광』에도 나온다.

향엄 지한 선사가 하루는 상당법문을 하는데 어떤 선객이 물었다. "어떤 성인도 사랑하지 않고, 자기의 심령마저도 소중히 여기지 않는 경지는 좋은 건가요? 나쁜 건가요?"

대단한 질문이다. 자기 이외의 모든 것에 끌리지 않는 경계를 물은 것이다 부처도 사모하지 않고 그렇다고 자기에게 있는 불성마저 사모하지 않는 완전히 자유자재한 수행자의 이상향을 내놓았다. 이에 대한 향엄 스님의 대답은 자못 명쾌하다.

"모든 사람 분별이 끊어져, 수많은 성인도 그를 어찌 못한다."

그러니까 질문한 선객을 긍정한 셈이다. 이 대화를 듣던 사숙(師叔) 소산 스님이 역겹다는 듯이 구역질을 한다. 그러면서 사숙은 "성인을 긍정하고, 자기 심령을 승낙해야 한다"라고 주장한다. 이 말을 듣든 사숙에게 향엄은 지독한 말을 내뱉는다.

"사숙님은 평생 똥을 거꾸로 누는 벌을 받으실 겁니다."

세상에 이런 무례하고도 입찬 악담이 어디 있을까? 사숙이라면 속가로 치면 작은아버지신데, 조카가 이런 독한 소리를 하다니? 어쨌든 이 악담대로 소산 스님은 일상 토하는 병을 앓았다고 한다.

불교에서 석가모니 부처를 비롯한 여러 불보살들을 받들고 있음은 그 역사가 말해준다. 그런데 그것들을 받들지 말라니 이 무슨 날벼락인가? 게다가 자기의 심령도 소중히 여기지 않는다니 선사가 어찌 그럴 수 있을까? 선문에서 공인하는 향엄 스님의 말씀이기에 망정이지, 만일 필자가 향엄 스님이 한 대로 말했다가는 불교신자들이 난리법석을 피웠을 것이다. 부처를 모독하고 선을 모독한다고 말이다.

그러나 대상에 의존하지 않는 참 자아를 탐구하는 향엄 선사의 안목에서 보면 석가를 비롯한 무수한 보살들도 진실한 존재는 아니다. 이것을 다시 성철 선사의 말로 바꾸면, 일상생활 속에서 대상세계가 나타나든 말든 화두일념이 되면 이것이 바로 '동정일여'이고, 꿈속에서 대상세계가 나타나든 말든 화두일념이 되면 이것은 '몽중일여'이고, 깊은 잠에 들어 대상세계가 완전히 사라지더라도 화두일념이 되면 이것이 바로 '숙면일여'이다.

4

대상과 관계없이 자각되는 자아, 이것만이 영원한 자기이다. 이것이 바로 선불교의 자아관이다. 이런 영원한 자기를 찾는 방법은 향엄 지한 선사가 보여준 대로 의심이 사무쳐 사량 분별이 끊어져야 한다. 우리 의식의 중요한 기능 중의 하나가 바로 대상을 지각하고 판단하고 기억하는 일들이다. 이것을 불교에서는 사량 분별이라는 말로 대신한다. 이런 의식의 기능은 반드시 대상과의 관계에서 작용한다.

대상이 사라지면 의식의 이런 기능들도 사라진다. 이렇게 생멸하는 의식에 우리의 인생을 내맡길 수는 없다. 게다가 이런 의식을 발동시켜서는 영원한 자기를 알 수 없을 뿐만 아니라 그런 의식을 움직이면 움직일수록 대상세계에 얽매인다. 여기에서 종래의 선사들이 개발한 방법이 화두 참구이다.

화두 참구를 통해서 일체의 의식을 쉰다. 그리하여 보이는 대상도 보는 주체도 사라질 때 영원한 자기를 깨친다는 것이다. 그러고 나면 다시는 닦을 번뇌도 없고 다스릴 업장도 없어진다. 향엄 선사는 이런 심경을 "한 번 쳐서 앎을 잊으니, 다시는 닦고 다스리지 않게 됐네"라고 노래했다.

항간에 위파사나라는 남방 수행이 유행하고 있는데, 대상을 매개로 한 자아를 설정하는 것부터가 잘못이다. 대승의 논사들이 이 문제로 얼마나 많이 고민했고 그것을 해결하기 위해 얼마나 노력했는지는 불교사가 말해준다. 선종의 역대 선사들도 이 문제점을 잘 지적해 놓았다. 의식의 지향성이 사라진 상태에 침잠하여 거기서 되살아나지 못하면 영원한 공에 빠지고 만다. 주·객이 사라진 상태에서 화두가 또렷할 때 비로소 참 자아를 자각한다.

조사선을 개발한 선사들은 여기에만 머물지 않는다. 위에서 본 향엄 선사의 일화가 좋은 예이다. 화두일념으로 자신의 참 모습을 체험했지만, 그렇다고 자기의 체험을 절대화시키지도 않았다. 그의 말대로 자신의 심령마져도 소중히 여기지 않는다. 위파사나처럼 마음의 표상을 소중히 여겼다가는, 그 표상에 다시 자신이 구속된다. 이런 오류들을 조사선에서는 이미 경험했었기 때문에 다시 범하지 않는다. 우리는 흔히들 도가 저기에 있는데 그 도를 미혹하여 고통에 빠진다고 생각한다. 그러나 오히려 도에 흘려서 생동하는 진실에 눈머는 것은 아닌가?

자기만의 목소리

1

중국에서 선종의 특징이 제대로 드러나기 시작한 것은 마조 스님 이후부터라고 할 수 있다. 그의 직계, 백장-황벽-임제 등에 의해서 마조의 선풍은 더욱 드날리게 된다. 그들은 스승을 단순하게 계승만 했던 것이 아니고, 스승을 뛰어넘는 기량을 보였다. 이런 그들의 가풍은 마조가 그의 스승 남악 회양 선사를 만났을 때에 이미 확립되었다. 마조는 앉아서 참선을 하고 있다가 남악 선사에게 그렇게 수행했다가는 '앉아있는 부처'가 된다는 꾸지람을 듣는다. 그 후 마조는 일상생활 속에서 뚜렷하게 움직이는 불성의 활용성을 드러내는 데에 온 힘을 다했다. 이런 그의 노력은 "마음이 부처이다"라는 유명한 말로 세상에 전한다. 구체적인 우리의 일상성 속에서 불성의 작용을 드러내는 표현이다. 이때의 마음은 보편 심성을 지칭하는 것은 아니다.

이런 마조 밑에 수많은 제자들이 몰려들었는데, 그 중에서 뛰어난 사람이 백장 회해 선사이다. 백장 선사는 마조에게 코를 비틀린 일로 선둔에 유명하다.

하루는 마조 스님을 따라 백장 선사가 산보를 했다. 스승이 앞서고 제자가 뒤를 따르며 길을 나선 것이다. 그런데 이 두 사람의 앞에 들오리 한 마리가 '꽥꽥' 울면서 날아가는 게 아닌가! 두 사람은 말없이 길을 걸었다. 한참 지나서 스승 마조가 뒤를 돌아보며 제자 백장에게 물었다.

"'소리'는 어디로 갔느냐?"

백장은 별 의심 없이 대답했다.

"이미 날아가 버렸는데요."

그러자 마조는 뒤에 따라오는 백장의 코를 쥐어 비튼다. 백장은 갑작스런 일이라 피하지도 못하고 꼼짝없이 당한다. 코가 아파서 '소리'를 내지른다.

"아야! 아야!"

그러자 스승이 제자에게 말한다.

"그래도 날아갔다고 하겠느냐?"

이 말을 듣고 제자 백장은 크게 깨닫는다. 자, 여기에서 마조와 백장 사이에 무엇을 주고받았는가? 이 문제를 풀기 위해서는 마조의 선풍을 상기해야 한다. 마조의 선풍은 말할 것도 없이 "마음이 부처이다"라는 일상 속에서의 불성의 작용을 강조한다. 그러니까 불성이 어떤 특정한 곳에서 개별성을 떠나 독립적으로 존재한다는 생각을 해서는 안 된다.

이렇게 정리하고 다시 위의 들오리 이야기를 보자. 들오리의 울음소리가 나서 그 소리에 의해서 사람이면 모두 가지고 있는 '듣는 성품'이 작용을 한다. 들오리 소리가 사라지더라도 이 '듣는 성품'은 사라지는 게 아니다. 이 성품은 불생불멸하는 무위법이다. 들오리 우는 소리는 이 성품을 격발시키는 외적 자극의 역할을 했을 뿐이다. 스승 마조가 백장의 코를 비틀자 그 '듣는 성품'이 다시 작동한다. 이 '듣는 성품'에서 스승 마조는 불성의 작용성을 드러내 보여준다. 이렇게 해서 스승과 제자 사이에 선풍이 이어졌다.

2

흐르는 세월 속에서 백장도 어느덧 남의 스승이 되었다. 백장 선사는 지난날을 회상하면서 하루는 대중들에게 이렇게 말한다.

"불법을 닦는 일이란 작은 일이 아니다. 나는 일찍이 마조 대사께서 '할'하시는 소리를 듣고 삼일 동안 귀가 멀었다."

이 말을 듣던 대중 속에 저 유명한 황벽이 있었다. 황벽은 자기도 모르는 사이에 혀를 쏙 내밀고 말았다. 제자 황벽이 이러는 것을 보고, 백장 선사는 이렇게 말한다.

"너는 그러면 내 뒤를 이어 앞으로 마조 대사의 법통을 계승하지 않겠다는 거냐?"

이 말에 황벽은 대답한다.

"아닙니다. 제가 어찌 마조 노스님을 배반하겠습니까? 저는 오늘 선생님께서 마조 노스님의 인연을 말씀해주셔서 노스님의 대기대용을 비로소 알았습니다. 그러나 제가 마조 노스님의 가르침을 알지 못하고, 그저 마조의 뒤를 잇기만 한다면 앞으로 나의 자손들을 죽이는 꼴이 될 겁니다."

이 말에 백장 선사도 기쁨을 감추지 못한다.

"그럼 그렇지! 깨달음이 스승과 똑같다면 스승의 덕을 반으로 줄이는 것이고, 깨달은 경지가 스승보다 더 훌륭해야 스승의 도를 전수받을 만하다. 그대는 참으로 스승을 뛰어넘는 깨달음이 있구나!"

이 집안 가풍을 여실히 보여주는 말이다. 스승이 하는 대로 똑같이 한다면 이는 스승을 욕되게 한다는 바로 이 정신이 그대로 임제의 선풍에 전해진다. 내 말을 외워서 그대로 토해 뱉지 말고, 너의 체험을 조금도 손상시키지 않고 있는 그대로 고스란히 언어로 드러내는 데까지 이르러야 한다. 당나라의 선승 경청 도부 선사는 이렇게 말한다.

> 속박에서 벗어나기는 그래도 쉽지만, 있는 그대로 말하기란 더 어렵다.

속박에서 벗어나는 일, 곧 깨닫는 일이 어렵기는 어렵다. 그러나 그 깨달음을 있는 그대로 고스란히 말하기보다는 쉽다는 것이다. 대학의 강단에 있으면서 나도 어설프나마 이 말을 흉내 낸다. 학생들에게 여러분들이 가지고 있는 철학적 문제를 여러분의 언어로 재구성해 보라고 말이다.

스승 마조 스님께서 이미 일상 속에서 구체적으로 작용하는 마음의 움직임에서 불성의 활용을 드러냈고, 제자 백장 선사는 스승의 깨달음을 그대로 흉내 내기보다는 자신의 체험을 더 첨예화하여 앞으로 나아감으로써 스승의 가르침을 계승하려 했다.

 3
 역대의 조사스님들이 모두 깨달은 사람들이지만, 자신들의 깨달음을 표현하는 말들은 저마다 다른 자기만의 목소리를 내고 있다. 우리가 선어록에서 배워야하는 점 중의 하나로 이 점을 들 수 있다. 문학 작품에서 제나 지나 나오는 소재 중의 하나가 사랑·죽음·이별 등이다. 그 중에서 이별을 보더라도 작가마다 제 목소리와 색깔을 내고 있다.
 나는 이별을 생각할 때면 백낙천의 「장한가」가 떠오른다. 안녹산의 난으로 당 현종과 양귀비의 꿈같은 사랑도 막을 내리고 피난길을 나섰던 날, 나라를 기울게 한 죄로 신하들의 손에 죽은 애인이 보고 싶어서 도사를 시켜 저승길로 나서는 간절함과 저승에서 재 상봉하는 장면 하나하나가 백거이가 아니고서는 드러내지 못할 그만의 표현이다. 이 표현의 깊이만큼 백낙천의 이별에 대한 통찰이 깊었다고 할 수 있다.
 한편 죽음을 노래한 시구들도 많지만, 도연명이 자신의 제문을 생전에 지은 것만큼 죽음을 관조하는 문장도 드물 것이다.

"때는 정묘년 9월.
하늘은 차갑고 밤은 깊은데 바람은 쓸쓸.
기러기 떼들이 날아가고 초목들도 낙엽 되어 떨어진다.
나 연명은 이제 임시로 거처하던 여인숙을 떠나
내 집으로 영원히 돌아가건만,
정든 이들이 슬피 울어
오늘밤 송별회를 여는구나.…"

낙엽이 떨어져 뿌리로 돌아가듯이, 자신도 죽어서 본래의 근원으로 돌아간다. 이 세상에 살았지만 그것은 그저 타향 땅 여관에서 하룻밤 묵는 정도에 불과하다. 이제 영원히 나의 집으로 돌아간다. 본래의 내 집으로 가면서 남아 있는 친구들을 보니, 나를 보내는 게 슬퍼서 '송별의 잔치[祖]'를 벌인다. 자신의 죽음을 이렇게 관조하는 것은 연명이 아니고서는 누구도 못한다. 죽음에 대한 자신의 체험을 자신만의 언어로, 그 체험을 고스란히 드러낸 것이다.

숲에서 수행하든 마을에서 수행하든 장소를 막론하고 자신의 삶의 밭을 일구어 간다. 그러면 이제는 그 체험을 자신의 언어로 있는 그대로 드러내 보이는 작업을 할 때가 아닌가? 이 길만이 부처나 조사의 말에 휘말리지 않고 자기를 찾는 게 아닐까?

오늘을 사는 임제선풍

1

임제선풍의 특징 하나로 자기 확신을 들 수 있다. 임제 선사는 자기 자신을 떠나서 획득해야 할 대상으로서의 부처가 있다는 입장을 거부한다. 임제 선사는 자기가 바로 부처라는 확신을 갖지 못하고 밖으로만 향하는 수행자를 짐을 싣고 얼음판을 가는 당나귀에 비유한다. 깨달아야 할 부처가 있다는 무거운 짐을 잔뜩 지고, 미끄러운 얼음판 위에서 벌벌 떠는 당나귀를, 스스로에 대한 믿음이 부족한 수행자에 비유했다. 임제 선사의 유명한 말을 보자.

"그대들이 부처를 알고자 하는가?
바로 그대, 내 앞에서 설법을 듣고 있는 그대이다.
학인들이 이 사실을 믿지 못하고 다른 데서 구하려 하는구나."

임제 선풍에서 강조하는 믿음은 자기 확신 내지는 깨치고야 말겠다는 확고한 신념이다. 『임제록』에서는 "수행자들이여! 바로 그대 내 앞에서 움직이는 것은 우리의 조상인 부처와 다를 게 없건만, 다만 그대가 믿지 못하고 밖에서 찾는구나. 잘못을 저지르지 말라"고 한다.

고려 말 나옹 선사의 "비로자나불의 꼭대기를 밟는다 해도 발을 더럽힌 사람이다"라는 말의 의미도 임제선풍에서 이해할 때 의미가 분명해진다. 세상에서 제일 깨끗한 게 비로자나불일 것이다. 왜냐하면 '청정법신 비로자나불'이라고 말하지 않던가? 그런데 그 깨끗한 비로자나불의 꼭대기를 밟아도 발을 더럽히는 것이다. 자기를 버려두고 밖에서 부처를 찾으려는 것은 결국 제 발만 더럽힌다. "위로는 우러러야 할 부처도 없고, 아래로는 구제해야 할 중생도 없다"라는 말도 임제선풍을 잘 보여 준다.

이런 자기 자신에 대한 확신은 일상성 속에서 나온다. 울고 웃는 우리 생활 속에서 자신의 본래성을 자각하자는 것이다.

한 스님이 나와 나옹 선사에게 물었다.
"다른 것은 아무것도 묻지 않겠습니다. 무엇이 학인의 본분사입니까?"
"옷 입고 밥 먹는 것이다."

이런 일상성의 강조는 중국 철학 내지는 중국 불교의 오랜 전통인데, 마조 도일에 의해 한층 부각되었다. 남악 회양과 마조 도일 사이에 오고 간 '벽돌 이야기'에서 우리는 일상성을 강조하는 스승과 제자의 가풍을 볼 수 있다. 이런 전통은 황벽을 거쳐 임제에 이르러 더욱 뚜렷해진 것으로 훗날 임제종의 표본이 되었다.

2

　임제의 가풍에서는 주체적인 자기만의 표현으로 자신이 깨달은 경험을 드러낼 것을 강조한다. 선사들치고 말 못하는 이는 드물다. 시의 적절한 언어로 자신의 깨달음을 표현하고, 나아가서는 학인을 지도한다. 대기설법에 능수능란하다. 이런 점은 시인들의 언어 씀씀이도 뺨친다. 도연명의 시 〈음주〉 가운데 이런 게 있다.

山色日夕佳　산은 저녁노을에 아름답고
飛鳥相與還　나는 새는 짝을 지어 돌아간다.
此中有眞意　여기야말로 참뜻이 있으나
欲辯已忘言　말하고자 하니 벌써 말을 잊는다.

　연명은 황혼녘에 산새들이 짝을 지어 보금자리로 날아 들어가는 것을 보았고 여기에서 '참뜻'을 알았다. 그리고 그것을 말로 풀어내려 했으나, 그 순간 이미 말을 잊고 말았다는 탄식이다. 이 시를 보고 그 누가 연명이 말을 못했다고 하겠는가? 연명은 '참뜻'도 깨달았고 그것을 언어로도 멋있게 표현했다. 말로 표현할 수 없다고 꼬리를 빼지 않았다. 시인으로서의 임무를 다한 셈이다. 깨달음과 언어표현 사이에는 강한 긴장감이 돌게 마련이다.
　저 『벽암록』의 '경청우적성(鏡淸雨滴聲)'의 화두로 유명한 경청선사는 이렇게 말한다.

"속박에서 벗어나기는 그래도 쉽지만, 있는 그대로 말하기란 더욱 어렵다."　　　　　　　　　　　　(『조당집』10권, 경청장)

제대로 된 선사들은 자기의 깨달음을 언어로 표현한다. 그리하여 자신의 언어와 깨달음 그 자체에 간격이 있는가를 검토한다. 언어를 초월한 깨달음을 조금도 상하지 않고 언어로 표현하려고 쉬지 않고 노력했다고 할 수 있다. 저 유명한 방 거사는 종종 "그대의 깨달음을 그대 자신의 말로 표현해 보라"고 직업적인 선사들을 다그쳤다. '불립문자'라는 담 뒤로 숨기만 한다면, "격조 높은 수행자는 언어를 버릴 수 없다(『조당집』12권, 화산장)"는 이야기를 어떻게 감당할 수 있을까?

제대로 된 선사들에게는 남을 흉내 내는 것은 용납되지 않는다. 심지어 부처나 조사의 말까지도 말이다. 부처님의 말씀이라 할지라도 자기의 생생한 체험과 그 체험을 조금도 손상시키지 않고 드러내려는 노력이 없다면, 그것도 끝내는 선방에서 하루 한 끼 죽 먹은 기운으로 지껄이는 소리에 불과하다. 허황된 소리이다. 이것은 결코 깨달음에서 나오는 '참뜻'은 아니다. 그런 따위는 결국 자기를 얽어매는 말뚝이다. 그런 느슨한 언어로는 남을 구제하기는커녕, 자신의 영혼마저도 추스르지 못할 것이다. 이것을 또 하나의 임제선풍의 특징으로 들 수 있을 것이다.

3

임제선풍의 특징 하나로 본래성을 중시하는 점을 들 수 있다. 남의 손을 타지 않은 자기의 본래성을 높이 평가하는 일장은 『나옹록』의 「지공화상일탑문」의 다음 글에도 잘 드러난다.

"서천의 108대 조사 지공 대화상은 3,000가지 위의를 돌아보지 않았는데 80,000가지 미세한 형에 무슨 신경을 썼는가? 몸에는 언제나 제련되지 않은 <u>쇠옷[渾金]</u>을 입고 입으로는 부처와 조사를 몹시 꾸짖었으니, 평소에 그 기운은 사방을 둘렀고 송골매 같은 눈은 가까이하기 어려웠다."

위의 밑줄 부분의 '혼금'은 원래 '혼금박옥(渾金璞玉)'에서 나온 말이다. 이 말이 '제련하지 않은 금속'임은 분명한데, 문제는 이 비유를 통해서 드러내고자 하는 원뜻이 무엇인가이다. 필자는 이렇게 해석한다. 즉, 제련하기 이전의 철광석으로, '어느 누구의 손도 타지 않은'의 뜻이다. 결코 '원래의 완전함'은 아니다. 이것은 '현성공안(現成公案)'의 '현성'과 그 맥을 같이한다. '공안'은 관청의 공적인 문서이고, '현성'이란 아직 판결을 내리지 않은 '원래 그대로'란 뜻이다. '탈체현성(脫體現成)'이 '쏙 뺀 듯이 있는 그대로'의 뜻임을 상기하면 좋다.

그러니 지공 화상은 기존의 위의나 규율에 속박되지 않고 철저하게 자기의 체험에 충실한 수행자였다. 제련되기 이전의 생짜배기 쇠였다는 것이다. 남의 손을 타지 않은 천연의 자기 본분을 자기의 방식대로 드러낸 분이다. 남의 말이나 따라하고 부처나 조사들이 남긴 언어로 자기의 체험을 규정짓는 일은 하지 않았다. 바로 이 점을 제자 나옹이 찬양한 것이고, 이 찬양 속에서 '혼금박옥'한 저마다의 본래성을 발휘하라고 강조하는 나옹의 선풍을 엿볼 수 있다.

이러한 임제선풍은 나옹 선사의 다음 말에서도 분명하게 드러난다.

"**만일 쇠로 된 사람이라면** 무심코 몸을 날려 허공을 스쳐 바로 남산의 '자라 코 독사'를 만나고, 동해의 잉어와 섬주의 무쇠소를 삼킬 것이며, 가주의 큰 코끼리를 넘어뜨릴 것이니, 3계도 그를 얽맬 수 없고 천 분의 성인도 그를 가두어 둘 수 없다."

밑줄 친 부분의 원문은 '약시생철주취저한(若是生鐵鑄就低漢)'이다. 문제는 '생철'이다. 이 말뜻을 일본 고마자와 대학에서 편찬한 『선학대사전』에서는 '잡됨이 없이 순철로 주조하여 견고한 것'이라고 풀이한다. 그러나 이것은 잘못이다. '생철'은 위의 '혼금'과 동의어이다. 제련되기 이전의 본래성을 드러내려는 표현이다. 요즈음 말로 하면 '생맥주'의 '생'이요, '생나무'의 '생'이다. 가공 절차를 거치기 이전 본래의 상태를 나타내는 말이다.

이렇게 어떤 후천적인 가공도 받지 않은 본래성을 드러내는 본분납자라야만 철저한 자유를 누린다. 모든 중생은 색계·욕계·무색계 속에서 제한을 받고 살지만 '생철과 같은 수행자'는 3계도 그를 얽매지 못한다. 뿐만 아니라 그 어떤 성인도 이런 수행자를 침해하지 못한다.

임제선풍은 바로 여기에서 분명하게 드러난다. 철저한 자기 확신, 당사자의 직접적인 체험, 자기 본래 면목의 강조이다.

4

임제 선사 자신은 화두를 드는 방법을 쓰지 않겠지만, 그의 후계자들은 화두 참구를 개발했다. 이런 현상은 원나라에서 임제선을 배운 고려의 나옹에게도 잘 드러난다. 나옹 선사는 쉼 없는 화두 참구를 강조하여, 화두를 바꾸지 말고 혼침·무기·완공에 빠지지 않기 위해서는 화두를 들라고 강조한다.

이렇게 공안을 참구할 것을 강조하면서, 그 방법을 구체적으로 제시한다. 그것이 바로 저 유명한 『공부십절목(工夫十節目)』이다. 이는 참선 공부해 가는 과정을 설명한 것이라 할 수 있다. 여기에 나타난 특징만을 들면, 우선 나옹 선사는 동정일여와 오매일여의 상태가 되면 모든 번뇌가 단박에 끊어진다고 한다. 이렇게 자성을 깨치고 나서는 '자성의 본래 작용'대로 인연에 맞게 살라고 한다. 그러다가 마침내는 4대가 흩어지면 나는 어디로 가는지를 알아야 한다고 한다.

이것은 화두를 참구하는 수행자들의 자기 점검법이라고 할 수 있다. 그리고 이 점검법은 성철 선사가 제시한 참선공부 점검법인 (1) 동정일여, (2) 숙면일여, (3) 오매일여를 연상케 한다. 두 선사를 비교하자면 나옹 선사는 숙면일여라는 표현 대신에 신령한 상태가 되어도 화두를 놓지 말라고 표현했는데, 그 지시하는 내용은 동일하다고 할 수 있다. 그리고 또 나옹 선사와 성철 선사 둘 모두가 깨닫고 난 다음의 수행에 대해서 말하지 않는다. 깨친 뒤의 수행생활에 대해 나옹 선사는 '자성의 본래 작용'에 따를 것을 말하고, 성철 선사는 부처가 되었으니 무심히 부처의 행을 하라고 한다. 시대를 달리하면서도 이런 공통점이 있는 것은 두 선사 모두 임제선의 흐름에 서 있기 때문일 것이다.

유교 · 불교 · 도교 · 선

1

　사상이나 이론은 건전한 비판이나 논쟁이 살아있을 때 제 기능이 발휘된다. 자기 변화의 가능성을 처음부터 배제하면 그 사상이나 이론은 탄력성을 잃어 독단으로 흐를 가능성이 높다. 비판의 가능성이 자기 체계 안에 항상 열려 있어야 사상의 자기 정화 기능이 발휘된다.

　비판은 상대에게 영향을 미침은 물론 비판하는 당사자의 철학 체계에도 암암리에 영향을 준다. 이런 실례를 우리는 사상 속에서 많이 볼 수 있다. 중국의 당나라 때는 유교 · 불교 · 도교가 제각각 이론 체계를 세워 가면서 상대의 입장을 비판했다. 이런 상호 비판의 과정에서 유 · 불 · 도 3교 합일이라는 철학 사조를 만들기도 했다. 그 산물 중의 하나로 당나라 때 종밀 선사의 『화엄원인론』이나, 원나라 때 유밀 스님의 『삼교평심론』을 들 수 있다. 그래서 우리는 당시의 사상계에서 어떤 문제를 가지고 서로 논쟁을 벌였는가를 살펴봄으로써, 불교사상의 특징을 보다 선명하게 이해할 수 있다.

　당나라 때가 화엄학의 전성기였음은 불교사가 말해 준다. 현수 법장 스님에 의해 화엄교학이 재정리되면서, 그 문하에 기라성 같은 화엄종장들이 배출되었다. 청량 징관 스님이 그렇고 규봉 종밀 스님이 그렇다. 이때의 화엄교학자들은 당시 유행하던 유교와 도교의 학설을 맹렬하게 비판하였다. 그렇다면 이 화엄교학자들은 유교나 도교의 어느 점을 비판한 것인가? 이 문제를 풀어보면 화엄교학의 특징이 밝혀짐은 물론, 당시 유교나 도교의 철학도 엿볼 수 있다. 비판하면서 닮아 가고, 남과의 대비 속에서 자신이 더 잘 드러날 수도 있기 때문이다.

2

청량 징관(738~839) 스님이 당시의 도교와 유교의 어떤 점을 비판했는지 살펴보자. 청량 스님은 우리나라 불교계에서는 빼놓을 수 없을 만큼 중요한 자리를 차지하고 있다. 사찰의 전통 강원 대교과정에서는 청량 스님의 해석을 바탕으로 한 『화엄경』을 배운다. 게다가 청량 스님의 학문을 계승한 종밀 스님의 주석서가 전통 강원의 근간을 이루고 있음을 상기하면 그 중요성을 짐작할 수 있다.

그러면 화엄교학자들은 유교와 도교의 어떤 점을 어떻게 비판하는가? 이 해답을 우리는 청량 징관의 『화엄경소』(권3)와 『화엄경수소연의초』(권14)에서 찾을 수 있다. 징관 스님은 유교의 인간관을 '사인설(邪因說)'이라는 이름하에 비판한다. 유교는 구체적이고 차별적인 현상세계가 펼쳐지는 원인을 규명하는 데 오류를 범했다는 것이다. 유교에서는 『주역』「계사전」을 문헌적 근거로 해서 '태극'이 만물의 근원이라고 간주한다. 송대의 성리학자들은 태극을 '이'(理)로 재해석하여, 현상적으로 드러나는 것은 '기'(氣)이고 '기'가 움직이는 원리를 '이'라고 하여 이기론(理氣論)을 세우기도 했다.

그러나 징관 스님이 활동하던 당나라 때는 아직 성리학이 형성되기 이전이다. 이때는 구체적이고 개별적인 사태 속에 '태극' 내지는 '이'가 들어 있다는 사상이 생기기 이전이다. 개별자와 다른 위상에서 개별자를 만들어 내는 보편자의 존재를 부정하는 것이 징관 스님이 유교를 비판하는 표적이다.

스님은 『화엄경소』에서 이렇게 말한다.

"태극이 만물의 원인이라고 주장하면 그것은 삿된 원인을 든 것이며, 만약 '한 번 음이 되고 한 번 양이 되는 것을 도이다'라고 하여 음양이 변화해서 만물을 낳는다고 해도 삿된 원인이다."

이 말은, 태극이나 음양이 만물의 근원이라고 주장하는 당시의 유교의 세계 이해는 틀렸다는 것이다. 그러면 도대체 어떤 점이 틀렸다는 것인가? 이 점에 대해 징관 스님은 자세하게 설명하지는 않고, 다만 '삿된 원인'을 들었기 때문이라고 한다. 자세한 설명은 그의 제자 종밀 스님에 의해서 구체화 된다. 이 점은 뒷부분에서 밝히겠지만 간단히 미리 말하면, 태극이나 음양은 무정물인데 이 무정물에서 어떻게 사유작용을 하는 인간이 생길 수 있겠

유교·불교·도교·선 143

느냐는 비판이다.

한편, 징관 스님은 도교의 교리를 '무인설(無因說)'이라는 이름하에 비판한다. 스님은 『화엄경수소연의초』에서, 만약 무에서 유가 생긴다고 주장하면 잘못이라고 한다. 이 문제를 『화엄경소』에서는 이렇게 논술한다. "만물은 저절로 그런 것[自然]이다. 마치 학은 희고 까마귀는 검듯이. 그러나 이렇게 주장하면 이것은 원인을 부정하는 말이다." 다른 한편으로는 "만일 제일 원인자[一]에서 (징관은 一을 無로 해석함) 허무 자연이 생겨났다고 주장하더라도 이것은 원인을 부정하는 것이다"라고 한다. 이것은 도교의 '자연설(自然說)'을 지적한 것으로, 결과에는 반드시 원인이 있다는 불교의 입장에서 나온 비판이다. 있음에는 반드시 그 있음을 있게 하는 원인이 있다는 것이다.

여기에서 우리는 도교의 인간관을 상기할 필요가 있다. 도교의 근본 경전인 『노자』에 의하면, '무(無)'에서 '도(道)'가 생기고, 도에서 제일 원인자가 생기고, 제일원인자에서 음양이 생기고, 음양이 결합하여 만물이 생긴다고 한다. 그러나 징관 스님이 보기에 도교의 그것들은 원인 노릇을 못한다는 비판이다. 그러면 어떤 점이 원인 노릇을 못한다는 것인가? 이에 대해서는 그의 제자 종밀에 의하여 상세히 규명된다.

3

규봉 종밀(780~841) 스님은 『화엄원인론』에서 스승 징관 스님의 유교·도교 비판을 계승 발전시킨다. 이 책에서 종밀 스님은 당시 유교·도교의 사상을 다음 네 가지로 요약한다. 허무대도설·자연설·원기설·천명설이 그것이다. 그리고 그 하나하나의 부당성에 대해 이렇게 의문을 던진다. 첫째, 허무대도에서 길흉화복이 나왔다면 인간의 노력이 무슨 소용이 있겠는가? 둘째, 만물은 모두 저절로 그렇게 되었다는 자연설을 주장한다면 인과 연이 없어도 과거가 나올 수 있는가? 셋째, 원기에서 인간이 생겼고 그 원기의 흩어짐과 모임에 의해 삶과 죽음을 설명한다면, 원기는 원래 지각작용이 없는데 어떻게 원기에서 생긴 인간의 의식작용을 설명할 수 있을까? 이 비판은 날카롭고도 적절한 지적이다. 이 지적을 통해서 우리는 종밀 스님이 당시의 유교와 도교를 정확하게 이해하고 있음을 알 수 있다. 더구나 송나라의 화엄학승 정원 스님은 『화엄원인론 괄미록』에서 그 전거를 더욱 확실하게 해주고 있다.

이렇게 당나라 시대 화엄학승들은 유교와 도교의 인간관을 '사인설'과 '자연설'로 각각 규정 비판하고, 화엄교학의 입장에서 대안을 이렇게 제시한다. 처음에는 '본래부터 깨달은 참 마음[本覺眞心]'만이 실재한다. 이것은 생기지도 않고 멸하지도 않으며, 더하지도 않고 줄지도 않으며, 변하지도 않고 바뀌지도 않는다. 그러나 중생들이 끝없는 옛적부터 번뇌에 물들어 그것의 존재를 자각하지 못한다. 이 '참마음'과 그것을 덮어씌우고 있는 번뇌를 합하여 여래장 또는 아뢰야식이라고 하는데, 여기에서 생멸 변화하는 갖가지 마음이 전개된다는 설명이다.

불생불멸하는 '참마음'이 생멸하는 망상과 화합하는데, 이 둘은 하나는 참이고 하나는 거짓이라는 점에서는 서로 다르고, 본질은 하나라는 점에서는 둘이 아니다. 여기에는 '참마음'을 자각하는 깨달음의 요소와, 그것을 자각하지 못하는 어리석음의 요소가 있다.

다시 어리석음이 분열하여 최초의 망념으로서 움직이기 시작하는 것을 미세한 망상이라고 한다. 이렇게 해서 생긴 망념은 자신이 본래 실체가 없다는 것을 깨닫지 못하기 때문에, 인식하는 주관과 인식되는 객관으로 분리되어 서로 양립한다. 그러나 이 인식의 대상이 자기 마음에서 생겨난 허망한 존재인 줄 깨닫지 못하고 정말로 실체가 있다고 집착하는데, 이것을 '법집'이라고 한다.

다음으로는 '법집'이 점점 강해져서 드디어는 나와 남에 대한 차별과 대립이 깊어져 끝내는 '나'라는 존재는 실체가 있는 참 존재라고 집착하게 된다. 그리고 '나'를 집착하기 때문에 자기감정에 맞는 모든 대상을 탐내고 좋아하고, 욕망 때문에 아집이 더욱 불어나게 된다. 자기감정에 맞지 않는 대상에 대해서는 성내고 싫어하며, 상대방이 자기에게 혹시 손해를 끼치거나 혹시 자기를 괴롭힐까 두려워하여 어리석음이 늘어간다.

위와 같이 되어 살생하고 도둑질 따위의 나쁜 짓을 저지르는 영혼은 그러한 나쁜 업으로 인해서 지옥·아귀·축생 같은 나쁜 곳에 태어나게 마련이다. 한편 그러한 고통을 두려워하여 나쁜 짓을 않거나 혹은 성질이 본시 착한 자로서 보시와 계행을 행하면, 그 영혼은 이 착한 업을 지은 덕택에 중음(中陰)을 거쳐서 어머니 태 안으로 들어간다. 이렇게 기운을 받아 몸을 이루게 되는데, 이 기운은 4대를 단박에 갖추어 차츰차츰 모든 감관이 이루어지고, 마음은 4온을 단박에 갖추어 차츰차츰 모든 식이 이루어진다. 그리고 열 달이 차서 출생하여 사람이 된다.

4

화엄교학자들은 유교의 인간관을 '사인설'로, 도교의 인간관을 '자연설'로 보아 각각 비판한다. 그리고 이런 비판은 송대의 유학자들에 의해 적극적으로 수용되어, 성리학이라는 새로운 유학 속에 흡수되어 전개되었다. 그 이론 중의 하나가 이일분수설(理一分殊說)이다. 보편자로서의 '이'와 개별자 속에서 작용하는 '이'의 상호관계를 설정하는 이론이다. 그리하여 차별적인 개별자를 초월한 보편자의 실재를 상정하는 데서 오는 문제를 해결할 수 있었다.

여기서 우리는 선종 문하에서 종밀 선사를 혹독하게 비판하고 있음을 상기할 필요가 있다. 화엄교학자 종밀에게 맹렬한 비판을 가한 당나라 이후의 선사들은 도대체 어떤 입장에서 그렇게 했던 것인가? 이 점이 밝혀지면 화엄교가의 특징도 드러나고, 선사들이 가려는 세계가 무엇인지도 선명해질 것이다. 우리는 이 해답의 실마리를 마조 도일 선사에서 찾을 수 있다. 마조의 말 중에 '작용시성(作用是性)'이라는 말이 있다. 이 말은 작용하는 그 자체가 깨달음의 본성이라는 뜻이다. 작용성을 떠나서는 보편적 실재를 초월적으로 상정할 수 없다. 이런 입장에서 보면 화엄교학자들은 '본래부터 깨달은 참 마음'을 개별성을 떠난 초월적 실재로 상정한다는 비판을 받을 수 있다. 선사들의 비판의 표적이 바로 여기에 있다.

선사들이 가려는 세상은 우리들의 구체적인 현실을 떠나서는 한 치도 나아갈 수 없다. 구체성과 즉자적인 실존에서 영원을 찾으려는 것이 선사들이 지향하는 세계이다. 송대의 화엄교가들은 선사들로부터 이런 비판을 받아야만 했다.

절에는 밥 먹으러 가는 거다

1

지난 연말에는 좋은 사람들과 경상도 지방의 명산대찰을 관람하게 되었다. 많은 이야기를 했다. 밥을 먹으면서도, 차를 타고 다니면서도, 술을 먹으면서도, 자기 전에도, 시작도 끝도 없었다. 자잘한 이야기에서 우주를 휘감을 만한 이야기까지 별별 이야기를 다 했다. 이렇게 여행 중에 이야기를 나누다 보면 참으로 뜻밖의 경험을 하는 수가 많다. 딱히 어떤 주제를 내걸고 그것만 말해야 할 것도 없고, 그저 느끼는 대로 주고받을 뿐이다. 집을 떠나왔기 때문에 시간에 얽매일 필요도 없다. 밤 새워 이야기하다 늦잠을 자도 상관없으니 말이다. 차창 밖 풍경이 바뀌듯 이야기의 주제가 달라져도 좋고, 이야기의 앞뒤가 이어지지 않아도 좋다.

도시 생활에서는 시시콜콜할 것만 같은 이야기도 주변 환경이 달라진 탓인지 새삼스럽다. 분위기에 휩싸여 나도 덩달아 이말 저말 많이 했다. 그런데 말할 당시에는 깊이 생각하지 않고 지껄였는데, 며칠 전 제야의 종소리를 들으며 한 해를 돌이키다 보니 소스라쳐졌다.

2

통도사에서 점심 공양을 들면서 절밥 이야기가 나왔다. 언제 먹어도 절밥은 맛있다. 저마다 절밥 맛 경험을 풀어 놓았다. 나는 이런 이야기를 했다. 물론 내가 직접 들은 이야기는 아니고 친구에게 전해들은 이야기였다.

내 친구 세 명이 절에 갔었는데, 그 중 한명은 불교를 접한 지는 얼마 안 되지만 교리에 심취한 신참이었고, 한 명은 교리를 따로 연구하지는 않았지만 집안에서 오래전부터 절에 다녀 절 분위기에 친숙한 구참이었다. 구참 친구가 신참 친구에게 "너 왜 절에 가는지 아냐?"고 물었단다. 신참 친구는 서슴없이 "도 닦으러 간다"고 했다. 그랬더니만 구참 친구는 그게 아니라고 손을 내저었단다.

신참 친구가 의아해서 "그럼, 왜 절에 가는 거냐?"고 구참 친구에게 물었다. 구참 친구 왈, "절에 왜 가느냐 하면, 밥 먹으러 가는 거다."

당시 절밥 이야기로 저마다의 경험을 털어 놓는 분위기에 휩싸여 한 말이었다. 그런데 며칠 지나서 텔레비전으로 제야의 종소리를 듣다가, 그때 한 이야기가 불현듯 머리에 떠오르는 것이었다.

"절에는 밥 먹으러 가는 거다."

이 말을 한 구참 친구가 어떤 심정에서 이렇게 말했는지 나로서는 알 수 없다. 어쩌면 그것은 알 필요가 없을지도 모른다. 문제는 내가 구참 친구의 말을 어떻게 이해했는가가 더 중요하다.

불교에서는 예나 제나 '깨달음'·'도'·'부처' 등을 높이 친다. 뿐만 아니라 세속의 일은 부질없고 출세간의 수도를 우러른다. 그러다보니 자연 우리가 일상에서 접하는 세속의 일이란 가치 없는 것으로 멀리하게 마련이다. 그러나 이런 일상을 떠나 도를 구하려는 것은 어리석은 짓이고, 그렇게 해서는 도저히 깨달음을 얻을 수 없다고 눈 밝은 선사들은 간절히 말한다. "절에는 밥 먹으러 가는 거다"라고 말한 구참의 말이 나에게는 눈 밝은 선사의 말로 들렸다.

"번뇌가 바로 깨달음이다"라는 말도 저간의 소식을 전하는 말이다. 그런가 하면 마조 스님이 즐겨 쓰는 "평상의 마음이 그대로 도이다"라는 말도 역시 그런 뜻이다. 행주좌와에 어묵동정하고 물 긷고 나무 하는 일상생활을 떠나 따로 다른 어떤 세계에 깨달음이 있다는 생각을 버리라는 것이다. 임제 스님이 "내 앞에서 설법을 듣고 있는 그대가 바로 부처이다. 왜 이 사실을 모르고 밖에서 찾느냐?"라고 질책하는 것도 이런 맥락에서 이해하야 한다.

이론적으로 설명하자면, 일체 모든 표상은 모두 청정한 진여자성 위에서 일어났다 사라졌다 하지만 진여의 바탕은 변함이 없다. 『대승기신론』에서는 이것을 바람·파도·물의 적시는 성질에 비유한다. 잔잔한 바다에 바람이 불어 갖가지 파도가 생겼다 사라졌다 하더라도 물의 적시는 성질은 변함이 없다.

그래서 온갖 모양의 모든 파도도 적시는 성질이 있다. 이렇듯 번뇌 망상 때문에 표상이 생기지만 진여자성의 청정하고 원만한 덕은 조금도 변함이 없다. 그래서 갖가지 망상 속에는 진여자성이 작용한다. 망상 번뇌가 없으면 진여자성은 자기 동일성만 유지되어 설명되거나 인식될 수 없다. 망상이 사라져 진여자성이 오롯이 드러난 상태는 사량 분별하는 지식의 대상이 될 수 없다.

도가 어디 특별한 곳에 있으리라고 생각하여 도 닦으러 절에 간다는 생각을 잠시 접어두고, 삼시 세 끼 밥 먹는 그런 일상 속에 바로 도가 있다는 생각을 해 보자. 이렇게 방향을 돌려주는 말이 구참이 전해 준 "절에는 밥 먹으러 가는 거다"의 참뜻이리라. 구참의 이 말은 나에게 기상천외한 소식으로 들렸다. 차가운 밤 하늘을 나는 외기러기의 외마디 울음소리가 온 천지에 삼동(三冬)이 깊었음을 들려주듯, 그렇게 싸늘하고 함축적인 뉴스였다.

3

최근 수년 동안 우리 사회는 거대 담론이 성행했다. 역사 법칙이 어떠니 아시아적 생산양식이 어떠니, 또는 이성이 어떠니 주체가 어떠니 하는 등의 커다란 소리를 해 왔다. 그러면서도 그 속에는 개별적이고 구체적인 사람이 있다는 생각을 흘려버린 경우가 적지 않았다.

우리는 주위에서 이런 이야기를 종종 듣는다. 인간은 만물의 척도이다. 인간은 사회적 동물이다. 모든 인간에게는 부처될 종자가 있다. 그런데 참 부끄러운 일이지만 나는 선어록을 본격적으로 읽기 전만 해도 그 인간 속에 나 자신이 들어간다는 생각을 못했다. 나는 빼놓고 남들만 인간인 줄 알았다. 이렇게 되기까지에는 내가 어리석은 탓도 있지만, 고래 싸움에 새우 등 터진다는 속담처럼, 거대 담론에 나도 모르게 빠져들어 구체적인 나를 잊었던 탓도 있을 것이다.

절 주변에도 거대한 담론이 사회 못잖게 뺨친다. 입만 열면 열반이 어떻고, 정토가 어떻고, 깨달음이 어떻고, 부처가 어떻고, 달마 조사가 서쪽에서 온 뜻이 어떻고, 이루 말할 수 없을 정도로 큰 이야기들이 오고 간다. 이런 거대 담론은 중국에서는 천태종이나 화엄종이 번성했을 때에 극성했었다. 그러나 눈 밝은 선사 스님네들은 이런 거대 담론을 몹시 경계하였다.

백장 선사가 하루는 조용히 법당에 앉아 있다가 갑자기 법당 바닥에 침을 뱉었다. 이것을 보던 시자 스님이 이상하게 여겨 여쭈었다. "큰스님이 어찌 신성하고 깨끗한 법당에 더러운 침을 뱉으십니까?"

이에 대한 백장 선사의 대답은 자못 냉엄하다.

"조용하게 앉아 있다 보니, '깨달음'이니 '열반'이니 하는 생각이 살며시 고개를 들더라. 이런 생각을 하는 나 자신이 싫어서 침을 뱉었다."

선사들은 구체성과 일상성을 초월한 공허한 개념들로 엮어진 거대한 담론들을 거부한다. 백장 선사의 이런 정신은 그의 스승 마조 선사의 일상성 속에 깨달음이 있다는 '평상심시도(平常心是道)' 사상을 올곧게 이은 것이다.

세월은 좀 뒤지지만 이런 정신은 운문 선사에게도 이어진다. 하루는 어떤 객승이 "부처란 무엇입니까?" 하고 물었다.

운문 선사의 대답은 독하다.

"부처라고? 무슨 마른 똥 덩어리 같은 소리냐!"

또 한 번은 어떤 객승이 이렇게 물었다.

"깨달음이란 무엇입니까?"

운문 선사는 대뜸 이렇게 답한다.

"호떡."

이 말을 노골적으로 풀어 보면 "엿 먹어라"이다. 깨달음이나 부처가 어디 특별한 곳에 있다고 생각하고 지껄이는 '주둥이'에 호떡을 물리는 것이다. 엿이 입에 붙어서 아무 말 못하는 것을 생각하면 상상이 갈 것이다.

예나 지금이나 유성처럼 떠다니며 틀에 박힌 폼 나는 질문으로 진솔하고 소박하게 사는 수행자를 괴롭히는 논객들이 있다. 그네들은 툭하면 "달마 선사가 인도에서 온 이유가 무엇인가?"라든가, "입을 닫고 한마디 해 봐라"라든가, "불법의 핵심을 말해 봐라"는 등의 질문을 던지곤 한다. 그러나 깨달음은 큰소리에서 나오는 게 아니다. 굶주린 고양이 쥐 생각하듯, 사랑에 빠진 사람이 님 그리듯, 화두에 순간순간 사무쳤을 때 이루어지는 것이지, 엄청난 소리 한다고 되는 것이 아니다. 선어록에서 많은 선사들이 그렇게 가르친다.

4

 1998년 정월 아흐렛날은 마석 보광사 주지 화담 스님의 49재이다. 채식을 주로 하시는 스님들에게 걸리기 쉽다는 장암이 원인이 되어 그렇게 되었단다. 세속의 정에 매여 사는 나에게는 눈물겨운 일이다. 운악산 봉선사에서 스님을 처음 뵌 것은 1978년이었다. 당시에 큰 절 살림을 맡아 지금의 봉선사를 만드시는 데에 많이 쓰셨다. 어느 모로 보나 꼭 가야 할 자리인데 입학시험 관계로 가지 못하고 옛 추억만 더듬을 뿐이다.

 그러니까 1980년대 초반이었다. 초파일 저녁이었다. 총무 소임을 맡았던 화담 스님께서는 절에 들어온 보시금을 한 곳에 모아 돈을 세고 계셨다. 그곳에는 선방에서 참선하다 온 수좌 스님들도 몇 분 있었다. 수좌 스님 중의 한 분이 비아냥거리는 말투로 말했다. "삭발염의한 목적은 '한 소식'하려는 것인데, 중이 되어 돈이나 만지는군. 다 버리고 우리와 함께 참선하러 가세."

 옆에 있던 나는 순간 긴장했다. 말이야 두 말 하면 잔소리다. 옳은 말이다. 그래, 그렇다. 부모 형제 모두 버리고 입산 출가한 뜻은 위없는 깨달음을 깨쳐 윤회와 고통에서 벗어나려는 것이다. 이 말을 거역할 사람이 누가 있을까? 그러나 총무스님의 반응은 기상천외였다. 만 원짜리 지폐를 세던 손을 잠깐 멈추시더니만,

태연히 지폐를 한 장 한 장 넘기시면서 "백만 원이요, 이백만 원이요, 삼백만 원이요, 사백만 원이요, 오백만 원이요, 육백만 원이요, ……." 이렇게 중얼거리는 게 아닌가! 수좌 스님들은 그만 말문이 막혔다.

　세속과 산 속을 엄격히 나누고 일상성을 떠난 '한 소식'에 얽매여서야 어찌 무심 수행이 될 수 있을까? 평상심이 도라는 마조 스님의 법문이 거기에 재현된 듯했다. 세속에 살면서도 무심하게 지내던 당시 화담 스님의 모습은 일면불 월면불처럼 영원할 것이다. 마치 '절에는 밥 먹으러 가는 거다'라는 말처럼, 평상의 모습으로.

사람의 본성

1

나는 1994년 삼풍백화점 붕괴 사고를 가까운 동네에서 지켜보았다. 많은 사람들은 건물 시공자를 비롯하여 위험을 알고도 영업을 강행한 이들에게 분노를 감추지 못했다.

"저들도 사람이냐? 인간의 탈을 쓰고 어찌 저럴 수가 있을까?"

이 일이 있었던 다음해에는 어린애의 성폭행이 언론에 보도되면서 다시 한 번 인간 본성을 되묻게 되었다. 이런 속에서 우리는 보다 원초적인 물음이 직면한다.

"도대체 인간이란 어떤 존재인가?"

이전까지는 남에게로만 향했던 물음의 화살이 이제는 자기 자신을 포함한 인간 자체로 향한다. 사유의 확실성에 상처를 받거나, 죽음을 다주하면 자기 존재 기반은 뿌리째 흔들린다.

"과연, 인생이란 무엇인가?"

"나의 본질은 무엇인가?"

2

　인간의 본성이 무엇인가 하는 물음은 인간의 역사 속에서 늘 새롭게 되풀이 된다. 서양의 경우는 일찍이 '생각하는 능력'에서 인간의 본질을 찾았다. 프랑스의 한 철학자는 자기 존재의 확실성을 의심하기 시작했다. 내 존재의 확실성을 어디에서 찾을 수 있을까? 이런 의심 끝에 그는 회의하는 자신을 발견한다. 그리하여 "나는 생각하고 있고, 이렇게 생각하는 나는 존재한다"라는 결론에 이른다. 이와 같이 자기 존재의 확실성을 생각하는 행위에서 보증 받는다.

　생각하는 행위는 이성의 힘으로서 이에 대한 신뢰는 르네상스 이후 서양의 철학과 과학의 큰 기둥이 되었다. 그러나 이성의 힘도 1, 2차 세계대전을 겪으면서 의심을 받기 시작했다. 이성을 본질로 한다는 인간이 어찌 이토록 참혹한 전쟁을 일으킬 수 있을까?

　물론 이성의 힘에 터한 사상과 과학은 우리에게 그 어느 시대와도 비교가 안 되는 유익함을 안겨 주었다. 그러나 그 유익함은 환경의 오염이라는 그림자를 손잡고 나타났다. 과연 이성이란 게 믿을만한 것인가? 아직도 이성주의자들은 인간이 이성을 제대로만 쓴다면 부정적인 요소를 치료할 수 있다고 주장한다. 그러나 이성이라는 것도 결국은 서양의 어느 한 시대와 한 지역에서 생긴 문명적 산물임을 잊어서는 안 된다. 모든 인간에게 언제 어디서나 보편적이고 본질적일 수는 없다.

한편, 고대 중국인들은 이 세계를 구성하는 요소로 하늘·땅·귀신·인간을 들고 있다. 세계에 참여할 수 있는 인간의 여지를 처음부터 열어놓았다. 다만, 학파에 따라 참여의 방식이 다를 뿐이다. 도가의 경우는 인위적인 행위를 배제함으로써 세계의 운영에 참여하려 하고, 중국 문화를 온몸으로 짊어진 유가는 인위적인 노력의 중요성을 더 강조한다. 그 중에는 인간의 본성을 어떻게 보는가, 곧 성선(性善)이냐 성악(性惡)이냐에 따라 인위적인 노력의 방법을 달리했다.

성선을 주장하는 이들은 현실적인 악의 존재를, 반면에 성악을 지지하는 입장에서는 현실적인 선의 존재를 설명해야 했었다. 그래서 성선설에서는 개인의 기질이 혼탁하기 때문에 본성이 제대로 드러나지 않는다고 보아, 기질을 바로잡는 방법의 개발에 주목했다. 한편, 성악설에서는 현실적인 선을 모두 인위적인 노력의 산물로 보아 예법에 의한 통제에 주목했다.

그러나 성선설이든 성악설이든 결국은 모두 인위적인 노력을 중시한 점에서는 같다. 이들은 선의 완성 내지는 실천을 궁극의 목표로 삼는다. 그렇다면 선이란 무엇인가? 이 물음은 유교철학의 중요한 문제 중의 하나이다. 그들은 전통적으로 이 물음의 해답을 어진 마음(仁)에서 찾는다. 이 마음은 누구에게나 있는데, 이 마음에 따르는 것이 선이라고 한다.

그러나 세상일은 그리 단순하지 않다. 〈이수일과 심순애〉의 신파극에도 나타나듯이, 이러자니 사랑이 울고, 저러자니 돈이 운다. 인정으로 봐 주자니 나라가 망하고, 나라 걱정하자니 인정이 눈물짓는다. 이 둘이 나란히 손잡고 갈 때는 아무 문제없다. 그러나 서로 다른 길 가겠다고 소맷자락을 당길 때가 적지 않다. 이 모순을 해결하기 위해 선의 층차를 나누어 큰 선과 작은 선으로 차별을 둔다. 그리하여 작은 선을 버리고 큰 선을 따르라고 한다. 그러나 무엇이 크고 무엇이 작은가? 크다 작다의 기준은 무엇인가? 그 기준은 누가 정하는가? 그리고 큰 선으로 작은 선을 맞바꿀 수 있을까?

3

최고선(最高善)을 정점으로 층차를 매겨 거기로 향하던 중국의 사회윤리도 20세기 전후 서구의 군함에 무너졌다. 이와 함께 최고선이라는 것도 한 지역과 한 시대의 산물임을 알게 되었다. 노비의 어린 딸을 농락하던 사대부는 더 이상 최고선이라는 울타리 뒤에 숨을 수 없게 되었다. 최고선으로 개인의 자유를 속박한 유교의 윤리는 봉건주의의 충견이라는 낙인이 찍혀 그 기반이 흔들렸다. 그리고 해방의 빛을 가져다 준 서양의 이성이 그 자리를 대신했다.

그러나 그토록 믿었던 이성의 힘이지만, 그것도 영원한 '우리 편'만은 아니었다. 이성을 본질로 한다는 인간이 열 살 난 여자아이를 성폭행으로부터 지켜내지 못했다. 한 명도 아닌 여러 명의 아저씨들이 말이다. 인간 이성에 터한 과학기술로 움직이는 공장이건만, 그 공장의 폐수 앞에서 인간 이성은 맥을 못 추었다.

최고선의 실재성에 대한 믿음도 우리를 유린했고, 인간의 본질이라고 믿었던 이성도 속절없다. 그런데도 인간 본질의 확실성을 최고선이나 이성에서 찾으려 하는가?

불교에서는 최고선이나 이성의 실재성을 애초부터 용납하지 않는다. 왜냐하면 그것은 모두 만들어진 것이기 때문이다. 만들어진 것은 언젠가는 사라지게 마련이다. 그것은 영원한 것이 못 된다. 일시적인 것에 의지하는 한 불완전하다. 불생불멸하는 것에 의지해야 영원하다. 그러나 유한한 인간이 어떻게 영원한 것을 찾을 수 있을까? 대단히 중요하고도 어려운 문제이다.

불교의 선지식들은 여기에 환한 빛을 비춘다. 명상을 통해 유한한 요소들을 하나하나 제거해 보라고 한다. 이성도 버리고, 최고선도 버리고, 자기의식도 버리고, 대상 의식도 버리고, 세계가 실재한다는 생각도 버리라고 한다. 그러니 하물며 명예나 욕망이야 말해 무엇하랴. 이렇게 유한한 것을 제거하고 또 제거해 가면 더 이상 제거할 수 없는 상태에 이른다. 이 상태는 요가나 선정(禪定) 등의 명상에 의해 경험적으로 체험할 수 있다. 이 상태를 '본래부터 깨달은 참 마음'이라고 한다. 이 상태가 인간의 본 모습이므로 여기에 의지하고 행동해야 영원한 행복을 누릴 수 있는 것이다.

여기에서 우리는 '본래부터 깨달은 참마음'을 실재론적으로 이해하거나 실체화시켜서, 그것의 내용을 물어서는 안 된다. 왜냐하면 그런 방식으로는 체험되지 않기 때문이다. 이 상태는 오직 고타마 붓다가 제시한 수행 방법에 의해서만 경험되는 것이다. '본래부터 깨달은 참마음'이 나의 본질임을 깨닫고 무심해야만 된다. 돈오무심하면 된다. 인위적인 확실성을 상정하는 순간, 그것은 우리를 속박하기 때문이다.

불경 읽고 번역하며 생각하며

1

고등학교 다니던 어느 봄날 토요일 오후였다. 하숙집 형을 따라 자전거를 타고 길을 나섰다. 청주 시내를 휘감아 도는 무심천 제방 위를 달렸다. 길옆에 죽 늘어선 벚나무에는 꽃들이 만발하였다. 자전거를 받쳐 놓고 형과 나란히 개울을 내려다보았다. 형은 대전에 있는 어느 전문대학 원예학과를 다녔는데 성격이 조용하면서도 이해심이 많았다. 형과는 하루 종일 같이 있어도 지루하지 않았다. 그렇다고 많은 이야기를 하는 것도 아닌데 말이다. 그저 편안하다. 객지에서 하숙하던 나로서는 많은 의지가 되었다.

이런 형 옆에서 무심하게 앉아 있는데 어디선지 향냄새가 코끝을 스친다. 절이 근처에 있었다. 용화사였다. 법당 안을 들여다본 순간, 나는 무언지 모르는 기이함에 온몸에 전율을 느꼈다. 높은 천장 끝까지 닿는 돌부처 대여섯 구가 법당 가득 서 있었다. 앞으로 다가올 이상의 용화세계를 상징하는 여러 돌부처가 모셔진 것이었다. 처음 느꼈던 전율도 시간 속에서 뒷전으로 가고 편안함으로 바뀌었다.

여름철 용화사 법당 안은 참 시원하다. 돌부처가 가득하기 때문에 더욱 그랬던 것 같다. 돌부처 옆에 기대어 학교 공부도 하고 불경도 읽었다. 그때 읽은 『법화경』의 인상은 오래도록 기억되었다. 지금도 인상에 남는 것은 석가모니는 오랜 옛날에 이미 깨달음을 얻고 중생을 구제하려고 이 세상에 왔다는 이야기였다. 인간들은 석가모니의 대자대비한 이런 마음 때문에 그의 이름을 부르기만 해도 괴로움이 없는 안락국에 들어간다니 정말 마음이 넉넉하다. 그러면서도 마음 한 쪽에는 대학 입시의 부담이 사라지지 않았다. 마음 놓고 이런 책들을 읽을 수 있으면 얼마나 좋을까? 고등학교를 졸업하고 대학에 갔다.

겨울의 차가움이 채 가시기도 전에 대학교 입학식이 있었다. 연세대 대강당이었다. 구경하느라 여기저기 기웃거렸다. 그런데 이게 어쩐 일인가? 무심천 강둑에서 맡았던 향 내음이 여기서도 나니 말이다. 그 출처는 대강당 108호실에 있는 불교연구회라는 동아리방이었다. 많은 불경들이 있고 같이 대화할 친구 및 선후배들도 있었다. 읽고 이야기하고 참 재미있었다. 이렇게 해서 불교 학습이 시작되었다. 또 철학과에 적을 두다 보니 불교철학을 배우고 이야기할 기회가 많았다. 물론 이야기의 내용은 형이상학이나 인식론 내지는 논리학 등과 관련된 쪽의 이야기가 중심이었다.

불교 경전과 본격적으로 인연을 맺게 된 것은 봉선사 덕이다. 우리나라 전통 강원에서 보는 한역 경전을 맛볼 수 있었다. 『금강경오가해』,『원각경 종밀소』,『기신론 현수소』 등등을 배웠다. 알려져 있듯이 이 책들은 중국 화엄교가들의 종학을 이해함에 중요한 입문서이다. 이것이 내가 불교학을 이해하는 데 중요한 척도가 되었고, 중국의 화엄학자인 규봉 종밀을 연구하게 된 것도 다 이 영향 때문이다. 지금도 대학원 강의는 주로 이 언저리를 맴돈다. 중국 당나라 시대에 유행하던 화엄교학 체계 내에는 당시의 유학사상이나 도가사상에 대한 언급이 많다. 그 대표적인 것이 규봉 종밀의『화엄원인론』이다. 석사과정에서 중국철학 강의를 주로 들었기 때문에 유·도·불 3교를 통치적인 관점에서 이해하는 것은 그리 낯설지 않았다.

선불교에 관심을 갖게 된 것은 백련선서간행회의『선림고경총서』를 접하면서부터였다. 나에게는 더없이 좋은 행운이었다. 화엄학자들의 문장과는 사뭇 달라 읽는 데 몹시 고생했다. 구어를 비롯한 당시의 속어들이 많아서 더욱 그랬다. 갖가지 사전을 동원해서 이리저리 궁리했지만 풀리지 않는 말들이 너무도 많았다. 일본 유학하는 동안 다행히도 당송시대의 구어에 관심이 많은 미소구찌 유조(溝口雄三) 교수를 만나 선어록 읽는 데 필요한 도구들을 접하게 되었다. 이렇게 해서 선어록을 번역하는 데에는 그럭저럭 힘을 얻게 되었다. 박사학위 논문에서 규봉 종밀을 다룬 것도 다 이런 인연들이 있었기 때문이었다. 규봉 스님은 교학으로는 화엄종에 속하고 선학으로는 하택종 계열에 속한다. 이 둘을 종합 통일하려는 노력이 그의 저서 곳곳에 나타난다.

2

　대학에 들어와 동아리방에서 불교 학습을 처음 시작할 때도 그렇고, 절에서 불경을 배울 때도 그렇고, 나중에 선어록을 읽었을 때에도 그렇지만, 나는 불교를 신앙으로 접한 적이 없는 듯하다. 아니 어쩌면 신앙이니 철학이니 이런 범주들을 떠나 그냥 나의 일상에 놓여있는 자연스런 모습이었다. 불교에 관한 책을 많이 사게 되고, 그쪽 사람들을 많이 알게 되고, 그쪽의 일을 하고, 그쪽의 책을 많이 읽는다. 생각과 일상생활 속에 스며들어 이제는 불교가 신앙인지 아닌지 그것을 구별하는 것은 적어도 내게는 큰 의미가 없다.

　우리는 주위에서 '신심'이 어떠니 저떠니 하는 이야기를 접할 수 있다. 부처님을 얼마나 지극 정성으로 믿느냐는 이야기일 것이다. 또 부처님의 불가사의한 가피력을 믿느냐는 것이기도 하다. 나도 이런 것을 믿는다. 그것은 그냥 그렇다고 하니까 나도 그런 줄 알고 있다. 그런데 참 이상한 것은, 경전을 보거나 선어록을 읽을 때는 그런 '신심'은 어디로 가 버리고 만다는 것이다. 그 속에서 이야기되는 내용에 빠져들 뿐이다. 선어록을 읽노라면 선사들의 절실한 구도 자세나 언어 표현 등에 매력을 느낀다. 논서를 읽을 때는 인간에 대한 통찰력과 분석력 그리고 치밀한 논리 구사에 온 정신이 팔린다. 이럴 때의 내 심정이 '신심'과 어떻게 연결되는지 나도 모른다. 분명한 것은 난 선어록이나 불경에서 그리는 그 세계가 좋다.

불교를 공부하면서 나의 인생관에 어떤 변화가 생겼는지는 나 자신도 잘 모른다. 이것은 한참 더 나이가 들어 봐야 알 것 같다. 다만 분명하게 말할 수 있는 것은 독서법의 변화이다. 책을 천천히, 그리고 꼼꼼히 읽는 버릇이 생겼다. 글쓴이가 무엇을 느꼈기에 이런 표현을 했는지 궁금하다. 생생한 우리말로 그네들의 체험을 흠 내지 않고 옮겨보고 싶다. 그리고 그 사람만이 갖고 있는 문학적 깊이도 알고 싶다. 같은 내용이라도 그것을 어떻게 설명하는가 어떤 언어로 표현하는가에 주목하게 된다. 그러다 글귀가 있으면 그것을 분석하는 버릇이 붙었다.

요 며칠은 '무상'이란 말을 생각하게 되었다. 우리의 가곡 중에 이런 가사를 기억한다. "내 놀던 옛 동산에 오늘 와 다시 보니, 산천의구란 말 옛 시인의 허사로고……." 어릴 적 놀던 곳에 다시 서서 변하는 산천초목을 바라보며 세월의 무상함에 젖어든 것이다. '대상 세계의 변화'에서 오는 무상함이다.

같은 무상함이라도 중국 당나라의 두보는 이렇게 적는다.

國破山河在　城春草木深
感時花淺漏　恨別鳥驚心
烽火連三月　家書抵萬金
白頭騷更短　渾欲不勝簪

안록산의 난 때문에 서울은 부서졌지만 산천은 그대로인데, 봄이 되자 성안에는 초목이 우거졌다. 난리를 생각하면 꽃만 보아도 눈물이 나고, 한 많은 이별 때문에 새만 날아도 마음이 내려앉는다. 난리를 알리는 봉화는 3개월이나 계속 뜨고, 집에서 오는 편지는 만금보다도 더 귀하다. 흰 머리는 긁을수록 더더욱 짧아져, 비녀도 붙어있질 못한다.

여기에도 무상함이 잘 그려져 있다. 그러나 앞의 그것과는 다르다. 산천초목은 그대로인데 그것을 바라보는 '두보 자신은 덧없이' 늙어 간 것이다. 무상하다.

똑같은 무상함을 한 사람은 산천초목의 변화를 통해서 노래했고, 다른 한 사람은 자신의 늙어감을 통해서 노래했다. 불경이나 선어록에서 인간의 본성을 소재로 그것을 어떻게 드러내어 부처와 같은 열반에 들어갈 수 있을까를 풀어 간다. 2,500여 년 전의 석가가 그랬고, 지금의 선승들이 그런다. 그런가 하면 히말라야 산속에서도 이 문제를 고심하고 가야산의 수도자도 이것을 풀려고 정진한다. 이렇게 처한 위치나 시간은 다르지만 그들이 가려는 세계에는 차이가 없다. 그럼에도 불구하고 저마다 다른 목소리로 자신의 체험을 풀어 놓는다. 온 하늘 가득 겨울이 깊었는데, 부엉이는 '부엉부엉' 울고, 외기러기는 '끼룩끼룩' 운다.

3

저마다 다른 수행자들의 체험이 적힌 책이 바로 불경이고 선어록이다. 나는 이런 남들의 체험을 생생하게 느끼고 싶다. 그래서 나의 인생을 제대로 살고 싶다. 그리고 이 체험서들을 요즈음 우리말로 번역하여 남들에게도 읽히고 싶다. 그 속에는 생명력 있고 진귀한 삶의 체험이 깃들어 있어 우리들의 인생을 살찌우기 때문이다.

　이러기 위해서는 크게 두 가지 관문을 넘어야 한다. 하나는 언어적인 관문이고, 하나는 자신의 깊은 체험이라는 관문이다. 우선 옛 선지식인들의 체험이 담긴 문헌을 읽을 수 있는 학문적인 훈련이 필요하다. 여기에는 뼈를 깎는 노력이 필요하다. 이 작업은 학자로서는 쉼 없이 계속해야 할 것이다. 이와 더불어 그것을 느낄 수 있는 나 자신의 체험이다. 내 안에 없는 것은 밖에서도 보이지 않기 때문이다. 보여줘도 보지 못하고 들려도 듣지 못한다. 내가 체험한 깊이와 폭만큼 남의 체험도 읽혀지게 마련이다.

괴로움에서 해방

1

어릴 때 누구라도 이솝우화 한 편 정도는 직접 읽거나 남을 통해 들어 보았을 것이다. 그 중에 이런 이야기가 기억난다. 한번은 바람과 태양이 길 가는 나그네를 두고 서로 힘겨루기를 했다. 저 나그네의 망토를 벗기는 쪽이 이기는 것으로 게임 방식을 정했다. 물론 이 제안은 바람이 했다. 강한 바람으로 나그네의 망토를 벗길 수 있다는 계산에서 말이다. 커다란 산도 날려 버릴 듯 센 바람으로 나그네의 망토를 날려 버리려 했다. 그러나 바람이 세차게 불면 불수록 나그네는 더더욱 망토를 꽉 움켜쥐는 게 아닌가? 생각했던 것만큼 쉽게 나그네의 망토를 벗길 수 없었다.

이번에는 태양 차례가 되었다. 태양은 따뜻한 열기를 솔솔 보내기 시작했다. 나그네는 더워서 처음에는 모자를 벗더니 끝내는 망토를 벗는 게 아닌가? 시합은 태양의 승리로 끝났다.

2

　이 우화는 우리에게 무엇을 전하려 했는가? 흔히들 부드러움이 강함을 이긴다는 교훈을 듣곤 한다. 물론 그런 부분이 있다. 그러면 그런 면만 있을까? 필자는 다른 면도 생각해 보았다. 바람이든 태양이든 그것들은 다만 나그네가 망토를 벗도록 외적인 자극을 주었다. 그러나 결국 망토를 벗게 한 직접적인 원인은 나그네의 마음이다. 바람은 나그네가 망토를 꽉 잡게 했고, 태양은 나그네가 망토를 벗도록 했다. 태양이든 바람이든 결국은 나그네의 마음을 움직이게 했다. 물론 여기서 마음을 움직이게 하는 것은 강함보다는 부드러움이라는 해석도 가능할 것이다.

　마음 가는 곳에 몸이 간다는 말도 있다. 우리가 세상을 살다 보면 우리의 마음을 움직이게 하는 요인들은 여기저기 놓여 있다. 그러나 마음이 그것을 받아들이지 않으면, 외적인 요소들은 결과를 맺지 못한다. 산속에 제아무리 예쁜 꽃이 피었어도 내가 마음을 거기에 주지 않으면 그 꽃의 아름다움은 내게 아무런 영향을 주지 못한다. 연못에 아무리 더러운 물이 고였어도 연꽃이 그것을 받아들이지 않기 때문에 향기롭고 고운 자태를 지켜가는 것이다.

　인생살이의 갖가지 괴로움도 많은 부분이 마음에서 비롯됨을 알 수 있다. 세상은 마음먹은 대로 되지 않는다는 사실은 삼척동자도 다 알 것이다. 이렇게 마음먹은 대로 되지 않는 속에서 우리들의 괴로움은 싹튼다. 불교에서는 모든 것이 괴로움이라고 한다. 그래서 부처님은 우리의 인생살이를 고해, 즉 괴로움의 바다에 비유했는지도 모른다. 그렇다면 우리가 마음먹은 대로 되지 않는 까닭은 무엇인가? 그 이유가 무엇인가? 이것이 밝혀지면 우리는 괴로움에서 벗어날 수 있을 것이다.

그러면 괴로움의 밑바닥을 자세하게 들여다보자. 육체에서 오는 괴로움은 의학이나 과학의 힘으로 해결할 수도 있을 것이다. 그러나 마음에서 오는 것은 의학이나 과학으로 해결하기 어렵다.

그런데 불교에서는 이 해결의 실마리를 볼 수 있다. 불교의 입장에서 이 문제를 풀어 보자. 마음에서 오는 괴로움을 살펴보면 대개는 욕망이나 무지 등에서 온다.

3

첫째, 욕망을 보자. 남들이 사는 것을 보면 그네들은 모두 마음먹은 대로 된 것처럼 보이지만 당사자는 그렇지 않은 경우가 많다. 그리고 한두 번은 마음먹은 대로 되었다 하더라도 모든 일이 제 맘대로 되는 것은 아니다. 정도의 차이는 있지만, 결국 세상사가 마음먹은 대로 되지 않음은 자명하다. 중국 노나라의 공자처럼 칠십 고개를 넘어 수양이 쌓이고 쌓여 마음먹은 대로 행동해도 법에 어긋남이 없는 상태가 되는 것은 범인이 바라볼 수 있는 경지는 아니다. 그런 경지가 된다면 많은 괴로움이 사라질 것이다.

그런데 사실 마음대로 되면 좋겠다고 말은 하지만, 엄밀하게 살펴보면 나 자신조차도 내 마음을 모르지 않는가? "내 마음 나도 몰라"라는 노래 가사도 예사말은 아니다.

그러면 대체 왜 내 마음을 나도 모르겠는 경우가 생기고, 세상사가 마음먹은 대로 되지 않는가? 도대체 마음이란 무슨 조화를 부리는가? 우리가 마음먹는 그 속 내용을 가만히 들여다보자. 그 속에는 우리의 욕망이라는 것이 들어 있다. 욕망에는 탐욕·정욕·성욕·재물욕·명예욕 등등이 있다. 잠자고 싶은 욕망이나 번식의 욕망 따위의 생명체 본래의 욕망도 있고, 출세하고 싶은 욕망이나 부자가 되고 싶은 욕망 따위처럼 뒤에 생긴 욕망도 있다. 그것이 선천적이든 후천적이든 참으로 묘한 것은 욕망은 원하는 대로 채워지고 나면 사라진다는 것이다. 욕망은 완성되는 순간 없어진다. 이런 면에서 욕망은 자기 모순적이며 자기 부정적이다. 하나의 욕망이 충족되면 그 욕망은 사라지고, 이어서 다른 욕망을 추구한다.

욕망은 완성되면 또다시 다른 욕망이 생긴다. 이렇게 하기를 끝이 없다. 욕망은 끝이 없기 때문에 욕망의 완성은 없고, 욕망의 완성이 없기 때문에 우리의 괴로움은 끝이 없다. 그러면 이 자기 부정적이고 자기 모순적인 욕망의 원인은 무엇인가? 불교에서의 대답은 간단명료하다. 그것은 집착이다. 마음을 비워 집착을 버리지 않는 한 위와 같은 욕망은 쉴 수 없다.

둘째, 무지를 보자. 우리의 마음은 무엇을 아는 작용이 있다.

인식이니 지식이니 하는 말들이 모두 마음의 아는 작용을 바탕에 깔고 하는 말이다. 그런데 여기서 앎의 작용을 가만히 들여다보자. 우리의 앎은 무엇에 대한 앎이다. 즉, 앎에는 대상이 있다. 이 대상은 우리의 앎의 작용과 무관한 게 아니고, 오히려 앎의 작용에 의해서 대상으로서의 기능을 발휘할 수 있다. 앞에서 말했지만, 산속에 제 아무리 예쁜 꽃이 있어도 내가 알아주지 않으면, 그것은 내 앎의 대상이 되지 못한다.

앎은 제 스스로가 무엇을 대상으로 만들면서, 다시 그 대상을 알아 간다. 이렇게 하여 대상에 대한 지식이 완성되면, 그 지식은 우리의 앎 속으로 들어온다. 그러면 우리의 앎의 작용과 범위는 그 만큼 커지고 이렇게 늘어난 앎의 작용은 다시 앎의 대상을 만들어 간다. 이렇게 가다 보면 앎은 완성될 날이 없다. 우리 마음의 앎의 작용에는 이런 무한한 자기 퇴행적인 요소가 있다. 이런 원인을 불교에서는 근본무명(根本無明)에서 찾았다. 쉽게 말하면, 본래적인 어리석음이다. 여기서 말하는 무명은 세간에서 말하는 무식을 얘기하는 것은 아니다. 그것보다는 차라리 인간이 본래적으로 가지고 있는 무지(無知)를 말한다. 이런 본래적인 무지가 있는 한 우리의 괴로움은 끝날 수 없다.

그러면 어떻게 해야 이 본래적인 무지에서 벗어날 수 있을까? 이것을 풀려면 마음 작용 중의 하나인 앎의 작용을 검토해야 한다. 위에서 우리는 앎의 작용이 대상에 관계한다는 사실을 알았다. 다시 말하면, 온전한 하나의 앎의 작용이 나누어져서 한쪽은 대상과 관계 맺고, 한쪽으로는 그 대상을 바라본다. 이렇게 온전한 한 마음이 둘로 나누어지면, 대상화된 지식은 끝없이 많아진다. 이와 함께 그것을 알려고 하는 작용도 따라서 늘어난다. 이렇게 되면 무지는 영원히 끝나지 않는다.

따라서 본래적인 무지에서 벗어나려면 온전하고 하나인 마음을 쪼개는 행위를 중지해야 한다. 즉 어떤 사태에 직면하더라도 무심해야 한다. 한 터럭만큼이라도 마음의 움직임이 있으면, 그 마음의 움직임에 의해 표상작용을 일으킨다. 이렇게 하여 마음에 표상이 생기면 그것을 대상으로 삼는 주관 의식이 생기고, 나아가서는 여러 가지 지식작용이 생긴다. 그러면 위에서 말한 대로 무지가 점점 늘어나는 연결 사슬을 끊을 길이 없어진다.

4

무심해야만 근본적인 무지에서 벗어날 수 있다면, 우리 보고 멍청해지라는 말인가? 무심이란 마음의 작용을 쉬라는 말인데, 이렇게 되면 멍청한 상태와 다르지 않을 것이다. 이런 물음이 생기면 우리는 부처님의 가장 기본이 되는 가르침으로 되돌아가 생각을 정리해야 한다. 삼법인이 그것이다. 진리임을 보증한다는 뜻으로 도장 인(印) 자를 썼다. 거기에 보면 제행무상이라는 말이 있다. 여기서 말하는 행(行)이란 '만들어진 것'이라는 뜻이다. 그러니까 만들어진 모든 것은 무상하다는 말이다. 우리의 마음도 만들어진 것이다. 그래서 마음은 무상하다. 이 무상한 마음에 의해서 생기는 모든 지식과 표상은 무상할 수밖에 없다.

불교에는 유위법과 무위법이라는 분류 방식이 있다. 어느 학파를 막론하고 마음은 유위법에 분류한다. 이것은 인위적으로 만들어졌다는 의미에서 유위법이라고 이름 붙인 것이다. 반면에 무위법은 인간이 만든 것이 아니므로 영원하다. 이 무위법에 속하는 것 중에 '택멸무위(擇滅無爲)'라는 게 있다. 번뇌만을 집어내어 소멸시켰을 때 나타나는 그 무엇을 두고 하는 말이다. 이것을 흔히 열반이라 한다. 다시 말하면, 마음의 작용을 포함한 모든 인위적인 요소를 제거한 뒤에 나타나는 본래의 작용성, 이것만이 영원하고 괴로움이 없는 안락으로 우리를 인도한다.

모든 사량 분별과 시비판단을 쉬어 버린 상태에서 나타나는 영원한 적멸만이 우리를 안락하게 만든다. 그러니 세상의 가치나 지식으로는 열반의 세계를 엿볼 수 없다. 지혜를 실천하는 숲 속의 삶과 세속의 가치를 추구하는 마을의 삶을 혼동해서는 안 될 것이다.

우는 두꺼비

1

선어록을 읽다 보면 동물을 소재로 한 이야기를 적잖이 접하게 된다. 조주 선사의 회상에서 개에게 불성이 있느냐 없느냐를 두고 오고간 이야기는 잘 알려져 있다. 그런가 하면 남전 보원 선사가 고양이를 단칼에 두 동강 낸 일도 선문의 유명한 화두이다. 또 조주 선사와 남전 보원 선사 사이에 오고 간 물소 이야기도 빼놓을 수 없다. 또 『운문광록』을 읽다 보면 두꺼비 이야기도 속속 나온다. 이 일화 중에는 그 의미가 풀리는 경우도 있고 그렇지 못한 경우도 있다. 여기에서는 두꺼비가 어떤 의미로 쓰였는지를 알아보고 두꺼비라는 동물을 통해서 선사들이 가리는 세계를 알아보자.

2

먼저 두꺼비가 무엇을 의미하는지 알아보자. '두꺼비'는 한문의 '하마(蝦蟆)'를 옮긴 말이다. 이것은 개구리의 일종인데 개구리보다는 크다고 한다. 정확하게 번역하자면, '풀머구리'가 옳을 듯하다.

『태평어람』(蟲多部) 또는 『묵자』에 따르면 두꺼비가 입이 마르고 혀가 갈라지도록 밤낮으로 천지를 흔들듯이 울어대지만 사람들은 듣지 않는다. 그렇듯이 말이 많은 것은 세상 사람들에게 보탬이 되지 않는 것을 비유한다고 한다.

이것을 토대로 '두꺼비'가 가지는 의미는 두 가지로 정리할 수 있다. 하나는 인적이 없는 곳에서는 큰 소리를 내지만, 남 앞에서는 입을 꽉 다무는 소신 없는 짓을 나무라는 말이다. 여름철에 논두렁을 걷다 보면 멀리서 개구리들이 큰 소리로 합창을 한다. 그러다가 사람이 얼씬거리면 논 속으로 첨벙 뛰어들어 찍 소리도 내지 않는 것을 보았을 것이다. 다른 하나는 제아무리 소리를 내더라도 시끄럽기만 하고 남들이 들어 주지 않는다는 말이다. 진실성이 없는 소리이니 아무에게도 감동을 주지 못한다는 말이다.

1980년 봉선사 월운 강백께서 『치문하마기』라는 이름으로 『치문』 읽는 학인들에게 필요한 지침서를 필사본으로 출판하신 적이 있다. 가까이 뵈올 수 있어서 왜 하필이면 '하마'라고 이름 붙이셨냐고 여쭌 적이 있다. 그랬더니 큰스님 말씀인즉, '하마'란 '풀머구리'를 한자로 그렇게 쓴 것이라고 하신다. 인적이 끊어진 논 속에서 풀머구리가 목청을 돋우어 울어대다가도 인기척이 나면 입을 딱 다물고 풀숲으로 숨는다. 이렇듯이 혼자는 왕왕거리지만 남 앞에서는 말 못하는 그런 정도의 책에 지나지 않는다는 말씀이셨다. 큰스님 당신께서 하신 작업을 겸손하게 낮추신 표현이다.

그러나 이 책을 접해 보면 금방 알 수 있겠지만,『치문』을 읽는 데 더없이 좋은 지침서임을 알게 된다. 나도 나이가 들면서 지난날을 돌아보니,『치문하마기』를 찾거나 읽는 이들을 보지 못했다. 어쩌면 른스님께서 혼자 울어대지만 아무도 들으려 하지 않는 것을 예상하셨기에 책 제목을 그렇게 붙이셨는지도 모르겠다.

3
두꺼비의 의미는 위에서 알아보았다. 그러견 이것을 토대로『운문광록』을 읽어 보도록 하자.『운문광록』에는 이런 구절들이 나온다.

① 운문 선사가 상당하여 이렇게 말씀하셨다.
"교학의 이론으로는 깨달음을 제대로 들춰내지 못한다고 하는데, 교학의 어떤 점에 문제가 있는가?"
이렇게 묻고는 운문 스스로 대답하셨다.
"그대들 때문에 두꺼비가 사는구나."

② 운문 선사가 언젠가는 "불법이라는 두 글자를 붙들고 도대체 어쩌자는 것인가?"라고 질문을 하시더니, 대신 대답하셨다.
"죽은 두꺼비로구나."

③ 운문 선사가 하루는 어떤 중에게 물었다.
"경·율·론 3장의 가르침과 세상의 큰스님들의 말씀을 두꺼

비 입 안에서 다 집어내어 한마디로 말해 보라."

그리고는 대신 말씀하셨다.

"어제는 새로 천둥이 쳤다."

위의 대화 ①에서 운문 스님의 질문은 교학으로는 깨달음을 격발시키지 못한다고 선문에서 얘기하는데, 그 이유가 무엇인지를 묻는 것이다. 여기서 말하는 교학이란 당시에 유행하던 천태종이나 화엄종의 강사들이 경전을 해석하는 여러 가지 이론 체계들을 말한다. 이런 이들을 운문 스님은 '두꺼비'에 비유하신 것이다. 그들의 이론들은 깨달음에 아무런 도움이 되지 못한다는 것이다. 그렇다면 그 이유가 무엇인가? 이에 대한 대답을 대중들에게 추구하는 것이다.

이 질문을 풀기 위해서는 배경 설명이 필요하다. 운문 스님은 대중들에게 이런 이야기를 곧잘 하신다. 자기의 진솔한 체험은 저버리고 이론이나 말로만 보니 열반이니 진여니 해탈이니 하는 실없는 소리 하지 말라고 말이다. 이와 같은 맥락에서 '해탈의 깊은 구덩이'라는 말도 종종 쓴다. 자기 자신의 체험에서 얻은 것이 아니면 모두 그대들을 얽어매는 오랏줄이 된다는 것이다.

자기의 체험에서 직접 얻으려고 노력하지 않는 빈 껍질 수행을 하는 제자들을 나무라는 것이다. 자신의 진솔한 체험도 없고 신념도 없이 두꺼비처럼 시끄러운 소리만 내는 저 교학가의 이야기를 좋아하는 너희들이 있기 때문에 '두꺼비'들, 즉 교학의 이론이 끊어지지 않는다는 질책이다.

이런 맥락에서 대화 ②도 이해될 수 있다. 자기의 체험으로, 그리고 자기의 목소리로 되살려 내지 못하면 부처의 가르침도 결국은 죽은 두꺼비와 다를 게 없다. 살아 있는 두꺼비라도 소신과 진실성이 빠지면 그 소리를 아무도 들어 주지 않는데, 하물며 죽은 두꺼비에게 누가 귀를 기울이겠는가? 그대 자신의 체험이 없으면 불법도 결국은 죽은 두꺼비가 아무 말도 못하는 것과 마찬가지로 쓸모없다는 것이다.

대화 ③도 그렇다. 경·율·론 3장이나 역대 조사들의 이야기가 무수히 많은데, 그런 것은 다 그 사람들의 이야기이다. 그것은 그들의 체험에서 나온 말이다. 이런 것 모두 집어치우고 그대 자신의 체험을 한마디 해 보라는 추궁이다. 남이 하는 이야기나 옮기지 말고 그대의 인생과 체험 속에서 나오는 말을 해 보라는 것이다. 어제의 그 천둥소리가 아니라 새로운 천둥을 울려 보라는 것이다.

4

새로운 사회의 새 질서가 생긴 지도 수 십 년이 지났다. 일본 제국주의의 식민지에서 벗어나, 그것이 우리 자신의 노력이었든 외세에 의존되었든, 민주주의와 자유경제라는 커다란 이념에서 남한의 모든 사람들이 저마다 애를 써 왔다. 그간에 4·19운동이나 6·25전쟁, 최근의 민주화 운동 등도 그런 맥락에서 생긴 우리 자신의 삶의 실현이었다. 그때마다 진실과 신념 어린 행동들이 어려움을 뒤집어 자기 발전의 계기로 삼아 이만큼 살게 되었다. 그런데 이제 우리는 더 근본적인 시련을 눈앞에 놓고 있다.

개인과 나라의 살림에 전면적인 어려움이 닥쳤다. 대통령 선거를 앞두고 많은 말들이 오고 간다. 후보자는 저마다 본인이 이 어려움을 헤쳐나 갈 수 있다고 신념에 찬 대안을 제시한다. 훌륭한 일이다. 그리고 그렇게 되었으면 좋겠다. 이와 더불어 우리 모두가 생각해야 할 게 있다. 지금을 살아가는 우리 각 개개인이 해야 할 몫도 남아 있다. 먹고 사는 문제는 실험이 아니다. 우리의 생존이 달려 있다. 여기에는 연습이 있을 수 없다는 점에서 어느 문제보다 절실하다. 그 동안 우리는 '개혁'이라는 소리를 많이 듣기도 했고 우리 자신이 외쳐 보기도 했다. 그러나 이제는 소위 이념과 구호가 아닌 구체적이고 자신의 체험을 바탕으로 진실한 반성에서 나오는 개혁이 필요하다.

그 동안 우리는 물건 아까운 줄 모르고 마구 써 온 게 한 두 가지가 아니다. 자연의 재화를 마구 썼고, 외화도 마구 썼고. 땅속에 있는 물도 생각 없이 마구 퍼 썼고, 사람도 마구 써 왔다. 이제부터의 개혁은 밖으로 향하는 개혁이 아니라, 안에서의 개혁이 필요하다. 기존의 관념과 습관을 전면적으로 재검토해야 한다. 소비의 규모와 개념을 전면 조정해야 한다. '두꺼비'의 그런 목소리가 아니라, 지금 우리가 겪는 문제의 심각성을 허심탄회하게 절감하여 운문 선사가 기대했던 '새로운 천둥'으로 임해야 할 것이다.

 운문 스님이 제자들에게 다그쳤던 일을 상기할 필요가 있다. 풀머구리처럼 신념 없이 시끄럽게 울어대는 그런 개혁에는 아무도 귀 기울이지 않는다. 그런 소리 가지고는 아무런 변화도 이끌어 낼 수 없다. 절실하고 처절한 체험에서 나오는 반성과 개혁만이 구태의연한 우리 자신을 혁파할 수 있다.

'선어록 읽기 사전' 편찬의 꿈

1

중국의 선서를 읽는 이유는 사람마다 서로 다를 것이다. 수행인의 경우는 '조사의 말씀을 표준으로 하여' 수행의 길잡이로 삼기 위해서일 것이고, 사상 연구 내지는 어학 연구를 위한 자료로서 선서를 읽는 사람도 있을 것이다. 그 외에도 선서에 관심을 가지고 있는 많은 독자들도 나름대로의 이유가 있을 것이다.

비록 선서를 읽는 목적은 다르지만, '읽어야 한다'는 점은 동일하다. 그러나 막상 읽으려 하면 상당한 장애가 따른다. 첫째는 그 문헌들이 모국어가 아닌 중세 한어(漢語)로 기록되어 있다는 점이 무엇보다도 큰 장벽일 것이다. 둘째는 모국어로 제대로 번역이 되었다 하더라도 그것의 의미를 얼마나 이해할 수 있느냐는 점이다. 이것은 모국어로 쓰인 책이라고 해도 그 책의 내용을 누구나 이해하는 것이 아닌 것과 같다. 물론, 이 두 가지는 서로 유기적인 관계가 있으나, 그 고유 영역 자체를 무시할 수는 없다.

선서 어휘집을 만드는 목적은, 위에서 말한 첫째의 장벽을 넘기 위한 사다리를 하나 만들어 보자는 것이다. 나아가서는 이 사다리의 필요성을 공감하고, 이 작업을 공공화 하려는 것이다. 물론 여기에서 필자는 문헌학적인 훈고와 사상사적인 고증을 빌려 '옛 부처와 옛 조사들의 말씀'을 한국어로 번역하려는 것이다. 그러기 위해서는 당·송시대의 어법에 대한 연구가 필요한데, 이때에 수고를 덜 수 있는 것이 바로 공구서적이다.

이상의 목적을 수행하기 위해서 필자는 선서에 나오는 구어(口語) 내지는 선의 독특한 어휘를 수집하여 표제어를 선정하고, 그 표제어를 한국어로 번역해 보았다. 수록된 각 표제어 하나하나에 대해서는 어법상의 시비가 엇갈릴 수 있는 요소가 산재해 있고, 어떤 표제어의 경우는 그것 하나만으로도 논문이 될 정도로 어법적인 문제가 복잡하며, 이에 대한 중국어 학계의 연구 축적도 상당히 있다. 또, 경우에 따라서는 어휘집의 해석이 선가(禪家)의 전통적인 해석법과 상반되는 부분도 상당히 있다. 그 때문에 각 표제어마다 세밀한 설명을 필요로 한다. 그러나 어휘 용례집이라는 형식의 제한도 있고, 문젯거리를 한 지면에 모아 놓고 공적으로 제기해 보자는 필자의 바람도 있고 해서, 어법상의 고증 과정은 논술하지 않고 결론만을 내놓는다.

선서를 읽는 데 있어 어법의 연구가 얼마나 중요한지는 다음의 예에서도 잘 드러난다. 얼마 전 도쿄 신주쿠에 있는 어느 출판사로부터 불교 관계 서적을 기증받았다. 그 중에 『一行物；禪語の茶掛續續』(芳賀幸四郎, 京都: 淡交社, 昭和 52年)이라는 책이 있었는데, 이 책은 선서에 나오는 어휘를 약 100여 개 정도 추려서 일반인의 교양을 위해 풀어 쓴 것이다.

거기에 보면 '차좌끽다(且坐喫茶)'라는 항목으로 이야기를 만들어 놓은 곳이 있다. '차좌끽다'는 알다시피 『임제록』에 나오는 말이다. 저자는 이를 "まあ坐ってお茶をおあがり"라고 번역하고 있다. 이는 손님에게 점잖게 차를 권하는 말로서, 한글로 옮기자면 "자, 차 한 잔 드시오." 정도가 될 것이다. 이는 『임제록』의 원뜻과 또 한어 어법에 걸맞게 번역한 것이다. 게다가 '차(且)' 자의 뉘앙스까지 제대로 살려서 말이다. 저자는 이 문구를 바탕으로 하여 선에 대한 자신의 체험을 섞어 가면서 아주 재미있게 이야기를 전개하고 있다.

그런데, 그만 '차좌끽다'가 조주(趙州) 스님의 '끽다거(喫茶去)'와 같은 뜻이라고 말하는 데까지 이르렀다. 그러나 여기에서 '거(去)'는 어떤 동작을 진행시키는 뜻을 나타내는 어조사이므로, "(저 쪽 다실에 가서) 차 마셔라." 정도로 번역해야 할 것이다. 헛소리 하고 있는 상대를 꾸짖는 말로서, 냉수 마시고 속 차리라는 힐책이지 손님을 접대하는 말이 아니다.

이상은 한어 어법에 대한 이해의 부족에서 나오는 잘못의 한 예에 불과하다. 이런 해프닝은 서울의 사찰 근처에 있는 찻집을 비롯하여 불자들을 상대로 하는 문방구에서도 눈에 띄곤 한다. 그럴듯한 분위기에 걸맞게 "차 한 잔 먹음세"라고 붓으로 쓴 무명 차 수건이랑 필통이 보이곤 하는데, 아마도 이는 '차좌끽다'를 우리말로 번역한 것이기를 바란다.

2

　한편, 이 작업을 하는 데에는 또 하나의 바람이 있다. 그것은 철학적 내지는 사상적 논의에 앞서, 문헌학적인 고증과 사상사적인 인식을 충분히 하자는 것이다. 옛 부처와 옛 조사의 말씀을 표준으로 해야지 각자의 견해를 고집해서는 안 될 것이다. 이 말은 수행자에게는 물론 연구자에게도, 그리고 선서를 읽는 사람이라면 누구나 지켜야 하는 중요한 지침이다. 시대 내지는 사상의 산물로서의 문헌 자체를 엄밀하게 해독하고 난 다음에, 그것에 대한 자신의 철학을 전개해도 늦지 않다.

　기존의 통설 내지는 자기의 사상을 앞세워 전혀 다른 시공(時空)에서 만들어진 문헌을 해석하다 보면, 그 문헌이 만들어진 그 당시의 의미와는 전혀 다르게 문헌을 이해하는 수가 있다. 물론, 이것이 자기 자신의 철학으로서는 나름대로 의미가 있을 수 있다. 그러나 사상사 내지 철학사를 연구하려면, 자기의 사상체계 속에서 이해되어진 문헌의 의미와 사상사적 유물로서의 문헌을 엄밀히 구분해야 할 것이다. 문헌학적인 분석을 통해서 귀납적으로 당시의 사상을 재구축해 보는 작업이 필요하고, 그런 뒤에 기존의 통설까지도 재검토해야 한다. 수행의 문제라면 더더구나 불조(佛祖)의 말씀에 의존해야 할 것이다.

　다음의 『임제록』의 한 구절에 대한 해석을 하나의 예로 들어, 위에서 제기한 문헌과 사상과의 선후 문제를 살펴보기로 한다.

어느 좌주(座主)가 물었다.

"삼승 십이분교가 어찌 불성을 밝힌 것이 아니겠습니까?"

스님이 이르셨다.

"거친 풀밭에는 호미질을 하지 않는 것이다."

좌주가 다시 물었다.

"부처님이 어찌 사람을 속이겠습니까?"

그러자 스님이 말하였다.

"부처님이 어디 있느냐?"

좌주는 입을 다물고 말을 못했다.

有座主問, 三乘十二分敎 豈不是明佛性.

師云, 荒草不曾鋤.

主云, 佛豈賺人也. 師云, 佛在什麽處. 主無語. 〈『臨濟錄』上堂〉

● 주해

荒草不曾鋤: 무명 망상의 거친 풀 그대로 번뇌의 근본 성질이 곧 불성임을 선언하는 말. 여기서의 '不曾'이란 일찍이 호미를 댄 일도 없고 앞으로도 대지 않겠다는 뜻이다. 무명의 거친 풀 그대로가 깨달음이란 표현. 즉, 煩惱具足菩提成就.

이상은 『임제록』(柳田聖山 譯注, 一指 옮김, 고려원, 1991, 3판, pp.60~61)을 그대로 옮긴 것이다. 이 한국어 번역판을 원판과 대조해 보더라도, 내용상 다소 다른 점은 있지만 이 구절에 대한 해석의 입장은 같다.[1]

---

[1] 『臨濟錄』(柳田聖山 譯注, 東京: 大藏出版株式會社, 昭和 47年, p.46)에 실린 주해를 우리말로 옮기면 다음과 같다. "황초부증서(荒草不曾鋤): 교가의 연구법에 의해서는 무명의 거친 풀을 베어 없앨 수 없을 것이라는 것. 또, 사람마다 본

여기에 주단 딱 떼어 놓고 보면 어디 한 군데도 나무랄 데 없이 '선지(禪旨)'를 잘 담고 있다. 또한 불교의 사상과도 전혀 모순이 되지 않는다. 그러나 원문에 나타난 임제 선사의 의도하고는 영 달라져 버렸다.

'사운, 황초부증서(師云, 荒草不曾鋤)'의 구절은 지금 논의의 대상이 되고 있는 '삼승 십이분교'가 숨어 있는 구문이다. 보충한다면 '사운 (삼승십이분교) 황초부증서'쯤 될 것이다. 즉, "삼승 십이분교 그 따위 연장을 가지고는 번뇌의 거친 풀을 제거한 적이 없다"로 읽어야 한다.[2] 이는 대화체의 자연스러운 어법이다. 그러니까 좌주가 얼른 이어서, "부처님께서 어찌 사람을 속이겠습니까?"라고 질문을 하자, 임제 스님이 "부처님이 도대체 어디에 계시느냐?"고 되물은 것이다. 그러자 강사 스님은 대답을 하지 못했다.

이 문단에서 우리는 선사와 강사가 경전에 대한 견해를 달리했었고, 이 『임제록』을 기록한 혜연(慧然) 스님은 임제 선사가 이 논쟁에서 승리한 것으로 이해했다는 점을 알 수가 있다. 그러나 과연 이 논쟁에서 선사가 이겼는가 하는 점은 또 달리 검토할 수 있다.

래 간직하고 있는 불성 그 자체에는 인위적인 호미를 조금도 댈 수 없다는 것. 원래, 밝힌다느니 밝히지 못한다느니 하는 시비를 초월했다는 것으로도 해석된다. '부증(不曾)'은 과거에도 호미를 댄 일이 없었을 뿐만 아니라, 앞으로도 역시 호미를 댈 수 없다는 것. 『증도가』의 '비래진경미증마(比來塵鏡未曾磨)'라는 말과 비교해 보면 거친 풀은 후자의 뜻으로 봐야만 한다."

2 『臨濟錄』(入矢義高, 東京: 岩波書店, 1990, 3刷, p.18)에서는 "そのような道具では無明の荒草は鋤き返されはせぬ"라고 번역하고 있다. 필자도 이 입장에 동조한다.

한편, '부증(不曾)'은 '부쟁(不爭)'과 같은 뜻이다.[3] 경험·사실·행위가 아직 일어나지 않았음을 나타내는 부사로서, 현대 한어의 '몰유(沒有)'에 상당한다.[4]

이 구절에 대하여 이상과 같이 오독한 경우는 일본의 경우만 해도 비단 야나기타(柳田) 씨만은 아니다.[5] 불교적인 이론만 고집하여 문헌학적인 반성 없이 선서를 읽다 보면 아차 하는 순간에 빠지기 쉬운 실수이다. '종문 제일서(宗門第一書)'로 불리는 『벽암록』쯤에 이르면 이러한 현상은 더더욱 심해져서, 선사들의 현장감 있는 언어가 밑도 끝도 없는 수수께끼 풀이로 변해 버린다.

3

필자는 1988년부터 '백련선서간행회'의 일로 선서에 관한 원고를 매만질 기회가 있었다. 이미 알고 있는 어법이지만 번역의 일관성을 위해서, 때로는 새로 알게 된 어휘들을 잊지 않기 위해 카드를 만들기 시작했다. 이와 함께 월운 스님의 『경덕전등록(景德傳燈錄)』, 『조당집(祖堂集)』, 『선문염송(禪門拈頌)』의 한글 번역을 원문과 대조해 가며 번역 용례 카드를 만들기 시작했었다.[6] 이때 함

---

[3] 『詩詞曲語辭匯釋(全2冊)』(張相, 北京: 中華書局, 1991, 17次 印刷)의 pp.246~256에 상세히 고증되어 있다.
[4] '몰유(沒有)'에는 동사로서의 쓰임과 부사로서의 쓰임이 있는데, 여기에서는 후자이다. 자세한 설명은 『中韓辭典』(高大民族文化研究所編, 서울: 1989)의 '몰유' 조목 참조.
[5] 秋月龍珉氏는 『臨濟錄』(禪語錄 10, 東京: 筑摩書房, 昭和 56年)에서 "나는 무명 번뇌의 거친 풀을 한 번도 벤 적이 없다"고 번역하고 있다.

께 참고한 것이 월운 스님의 『전등록』을 번역하실 때 참고하셨다는 운허(耘虛) 노스님의 『전등록비망(傳燈錄備忘)』[7]이었다.

아무튼, 이 일은 도쿄에서 유학하는 도중에도 계속하였다. 그러던 중, 199?년 『벽암록』 번역 관계로 동경대 중철과(中哲科) 및 인철과(印哲科) 교수들과 함께 교토 근교에 계시는 이리야 요시다카(入矢義高) 선생 댁에서 몇 주일간 신세를 지게 되었다. 이때 선생께서는 선서를 읽기 위한 어휘 사전을 만드시느라 원고를 고치고 계셨다. 책으로 출판되겠지만 하루라도 빨리 보자는 욕심에 이 수정 원고를 모두 복사해서 동경으로 가져왔다. 이 일이 있은 뒤로부터는 어휘상의 문제가 생기면 거의 모두 이 사전에 의지하게 되었고, 카드 만드는 일은 시들해졌다. 이 원고는 그 해 가을에 『선어사전(禪語辭典)』이라는 이름으로 출판되어 많이 이용되고 있다.

그러나 사전 역시 도구서이기 때문에 그것을 필요로 하는 문화권의 특성이 반영된다는 사실과, 중국 선을 바라보는 시각에 대해 동의할 수 없는 점들이 필자에게 직접 원 문헌으로부터 어휘

---

6 이상의 세 책은 현대어 번역으로는 한국이 최초이다. 중국어 현대 번역은 물론 교주(校注)도 없고, 일본에서는 일부가 현토 번역되어 나온 정도이다. 이 중 『조당집』은 조선에만 남아 있는 고본(孤本)이나, 일제시대에 일본 학자들에 의해 세계에 알려졌고 조선의 학계를 오도시키기도 했다. 다행히도 연세대 민영규(閔泳珪) 선생 덕분에 중국의 호적(胡適) 박사 등과의 교류를 통하여 세계에 알려지기 시작했고, 월운 스님에 의해 현대 한글 번역이 나온 것은 더없는 다행으로 생각된다.

7 이 비망록은 운허 노스님이 손수 쓰신 것으로 월운 스님이 소장하고 있고, 맨 뒷장에 "단기 4290년 정유 11월 27일 耘虛錄于通道寺貝葉室"이라 기록되어 있다.

를 뽑고 카드를 정리하는 일을 다시 계속하게 했다. 한편 여기에는 동북아시아의 전통적인 불교는 이 조선 땅에 가장 잘 보존되어 있다는 필자의 자긍심 또한 작용되었다. 그렇게 하다 보니 카드가 4,000여 매에 이르게 되었다.

그동안 낱말 카드의 숫자도 상당히 늘어 언젠가는 이것을 정리하여 '선어록 읽기 사전'을 만들고 싶다. 이런 '꿈'을 꾸는 걸 보니 요즈음 신세가 편한가 보다. 사실 한 어휘의 의미를 고증하는 일은 너무도 힘들어, 그럴 때면 다시는 이 일 안 한다고 맹세하곤 했었다. 이 '꿈'을 실현하기 위해 어휘집을 출판한 적도 있다.

그 어휘집에서는 몇 개의 대표적인 선서를 설정해서 문장 해석에 중요한 기능을 하는 표제어를 선정하고, 그 문장 속에서의 쓰임새를 귀납적으로 검토하여 우리말로 번역해 보았다. 그러므로 표제어의 의미는 여기에서 제시한 선서의 용례에 국한된다고 봐야 할 것으로, 다른 문헌 속에서는 이와는 달리 번역될 가능성이 충분히 있다.

또한, 일반 사전과는 달리 한어 어법에 대한 기술을 가능한 한 생략했는데, 여기에는 몇 가지 이유가 있다. 첫째, 필자는 어법에 대해서 체계적인 훈련을 받지 못했으므로 표제어의 어법적 설명보다는 문장 속에서의 의미 서술에 주력했다. 둘째, 한어 어법상의 실재가 아직 밝혀지지 않거나 정착되지 않는 부분이 상당히 있기 때문에 현재의 연구 성과만으로는 어법적인 서술이 어려운 점이 있다. 셋째, 여기에서 대본으로 삼고 있는 문헌이 만들어진

시대의 어법체계에 의해 표제어를 설명하는 것이 가장 이상적인데, 여기까지는 연구자들의 손이 아직 미치지 못한 실정이다. 그렇다고 그것을 현대 한어 어법체계로 설명한다는 것은 지역적으로도 시간적으로도 너무 떨어져 있으므로, 실재의 언어 사실에 바탕을 둔 기술이 될 수 없다는 점이다.

이상의 어려운 점이 있음을 알면서도 감히 이런 작업을 하는 이유는, 선서를 '읽어야만 한다'는 당면의 과제가 너무도 크기 때문이다. 그래서 여기에서는 단지 표제어가 선 문헌의 문장 속에서 뜻하는 의미만을 한국어로 번역해 보는 데 그쳤다. 일반 사전이 포괄하고 있는 구문적 서술 문제는 그 분야의 전문가 손을 빌려야 할 것이다. 이 분야의 연구 성과에 힘입어 빠른 시일 내에 '선어록 읽기 사전'이 만들어질 수 있기를 바란다.

제3부
선어록을 읽는 묘미

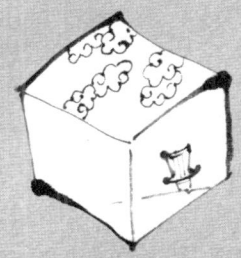

선어록을 읽기 위한 예비지식

1

 그 동안 나 자신의 불교 공부를 돌이켜보면, 어떻게 하면 깨달을 수 있을까보다는 불경에 무엇이 쓰여 있는지를 알고 싶은 쪽에 관심이 쏠려 있었다. 그 관심이 구체화된 것은 광릉 옆에 있는 봉선사를 찾고 나서부터였다.

 1978년 당시 이 절에는 스님 세 분이 월운 스님을 모시고 『능엄경』「계환소(戒環疏)」 제3권 째를 보고 계셨는데, 배려해 주신 덕분에 뒷자리에 앉게 되었다. 신기하고 재미도 있고 해서 흉내를 내다보니 그만 인연이 되어 경학(經學)의 언저리를 맴돌게 되었다. 모르는 게 나오면 여쭐 수 있어 큰 은혜를 입었는데, 인연이라는 게 야속하여 계속되는 객지 생활 때문에 혼자 해결하지 않으면 안 되었다. 그래서 이 책 저 책 펴 가며 맞춰 보고 궁리하게 되었다.

 이런 습관은 선서를 읽는 데도 그대로 옮겨져, 동시대에 만들어진 여러 문헌들과 비교해 가면서 고대 한어(漢語)를 현재 우리의 언어체계로 환원해 가면서 읽게 되었다. 선사상이 무엇이고, 그것을 중국 사상사 속에서 어떻게 자리매김할 수 있을까에 대한 자신의 주장이나 기존의 학설은 잠시 보류하고, 일상 언어로 환원하여 글로 적어보는 태도를 존중하고 싶었기 때문이다.

  그리고 나서 그 글로 환원된 말을 이용하여, 그것을 이정표로 삼아 생사문제 해결을 위한 지침으로 삼든, 당시 중국인들의 생각을 알아보기 위한 발판으로 삼든, 자신의 철학을 주장하기 위한 근거로 삼든, 나름대로 알맞게 활용해야 된다고 믿기 때문이다.

2

  감히 말한다면, 선에 관한 개론서를 읽기보다는 선서를 직접 읽어 보기를 권한다. 무엇보다도 자신의 경험이 더 소중하다고 생각하기 때문이다. 물론 고대 한어로 쓰인 외국 글을 읽는 게 쉬울 리는 없다. 문장이 어렵기도 하고 그 이치가 어렵기도 하다. 이치에 막힐 경우는 이치를 아는 사람을 찾아서 지도를 받아야 하겠지만, 문장에 막힐 때는 학문의 성과를 빌려야 할 것이다.

  그러므로 이치에도 밝고 문장에도 밝은이가 번역한 선서를 구해서 읽다가 미심쩍으면 원문을 대조해 보는 독서법을 권하고 싶다. 원문이 함께 실려 있는 번역서가 좋은 이유도 여기에 있다. 요즈음 현대어로 번역된 선서가 많이 나와 어떤 책을 고를까 망설여지는데 대개는 다음과 같다.

① 우리말 번역

불전의 우리말 번역하면 제일 먼저 꼽을 수 있는 것은 간경도감(세조 7년, 1461년 설치)의 언해본이다. 이 번역은 여기에 참가한 인물이나 조직 면에서 보더라도 그 수준이 대단히 높다. 이 언해본 중에 약간의 선서가 있으나,[8] 500여 년 전의 한글로 쓰여 있기 때문에 요즈음 말로 번역하는 작업을 거쳐야만 그 완전한 의미를 이해할 수 있을 것이다.

시대는 많이 내려오지만 동국대학교 부설기구인 동국역경원에서 간행하는 『한글대장경』에 들어 있는 선서를 들 수 있다. 월운 스님이 번역한 『조당집』(2책)과 『경덕전등록』(2책)이 있다. 『조당집』은 서기 952년, 『전등록』은 1004년에 각각 성립된 승려들의 전기 모음집이다. 여러 사람들의 이력과 깨닫게 된 상황 따위가 실려 있어, 선서를 전체적으로 조감하는 데 편리한 책이다. 그리고 『선문염송』(5책)도 같은 분의 번역이 있는데, 이 책은 고려 때 혜심(慧諶; 1178~1234) 스님이 중국 선사들의 어록을 발췌해 1,125개 항목으로 나누어 1226년에 편찬한 책으로, 그 원문은 『한국불교전서』(서울: 동국대학교출판부, 1979) 제5·6책에 활자화되어 실려 있다.

위의 번역은 월운 강백의 교학(教學)에 대한 안목과 방대한 독서가 뒷받침되고 선사들이 제기하는 논의의 배경을 파악한 뒤에

---

[8] 江田俊雄, 『朝鮮佛敎史の硏究』(東京: 國書刊行會, 1997); 이봉춘, 「조선전기 불전언해와 그 사상에 대한 연구」(서울: 동국대학교 석사학위 청구 논문, 1978) 참조.

문장을 번역하였기 때문에, 선어를 추상적인 말장난으로 보는 편
견을 싹 쓸어버리고 있다. 특히 성종(性宗)의 행상(行相), 한글 및
고대 한어에 대한 식견은 독보적이다.

다음에는 도서출판 장경각의 백련선서간행회에서 번역 출판한
『선림고경총서(禪林古鏡叢書)』(전37책)⁹이다.

『선림고경총서』는 제목이 말해 주듯이, 선서만을 전문적으로
추려서 번역한 것으로, 한글이 만들어진 뒤 처음 시도된 일이다.
이 총서는 선서가 가지고 있는 내용상의 어려움에도 불구하고,
요즈음 우리가 쓰는 언어체계로 옮기려는 노력이 곳곳에 스며들
어 있다. 물론 번역상의 문제가 더러 지적되나 현재 우리의 단계
를 공적으로 드러낸 점에서 향후 선 연구의 스타트 라인이 될 것
으로 본다.

흔히 총서의 경우, 한 총서 내에서도 번역의 문체와 어휘의 사
용이 일정하지 못해 각 낱권 사이의 유기적인 이해가 어려운 경
우가 있는데, 이 총서는 이것을 조직적으로 극복한 점에서 여타
의 총서들과는 다른 장점이 있다.

또한 이 총서는 그 간행사에서도 밝히고 있듯이 선문의 정로인

---

9 1. 선림보전, 2. 산방야화, 3. 동어서화, 4. 치문숭행록, 5. 참선경어, 6. 선림
보훈, 7. 임간록(상), 8. 임간록(하), 9. 오가정종찬(상), 10. 오가정종찬(하),
11. 마조록・백장록, 12. 김제록・법안록, 13. 위앙록, 14. 조동록, 15. 운문광
록(상), 16. 운문광록(하), 17. 양기록・황룡록, 18. 조주록, 19. 설봉록, 20.
현사록, 21. 태고록, 22. 나옹록, 23. 나호야록, 24. 종문무고, 25. 총림성사,
26. 운와기담, 27. 인천보감, 28. 고애만록, 29. 산암잡록, 30. 원오심요(상),
31. 원오심요(하), 32. 종용록(상), 33. 종용록(중), 34. 종용록(하), 35. 벽암록
(상), 36. 벽암록(중), 37. 벽암록(하).

돈오돈수(頓悟頓修)를 선별의 기준으로 하여 저본의 선정에서는 물론 우리말 표현에도 그 뉘앙스를 살리려는 세심한 배려가 깃들어 있다. 그리고 원문을 영인하여 부록으로 실은 점은 이 책의 자료적인 가치를 더욱 높여주고 있다.

그 밖의 불광출판부의 『선문총서』, 효림출판사의 『일타총서』 등에서도 약간의 선서가 선을 보였으나, 전체가 아직 나오지 않은 상태라서 앞으로 기대해 봐야 할 일이다. 물론 단행본도 몇 종 있으나 이야기를 진행해 가면서 적절하게 소개하기로 한다.

② 다른 나라 말 번역

일본어로 번역된 선서로는 『禪の語錄』(전20책, 東京: 築摩書房)을 들 수 있는데,[10] 이 책들은 민족사의 영인본이 있다. 그리고 『大乘佛典 - 中國·日本篇』(전30책, 東京: 中央公論社) 중의 『10敦煌1』, 『11敦煌2』, 『12禪語錄』(1992년), 『13祖堂集』이 있다.[11] 한편, 교토의 하나조노(花園)대학 선문화연구소에서 간행한 『馬祖の語錄』, 『玄沙廣錄 上』, 『玄沙廣錄 中』, 그리고 『선문화연구소연구보고』에 실린 『절관론(絶觀論)』 등이 있다.

일본의 경우 제2차 세계대전 이후만 봐도 엄청난 양의 번역서

---

[10] 1. 달마의 어록(이입사행록), 2. 초기선종사 I (전법보기·능가사자기), 3. 초기선종사 II (역대법보기), 4. 육조단경, 5. 신회어록, 6. 돈오요문, 7. 방 거사 어록, 8. 전심법요·완릉록, 9. 선원제전집도서, 10. 임제록, 11. 조주록, 12. 동산록, 13. 한산시, 14. 보교편, 15. 설두송고, 16. 십우도(사부록), 17. 대혜서, 18. 무문관, 19. 선관책진, 20. 어록의 역사(총설).
[11] 『돈황1』·『돈황2』·『선어록』에는 「曹溪大師傳」, 「裵休拾遺問」, 「大慧普覺禪師法語」가 각각 실려 있다.

가 있으나 지면 관계상 줄여서 일반적으로 말해보면, 선 문헌의 성립사에 대해서는 야나기다 세이잔(柳田聖山), 다나카 료쇼(田中良昭), 이시이 슈도(石井修道), 스즈키 데쓰오(鈴木哲雄) 씨들의 책들이 믿을만한데, 이 방면에 대한 일본에서의 연구 축적은 성본 스님의 『중국선종의 성립사 연구』(서울: 민족사, 1991)에 잘 반영되어 있어 일독을 권한다.

그리고 선 문헌 자체의 해석 내지는 그 사상에 대한 이해로는 단연 이리야 요시다카(入矢義高) 교수를 들 수 있다. 이와나미(岩波) 문고에서 우이 하쿠쥬(宇井伯壽) 선사 등에 의해 번역된 선서들이 있으나, 오류가 많아 최근 이리야(入矢) 교수에 의해서 전면적으로 수정되고 있다.

그 밖에 프랑스어로 된 선 관계 서적은 Michel Mohr, 헝가리어 관계는 Pal Miklos 교수 등에 의해 목록이 소개되어 있다.[12] 이 번역물들 중에는 한어에서 직접 번역한 것도 있지만 상당 부분은 일본어를 재번역한 것들이다.

③ 원문과 그것을 읽기 위한 도구들

위에서 번역서를 소개했는데, 번역이란 늘 당시의 학문 수준과 관계되므로 완벽이란 없다. 의심나는 부분은 자신이 직접 원문을 확인해야 할 것이다. 원문을 확인하기 위해서는 다음의 책들을

---

[12] 『NEWSLETTERS, NO2』, 京都: 花園大學校際禪文化硏究所, 1991年 6月에 소개.

이용할 수 있다.

대장경으로, 활자본 중에서 이용도가 높은 것은 『대정신수대장경(大正新修大藏經)』 권47~52, 권85 등이다. 그리고 한 장본으로 된 『대일본속장경(大日本續藏經)』(京都, 藏經書院)을 영인 양장한 『신편만자속장경(新編卍續藏經)』(臺北: 新文豊出版公司)의 110책~127책이 있다.

그리고 목판본으로는 『선림고경총서』의 부록으로 실린 사진판, 『선학총서-당대 자료집성』(전13책, 柳田聖山 篇, 京都: 中文出版社)이 있고, 그 밖에 단행본들이 있다. 이상의 원문을 읽으려면 많은 공구서적들이 필요한데,[13] 여기에서는 우리말로 된 사전만 간단히 소개하기로 한다.

선이나 불교에 관한 일반 항목은 『불교사전』(이운허, 법보원, 1960), 『불교학대사전』(전관응, 홍법원, 1988) 등을 이용할 수 있고, 불지사에서 수 년 간에 걸쳐 만든 『선학사전』(이철교·일지·신규탁, 1995)이 있다.

그리고 또 선서에는 당시의 구어(口語)가 많이 나오기 때문에 그에 대한 지식이 필요하다. 이 방면의 초보적 연구는[14] 있으나 단행본 사전은 아직 없다. 이 부분에 대한 외국의 연구 성과는 이 글을 진행해가면서 적절하게 소개하기로 한다.

---

13 신규탁, 「중국 선서의 번역을 위한 문헌학적 접근(1) - 공구서를 중심으로」 (『백련불교논집 제1집』, 서울: 백련불교문화재단, 1992) 참조.; 위의 논문은 이 책의 제4부의 「선서의 해독을 위한 문헌적 접근」에 다시 정리하여 실었다.
14 신규탁, 「중국 선서의 번역을 위한 문헌학적 접근(2) - 어휘를 중심으로」.

그럼 이제부터는 『선림고경총서』를 대본으로, 선을 이해하는 데 중요한 문장이나 어휘를 원문과 대조해 가면서 읽어 보기로 한다.

육조단경

1

『육조단경(六祖壇經)』은 혜능(慧能; 638~713) 스님의 언행을 어록의 형태로 기록하고 있다. 이 책은 혜능 스님의 금구친설로 이제까지 믿어 왔으나, 최근 연구에 의하면 꼭 그렇지만도 않다. 돈황에서 하택 신회(荷澤神會; 684~758)에 관한 문헌들이 발견되고, 이 스님에 대한 재평가와 더불어 『육조단경』의 저자에 대한 여러 설이 나왔는데, 대개 다음과 같다. ① 중요한 부분은 하택 내지는 그 일파의 사상이라는 설, ② 혜능 스님이 하신 말을 조본(祖本)으로 뒷사람들이 일부를 첨가했다는 설, ③ 혜능 스님의 말을 바탕으로 신회 일파가 만들었다는 설, ④ 오래된 부분은 우두종(牛頭宗)의 말이라는 설 등이다.

국내에서도 일찍이 박한영 강백의 논평이 있기도 했으나, 그 이후 잠잠하다가 근자에 외국의 연구에 격발되어 『육조단경』의 성립문제에 대한 논의가 일기 시작하여 『육조단경의 세계』(김지견 편, 서울: 민족사, 1992)라는 전문 논문집이 나오기도 했다.

그러나 그것도 알고 보면 성철 스님이 선문의 정통을 돈오돈수라고 주장하는 근거로 『돈황본 단경』(경남: 장경각, 1987)을 운운함으로써 시작된 것이다. 그 주장을 비판하는 이들이라고 해 봤자, 한 단계의 연구 결과를 수용하여 『육조단경』을 '육조 스님 이야기' 정도로 성급한 결론을 내림과 동시에 그 증명 방식을 비판하는 정도이다.

그러나 학자들 사이에 정도의 차이는 있지만 『돈황본』의 조본을 인정한다. 즉, 혜능 스님의 법문을 바탕으로 하택 스님 내지는 그 일파의 손에 의해 문자로 기록되었다고 보고 있다. 이런 형태는 근간 설화가 뒷날 문헌으로 정착되는 중국 문학의 흔한 패턴이다.

아무튼 결론은 좀 더 지켜봐야 하겠지만, 설혹 『육조단경』에 후세에 만들어진 이야기가 들어갔다 하더라도 그 가치가 낮게 평가될 이유는 없다. 마조 스님 계통의 집단에서는 이 『육조단경』을 혜능 스님의 말씀으로 공인했기 때문에, 『단경』을 근거로 그 집단이 돈오를 표방했다고 입증하더라도 자료적으로 문제될 게 없다.

2
그런데 알다시피 하택 스님은 '지해종도(知解宗徒)'라 낙인 찍혀 선문의 금기로 되어 있는데, 그러한 하택 스님의 생각이 『육조단경』에 영향을 주었다니 이것을 어떻게 생각해야 할까?

여기서 우리는 냉정히 생각해 봐야 한다. 즉 무엇을 근거로 하택 스님을 '지해종도'라고 해왔는가? 『돈황본 단경』에서 하택 스님을 깎아내린 부분은 없다. 오히려 혜능 스님이 입적할 때에 모든 제자들이 울었는데, 어린 그만은 울지 않았다고 기록하고 있다. 이 부분은 읽는 이로 하여금 부처님이 돌아가실 때 가섭 존자만이 태연했던 점을 연상하도록 한다.

사실, 돈황에서 하택 스님에 관한 자료가 발견되기 전에는 하택 스님에 대한 정보를 규봉 종밀(圭峰宗密;780~841) 스님에 의존하고 있었다. 그렇다면 규봉 스님의 하택 스님에 대한 이해 방식이 제대로 됐는가? 이에 대한 자세한 논증은 생략하고 결론만을 말하면, 규봉 스님의 해석은 주체적이다. 물론, 규봉 스님이 그렇게 해석할 만한 일면이 하택 스님 글에 있다. 문제는 규봉 스님이 소개한 그 일면을 가지고 하택 스님의 전체로 간주해 버린 후인들의 성급함이다.

규봉 스님의 문제의식은 단적으로 말하면 '원리(原理)사상'의 정리이다. 이것은 당시의 사조였고, 규봉 스님도 이런 흐름 속에서 당시의 불교사상을 주체적으로 해석함은 물론, 『주역』을 비롯한 고전을 재해석하고 있다. 그리고 그의 해석 방식은 매우 설득력이 있어서 뒷날 중국 사상이 거의 규봉 스님이 제시한 틀을 넘지 못한다는 것으로도 증명된다. 선사상만 하더라도 송대 이후는 돈오점수로 흘렀고, '본원(本源)'에 대한 사고가 그 이후의 유학의 향방을 정해 놓았다.

3

『돈황본 단경』은 최근 성철 스님이 스타인본 5475호를 영인·소개하여(『돈황본 단경』, 경남: 장경각, 1987) 국내에서도 볼 수 있게 되었다. 이 책은 필사본을 그대로 활자로 옮기고, 교감하고, 번역하고, 사본을 영인하여 뒤에 실었다. 물론 필사본의 원 글자를 그대로 두고 교정을 함께 나열하는 방식을 택하여 읽는 이가 판별할 수 있도록 했다. 이하에서는 이 사본을 대본으로 몇 구절 읽어 크기로 한다.

『육조단경』이 후세에 많이 읽힌 이유에는 여러 가지가 있지만, 이 책의 구성에도 크게 기인한다. 즉, 주인공이 글자를 전혀 모르는 사람으로 설정되어 있다는 점이다. 이 일자 무식꾼이 쟁쟁한 선승들을 모두 물리치고 법통을 잇는 이야기는, 무명 검객이 홀연히 나타나 중원의 무림을 휩쓰는 무협지의 한 장면을 연상하게 한다.

더구나 스님도 아닌, 더벅머리가 그 영예로운 자리를 얻었다는 것은 구도서(求道書)로서의 면모를 제대로 갖추고 있다. 독자들은 이미 일개 거사가 부처님의 뛰어난 제자들을 물리치는 『유마경』을 읽었기 때문에, 얼른 유마 거사와 혜능 행자를 오버랩핑하게 된다. 『단경』은 문학 작품으로서도 손색이 없다. 이 책에 담겨 있는 사상은 둘째 치고, 단적으로 말해 재미있다. 밤중에 아무도 모르게 법통을 정하는 장면을 보자.

5조 스님이 삼경에 혜능을 방장실로 불러들여 『금강경』을 설명해 주었다. 혜능이 한 번 듣고 바로 깨닫고 그날 밤에 법을 받으니 남들이 전혀 몰랐다. "(5조 스님이 말했다.) 돈법과 가사를 전하여 그대를 6조로 삼으니, 가사가 앞으로 믿음의 표식이 될 텐데 (이 기사는) 대대로 전해 내려온 것이다. 법은 마음으로 전하는 것이니 스스로 깨닫도록 하거라." 5조 스님이 말했다. "혜능아, 예부터 법을 전하는 것은 목숨이 가는 실에 매달린 것과 같다. 여기에 있다가는 누가 너를 해칠 것이다. 너는 어서 빨리 떠나거라."

五祖(知)三更, 喚慧能堂內, 說金剛經. 慧能一聞, 言下便(伍), 其夜受法, 人盡不知. 便傳頓法及衣, 汝爲六代祖, 衣將爲信稟, 代代相傳. 法以心傳心 當令自悟. 五祖言, 慧能, 自古傳法, 氣如懸絲, 若住此間, 有人害汝, 汝卽須速去.

이는 읽는 이로 하여금 마치 자신이 지금 그런 처지에 놓인 것처럼 가슴 뿌듯하게 한다. 그런가 하면 다가올 위험을 알리는 복선도 그럴 듯하다.

원문의 지(知)는 지(止)와, 오(伍)는 오(悟)와 각각 음통(音通)되는 것으로, 의미에는 영향이 없다. 고사본을 읽을 때 조심할 것은 뜻으로 글자를 교정해서는 안 된다는 것이다. 글자는 원본의 글자대로 그대로 옮겨놓거나, 그 다음에 독자의 학문 역량대로 다른 대본 또는 당시의 여러 문헌을 사용하여 고증해야 한다. 한 가지 첨부한다면 『돈황본』에는 돈황사본의 특유한 글씨체가 있기 때문에 눈에 익기까지는 시간이 걸린다.

기(氣)는 우리말로 하면 '숨'으로, 다른 본에는 명(命)으로 되어 있다. 또 '대대상전(代代相傳)'을 "대대로 전하거라"라고 해석하지 않고, "(이 가사는) 대대로 전해 내려온 것이다"라고 해독했는데 독자들은 어떻게 읽으실까? 『종보본』에는 "가사는 싸움의 실마리가 되니 네 대에서 그치고 그대 다음으로는 전하지 말라." 또 "이 가사를 전했다가는 목숨이 실에 매달린 듯 위험하다[若傳此衣 命如懸絲]"라고 기록되어 있다.

그리고 이 문장에 의하면, 『금강경』을 스승과 제자가 주고받은 것으로 되어 있는데, 『육조단경』에는 사람마다 본래 자성을 모두 간직하고 있다는 문맥에서 『금강경』이 등장된다. 그러나 아시다시피 『금강경』에서는 자성이 공(空)함을 강조하고 있다. 『육조단경』과 『금강경』의 사상을 단순하게 접합시키는 것은 매우 위험하다. 혜능 스님의 생각은 자성의 발견으로 일관되어 있다. 다음의 문장에서도 그것이 잘 드러난다.

> 여러분, 나는 홍인 화상의 회하에서 한 번 듣고 말끝에 크게 깨쳐 있는 그대로의 본래 성품을 단박에 드러냈다. 그러므로 그대는 이 가르침을 뒷날에 널리 펴지게 하고, 이제 도를 배우는 이는 보리를 돈오하여 저마다 몸소 마음을 관찰하여 자기의 본성을 돈오하라.
>
> 善知識, 我於忍尚處, 一聞言下大悟, 頓見眞如本性. 是故汝教法, 流行後(伐), 今學道者頓悟菩提, 各自觀心, 令自本性頓悟.

우선 문구를 살펴보자. 벌(伐) 자는 대(代)를 잘못 베껴 쓴 것이리라. '돈현진여본성(頓現眞如本性)'(선림고경총서·1, p.96)의 문구도 있으므로 '돈견진여본성(頓見眞如本性)'의 견(見)을 '보다'가 아니라 '드러내다'로 했다. 그리고 '진여'를 개념으로 처리하지 않고 글자 그대로 '있는 그대로의 모습'이라고 해석했다. 『돈황본 단경』에서 진여라는 문구는 이 두 곳 말고도 '진여성(眞如性, p.92)이 있으나, 굳이 교학에서 쓰는 개념으로 고정화시킬 이유가 없다. 그렇게 읽으면 오히려 생생함이 죽어 버릴 염려가 있다.

위에서도 잠깐 말했지만, 『육조단경』의 전편에 흐르는 얘기는 마음을 깨치라는 것이다. 표현은 자본성(自本性)·자성(自性)·자심(自心)·심지(心地)·본심(本心) 등으로 달리 나오나 이것을 우리말로 바꾸면 '제 마음'이다. 이것은 특정한 사람에게만 있는 것이 아니라 인간이면 모두 갖추고 있는 마음으로, 구체적인 이 현실에 있는 내 마음이다. 이 마음을 굳이 현학적 내지는 초월적으로 절대화시킬 필요도 없고, 또 그래서도 안 된다. 이것은 mind이지 Mind는 아니다. 혜능 스님의 맥을 이은 후대의 마조-백장-황벽-임제 스님 등에 오면 이 정신은 더욱 분명하고 투철하게 나타난다. '자기(自己)'라는 용어가 이 시기에 급격히 늘고 있는 것을 선서를 읽어 보신 독자들은 눈치 챘을 것이다.

'제 마음'의 강조가 오늘에는 당연할지 모르겠지만, 당시 장안의 상황을 보면 이것이 얼마나 폭탄 같은 선언인가를 알 수 있다. 개원(開元; 713~741)과 천보(天寶; 742~756) 연간은 무당과 도사들이 맹활약하던 시대로, 저 유명한 당시의 태상박사 왕홍이 기도의 영험으로 천하를 흔들고 있었다. 이런 왕홍을 기도로 꺾은 이가 바로 불공(不空; 705~774) 삼장이다. 이 불공 스님의 영향으로 밀교의 부적이 궁궐 곳곳에 붙고, 나라에 무슨 일만 있으면 이 밀교승 내지는 도사를 불러서 기도를 드려 재앙을 물리치려 했다.

한편, 우리는 당시 사람들의 세계관을 상기할 필요가 있다. 이 당시에는 하늘이 인간에게 벌을 준다는 생각을 하던 때이다. 『구당서』의 곳곳에 그런 예가 보인다. 메뚜기 떼가 나타나 농사에 피해를 주면, '하늘의 벌[天譴]'이라 생각하여 천자(天子)가 하늘에 제사를 지낸다. 당시의 승려들이나 도사들이 여기에 많이 동원되었다. 이 점은 당 이후에는, 해당 지역의 관리가 여러 가지 테크닉을 동원해서 메뚜기 박멸에 앞장서고 있는 모습과 대조적이다.

당대(唐代)에는 '천견(天譴; 하늘의 견책)'이라는 것을 믿었다. 이 '천견'을 비판하고 원리를 주장하는 것이 규봉 스님의 대사업이었다. 아무튼 이런 판에 '저 마음'에 모든 것이 있으니 그것을 깨치라는 이야기는 엄청난 선언이다. 신유학의 '천리(天理; 하늘의 이법)' 개념 출현도 종밀의 영향과 무관하지 않다.

마조어록

1

혜능 스님에 이어 이번에는 마조 도일(馬祖道一; 709~788)에 관한 선서를 읽어 보도록 하자. 마조 스님에 대한 이야기는 여러 책 속에서 전해지고 있다. 한국어 번역으로는 『마조록 · 백장록』(선림고경총서 11)을 대표적으로 꼽을 수 있고, 『마조의 어록』(고려원, 박용길 역)과 『한글대장경 - 경덕전등록』, 『한글대장경 - 조당집』의 마조조(馬祖條)를 들 수 있다.

마조 스님은 남악 회양(南嶽懷讓; 677~744) 스님의 법을 이었는데, 이 남악 스님은 바로 선문의 슈퍼스타 혜능 스님의 상수(上首) 제자라고 한다. 그러나 남악 스님은 혜능 스님을 만나기 전에 숭악 혜안(崇岳慧安; 582~709) 스님에게서 인가를 받은 것이 사실(史實)이다. 그러나 혜능 스님과의 관계를 중시한 당시의 교단에서는 이 면만을 부각시키고 있다. 그것은 마조 스님 내지는 마조 이후의 그 후계자들이 정통성을 주장하는 과정에서 나온 말인데, 역사적 사실은 아닐지라도 사상사적 사실이므로 버려서는 안 된다. 왜냐하면 그것은 당시 교단의 의식을 엿볼 수 있는 귀중한 자료이기 때문이다. 이런 당시의 의식 속에서 마조 스님의 정맥은 백장·황벽·임제 스님을 거쳐 임제종으로 형성되기도 한다.

2

『마조록』은 행록(行錄)·시중(示衆)·감변(勘辨)으로 구성되어 있는데, 행록은 이 스님의 특징적인 이력을 소개한 부분이고, 시중은 대중 스님을 상대로 한 설법이며, 감변은 수행자를 상대로 한 짤막한 대화들이다.

행록을 보면 대개 스님의 내력을 알 수 있다. 마조 스님의 행록에는 유명한 '벽돌 이야기'가 있어 이 집안의 가풍을 단적으로 보여주는데, 그 줄거리는 다음과 같다.

남악 회양 스님과 마조 스님이 처음 대면할 때의 일이다.
좌선을 하는 마조를 보고 "무엇 하느냐?"는 회양 스님의 질문에 대답했다. "부처가 되려 합니다."
그러자 남악 스님이 벽돌을 집어 들어 갈기 시작했다. 이번에는 마조 스님 쪽에서 물었다. "무엇하십니까?" 하자, 회양 스님이 답했다. "거울을 만들려 하네."

이렇게 첫 대면이 시작되어, 가르침을 받고 마음이 활짝 열렸던 사건이 있다. 그 후 마조 스님은 남악 스님의 슬하를 떠나 홍주(洪州)로 가서 그곳 개원사(開元寺) 주지를 했다. 그러던 어느 날이었다.

회양 스님은 마조 스님이 강서 지방에서 교화를 널리 편다는 소문을 듣고 대중에게 물었다.
"도일이 대중에게 설법을 하느냐?"
대중들이 대답했다.
"벌써 하고 있습니다."
회양 스님이 말했다.
"도대체 (그쪽) 소식을 전해 오는 사람이 없구나."
그래서 스님 한 명을 그곳으로 보내며 말했다.
"그가 상당하였을 때 '(요즈음 지내기시가) 어떻습니까?'라고 만 묻게. 그리고 무슨 말을 하거든 기억해 오너라."
그 스님은 본부대로 가서 물었다.
마조 스님은 대답했다.
"<u>난리통 30년에 소금과 장은 줄여 본 적이 없다.</u>"
그 스님이 돌아와 회양 스님에게 말씀드렸더니 회양 스님은 고개를 끄덕였다.

위 문장의 밑줄 친 부분은 아무래도 이해가 안 간다. 앞에서 든 우리말 번역서에도 다소 차이는 있지만 이렇게 되어 있다. 거기에는 "난리를 겪은 지 30년 동안 한 번도 염장 먹는 일을 폐지한 것이 없다"라고 번역하고 있다. 그래도 역시 이해가 되지 않는다. 원문을 보면 '자종호란후, 삼십년불소염장(自從胡亂後, 三十年不少鹽醬)'이다.

결론부터 말하면, '호란(胡亂)'을 '난리'로 해석한 데서 문제가 생긴 것이다. 이 말은 당대의 속어로서 '허둥지둥대다'라는 뜻이다.

이 대화에는 위의 '벽돌 이야기'가 바탕에 깔려 있다.

즉, '호란'이란 바로 회양 스님이 지적한 좌선해서 부처가 되려는 '허둥지둥대는 수행' 또는 '갈피를 잡지 못하는 수행'을 두고 하는 말이다. 30년은 수행에 필요한 기본 연수로 세간의 한 세대에 해당하는 말이니 '평생' 정도로 번역할 수 있다. 그리고 중국에서는 생활필수품으로 땔나무, 쌀, 기름, 소금, 장, 식초, 차 등의 일곱 가지를 들고 있는데, '염장'은 바로 그 생활필수품을 말한다.

그러므로 "허둥지둥대며 갈피를 잡지 못하고 수행하다가 (스승님의 가르침을 받아 마음이 활짝 열리고 난 뒤로) 평생 먹을 것을 줄이지 않고 살았습니다." 정도가 될 것이다.

아무튼 필자는 이렇게 읽었다. 이는 스승에 대한 감사의 정이 깃든 말이다. 오래 전에 시집간 딸이 사람을 통해, "길러주신 덕분에 밥은 굶지 않고 살아요"라고 친정에 전하는 말이다. 밥은 먹는다는 말이다. 부자로 잘 살면서도, 이 겸손한 표현에 말하는 이의 사람 됨됨이도 물씬 풍기고 있다. 선서에는 스승과 제자 사이의 은혜로운 말들이 참 많다. 천 년이 지난 지금 읽어도 콧날이 시큰해진다.

3

시중은 이렇게 시작된다.

여러분, 각각 자기의 마음이 부처이며 이 마음이 부처임을 믿으시오.

汝等諸人, 各信自心是佛, 此心卽佛.

이는 혜능 스님도 누누이 강조하는 말로 선문의 근본 입장이다. 이것은 대매 법상(大梅法常;752~839) 스님이 처음 마조 스님을 뵙고, "부처란 도대체 무엇이냐?"라는 질문에 대한 마조 스님의 대답에서도 그대로 나타난다. 그 대답을 『경덕전등록』에서는 '즉심시불(卽心是佛)'이라고 기록했고, 『조당집』에서는 '즉여심시(卽汝心是)'라 했다. 내용만 말하자면, "마음이 부처이다"인데, 그 생생한 뉘앙스는 역시 『조당집』이 단연 으뜸이다.

문자가 의미하는 내용은 늘 그 표현 양식과 관계하고 있기 때문에, 어떻게 문자로 정착시키는가는 문학뿐만 아니라 선서 해독에서도 매우 중요하다. 『조당집』의 표현이 좀 더 노골적이다. '즉여심시', 곧 "이렇게 내 앞에서 질문하는 바로 너, 그 너의 마음이 부처이다"라고 했다.

『조당집』의 매력은 바로 여기에 있다. 같은 등사(燈史)로서 비록 『전등록』이 『조당집』보다는 문장이 매끄럽지만 생생한 대화들이 심할 정도로 개념화 내지는 일반화 또는 관념화되어 있다. 『조당집』은 그 진솔함이 그대로 문장으로 정착되어 천 년의 세월도 그 감동을 가로막지 못한다.

위 부문만 보더라도 그렇다. 『전등록』의 언어는 심(心)이라는 개념이 앞서 있다. 유생(儒生)의 손을 거쳐 윤문된 『전등록』은 아무래도 맛이 없다. 이는 『구당서』의 진솔함이 『신당서』에서는 이념화되고 대의명분에 가려 읽는 이로 하여금 껄끄럽게 하는 것과 마찬가지이다. 관념화시키기를 좋아하는 일부 유생의 손을 거쳐서 나온 『전등록』이나 『신당서』는 생생함이라는 측면에서 『조당집』과 『구당서』와는 상대가 안 된다.

아무튼 구체적인 각자의 마음이 부처라는 마조선의 맥박은 수행에 대한 입장에서도 그대로 드러난다. "어찌해야 도를 깨칠 수 있겠는가?"에 대한 질문에 대해서 마조 스님은 이렇게 대답하고 있다.

> 한 스님이 "도를 닦는다는 것이란 무엇입니까?"하고 물었다. 답했다. "도는 (수행한다느니 또는 안 한다느니 하는) 그 '닦음(修)'의 범위에 속하는 게 아니다. 만약 도를 닦아서 얻을 수 있는 것이라고 한다면 그런 도는 완성되고 나면 다시 파괴되게 마련이니 성문(聲聞)과 다를 게 없다. (그렇다고) 수행을 안 하면 결국은 범부에 머물고 만다."
>
> 僧問, 如何是修道. 曰, 道不屬修, 若言修得, 修成還壞, 卽同聲聞, 若言不修, 卽同凡未.

여기에서 '도불속수(道不屬修)'는 잘못 읽으면 수행의 부정으로 오독될 수 있다. 그러나 이것은 마조 스님의 생각을 이해하지 못한 것이다. 이 문장은 '닦음(修)'를 부정하는 것이 아니다. 도는 '닦

마즈어록 217

음'의 범주에 속하는 것이 아니라. '깨침[悟]'의 문제라는 것이다. 그래서 근기가 좋은 사람은 선지식의 가르침을 듣고는 얼른 알아차려, 수행의 결과로 얻는 지위나 단계를 거치지 않고 본성을 돈오한다고 한다.

'도'와 '수'에 대한 문제에 대해 마조 대사의 설법은 계속된다.

> 도는 닦아서 되는 게 아니다. 다만 더러움에 물들지만 않으면 된다. 물든다는 것이란 무엇인가? 만약 생(生)하느니 사(死)하느니 하는 생각이 있어, 무언가를 해보려고 한다든지 의도함이 있으면 이것이 더러움에 물드는 것이다. (만일 거두절미하고) 도를 만나려면 일상에 늘 쓰는 마음이 도이다. (내가 말한) 일상에 늘 쓰는 마음이란 무엇인가 하니, 무엇인지를 해야겠다는 의도를 내지 말고, 가치평가를 하지 말고, 마음에 드니 안 드니 따지지 말고, 단견(斷見)이나 상견(常見)을 갖지 말고, 범부니 성인이니 하는 견해를 내지 않는 것이다.
>
> 道不用修, 但莫汚染. 何謂汚染, 但有生死心, 造作趣向, 皆是汚染. 若欲會其道, 平常心是道. 何謂平常心, 無造作無是非, 無取捨, 無斷常, 無凡無聖.

여기에서 평상심을 절대화 내지는 일반화시켜는 안 된다. 이 말은 무전제로서의 우리의 멀쩡한 마음이다. 이것은 평상심을 설명하는 마조 스님 자신의 말 속에서 증명되는 것이다. 곧 '조작취향(造作趣向; 무엇인가를 해야겠다는 생각)'이 없는 마음이다.

멀쩡한 눈에는 공화(空花; 갑자기 현기증 등이 날 때 허공에 보이는 반짝

거리는 허상)가 보이지 않는다. 그러나 멀쩡한 눈으로 더 잘 보려고 괜한 기력을 쓰다 보면 공화가 보인다고 한다. 『능엄경』의 이 말씀이 바로 평상심에서 일탈되는 우리들의 조작취향을 경계하시는 말씀일 것이다. 저 유명한 "본래가 청정하거늘 어찌 산하대지가 생겼나[本然淸淨, 云何忽生山河大地]"는 강사 스님의 질문에, "어찌 산하대지가 홀연히 생겼습니까?" 하고 맞받아치는 선사 스님의 심정을 독자들을 어떻게 읽을지 모르겠다.

4

보기를 들어 보자. 어떤 고교생이 학교에서 제 집으로 돌아왔지만, 괜히 이곳이 제 집이 아니라고 생각되어 제 엄마를 보아도 남의 엄마 같고 날마다 출입하던 제 방도 남의 방으로 여겨져, 마침내는 제 집을 찾으러 나섰다. 이리저리 궁리하면 할수록 제 집 찾는 일은 멀어지기만 한다. 즉, '조작취향'하면 할수록 제 집은 멀어진다.

이런 상황을 잘 아는 사람을 만나, 그 사람이 "이 사람아, 여기가 바로 자네 집이네"라고 하는 말끝에 단박에 알아차리면 만사 오케이다.

그 다음에는 아무 생각 없이 멀쩡한 마음으로 주인 노릇하고 살면 된다. 그러나 이게 사실 어렵다. 단적으로 말하면, 돈오(頓悟)해서 무심(無心)히 불행(佛行)을 하면 될 것이다.

전심법요

1

'선문답한다'라는 말은 때로는 '애매모호하다' 또는 '동문서답한다'라는 뜻으로도 통한다. 선문답이 이런 인상을 주는 데는 몇 가지 이유가 있다. 그 중 큰 이유는 대화가 함축적이기 때문이다. 한 예를 들어보자.

필자가 아는 일본 사람 중에 한국말을 아주 잘하는 이가 있다. 보통사람의 시대를 표방했던 노태우 대통령 시절에, 김포 공항에서 입국 검사를 받는데, 또박또박 한국말로 대답하니까 검사관이 이상하게 생각했는지 물었다.

"당신 뭘 하는 분입니까?"

"보통 사람입니다."

심사관은 그만 웃음을 터뜨리고 말았다. 노 대통령의 '보통 사람' 구호를 모르는 사람은 심사관이 웃은 영문을 모를 것이다.

선서의 대화도 마찬가지이다. 한마디 한마디가 함축되어 있는 데다가 당시의 시대 상황과도 깊은 연관이 있다. 게다가 당대의 선서는 일 이 십 년도 아닌 천 년의 세월을 사이에 두고 있다. 그것도 이역만리 남의 나라에서 말이다. 선서를 온전히 이해하기 위해서는 당시의 지적 분위기는 물론 유행어를 알아둘 필요가 있다.

2

그러면 『전심법요』를 읽기에 앞서 당나라 중엽의 불교 상황을 살펴봐야 한다. 이 무렵은 극락정토 왕생을 위한 갖가지 기도가 유행했던 때이다. 여러 왕생담도 이때 만들어지고, 사원에서는 무슨 때면 재(齋)를 지내고, 귀족들은 이 재에 참석하여 행도(行道)를 한다. 이런 행도의 사례는 『통전(通典)』, 『당육전(唐六典)』, 『당률소의(唐律疏議)』 등에도 여러 가지 실려 있다.

그런가 하면 열 두 대문을 상징한 종이를 접어놓고 염불을 하며, 그것을 가르고 극락으로 왕생하는 과정을 승려들이 신명나게 연출한다. 재자(齋者)는 감동하고 새전은 쏟아진다. 이런 신앙 형태는 명나라로 이어져 우리나라 굿판에도 그 흔적이 남아 있다.

임금이 사는 내전에도 법당을 짓고 영험 있는 스님을 모셔 밤낮 기도가 끊이질 않는다. 혹시 이 기간 중에 변방의 적군이 물러갔다는 파발이라도 전해 오면 임금이 비단을 하사하는 등 대접이 이만저만이 아니다. 서쪽 하늘에 별똥이 떨어져도 기도를 올린다. 양자강 강가에는 수륙재가 철마다 열리고, 울긋불긋 번(幡)이 펄럭이며 스님들의 가사 색깔은 휘황찬란하다.

838년부터 약 10여 년 간에 걸쳐 당나라에 구법 여행한 일본의 승려 엔닌(円仁)은 당시의 이런 풍습을 소상하게 전한다. 『입당구법순례행기(入唐求法巡禮行記)』가 바로 그것이다. 이 책은 당시 사원의 행사와 신앙 형태 연구에는 물론 어법 연구에도 귀중한 자료이다. 한글 번역도(신복룡 번역·주해, 정신세계사, 1991) 있어 당시의 상황을 엿볼 수 있다.

수행의 절차와 도량을 장식하는 일은 또 어떠한가? 당나라 때 만들어진 『원각경』에는 이 부분에 대한 이야기가 들어 있다. 물론 『능엄경』에도 『원각경』의 첫머리에 여래의 삼매 속에 '정토'가 나타난다. 당시의 정토신앙이 『원각경』에 반영된 셈이다. 교가들은 이 정토를 '법성정토(法性淨土)'라고 해석하지만, 이것은 당시 민중 내지는 민속경전으로 등장한 『원각경』을 현학적으로 사변화한 것이다. 서역에서 만들어진 경전이 그 지방의 풍속을 담고 있듯이, 중국에서 만들어진 경전에는 당시 중국의 풍물이 암암리에 배어 있다.

그때 유행하던 수행법은 천태 계통의 문헌에 많이 남아 있는데, 그 중 천태 스님의 『석선바라밀차제법문(釋禪波羅密次第禪門)』(대정장46)이 유명하다. 이런 천태의 수행법은 규봉 스님에게 이어져, 『원각경도량수증의』(만자속장경 128책)로 정착된다. 절차와 작법(作法)이 자세하다 못해 지나치게 복잡하다.

3

이런 상황에서 펼쳐지는 것이 바로 황벽선이다. 『전심법요』에서 황벽 스님은 당시의 세태를 단호하게 지적한다.

"요즈음 도를 닦는 이들은 제 마음을 깨치려 하지 않는다. 마음에 모두 간직되어 있건만 (부족하다고 여겨 모자라는 것을 보태려고) 마음을 낸다. 그리하여 형상화된 단계적 절차를 밟아 수행한다. 이것은 악법이며 깨닫는 길이 아니다."

『전심법요』의 한글 번역은 ①『한글대장경 - 경덕전등록 181』(월운 스님, 동국역경원, pp.340~351), ②『선문촬요』(회암 스님, 수덕사), ③『선림보전』(선림고경총서 1, 장경각, pp.229~345), ④『전심법요』(一指 역주, 세계사) 등이 있다. 그리고 일본어 번역은 ⑤『전심법요』(宇井伯壽, 岩波文庫)를 비롯하여 ⑥『禪の語錄 8 - 전심법요・완릉록』(入矢義高, 筑摩書房) 등이 있다.

④에는 역자의 주가 자세히 달려 있는데, 이것은 ⑥의 주해를 수용한 것으로 이용도가 높다. ⑥은 역자의 면밀한 언어 훈련과 문학자로서의 개성이 어우러져 황벽선의 선명함을 잘 드러낸다. ⑤는 오역이 심해 ⑥의 출현 이후 번역판의 무대에서 사라졌다.

번역에는 번역자의 개성이 들어가게 마련이니, 여러 책을 대조해가면서 읽을 필요가 있다. 되도록 원문을 옆에 놓고 자신이 판단해서 각 구절마다 옳은 번역을 선택하는 것이 좋을 것이다.

4

『전심법요』는 당시 최고의 지식 관료 배휴(裵休; 797~870)에 의하여 정리된 것으로, 그는 질문자로서의 예리함은 물론 기록자로서의 섬세한 필체도 겸비했다. 당시 최대 관심사였던 "점차적으로 수행을 쌓아서 깨달을 수 있는가?"에 대한 문제를 놓고 주고받은 대화(③의 pp.261~262, ④의 pp.80~83)를 보자. 상공 배휴가 묻고 황벽 선사가 대답한다.

"스님, 도란 무엇이며 어떻게 수행해야 합니까?"
"상공께서는 도가 무엇이라 생각하시길래 수행하려 하십니까?"
"여러 지방의 큰스님들께서 모두들 참선하여 도를 배운다고 말씀하시는 것은 왜입니까?"
"그것은 근기가 낮은 사람을 지도하느라고 그런 겁니다. 그 말에 의지해서는 안 됩니다."
"참선해서 도를 배우는 것이 모두 근기가 낮은 사람을 지도하느라고 한 말이라면, 근기가 뛰어난 사람들 위해서는 도대체 어떤 가르침[法]을 말합니까?"

㉠ "근기가 뛰어난 사람이라면 어찌 남에게 그것(=法)을 구하겠습니까? 자기 자신도 (실체가) 없다고 생각하는데, 어찌 자기 자신의 인식의 개상이 되는 가르침[法]이 별도로 있다고 인정하겠습니까? 경전에서도 말하고 있지 않습니까? '가르침이라고 하는 그 가르침이 어찌 모양이 있겠느냐?'라고 말입니다."

"그러시면 구하지 말라는 말씀입니까?"

ⓛ "구하려 하지 않으면 마음의 수고가 줄어들지요."

"그렇다면 모두 부정하는 것이니 ⓒ (결국 도가) 없다는 말씀인가요?"

"누가 그것(=道)이 없다고 했습니까? 그것이 무엇이 길래 상공께서는 구하려 하십니까?"

"선사께서는 조금 전에 그것을 구하려 하지 말라고 하시고서, 왜 이제 와서는 그것이 없다고 해서는 안 된다고 하십니까?"

ⓔ "만약 (도를) 구하려 하지 않으면 그것으로 됐습니다. 누가 정승더러 (도가 없다고) 부정하시라고 했습니까? (예를 들면) 정승께서는 지금 제 앞에서 허공을 보십니다. 그런데 어찌 이 허공을 없다고 하겠습니까?"

"(스님, 그러면) 이 가르침은 허공과 같다고 생각하면 되겠습니까?"

"허공이 언제 정승에게 같으니 다르니 말하기나 했습니까? 제가 잠시 허공을 (예로) 들어서 설명을 드렸더니, 상공께서는 대뜸 여기에 알음알이를 내시는 겁니다."

ⓜ "그렇다면 (스님께서 애초부터 이런 말 저런 말 하지 마셔서) 저가 알음알이를 내지 않도록 하셔야 될 게 아닙니까?"

"저는 결코 상공을 방해한 적이 없습니다. 요컨대, 저 지혜(知解)라는 것은 알음알이에 속하므로 알음알이가 생기면 지혜가 가려지는 법입니다."

"(선사께서 아까부터 말씀을 하셨는데) 그 말씀에 알음알이를 내지 않으면 되는 겁니까?"

ⓗ "(그렇습니다.) 단일 알음알이를 내지 않으면 누가 이러쿵저

러쿵 말했겠습니까?"

5

대화의 논점과 직결되는 부분 중에서 번역에 문제가 있는 부분만을 검토해 본다.

㉠의 원문은 "약시상근인, 하처갱취인멱타. 자기상불가득, 하황갱별유법당정(若是上根人, 何處更就人覓他. 自己尙不可得, 何況更別有法當情)"이다. '타(他)'는 앞에 나온 도를 지칭하는 지시대명사이다. 또 '별유법당정'에서의 '정(情)'은 마음의 작용으로 넓은 의미의 인식활동이다. 직역하면 "인식작용의 대상이 되는 법이 별도로 있다"이다.

㉡의 원문은 "약여마즉, 성심력(若與麽則, 省心力)"이다. '여마'는 문어체의 '여차(如此)'와 동의로서, 당대의 속어이다. '성심력'은 '성력(省力)'으로도 쓰는 말로 '비력(費力:수고하다)'의 상대어이다(『백련불교논집』 제2집, p.183. 참고).

㉢의 원문은 "여시즉혼성단절, 불가시무야(如是則渾成斷絕, 不可是無也)"이다. '불가시~야'는 의문문이다. 굳이 국한문 혼용체로 번역하면 "가히 이는 ~가 아닌가?"이다.

㉣의 원문은 "약불멱, 변휴(若不覓, 便休)"이다. '변휴'는 '족하다', '됐다'이다. 무심하면 됐지 그 밖에 다른 수행 따위는 첨가할 필요가 없다는 것이다.

ⓤ의 원문은 "응시불여인생해야(應是不與人生解耶)"인데, '응시불~'는 '절대로 ~하지 말라'는 강한 부정이고, '인(人)'은 배휴를 가리킨다. 이 달은 괜히 허공이 어떠니 저쩌니 말을 해 가지고 왜 남(배휴)을 헷갈리게 했느냐는 불평이다. 그럴 바에야 애초에 허공 얘기를 꺼내지 말 것이지!

ⓥ의 원문은 "약불생정, 아수도시(若不生精, 阿誰道是)"이다. 여기에서 문제는 '아수도시'이다. 이것을 "누가 옳다고 말하겠는가?"라고 읽는 경우도 있는데, 만약에 이렇게 읽으면 "만약 알음알이를 내지 않으면, 옳다고 말할 사람 아무도 없다"는 뜻이 된다. 이것은 황벽선의 내용과는 상반된다. 여기서의 '시(是)'는 '옳다'는 뜻이 아니고, 지시대명사로서 이제까지 한 대화의 전부를 가리킨다.

6

황벽 선사의 대답은 마음 밖에서 도를 구하지 말고 무심하라는 말로 일관된다. 돈오돈수로 표현하기도 하는 이 돈오무심사상은 당대 선의 근본 흐름이다. 마음 그 자체에 모두 갖추어져 있기 때문에 외면적인 수행의 절차를 거쳐 도를 깨치려 해서는 안 된다고 한다.

황벽 선사는 이렇게 말한다.

"육도만행을 닦아서 부처가 되고자 한다면 이것은 단계적인 수단에 지나지 않는다. 그러나 단계적으로 깨쳐서 된 부처는 애초부터 없다"(③의 p.240. 참조).

 "제 마음이 본래 부처라는 사실을 단박에 깨달아, 더 얻을 것도 없고 더 수행해야 할 것도 없으면 이것이 최고의 도이며 진짜 부처이다"(③의 p.248. 참조).

 황벽 선사의 이 돈오무심사상은 신수 대사를 제쳐 놓고 혜능 행자가 5조 홍인 스님의 의발을 전수한 이유를 설명하는 곳에서도 잘 드러난다(③의 p.275 참조).

 육조 스님을 스승으로 받드는 선가에서는 기도라든가 단계적인 절차와 외면적인 행법은 도를 깨닫는 방법과 거리가 멀다고 한다. 이런 방법으로 부처가 된 경우는 없다고 마조·백장·황벽·임제 등의 선사들은 분명히 말한다. 그리고 이것이 육조 대사의 가르침이라고 표방하여 제 마음을 깨치라고 부르짖는다. 이것은 당대 남종선의 근본이다. 그러므로 육조 스님의 정신을 이어받는다고 자처하면서 점수를 주장하면 자기모순이다. 오히려 남종선에 국한하지 말고, 범위를 넓혀 불교라는 차원에서 점수를 논하는 편이 정당하다고 하겠다.

 육조의 법손임을 자처하면서 점수를 주장하는 규봉 스님이나 보조 스님의 초기 사상은 당나라 시대의 남종선을 '주체적으로 해석한 것'이거나 아니면 '오해의 산물'이다. 그러므로 이 스님들이 당시의 사상사적 사실을 거스르면서까지 점수론을 주장한 의도를 분명히 하고, 이 스님들의 내적 사상체계 내지는 그 당시 사상사 위에서 이 주장의 의의를 밝혀야 할 것이다.

그러나 최근의 국내에서 일고 있는 '돈점 논의'는 이 점을 충분히 고려하지 않은 듯하다. 역사학 방면의 연구성과는 면밀한 자료 분석으로 당시의 시대사조 속에서 보조 스님의 사상을 성공적으로 부각시킨 반면, 불교학·철학 방면의 논의는 '보조사상 그 자체'와 그것을 바라보는 '연구자의 생각'이 뒤섞여 결과적으로는 주관적 선언에 그치고 만 느낌이 든다.

임 제 록

1

 고전을 읽을 때는 그 책이 언제 만들어졌는가를 꼭 생각해야 한다. 그래야만 그 책이 언제 적 사람들의 생각을 담은 것인지 알 수 있다.

 『조당집』(952년)에 따르면 임제 스님은 당나라 함통(咸通) 7년 (866)에 입적했고, 자세한 이야기는 '기록'에 따로 있다고 한다. 이 '기록'은 아마도 임제 스님의 제자 삼성 혜연 스님이 편집한 필사본을 두고 하는 말일 것이다.

 그 뒤 송나라 초기에 필사본이 목판으로 인쇄되었고, 이 책을 대본으로 북송 초 선화(宣和) 2년(1120) 원각 종연 스님이 중간(重刊)한다. 사람들은 이 책을 '선화본'이라 한다.

 『임제록』은 시대를 거치면서 후학들에 의해서 보완되고 다듬어져 약간씩 성장 변화하다가 '선화본'에서 일단 정착되고, 그것이 일본으로 들어가 출판되고 나서는 더 이상 손을 타지 않게 되었다. 한편, 중국에 있던 '선화본'은 계속 성장하여 『고존숙어록』, 『종문통요집』, 『연등회요』, 『오등회원』을 거치면서 약간씩 달라진다.

그러나 '선화본'도 볼 수 없는 지금으로서는 일본의 '유통본'이 임제 스님의 본래의 모습을 비교적 잘 전한다. 그래서 번역자들은 이것을 대본으로 한다.

우리말 번역으로 ㉠『임제록』(서옹 스님, 동서출판사, 1974), ㉡『임제록』(柳田聖山 역, 一指 옮김, 고려원, 1988), ㉢『임제록·법안록』(선림고경총서 12, 장경각, 1989) 등이 있고, 현재 일본에서 통용되는 번역으로는 ㉣『임제록』(柳田聖山, 大藏出版社, 1972), ㉤『임제록』(入矢義高, 岩波文庫, 1989) 등이 있다.

2

『임제록』도 다른 문헌과 마찬가지로 시대사조의 흐름과 함께 성장 변화한다. 그래서 사상사를 연구하는 이들은 원형에 가까운 문헌을 찾으려고 애를 쓰는데, 이때 제일 먼저 손이 가는 책이 『조당집』이다.

거기에 보면 '무위진인(無位眞人)'에 대한 이야기가 있다. 이 이야기는 『종경록』, 『경덕전등록』, 유통본 『임제록』 그리고 그 이후에 편집된 전등서 등에도 있다. 물론 표현은 약간씩 다르다.

임제 스님은 언젠가 대중들에게 말했다.
"나는 여러분들에게 분명히 말하노니 여러분의 몸속에 무위진인이 있어, 분명히 그러나 털끝만큼도 빈틈이 없건만 왜 모르느냐?"

그때 어떤 스님이 물었다.
"무엇이 무위진인입니까?"
임제 스님은 그를 때리면서 말했다.
"무위진인이라고? 이 무슨 똥 같은 소리냐!"

'무위(無位)'란 '등급을 매길 수 없는', '어떠한 가치로도 평가할 수 없는'이라는 뜻이다. 임제 스님은 이런 참 사람이 자기 자신 속에 있는데 왜 그것을 모르고 밖에서 찾느냐고 따지는 것이다.

그러나 이 무위진인을 내면화시키거나 절대화·초월화 시켜서는 안 된다. 초월화 된 실체를 상정하는 순간 임제 스님의 의도와는 멀어진다. '무위진인'이 무엇이냐는 질문을 받은 임제 스님은 순간적으로 '아차!' 했을 것이다. 왜냐하면 '무위진인'이라는 말이 상대방에게 초월된 명제로 들릴 위험성이 있었기 때문이다.

그 순간 임제 스님은 "무위진인이라고? 이 무슨 똥 같은 소리냐!"라고 얼른 발뺌을 한다.

오해될 여지가 있는 '무위'라는 표현은 더 이상 쓰지 않고, 그 대신 '무의도인(無依道人)'이란 말을 즐겨 쓴다. 이 말은 어디에도 의지하지 않는 수행인이라는 뜻으로, 지금 자기 앞에 있는 청중을 가리킨다. 바로 이 '무의도인'인 여러분이야말로 부처님의 어머니이므로, 이런 자기 자신을 신뢰하라는 것이 『임제록』의 전반적인 논조이다.

"그대들이 부처님을 알고자 하는가? <u>바로 그대, 내 앞에서 설법을 듣고 있는 그대이다.</u> 학인들이 이 사실을 믿지 못하고,

다른 데서 구하려고 하는구나."

밑줄 친 부분의 원문은 "지니면전청법저시(祇你面前聽法底是)"이다. 이것을 "그대의 앞에서 법을 듣고 있는 그 놈이다"라고 읽어서는 안 된다. '그대의'가 아니라 '그대가'라고 읽어야 하다.

현실에 있는 이 몸뚱이를 제쳐두고 초월적인 '그 놈'을 상정해서는 안 된다. 그런 주체를 내면화시키거나 절대화시키는 순간 『임제록』의 사상과는 멀어진다.

중국어의 어법으로 보아도 이 점은 분명하다. '지니(祇你)'에서의 '지(祇)'는 '니(你)'를 강하게 부각시키는 기능을 가지고 있다. 이것은 '시니(是你)'와 뜻은 같지만 그것보다 '니'를 더 강하게 부각시킨다. '시니'의 경우 '시'는 언제나 주격이 되는 체언 앞에 놓여 이것을 강하게 드러낸다.

> "수행자들이여, 바로 그대, 내 앞에서 움직이는 그 자체는 우리의 조상인 부처님과 다를 게 없건만 그대는 믿지 못하고 밖에서 부처님을 찾는구나. 아서라."
>
> 道流, 是你目前用底, 與祖佛不別. 祇你不信, 便向外求. 莫錯.

위에서의 '믿는다'는 말은 자기 자신이 부처와 다름이 없다는 사실을 믿으라는 말이다. 신흥종교의 "믿씁니다"는 아니다. 『임제록』에는 '신불급(信不及)' 또는 '자신불급(自信不及)'이라는 말이 자주 나오는데, 이때의 '신'도 전후의 문맥 속에서 구체적인 내용이 있다.

3

임제의 '할', 덕산의 '방'이란 말이 있듯이, 임제 스님 하면 고함 지르는 것을 연상한다. 그렇지만 임제 스님의 말투는 아주 용의주도하다. '산승견처(山僧見處)'라는 말만 해도 그렇다.

'산승'에서의 '산'은 자신을 낮추는 겸양어이다. 이것은 자기 처를 '산처(山妻)'라고 부르는 것과 같다. 우리말로는 '제 생각으로는', '제가 보기에는'이다. 다음 문장을 보자.

"山僧今日見處, 與祖佛不別."

위의 문장을 전통적으로는 "지금의 내 경계는 조사나 부처와 다르지 않다"로 읽어왔다. 이것은 임제 스님의 말투에도 어긋날 뿐만 아니라 그의 사상과도 안 맞는다.

위 구절은 참 부처와 도를 묻는 상대에 대한 대답이다. "제가 보기로는 (부처와 도가 무엇이냐고 질문하는 그대는) 우리들의 조상인 부처님과 조금도 다른 점이 없습니다"라는 말이다.

임제 선풍은 적절한 언어 사용으로 이름이 높다. 시인의 언어처럼 한마디 한마디가 다른 말로 대신할 수 없다. 그러면서도 말을 매우 조심한다.

"도를 배우는 이들이여, 참 마음이란 몹시 어렵고 부처님의 말씀은 아주 깊다. 그러나 꽤 상당한 정도까지 알 수 있다."

道流, 寔情大難, 佛法幽玄, 解得可可地.

임제 스님은 자신이 불법을 100퍼센트 알았노라는 식으로 말하지 않는다. 불법이 어렵지만 80 내지 90퍼센트는 알 수 있다고 조심스럽게 말한다.

전통적인 해석처럼 "알고 나면 쉬운 일이다"라고 읽어서는 안 된다. '가가지(可可地)'는 '상당히', '꽤'라는 의미의 부사이다.

이런 오독의 원인은 어디에 있을까? 그것은 중국어의 어법에 대한 이해 문제보다는 선사하면 으레 모두를 싹 부정하고 '콱 내지른다'는 고정 관념 탓이다.

4

모든 것을 부정하는 부정 표현[遮詮]만이 선의 진수라는 잘못된 생각은 선서 해석을 그르친다. 다음 문장을 독자들은 어떻게 읽으실까?

"師言下大悟云, 元來黃檗佛法無多子."

이 말에는 사연이 있다. 임제는 황벽 스님이 주지하는 절에서 오랫동안 살았는데, 한 번도 수행에 대해 질문한 적이 없었다. 그래서 고참 스님이 한번 가서 물어보라고 권한다. 그러나 임제는 무엇을 물어야 할지 몰랐다. 고참 스님이 시킨 대로 "부처님의 가르침이 무엇인지 분명하게 일러 주십시오"라고 청한다.

임제의 질문이 채 끝나기도 전에 황벽 스님은 매질을 한다. 또

가서 묻고 이러기를 세 번 거듭했지만 그때마다 매만 맞고 돌아온다. 임제는 자신의 못남을 탓하고 떠나려고 하직 인사를 하면서 자초지종을 말씀드렸다. 그리고 하소연한다.

"제가 뭘 잘못했습니까?"

대우 스님은 호통을 친다.

"황벽 스님이 그토록 노파심이 간절하게 지도했건만, 여기까지 와서 무슨 소리냐?"

이 말 끝에 임제 스님은 완전히 깨닫고 한마디 내뱉는다.

황벽불법무다자(黃檗佛法無多子)

이 임제 선사의 '황벽불법무다자'에 대해서는 예부터 큰스님들이라면 한 번씩은 법거량을 한다.

일본 임제종의 종정을 지낸 아사히나 소겐(朝比奈宗源) 큰스님은 "황벽 스님의 불법이 원래 별것 아니었군"이라고 읽고, 또는 "알고 보니 고양이 똥만도 못하군!"이라고 평창을 하는 경우도 있다.

어림없는 소리이다. 임제선은 결코 오만 방자하지 않다. '무다자'에 대한 자세한 고증은 『선과 문학』(入矢義高 지음, 신규탁 옮김, 장경각, 1993)에 미루고, 이 말을 번역하면 이렇다.

"(아하!) 황벽 스님의 가르침은 처음부터 너저분한 것이 아니었구나. (분명해졌구나.)"

서옹 큰스님이 교토에 오셔서 "일본의 임제선은 임제선이 아니라 너무나 타락했다. 돈오돈수의 참뜻을 터득해야 한다"라고 하신 말씀(이 책 231쪽 ㉠의 발문에 실린 김지견 박사의 회고에서)이 그저 남의 일만은 아닌 듯싶다.

5

그러면 임제선의 본질은 무엇인가? 대답은 너무나 명확하다 못해 간단하다. 돈오무심(頓悟無心)이다.

"얻으면 탁 얻어지는 것이지 세월을 거듭하여 얻는 것이 아니다[得者便得, 不歷時節]"라는 말에서 분명히 드러난다.

그러나 같은 곡(曲)이라도 연주에 따라 그 느낌이 달라지듯이, 많은 선사들이 돈오무심곡을 연주하지만 백이면 백 모두 다르다. 임제선의 가락은 뭐니 뭐니 해도 현실에 딱 붙은 마음 씀씀이다.

이 마음은 현실의 배후에서 우리를 조정하는 근원적인 존재는 아니다. 가수 남진 씨가 "해 저문 부둣가에 떠나가는 연락선을, 가슴 아프게 가슴 아프게, 바라보지는 않았을 것을, 갈매기도 내 마음같이……"라고 노래하는 그런 현실에서 울고 웃는 마음이다.

선사상은 일반 명제로 되는 순간 그 본질과는 멀어진다. 구체적인 순간순간의 삶 속에서 실현되어야 하기 때문이다. 꿈을 꾸더라도 말이다. 그러므로 제 마음은 버려두고 외형적인 단계를 설정하여 점차적으로 수행하여 도를 깨치려는 수행자들에게 임제 선사는 이렇게 말한다.

"수행하는 여러분, 제가 보기로는, 보신부처님·화신부처님도 싹 베어야 합니다. 십지의 수행을 성취해도 노예와 같고, 등각과 묘각의 지위에 올라도 수갑에 묶인 사람이고 ……."

道流, 取山僧見處, 坐斷報化佛頭. 十地滿心, 猶如客作兒, 等妙二覺, 擔枷鎖漢, …….

'취산승견처(取山僧見處)'는 문장이 불완전하다. 이 말만으로는 임제 스님이 자기 수행의 상태를 설명하는 것으로 잘못 읽힐 염려가 있다.

그러나 『조당집』에는 '욕득산승견처(欲得山僧見處)'라고 하여 문장이 안정되어 있다. 즉 "제가 본 것을 이해하려면, 보신불·화신불의 머리를 싹 베여야 합니다"이다.

위에서 말한 '제가 보는 것'이란, 앞에서 한 말인 "밖으로 구하려는 마음만 쉬면 여러분들은 (우리 사문들의) 조상이신 부처님과 다르지 않습니다. 부처가 무엇인지 알고 싶습니까? 지금 이 자리에서 내 말을 듣고 있는 여러분입니다"라는 임제 스님의 설법이다.

그러므로 10신(十信), 10지(十地), 등각, 묘각의 단계를 차곡차곡 밟아 부처가 된다는 점차적인 생각은 당나귀를 얽어매는 말뚝[繫驢橛]처럼 결국은 사람을 구속한다.

선원제전집도서

1

규봉 종밀(圭峰宗密; 780~841) 선사의 저서는 현존하는 것만 해도 90여 권이 넘는다. 그 중 『선원제전집도서』(이하 『도서』)는 고려시대 보조 지눌 스님의 『법집별행록절요병입사기』에 의해 우리와의 인연이 더욱 깊어졌다. 그리고 최근에는 돈점 논쟁과 더불어 여러 방면에서 이목을 받고 있다.

이 책의 우리말 번역은 『선의 근원』(공연 무득, 우리문화사, 1989)이 있고, '봉선사 통신강원'에서 발행한 월운 스님의 녹음테이프도 있으며, 참고서로는 『사집사기』(이지관, 해인사, 1968)가 있다.

규봉 스님 하면 흔히 교선일치(教禪一致) 또는 삼교일치(三敎一致)를 주장한 걸로 알려져 있지만, 스님은 '성종(性宗)'의 교학을 바탕으로 그 밖의 교학, 중국의 전통사상, 선사상 등을 비평하고 우열을 매겨 자기의 사상체계 안으로 흡수한다.

'성종'이란 화엄종을 말하지만 규봉 스님의 '성종' 이해는 현수 법장·청량 징관 스님과도 약간 다르다. 경전을 해석하는 행상(行相)뿐만 아니라 과목(科目)을 나누는 입장도 부분적으로 다르다.

규봉 스님의 사상은 인간의 본질이 무엇인가 하는 물음에서 출발한다. 그 당시에는 인간 본질에 대해 반성이 시작되던 시기이다. 스님은 인간의 근원을 '본각진심(本覺眞心)'이라고 하는데, 이것은 무엇인가를 알 수 있는 마음으로 모든 사람이 태어날 때부터 가지고 있다고 한다. 이 마음이 결국은 우리의 인생을 결정하고 세상일을 이끌어 간다는 것이다. 바로 이 마음이 나의 근본임을 탁 깨닫고 수행을 하다보면 타고난 '본각진심'을 완전히 발휘할 수 있게 된다고 한다. 이것이 바로 '돈오점수'이다.

스님은 이 '본각진심' 사상을 진리 체계의 중심에 설정하고, 선·교는 물론 유(儒)·도(道) 사상을 자신의 철학 체계 안에서 우열을 매겨 배치한다. 이렇게 인간의 근원을 찾으려는 노력은 당시 지식인들의 중심적인 문제로서 중당 이후 사상계의 큰 물결이다. 이것은 천명설(天命說)을 반대하고 인간의 주체성을 강조하는 자각 운동이기도 하다.

2

인간의 본질에 대한 새로운 자각은 '하늘[天]'을 바라보는 전통적인 생각을 의심하게 했다. '하늘'은 자연 현상의 하나임은 물론 인간 운명의 주인이기도 했다. 바로 이 '하늘'에 대한 생각이 당나라 중기를 고비로 바뀐다. 한유(韓愈; 768~824)·유종원(柳宗元; 773~819)·유우석(劉禹錫; 772~842) 사이에 오고 갔던 '하늘'에 대한 논쟁이 그것이다.

한유는 하늘이 인간에게 벌을 주기도 하고 상을 주기도 한다고 생각했다. 이런 생각은 『서경』에도 보일 정도로 역사가 아주 오래 되었다.

이에 대해 유종원은 하늘과 인간은 별개라고 「천설(天說)」을 지어 한유를 반박한다. "복을 받는 것도 제가 하기 나름이요, 화를 입는 것도 제 탓이다"라고 한다. 하늘은 그저 '물(物)'일 뿐 세상일과는 아무런 관계가 없다고 한다. 한편 유우석은 '하늘'을 자연으로 해석하고 「천론(天論)」이라는 논문에서 "천여인교상승, 환상용(天與人交相勝, 還相用; 하늘과 인간은 서로 영향을 주고받는다)"이라고 했다. 인간이 해야 할 일을 제대로 하면 자연의 재해는 물러가고 그렇지 않으면 자연이 인간에게 화를 입힌다는 것으로, 자연에 대한 인간의 적극적 활동과 주체성을 일깨워 준다.

이런 사고의 변화는 당나라 문화 전반에 나타나는 현상인데 여기에는 '안록산의 난'이라는 엄청난 계기가 있다. 사마광은 『자치통감』에 이렇게 적었다.

"때는 천보(天寶) 14년(755) 11월 9일. 안록산은 15만 군사를 20만이라 소문내고 범양(范陽) 땅에서 반란. 쇠마차를 탄 녹산이 날고 기는 기마대를 지휘하니, 흙먼지 천리까지 날고 진군의 북소리 천지를 뒤흔든다. 오랜 태평성대르 전쟁을 몰랐던 백성들은 난리 났다는 소리에 기절초풍 ……."

한 달 만에 낙양성이 무너지고, 이듬해 6월 8일 서울 장안이 함락된다. 13일 새벽 양귀비는 현종을 따라 피난길을 나섰지만

나라를 기울게 한 죄로 신하들 손에 죽는다. 이 사연은 백낙천의 「장한가(長恨歌)」에 애닯게 묘사된다.

7년 정도의 난리였지만 그 영향은 대단하여 '세금과 부역을 공평하게 부과하는' 왕사(王事)가 마비되어 균전법과 조·용·조 세법과 부병제가 무너진다. 이때를 전후로 중국의 역사는 커다란 분기점을 맞이한다.

이 시기가 되자 인간의 문제를 인간이 아닌 절대적인 힘에 의해서 해결하려는 운명·천벌·주술 등에 대한 반성이 일어났다. 인간의 내부 문제에 눈을 돌려 본질 탐구에 관심을 쏟는다. 규봉 스님의 『원인론』도 이런 사상계의 흐름 속에서 나왔다.

선사들이 이 당시에 '자기(自己)'라는 말을 많이 쓰기 시작한 것도 이런 맥락에서 이해할 수 있다. 『임제록』에서 "내 앞에서 설법을 듣고 있는 그대가 바로 부처이다"라고 수행자들의 주체적 자각을 일깨우는 것이라든가, '견성(見性)'을 강조하는 『육조단경』의 사상도 마찬가지이다. 이 당시에 만들어진 도교 경전에 '도성(道性)'이라는 말이 자주 쓰이고 지식인들의 입에 '본원(本源)'이라는 말이 자주 오르내렸던 것도 이 시기의 특징이다.

주체성과 인간 본질에 대한 자각은 당시 사상계의 물결로서 문화 전반에 흐른다. 그러므로 유·도·불 3교의 종파의식이라든가 3교의 영향 관계라는 관점은 당시 사람들의 생각을 이해하는 데 큰 보탬이 된다.

3

더구나 규봉 스님처럼 다양한 교육을 받은 뒤에 절에 들어온 경우는, 특정한 종파의 틀보다는 당시 사상계의 흐름 속에서 이해해야 한다. 규봉 스님은 당나라 때 일반적으로 행해지던 학교 교육을 마친 뒤 과거시험 치러 가다가 출가하니, 이때가 28세이다.

국립대학인 셈인 장안 국자학의 교과목을 크게 다섯으로 나누어 보면 다음과 같다.

① 대경(수업연한 각 3년) : 『예기(禮記)』, 『좌전(左典)』
② 중경(각 2년) : 『모시(毛詩)』, 『주례(周禮)』, 『의례(儀禮)』
③ 소경(각 1년) : 『주역(周易)』, 『상서(尙書)』, 『공양춘추(公羊春秋)』, 『곡량춘추(穀梁春秋)』
④ 필수과목(각 1년) : 『효경(孝經)』, 『노자(老子)』, 『논어(論語)』
⑤ 과외과목(틈틈이) : 『예서(隷書)』, 『국어(國語)』, 『설문해자(說文解字)』, 『자림(字林)』, 『삼창(三蒼)』, 『이아(爾雅)』

이상의 교과 과목은 과거시험의 출제 경향과 맞물려서, 온 나라의 교육에 그대로 영향을 준다. 당대에는 국정 교과서를 정했었는데 이것이 바로 『오경정의』이다. 각 경전마다 누구의 주석서를 채택하느냐는 학문적인 문제뿐만 아니라 정치적인 입김도 있어 그 선정과정은 볼 만하다.

과거에 응시하려면 두 종류 이상의 경전(이를테면, 대경 1종, 소경 1종, 중경 2종; 또는 대·중·소 각각 1종; 또는 대경 모두 – 중경 1종, 소경 1종)을 통과해야 한다.

규봉 스님의 『원각경대소초』를 보면 이상의 교과서는 물론 도교의 경전도 종횡무진 인용한 것을 알 수 있다. 규봉 스님이 당시 지식인들에게 큰 호응을 얻을 수 있었던 것도 출가 이전에 익힌 교육과 무관하지 않다. 스님은 상공 배휴와 관계는 물론이고, 유우석·백거이와 시를 주고받기도 했다. 그리고 『전등록』 권13에 보이듯이 상공 소면·사산인·상서 온조와의 교류, 나아가 환관을 몰아내려다가 발각되어 종남산으로 도망 온 이훈을 숨겨준 일은 유명하다.

4

여기서 우리는 규봉 스님이 자신의 글에서 말한 불교계의 판도와 당시의 실제 불교 상황이 반드시 일치하는 것은 아니라는 점에 주의를 해야 한다. 예를 들어 『도서』, 『배휴습유문』, 『원각경대초소』 등에서 북종의 신수·마조·하택·우두 등의 당시 선사들의 선사상을 정리하여 소개하고 있다. 그러나 그 해석은 어디까지나 규봉 스님이 자신의 '본각진심' 사상체계 속으로 끌어들여

소화한 것들이다. 이 점은 당시의 자료들을 읽으면 쉽게 알 수 있다. 규봉 스님은 당시 선종의 중심이 되는 수행론은 '돈오점수'라고 했는데, 이것은 『도서』의 다음 문장에서도 잘 드러난다.

> "제 마음은 본래 맑고 깨끗하여 번뇌가 없다. 번뇌가 없는 지혜로운 성품이 본래부터 있어 이 마음 그대로가 부처님이어서 결코 (부처님과) 조금도 다름이 없다는 사실을 돈오(頓悟)하는, 바로 이런 수행이 최상승선이다.
> 이것은 여래청정선이라고도 하고, 일행삼매라고도 하며, 진여삼매라고도 하는데, 모든 삼매의 근본이다. 만약 항상 끊임없이 닦고 익히면 백 천 가지의 삼매를 저절로 차차로 얻는다 [漸得]. 달마 스님 문하에 전해내려 온 것은 바로 이 선이다."

강원 이력을 볼 때 첫째 문단은 '명돈오(明頓悟)', 둘째 문단은 '명점수(明漸修)'라고 과목을 붙이는데, 이것은 규봉 스님의 선종관을 잘 드러내는 것이다.

그러나 달마선종의 수행 방법을 '돈오점수'로 해석한 것은 당시의 현실과는 거리가 있다. 사실 규봉 스님이 자신의 스승이라고 우러르는 하택 신회 선사만 해도 '돈오무심' 또는 '돈오무상'을 주장한다. 이 점은 신회 스님의 『남양화상돈교해탈선문직료성단어』 등이 돈황에서 발견됨으로써 잘 밝혀졌다. 뿐만 아니라 북종 신수 스님의 제자 조적 스님이 지은 『북종대승오방편문』의 내용이 규봉 스님의 『대소초』에 발췌 수록되어 있는데, 원 저자의 생각이 많이 굴절되어 있음을 확인할 수 있다.

5

 규봉 선사가 말하는 '돈오점수'는 당시 선가들의 입장을 설명한 것이라기보다는, 그렇게 해야 한다는 당위성의 표명이다. 그래야만 수행을 부정하는 '자연주의'에 빠지지 않고 바른 수행을 할 수 있다는 것이다. 그러나 규봉 스님의 이런 우려에도 불구하고 당말을 거쳐 후대로 내려오면서 방탕한 선이 나온 것을 볼 때 규봉 스님의 주장은 귓전에 흘려버릴 말씀이 아니다.

 다만 분명한 것은 '돈오점수'는 인간의 근원을 '본각진심'으로 파악한 규봉 스님의 수행관이지 당시 선가들의 실상은 아니다.

 규봉 스님은 교가의 입장에 서서 선가의 사상을 자기 쪽으로 끌어들여 설명한다. 선가의 사상인 '돈오'를 가져다 교학의 '돈교(頓敎)'의 한 부분에 집어넣었지만, 사실 '돈교'는 교법을 설하는 형식상의 분류이고, '돈오'는 깨달음을 얻기 위한 수양상의 분류이다. 이것은 서로 다른 영역이다.

 물론 청량 징관 국사가 『화엄경수소연의초』 권2에서 남북 선종 중에 자신의 사상 체계에 맞는 것은 받아들이고 맞지 않는 것은 버리지만, 징관 스님은 '돈오점수'설만을 중시하지는 않았다. 그럼에도 규봉 스님은 징관 스님의 '돈오점수'설만을 받아들이고 나머지를 생략하여 자신의 주장의 근거로 채택한다.

 그렇다고 규봉 스님이 당시의 사실을 날조했다고 후스(胡適)나 야나기다 세이잔(柳田聖山)처럼 성급하게 결론을 내릴 필요는 없을 것이다. 중요한 점은 오히려 규봉 스님이 당시의 사상을 주체적으로 해석한 의도가 무엇이고, 그것이 가지는 사상사적 의미를 밝히는 일이다.

규봉 스님은 인간에게는 본래부터 규정되기 이전의 마음, 곧 '본각진심'이 있다고 한다. 그리하여 이 마음이 인간의 본질이라는 입장에 서서 당시 유행하던 운명설·자연설·허무대도설·주술 등의 허위를 폭로하여, 인간의 주체적인 노력을 강조한다. 이것은 인간의 주체성에 대한 자각이 강조되던 중당 이후의 시대사조를 그대로 반영한 것으로, 당시에 새로 일어나던 '하늘'에 대한 생각의 변화와도 그 맥락을 함께한다.

이러한 규봉 선사의 '본각진심'과 '돈오점수' 사상은 이후 중국 철학사의 인성론과 수양론의 기본적인 흐름이 된다. 마음먹기에 따라 스스로 제 삶을 바꿔나갈 수 있다는 희망과 그 이론적인 근거를 마련한 셈이다.

6

그러나 이러한 시대사조에 대한 인식이 선서를 읽는 사람들에게 충분히 인식되었다고는 보기 어렵다. 여기에는 몇 가지 이유가 있는데, 그 중의 하나는 중국을 어떻게 인식하는가 하는 문제와 결부되어 있다. 중국 인식의 시각은 중국의 불교 문헌들을 읽는 데에 잘 드러난다.

즉, 우리는 그 동안 수행 지침서로서 중국 스님들이 지은 책을 읽었다. 부처님 가르침[佛敎]을 깨닫기 위한 길잡이로서 중국 스님들의 말씀에 귀를 기울였던 것이다. 그러므로 '중국'이라는 문화의 특수성은 뒷전으로 가고, '도'라는 보편성이 앞장선다. 중국 내지는 중국 사상의 이해보다는 깨달음의 추구로 향한다.

한편 이것은 '바른' 가르침을 받들고 '삿된' 가르침을 물리치려는 호교의식을 낳기도 한다. 역사적으로 보면, 유교와 도교와 불교와의 대립이라든가, 선과 교의 대입 등은 이런 맥락에서 이해할 수 있다.

그러나 이런 전통적인 시각과는 달리 불교 문헌을 읽는 움직임도 있다. 즉, '중국학'의 한 분야로서의 중국 불교 연구이다. 좁게는 중국 스님들의 생각을 알기 위해서, 넓게는 중국의 종교와 사상을 알기 위해 중국 불전을 자료로 활용하는 것이다. 이런 입장에 서 있는 사람들은 일정한 거리를 두고 중국 불교를 대상화한다. 외국 사상으로서의 중국의 불교를 연구하고 이해하려고 노력을 한다. 그리하여 중국 사상 내지는 중국 불교사상이 인류의 지성사 속에서 하나의 시민권을 얻도록 노력한다.

그러나 중국 대륙과 우리나라와는 여러모로 가까워서 중국을 대상화한다는 것은 프랑스나 네델란드 사람의 그것과는 다르다. 그래서 이 난관을 타고 넘기 위해서는 무엇보다, 중국 스님들의 저서가 특정한 지역과 시대에 쓰인 외국 문헌이라는 점을 분명히 해야 한다. 그리고 이것은 중국문화 토양에서 성장한 것이라는 점을 명심해야 한다.

물론 기존의 중국불교 연구도 시대적 배경에 관심을 두지 않는 것은 아니다. 그러나 그 경우에는 연구하려는 인물을 주인공으로 세워놓고 그 주변의 배경을 설정하는 수가 많다. 공자를 연구하는 이는 공자를 중심으로 당시 사상계의 판도를 만들고, 규봉 종밀을 연구하는 사람은 규봉 종밀을 주인공으로 무대를 꾸민다. 이것은 연구자가 임의적으로 만들어 놓은 배경이지, 당사자가 직면했던 당시의 시대사조는 아니다.

  객관성을 잃은 시대적 배경의 설정은 호교 의식과 결합되어 사상사 연구를 저해한다. 공자를 연구하는 이는 공자 만세로, 규봉을 연구하는 이는 규봉 만세로 흐르는 원인이 여기에 있다.

조 주 록

1

　컴퓨터의 발전은 이제 불교 연구에까지 크게 공헌하고 있다. 일본 하나조노(花園)대학의 국제선학연구소에서 내는 『전자달마(電子達摩)』(제3호)라는 잡지는 대장경의 전산화에 대한 세계 각 단체들의 진행 상태를 공개하고, 협력을 위한 유익한 제안을 하고 있다.

　이 잡지에 의하면 1993년 4월 미국의 버클리에서 전자 불전에 관한 모임이 열렸고, 그 결과 4월 26일자로 '전자불전협회'가 발족되었단다. 참가한 나라는 미국, 일본, 대만, 말레이시아 그리고 한국 등이다.

　우리나라에서는 서울대학교, 해인사장경연구소, 백련불교문화재단 등의 단체가 참가했으며, 해인사장경연구소에서는 『고려대장경』 전산화를 계획하고, 백련불교문화재단에서는 『한국불교전서』를 전산화 계획을 발표했는데, 원효 스님에 관한 것은 이미 중국에 맡겨서 완료했다고 한다.

　각국에서 입력이 끝난 한문 불전의 목록도 소개되었는데, 약 312종에 달하고, 그 작업은 대만의 중앙연구원과 불광산 북해도

량, 일본의 하나조노대학, 홍콩의 중국문화연구소 등이 앞을 다투고 있다. 입력에 사용된 코드는 대만의 Big-5와 일본의 JIS가 거의 반반씩이다.

매우 고무적인 일이다. 그러면 이런 대장경의 전산화 작업에 중국학을 연구하는 학도들은 무엇을 해야 할까? 그것은 텍스트의 훈고이다. 구체적으로 말하면, 입력해야 할 좋은 대본을 선정해 주고 대본의 글자를 교감하고, 그리고 구두점을 찍고, 색인을 만들기 위한 표제어를 선정하고, 이체자(異體字)를 정리 대조하고, 나아가서는 현대어로 번역하는 등이다. 이렇게 해서 입력할 원고를 만드는 일이다.

2

이렇게 해서 데이터베이스가 만들어지면 이용자들은 개인용 컴퓨터를 이용하여 원하는 부분을 신속 정확하게 찾아볼 수 있다. 이렇게 하여 귀납적으로 어떤 단어나 글자의 뜻을 밝히고 연구의 자료로 삼는 것이다.

컴퓨터가 없었던 시절에는 문헌 고증이 잘 된 사전이나 유서(類書) 그리고 색인 나아가서는 고증학자들의 연구 결과를 종합해서 문제를 풀어가야 했다. 그러나 거기에는 아무래도 한계가 있다. 오늘날은 컴퓨터를 이용해서 폭 넓게 용례를 모으고, 더 정확하게 고증할 수 있다.

그러면 『조주록』의 한 문단을 예로 들어 설명해 보기로 하자.

師示衆云, 衲僧家直須坐斷報化佛頭始得.

위 문장을 기존의 우리말 번역서에서는 다음과 같이 번역한다.

스님께서 대중에게 말씀하셨다.
"납자라면 보신불과 화신불의 머리에 그대로 눌러앉아야 한다."

위 번역에서 '좌단(坐斷)'을 '눌러앉다'라고 번역한 것은 아마도 일본 고마자와(駒澤)대학에서 편찬한 『선학대사전』의 설명을 그대로 믿은 듯하다. 그러나 이 사전의 설명은 잘못되었다.

'좌단'에서의 '단(斷)'은 강조를 나타내는 조어이다. 의미는 '좌(坐)'에 있는데, 『경적찬고(經籍纂詁)』에서는 『석명(釋名)』에서 용례를 수집하여 '좌(挫)' 곧 '꺾다', '깨뜨리다', '누르다'라는 뜻이라고 한다. 그리고 당나라 시대에 쓰인 문헌에서는 '좌단'이 많이 쓰이는 것으로 보아 '좌(坐)'와 '좌(挫)'는 통용되었던 것 같다. 그러므로 '좌단'은 '꺾다', '깨뜨리다'라는 뜻이 되는 셈이다.

한편 '보화불두(報化佛頭)'의 '두(頭)'는 '머리'라는 뜻의 명사가 아니라, 접미사로서 명사의 뒤에 쓰이거나 존경의 뜻을 품고 있는 호칭이다. 그러므로 '보화불두'는 '보신이나 화신 부처님' 정도로 번역할 수 있다. 그리고 '직수~시득(直須~始得)'은 "~하지 않으면 안 된다"는 관용구이다.

위에서 나온 '좌단', '두', '직수~시득'의 용례는 컴퓨터의 데이

터베이스와 기존의 색인을 통해서 검색할 수 있다.

이렇게 해서 위의 문장을 제대로 번역한다면 선을 수행하는 이라면 보신 부처님이나 화신 부처님을 깨부수지 않으면 안 된다. 즉, 보신과 화신 부처의 경지에 그냥 눌러앉아서는 안 된다는 이야기다.

그것을 깨부수고 극복해야 한다. '눌러앉다'로 번역한다면 정반대의 뜻이 되고 만다.

'불립문자'인데 뭘 좁쌀영감처럼 글자를 따지냐고 나무랄 사람도 있을 것이다. 그러나 나무라기에 앞서 문장은 문장으로서 정확하게 읽어야 한다. 그래야만 선서를 정확하게 읽을 수 있다.

3

조주 종심(趙州從諗; 778~897) 스님하면 으레 "개에게 불성이 없다"는 화두와 결부시킨다. 여기에는 송대 사람들의 책임이 크다. 그러나 이런 견해는 조주선을 이해하는 데 큰 방해물이다. 이것은 '유'보다는 '무'를 강조하고, '긍정적인 표현'보다는 '부정적인 표현'에 가치를 두는 편견이 낳은 잘못이다. 이런 편견 때문에 개의 불성에 대한 다음과 같은 대화가 엄연히 있는데도 무시하는 수가 많다.

한 스님 물었다.
"개에게도 불성이 있습니까?"
조주 스님이 대답했다.
"집집마다 문 앞은 장안으로 통한다."

모든 길은 다 서울 가는 길로 이어지듯이 모든 중생은 불성이 있다는 것이다. 조주 스님의 이런 대화가 근거가 되어 뒷날 『종용록』 제18칙에 개에게 불성이 있다는 대답과 없다는 대답이 나란히 소개된다.

어떤 스님이 조주 스님에 물었다.
"개에게도 불성이 있습니까?"
"있다."
"불성이 있는데 왜 짐승으로 태어났습니까?"
"개가 알면서도 일부러 범했기 때문이다."

또 어떤 스님이 물었다.
"개에게 불성이 있습니까?"
"없다."
"일체 중생이 모두 불성이 있는데 어찌하여 개에게는 없습니까?"
"그에게 업식이 있기 때문이다."

즉, 개의 불성에 대해 조주는 '유(有)'라고 대답한 적도 있고, '무(無)'라고 대답한 적도 있다. 그럼에도 불구하고 '무'에만 주목하는 이유는 무엇인가? 우선 『주역』이나 『노자』의 영향으로, '유'보다

'무'를 훌륭한 것으로 여기는 편견을 생각할 수 있다.
 이런 편견 속에서 '무'를 형이상학적으로 초월화 내지는 절대화시킨다. 그리하여 이 '무'는 유·무를 떠난 '절대적인 무'라고 한다. 그러나 절대나 초월이라는 관념이 고개를 드는 순간 조주선과는 멀어진다. 조주 스님이 일평생 부수려고 했던 것이 바로 이 절대라는 관념이다.

4

 그러면 조주선의 핵심은 무엇인가? 그것은 남방의 설봉교단에 대한 비판에서 잘 드러난다. 판에 박은 듯한 생각을 쳐부수자는 것이다. 그것은 깨달음일 수도 있고 심지어는 불법일 수도 있다.
 "북쪽의 조주, 남쪽의 설봉"이라는 『운문광록』의 말에서도 알 수 있듯이, 조주 스님 당시 그러니까 8세기 후반에서 9세기 초에 걸쳐 중국선은 크게 둘로 나누어진다. 이들은 서로를 의식해 가면서 개성 있는 선풍을 이끌어간다. 조주 스님의 남방 비판을 보자.

 어떤 스님이 설봉 스님의 처소에서 왔다. 조주 스님이 말했다.
 "어르신네, 여기서 머물지 마십시오. 제가 있는 여기는 그저 잠깐 쉬어가는 곳일 정도입니다. 불법은 모두 남방에 있습니다."
 그러자 상대방은 노 행자가 5조 홍인에게 한 말을 흉내 내어

조주록 255

말한다.

"불법에 어찌 남북이 있겠습니까?"

그러자 조주 스님이 말하였다.

"그대가 아무리 운거·설봉에서 왔다고 하더라도 외골수일 뿐이다."

이 말은, 그대는 선 답의 모범 답안을 외워서 그것만을 고집하는 교조주의자라는 꾸지람이다. 그런데도 상대는 말귀를 못 알아듣고 판에 박힌 질문을 계속 한다.

"불법의 저쪽 편은 어떻습니까?"
"오줌 싸는 소리 하지 말라."
"깨치고 난 뒤에는 어떻습니까?"
"아이쿠 똥까지 싸는군."

남방에 있는 선승들이 '깨달음'을 묻고 '불법'을 들먹이는 등 선 냄새를 풀~ 풀~ 풍기는 판에 박힌 말을 비판하는 것이다. 그런 것 따위에 얽매어 자신의 본래의 생명을 잃는 것을 경계하는 말이다. "남쪽에서 오는 사람에게는 짐을 내려 주겠다"라든가, "남방에서 많은 선승들이 목숨을 잃고 있다"라는 조주 스님의 말도 이런 맥락에서 이해할 수 있다.

'깨달음'이나 '불법'도 거기에 얽매이면 결국 자신의 생명을 찍어 누르는 무거운 짐이라는 것이다. 조주 스님은 아주 노골적으로 말한다. "부처라고 할 때의 그 '부' 자도 나는 듣기 싫다"라고. 자기 자신은 내팽개쳐 두고 밖으로 향하는 사람들이 질문하는 것을 보자. 그에 대한 조주 스님의 대답 또한 만만하지 않다.

한 스님이 물었다.
"무엇이 도입니까?"
"담 너머에 있다."
"그것을 묻는 게 아닙니다."
"무슨 도를 물었느냐?"
"큰 도[大道] 말입니다."
"큰 길은 장안으로 통한다."

도가 무슨 특별한 것인 양 잔뜩 기대를 걸고 큰 스님에게 묻는 이 객승의 모습은 가히 짐작이 간다. 그리고 그 심정도 이해가 간다. 오늘날도 흔히 볼 수 있는 일이니 말이다.

그러나 그 물음은 선 냄새가 너무도 풀~ 풀~ 풍긴다. 걸핏하면 '도' '깨달음' '열반' '불법' 등을 들먹인다. 자취를 털어버리지 못하는 한은 부처님이 그토록 조심하라 하시던 판에 박힌 틀에 빠지고 만다. 그래서 선(禪)이 되기는커녕 불교도 되지 못한다.

5

한글로 번역된 조주 스님의 어록은 『조주록』(선림고경총서 18, 장경각, 1991)이 있고, 일본어로 번역된 『조주록』(秋月龍珉, 築摩書房, 1972)을 다시 번역한 『조주록』(공연 무득, 경서원, 1989)이 있다.

현재 우리가 보는 『조주록』의 원형은 『고존숙어요』 내지 『고존숙어록』에 실린 『조주진제선사어록(趙州眞際禪師語錄)』이다.

그 밖에 스님의 행적을 전해주는 책으로는 『송고승전』(제11권), 『조당집』(제18권), 『경덕전등록』(제10권·제28권), 『오등회원』(제4권) 등이 있다. 이 중 『조당집』과 『경덕전등록』은 월운 스님의 번역이 동국역경원에서 나왔다.

위 산 록

1

해인사 백련암에서는 『선림고경총서』(전37권)를 완간하여 각계의 눈길을 끈다. 이 총서는 조선시대의 『태고록』과 『나옹록』을 비롯하여 중국의 선서를 한글로 번역한 것이다. 선종을 표방하는 조계종의 면목도 세웠고, 이 덕분에 선서의 세계 속에서 우리 한글도 시민권을 얻게 된 셈이다.

이 번역 총서의 제목을 '고경(古鏡)'에 비유한 것은 아주 재미있는 발상이다. '고(古)'에는 여러 가지 뜻이 있지만 여기에서는 '아주 예부터 전해 내려오는', '본래부터 존재했던'이란 뜻이다. 그리고 '경(鏡)'은 거울이다. 말하자면, 선서를 예부터 본래부터 전해 내려오는 거울에 비유한 셈이다.

사람들은 거울을 보며 연지도 찍고 곤지도 찍고 머리도 빗는다. 길을 걷다가 쇼윈도를 거울삼아 옷매무새를 고치기도 한다. 운전사는 백미러를 보고 안전 운전을 한다. 이렇듯 거울에 사물이 비춰지므로 그것을 이용하여 자신을 돌보는 데 이용된다. 선서가 자신을 비춰보는 도구가 되기를 바라는 마음에서 총서의 이름을 이렇게 지었나보다.

그런데 선서를 자신을 비춰보는 도구인 거울 정도로 생각한다 해도 궁금한 게 한 가지 있다. 곧 불립문자를 표방하는 선가에서 선서를 읽어도 될까? 나아가 경전을 읽어도 될까 하는 것이다.

2

이런 의심은 비단 오늘날에만 하는 것은 아닌 듯하다. 약산 유엄(藥山惟儼; 745~828) 스님의 다음과 같은 일화가 그것을 증명한다.

> 약산 스님이 하루는 『대열반경』을 보고 있는데, 어떤 스님이 물었다.
> "경전 보지 말라고 늘 말씀하시면서 스님은 왜 보십니까?"
> ㉠ "나는 눈을 달래주고 있을 뿐이다."
> "저도 스님처럼 경을 읽어도 되겠습니까?"
> "아서라. 네가 내 흉내를 내서 경을 읽는다면,
> ㉡ 끝내는 쇠가죽도 구멍이 날 것이다."

이 부분은 선사들이 경을 보는 입장을 딱 맞게 말해준다. ㉠의 원문은 『조당집』(권4)에는 '아요차안(我要遮眼)', 『종경록』(권1)에는 '지위차안(只爲遮眼)', 『경덕전등록』(권14)에는 '아지도차안(我只圖遮眼)'이라고 쓰여 있다. 각 본마다 뉘앙스의 차이는 있으나 내용에는 큰 차이가 없다.

그런데 '차(遮)'를 '가리다', '막다'로 읽어, '눈을 가리다'라고 흔히 번역한다. 그러나 이 번역은 납득이 안 간다. 왜냐하면 그는 분명히 경전을 읽고 있었기 때문이다. 그리고 그가 평소에 『열반경』을 즐겨 읽었다는 것은 『종경록』에서도 분명히 말하고 있다.

따라서 이 문장은 경전을 읽지 않았다는 변명이 아니라, 약산 스님의 경전 읽는 법을 그려내는 말로 보아야 한다. '차' 자는 '가로막다'라는 뜻 말고 '달래다'라는 뜻이 있다. 배고픈 애를 젖으로 달래고, 울적한 마음을 노래로 달래는 그런 의미의 '달래다'이다.

그럼 "눈을 달래 주고 있을 뿐이다"란 무슨 뜻인가? 눈에는 사물을 보는 작용이 있다. 문자를 읽을 수 있는 눈의 기능을 있는 그대로 살려서 경전으로 눈을 달래 주고 있다는 것이다. 이것은 경전에 얽매이지 않고 주체적으로 자기 쪽에서 경전을 읽어 간다는 말일 것이다.

이런 추측은 뒤에 이어지는 대화에서 보다 분명해진다. 약산 스님 자신은 눈을 달래 주느라고 경전을 읽지만, 그러나 만일 질문하는 그대는 경전에 진리가 있다고 여겨 온 마음을 거기에 쏟아 부어 쇠가죽에 쓰인 경전이라도 구멍이 나고 만다는 것이다.

ⓒ의 원문은 『조당집』, 『종경록』, 『오등회원』에는 '우피야수천과(牛皮也須穿過)'로 되어 있는데 이때의 '수(須)'는 '반드시 ～해야 한다'라는 당위를 나타내는 말이 아니고, '도리어', '반드시', '끝내는'의 뜻이다.

그런데 『경덕전등록』에는 '우피야수간투(牛皮也須看透)'로 되어 있다. '천과(穿過)'를 '간투(看透)'로 고친 셈인데, 이는 고쳐서 오히려 더 나 빠진 경우이다. 잘못 고치는 바람에 '수(須)'가 당위를 나타내는 '반드시 ~ 해야 한다'로 되고 말았다. 이 문장대로라면 "가죽도 반드시 꿰뚫어 보아야 한다"로 된다. 전혀 다른 말이 되고 만다.

선사들이 경전을 보는 자세나, 선서를 거울에 비유하는 심정에는 서로 통하는 그 무엇이 있는 듯하다.

3

위산 영우(潙山靈祐; 771~853) 선사는 이렇게 말한다.

> "근기가 뛰어난 이는 참선을 하고, 그만 못한 이는 교리 공부를 해서 부처님의 말씀을 익혀라."

이런 입장은 달마 스님 이후 선가의 가풍을 잘 대변해 준다. 또 "참선하는 자라면 제 마음을 단박에 깨쳐 단계적인 수행에서 벗어나라"고 한다. 이 태도는 역시 돈오무심을 근간으로 하는 것으로 마조 스님의 손자답다. 마조 스님의 제자가 백장 스님이고, 백장 스님 문하에서 황벽 스님과 위산 스님이 나온 것이다.

이렇게 돈오하고 난 뒤에는 "무심하게 본래의 성품[法性]에 내맡겨 절대로 어디에도 마음을 쏠리지 말라"고 한다.

이상은 「위산경책」에 실려 있는 내용을 가려 뽑은 것이다. 이 경책은 『치문』의 첫머리에도 실려 있고, 요즈음은 『위앙록』(선림고경총서 13, 장경각, 1989)에 편입되어 쉽게 접할 수 있다. 그러나 『위앙록』이라는 책이 예부터 있었던 것은 아니고 「위산록」과 「앙산록」 그리고 「위산경책」을 모아 한 책으로 엮은 것이다.

독립된 어록으로서의 「위산록」은 『오가어록』에 들어 있는데, 이 책은 명나라 사람 월신(圓信)과 곽응지(郭凝之)가 1630년에 편집했고, 청나라 강희(康熙) 4년(1665)에 출판된다. 이 두 사람은 『조당집』과 『경덕전등록』의 「위산장」을 바탕으로 하고, 그 밖의 어록에 흩어져 있는 위산 스님의 이야기를 모아서 만들었다.

4

그러면 위산 스님의 선풍은 어떠한가? 그것은 뭐니 뭐니 해도 대기(大機)와 대용(大用)을 함께 갖추도록 하는 것이다. 그는 모든 상황 속에서 순간순간 깨달음의 문제와 결부시켜 상대방에게 딱 맞는 문제의식을 던져준다. 그는 '이것', '저것', '그것' 등의 대명사를 적재적소에 구사하여 학인들을 지도하고 있다.

위산 스님은 '기(機)'라는 표현 말고도 '체(體)', '신(身)'이라는 말을 쓰는데, 이것은 타고난 자질을 말한다. 그리고 '용(用)'은 그것의 쓰임을 말한다. 위산 스님에 의하면 이 '기'와 '용'을 동시에 갖추어야 비로소 자유자재한 수행인이 된다고 한다.

모든 일이 그렇겠지만 본래부터 타고난 바탕도 좋아야 하고, 그것을 운용하는 솜씨도 좋아야 완전한 기능이 발휘된다. 훌륭한 스승일수록 제자들의 본바탕에 딱 맞게 지도한다. 위산 스님 회상에는 항상 1,500명을 웃도는 수행자들이 모였다는 사실은 위산 스님의 탁원한 지도법에도 원인이 있다.

위산 스님은 결코 틀에 박힌 지도를 하지 않는다. 일상생활 속에서 제자들에게 던지는 한마디 한마디가 밀도 있고 긴장감이 돈다. 그렇다고 그 물음의 정답을 알려주지는 않는다. 그런 정답은 애초부터 아예 존재할 수도 없다. 결국은 본인이 스스로 터득해야 할 문제이기 때문이다.

대나무에 기왓장이 부딪치는 소리에 깨달았다는 향엄 스님의 이야기는 선가의 유명한 일화이다. 바로 이 향엄 스님을 지도한 스승이 위산 스님이다. 향엄 스님이 백장 스님의 회상에서 수행할 때였다. 백장 스님이 향엄 스님에게 말했다.

"부모가 낳아 주기 전 그대의 본래 면목을 말해 보라."

하나를 물으면 열을 아는 그였지만 말문이 막히고 말았다. 백장 스님의 제자인 위산 스님에게 해답을 알려 달라고 조르자, 위산 스님은 "만일 그대에게 말해 준다면 그대는 뒷날 나를 욕할 것이다"라고 야박하게 거절한다. 이 뒤로 이 일이 화두가 되어 오매불망하다가 대나무에 기왓장이 부딪치는 소리를 듣고 확철대오한다. 그제 서야 위산 스님의 큰 은혜를 알고 스님 계신 쪽을 향해 향을 사르러 감사의 절을 올린다.

당하는 당사자는 야속하겠지만 선가의 스승들은 언제나 제 스스로 깨치도록 한다. 그렇다고 나 몰라라 하고 내팽개쳐 두지 않는다. 스스로 깨치도록 그 계기를 만들어 주고 상황에 적절한 질문을 쏟아댄다.

5

선사들은 제자의 대답을 통해서 그 깨달음의 깊이를 확인하고 그에 알맞게 지도한다. 위산 스님은 제자 앙산 스님에게 이렇게 말한다.

"그대는 스스로 비추어 보아라. 그리고 다른 사람들은 그대가 깨달은 깊이를 모르니 실제로 한 이해를 내게 말해 보아라."

자신의 깨달음을 자신의 말로 표현하지 못하면 그 깨달음은 어떻게 검증할 길이 없다. 깨달음과 언어는 서로 뒤섞을 수도 없지만 그렇다고 따로 떼어낼 수도 없다. 다음의 대화를 보자.

위산 스님이 손에 어떤 물건(『오가어록』에는 빨래라고 기록되어 있다)을 들고는 제자 앙산에게 물었다.
"이럴 때는 어떠한가?"
"스님께서는 아십니까?"
위산 스님이 긍정하지 않고, 도리어 앙산 스님 더러 '이럴 때는 어떠합니까?'라고 묻게 하고 대답했다.
"그럴 때도 역시 어떻다고 말할 수 없다."
그리고는 곧바로 위산 스님은 자신이 지금 한 말을 부정한다.
"이렇게 말해도 안 되지."

이 말을 끝내고는 더 이상 문제를 거론하지 않았다.

몇 해가 지난 뒤에 제자 앙산이 지난날의 이 문제를 다시 거론하여 이렇게 말했다.
ⓒ "바로 이럴 때는 느닷없이 불쑥 말해서는 절대로 안 됩니다."
위산 스님이 대답했다.
"감옥살이 하는 동안 못된 지혜만 늘었구나."

이상은 『위앙록』(선림고경총서 13, 장경각, 1989, p.97)에 나오는 이야기로 『조당집』을 번역한 부분이다. 비슷한 대화가 같은 책(pp.35~36)에도 나오는데, 그것은 『오가어록』을 대본으로 번역한 것이다. 이 대화에 의하면 빨래를 밟다가 그것을 쳐들면서 오고 간 대화로 되어 있다.

사원의 아주 일상적인 일 속에서 제자들을 지도하는 모습이며, 몇 해를 두고 집요하게 달라붙는 제자의 모습은 대단하다.

좀 전문적인 이야기가 되지만 위에서 한 대화의 ⓒ부분은 번역에 의견이 엇갈리는 부분이라서 고증을 해 본다.

ⓒ을 "바로 이러할 때에 간절한 호소는 금물입니다"라고 번역하거나 또는 "바야흐로 그러할 때에 본을 뜨지 마셔야 합니다", 또 "절대로 머뭇거리지 말아야 합니다"라는 번역도 있다. 그러나 아무래도 미심쩍다.

이 부분의 원문은 『오가어록』에는 '정임마시, 절기발소(正恁麼時, 切忌勃訴)'이고, 『조당집』에는 '절기발소착(切忌勃素着)'이며, 『경덕전등록』에는 '정임□시, 절기발소(正恁麼時, 切忌教塑)'이다.

여기에서 '절기~(切忌~)'는 '절대로 ~해서는 안 된다'는 구문이다. 문제는 '발소(勃訴)'이다. 『송본광운(宋本廣韻)』에 의하면 소(訴), 소(素), 소(塑)는 모두 거성(去聲)으로서 모(暮) 자- 계열이다. 『광운』이 당나라의 『절운(切韻)』 체계를 계승한 것으로 볼 때 당나라 때부터 이 글자들을 혼용한 것은 용례에서 보아도 증명된다. 여기에서의 이 글자들은 그 자체에는 뜻이 없고 앞의 형용사를 부사화 시키는 기능을 갖는다. 마치 '~연(~然)', '~호(~乎)'와 같은 용법이다.

그리고 '발(勃)'은 발(教)의 이체자로서 '왕성한', '발끈 화내는', '느닷없이 불쑥'이란 뜻이다.

한편 『조당집』(제7권, 설봉의존조)에는 '발소(教素)' 외에 '발색(教索)'의 용례도 보인다. 이 경우도 역시 '색(索)' 자에는 의미가 없다. 그리고 그 전후의 대화 내용으로 보더라도 '느닷없이 불쑥'이라는 의미이다. 그러므로 ㉢으로 번역하는 것이 마땅할 것 같다.

오등회원

1

요즈음 세상에 시험을 안 쳐 본 사람은 드물 것이다. 자신이 직접 치르지 않더라도 식구 중에 누군가를 통해 간접적으로나마 모두 경험했을 것이다. 입학시험, 취직시험, 승진시험, 자동차 운전면허시험 등등 시험은 이루 헤아릴 수 없을 정도이다.

시험하면 우선 중국의 관리 등용시험인 '과거(科擧)'를 생각할 수 있다. 괴나리봇짐을 메고 임금님이 계시는 장안으로 발길을 재촉한다. 가다가 날이 저물면 외딴집에서 신세도 지고, 때로는 그 집 처녀와 사랑을 속삭이기도 한다. 그런가하면 길가의 떡장수 할머니 덕분에 허기를 면하기도 하고 덤으로 신수점도 본다. 고갯마루를 지나다 성황님께 소원도 빌고 절간에 들려 향도 올린다.

이렇게 해서 난다 긴다 하는 천하의 재주꾼들이 구름처럼 시험장에 모여든다. 얼마나 많이 모이는지 장안성의 쌀이 동이 나서 4년 만에 한 번 치르는 과거를 쉰 적도 있다. 저 동쪽 귀퉁이에 있는 신라에서도 지원자가 있었으니 말해 무엇하랴! 그러니 이 과거에 급제한다는 것은 그야말로 하늘에 별 따기이다. 그러다

보니 갖가지 방법이 다 동원된다. 그 중의 하나가 '커닝'이다.

과거를 둘러싼 중국인의 커닝 기술은 볼만하다. 과거에 붙기 위해서는 『예기』, 『춘추』를 비롯한 경서는 물론 그 주까지 줄줄 외워야 한다. 그러나 그것도 한계가 있다. 그래서 궁리를 해낸 것이 바로 커닝 페이퍼이다. 붓 뚜껑에다 적어 두기도 하고, 사타구니 밑에 슬쩍 종이쪽지를 숨겨 두기도 하는 등 기상천외한 방법이 동원된다.

일본 교토의 후지이유린간(勝井有隣館)에는 재미있는 커닝 내복이 있는데, 내복 안팎에다 콩알만한 크기로 『사서오경(四書五經)』을 빽빽하게 적어 넣었다. 시대는 확실히 알 수 없지만 중국에서 만들어진 것임에는 틀림없다고 한다. 그 심정은 가히 짐작이 간다.

2

학생이란 신분을 20여 년 이상 달고 다니다 보니 시험에 대해서는 나름대로 이력이 나 있다. 그러나 시험도 박사과정을 마지막으로 '사요나라'를 한 셈이다. 그렇지만 커닝할 기회가 아주 없어진 것은 아니다. 커닝에 발동이 걸리기 시작한 것은 『벽암록』을 만나면서부터였다.

그러니까 1990년 여름이었다. 백련선서간행회로부터 『벽암록』을 윤문해 달라는 부탁을 받았다. 컴퓨터에 입력을 해서 내부 교

정도 마치고 프린터로 뽑은 원고라기에 쉽게 덤벼들었다. 그러나 막상 원문을 대조하며 하나하나 살펴보니 만만치 않았다. 결국은 이 초고를 전면 개정하여 새로 컴퓨터 입력을 하기에 이르렀다.

바로 이 과정에서 나의 커닝은 시작되었다. 알다시피 『벽암록』은 당나라 선승들의 이야기를 100개로 추려서 만든 공안집(公案集)의 하나이다. 그 이야기에는 등장하는 인물도 많고 뒤에 얽힌 사연도 많다. 게다가 당나라의 때의 구어(口語), 속어(俗語) 등이 수없이 나온다. 덤으로 판본도 십여 종이 넘고, 그에 따른 글자의 출입과 차이도 무시할 수 없을 정도로 많다.

그러나 번역이란 결과적으로 가능한 여러 해석 중에서 하나를 선택하지 않으면 안 된다. 여기에는 번역자의 의도가 들어간다. 이런 유의 책을 번역하는 데 본문만 가지고는 도저히 온전한 번역을 할 수 없다. 응당 다른 책을 참고해야 한다. 좋은 말로 참고이지 역자 주를 달아서 참고한 내용을 밝히지 못했으니 결국은 슬쩍 본 것이다. 말하자면 커닝을 한 셈이다.

어느 부분을 어떻게 커닝했는지에 대해서는 번역자 마음껏 자세하게 『벽암록』에 주석을 달아도 좋다는 출판사가 나오면 그 기회에 고백할 계획이다.

3

『벽암록』에서 어떤 스님에 대한 이야기가 나오면 나는 먼저 『선학대사전(禪學大辭典)』(駒澤大學編, 東京: 大修館書店, 昭和 53年)을 찾아서 그 스님의 전기가 어디에 실려 있는지를 확인한다. 이와 함께 『중국선종인명색인(中國禪宗人名索引)』(鈴木哲雄, 東京: 其弘堂書店, 1975年)과 『당오대인물전기자료총합색인(唐五代人物傳記資料總合索引)』(傳璇琮, 北京: 中華書局, 1982年)을 동시에 참고한다. 이렇게 해서 그 스님의 전기가 실려 있는 원문을 찾아 읽어 둔다.

이때 이용하는 원문은 『조당집』(952년), 『송고승전』(998년), 『전등록』(1004년), 『오등회원』(1253년)이다. 이 중 『조당집』과 『전등록』은 봉선사 월운 스님이 번역하여 동국역경원에서 나왔다. 그리고 『송고승전』과 『오등회원』은 북경의 중화서국에서 점교본을 내놔 편리하다. 더구나 『송고승전』은 고맙게도 뒤에 '인경색인'을 달아주었다.

이상의 네 책 중에서도 사전의 기능을 잘 발휘해주는 것은 『오등회원』이다. 이 책은 그 제목이 말해 주듯이 다섯 종류의 전등서를 모아 놓았다. 『벽암록』을 번역할 때 제일 먼저 본 것이 이 『오등회원』이었다.

이 『오등회원』을 볼 때면 늘 생각나는 것이 초등학교 시절에 보던 '동아전과'이다. 한 책에 모든 것이 다 나온다는 의미에서 말이다. 그러나 이 책을 동아전과만큼 이용도를 높이기 위해서는 한참 손을 봐야 한다. 동아전과에는 단지 낱권의 교과서를 한 자리에 모아 놓은 것 말고도, 자세한 설명이 들어 있다.

이 책을 동아전과처럼 이용도가 높게 만들어 놓은 나라는 아직 없다. 물론 현대어로 번역도 되어 있지 않다. 그럴만한 가치가 없어서가 아니라 워낙 방대하기 때문이다. 약 60만 자가 되니 200자 원고지로 옮겨 쓰면 3,000매가 되어 한글로 번역하면 5배만 쳐도 15,000매이다.

이렇게 양이 방대하다 보니 웬만한 불교출판사는 번역 출판할 엄두도 못 낸다. 우선 비용이 대단히 많이 든다. 그러나 동아전과를 사 보지 않은 사람은 없었을 것을 생각한다면 그렇게 수지가 안 맞는 일도 아닐 것이다. 문제는 이 책을 번역하면서 어떻게 자세하고 편리하게 주변정보를 제공하는가이다. 자세함과 이용의 편리를 제공하기 위해서는 몇 가지 보조 장치를 해야 한다.

첫째, 찾아보기 편리해야 한다. 인명색인을 비롯하여 어휘색인 등등 여러 가지 색인 장치를 마련해야 할 것이다.

둘째, 이 책이 다섯 종류의 책을 대본으로 해서 편집한 것이라면 원 대본의 어느 부분에서 뽑아왔는지 밝혀 주어야 한다. 그리하여 이용자들이 필요하면 원래의 문헌을 쉽게 찾을 수 있도록 해야 한다. 그리고 이 작업은 번역을 하는 과정에서도 반드시 거쳐야 한다. 『오등회원』을 편집하는 과정에서 잘못 베껴 쓴 부분을 시정하고 번역을 정확하게 하기 위해서라도 말이다.

셋째, 이 책의 원문은 문단의 구별이 엉성하다. 서로 다른 시간과 장소에서 있었던 대화인데도 문단을 나누지 않았다. 번역 과정에서는 이것을 나누어 번역자 자신은 물론 읽는 이가 헷갈리지 않도록 해야 한다.

넷째, 문헌학적인 훈고의 과정을 거쳐서 번역을 하되, 그 과정을 주를 통해서 공개하야 한다. 말하자면 커닝을 해서는 안 된다.

4

중국 당나라시대 선사들에 대한 이야기가 나오면 우선 『오등회원』을 통해서 그 전후 이야기를 살펴보기를 권한다. 아쉽게도 한글 번역은 없지만 그렇다고 방법이 없는 것은 아니다. 『조당집』과 『전등록』이 『한글대장경』으로 나와 있으니 그것을 이용하면 된다. 『벽암록』의 번역 과정에서 나는 이것을 많이 커닝했다.

『오등회원』이 다섯 종류의 『전등서』를 보고 편집한 것이라고 했는데, 그것은 『경덕전등록』, 『천성광등록』, 『건중정국속등록』, 『연등회요』, 『가태보등록』이다. 이 책들은 30권으로 되어 있다. 전부 합치면 150권인 셈이다. 이것을 20권으로 줄인 것이니 겉으로 보면 약 7분의 1이지만, 내용으로 보면 약 2분의 1정도로 줄인 것이다.

이 책은 대혜 종고 스님의 3세 손자 벌에 해당하는 대천 보제 (大川普濟; 1179~1253) 스님의 지휘 아래 그 제자들이 편집한 것으로 송나라 보우(寶祐) 원년(1253년)에 간행되었다. 그 뒤 원나라 말기인 지정(至正) 2년(1364년)에 중각된 뒤로도 여러 번 중각되었다.

그러다가 가흥속장의 제60함과 제61함에 들어갔으나 관판이 아니었다. 결국 국가에서 인정하는 대장경에 정식으로 입장(入藏)된 것은 청나라의 용장(龍藏)이다. 이 용장에서는 60권으로 나누어 실었는데 명나라 뒤로는 원나라 시대의 '지정본'에 따라 다시 20권으로 하였다.

용장의 보급이 잘 안된 지금으로서는 일본의 『속장경』판이 통용되었다. 그러다가 광서(光緖) 초에 송판이 발견되었다고 발표는 되었었는데, 그 원본을 볼 수가 없었다. 그 뒤 세월이 흘러 중국 화동사범대학(華東師範大學)의 쑤즈웅이앙(蘇仲翔) 씨가 상해의 어느 절에서 송나라 '보우본'을 얻어 중화서국에서 1984년 10월에 세 책으로 총 1,418쪽에 달하는 점교본을 내었다. 필자는 중화서국 점교본에서 많은 신세를 졌다. 그 후 1989년 9월 제2차 수정본이 나왔다. 이 5년 사이에 쓰촨대학(四川大學)의 시앙츠우(項楚) 씨에 의해 두 편의 논문이 발표되어 중화서국의 점교본의 오류가 부분적으로 지적되었다.

시앙츠우 씨는 문화혁명 때 10여 년간 농촌으로 '시아황(下放)' 되는 가엾은 처지였었다. 중국에서 나오는 『문사지식(文史知識)』(1987년 12월)에 따르면 해방 후 시앙츠우 씨는 오대 이전의 정사와 『전당시』를 여러 번 정독하고 대장경을 3번 독파하고 저 방대한 『태평광기(太平廣記)』를 통독했다고 한다. 도저히 믿어지지 않는 이야기이다. 그러나 그것은 사실인 것 같다.

이를 뒷받침 해주는 증거가 바로 『돈황변문선주(敦煌變文選注)』

(巴蜀書社, 1990년 2월, 총 847쪽), 『돈황문학총고(敦煌文學叢考)』(上海古籍出版社, 1991년 4월, 총 709쪽), 『왕범지시교주(王梵志時校注)』(상·하, 上海古籍出版社, 1991년 10월, 총 1,112쪽)이다. 그 고증의 정밀함과 방대함에는 놀라울 뿐이다.

내가 시앙츠우 씨에 다시 한 번 탄복한 것은 중화서국 점교본 『오등회원』의 오류를 지적하는 두 편의 논문을 읽고부터였다. 그 정교함과 독서량의 방대함과 기억력에는 완전히 두 손 들었다. 쓰촨대학의 문헌학 전통은 일찍이 소문으로 듣고 있었지만 역시 쓰촨대학이구나 하는 생각이 들었다. 또 한 번 유학의 기회가 주어진다면 쓰촨대학에 가고 싶다.

벽 암 록

1

『벽암록』은 설두 중현(雪竇重顯; 980~1052) 스님이 예부터 내려오는 선사들의 언행 중에서 수행에 지침이 될 만한 이야기를 100가지[본칙] 뽑고, 그 이야기를 소재로 노래를 지은 것[송]이다. 우리는 이것을 『설두송고』라고도 한다. 이 『설두송고』를 교재로 해서 원오 극근(圜悟克勤; 1063~1135) 스님이 납자들에게 강의를 했는데, 이것을 제자들이 기록하여 『벽암록』이란 이름으로 지금에 전한다.

우리말 번역으로는 선림고경총서의 『벽암록』(전3책)이 있다. 그 책에는 조선시대에 만든 청동 활자로 인쇄된 원문도 부록으로 실려 있어 그 자료적인 가치를 한층 높인다.

다른 어떤 선서보다도 이 『벽암록』은 읽기가 어렵다. 그 이유를 몇 가지로 추려 보면 다음과 같다.

첫째는 『벽암록』에 나오는 원오 스님의 논평 곧 '하어(下語)'는 너무 짧아 갈피를 잡기 힘들다.

예를 들어, 어느 비오는 날 찻집에서 젊은 여자가 눈에 눈물을 가득 담고 앞에 앉은 사내에게 "도둑놈"이라고 했다고 하자. 우리는 이 여자가 무엇을 잃었는지 짐작할 수 있다. 그런데 이 "도둑놈!" 소리를 한밤중에 들었다면, 이는 분명 물건을 훔쳐 가는 사람에게 지르는 외침일 것이다.

『벽암록』에는 이처럼 어떤 상황에서 한 달인가 따라 그 의미가 완전히 달라지는 곳이 많다. 그래서 어렵다.

2

두 번째 어려움은 『벽암록』에 종횡무진하게 나오는 구어 내지는 속어이다. 선서에 구어가 많이 쓰였다는 이야기는 그 동안에 누누이 강조했으므로 여기서는 그만하기로 한다. 모쪼록 명심해야 할 것은 구어로 쓰인 문헌을 문어(文語)의 안경을 통해 보는 잘못을 범해서는 안 된다는 점이다.

너무나도 두드러진 잘못을 하나만 지적한다. '불방~ (不妨~)'이라는 말이 구어에서는 '참으로'라는 부사어인 반면, 문어에서는 '~해도 무방하다'의 뜻이다. 선서에서의 '불방~'은 거의가 구어로 쓰인다. 나는 아직 선서에서 이 말이 문어의 뜻으로 쓰인 용례를 보지 못했다.

그럼 선서를 제대로 읽기 위한 근본적인 대안은 없을까? 그것은 현대 중국어도 익히고, 또 고전 중국어도 연구하는 것이 가장 이상적이라고 생각한다. 둘 다 제대로 못하는 필자로서는 이런 말을 할 자격도 없지만 우리의 과제인 것만은 분명하다.

이와 함께 목수가 연장을 사용하여 가구도 만들고 집도 짓듯이, 문헌을 연구하는 데도 연장이 필요하다. 우리는 필요에 따라 이 연장을 만들기도 하고 또 잘 다뤄야 한다. 연장의 하나인 『세설신어사전(世說新語詞典)』(張萬起, 北京: 商務印書館, 1993)을 소개한다. 이 『세설신어』는 위진시대의 사조 연구뿐만 아니라 구어 연구에도 중요한 자료이다.

3

세 번째의 어려움은 개성과 말투가 서로 다른 여러 스님들이 한 책에 등장하는 점이다. 『고문진보(古文眞寶)』를 읽은 사람이라면 모두 느끼겠지만 정신이 없다. 말 그대로 '진짜 보물'만을 모아 놓았기 때문에 거기에 실린 문체는 저마다 가락이 다르다. 『벽암록』이 꼭 그렇다. 한 칙 한 칙이 모두 묵직한 공안인데다가 한 사람의 말투와 그 내력에 좀 익숙해질 만하면 다시 주인공이 바뀐다.

그래도 놀라운 것은 설두 스님의 천재적인 언어 씀씀이이다. 설두 스님은 그 다양한 선사들의 가풍과 말투를 또렷하게 드러내 준다. 물론 언어와 문장을 통해서 말이다. 설두 스님은 언어의 밑바닥까지 파고들어, 그것을 '송(頌)'이라는 문학 장르를 통해서 드러낸다. 주옥같은 언어로 엮어진 문학만이 선의 경지를 드러낼 수 있는가 보다.

이 점에 한해 원오 스님은 설두 스님만 못하다. 설두 스님은 긍정의 논리[表詮]를 써서 긴장감 있게 그리고 밀도 있게 표현하는데, 원오 스님은 부정의 논리[遮詮]로 일관한다. 구태의연한 부정의 논법이 계속된다.『벽암록』100칙 중 앞 부분은 그래도 신선하다. 뒤로 갈수록 말이 느슨해지고 틀에 박힌다. 그러나 이 두 스님들이 선문의 근본 정신인 돈오무심을 선양하는 점에서는 모두 같다.

4

　네 번째 어려움은 논리의 전환과 언어의 생략이 심한 점이다. 바꾸어 말하면, 문장과 문장 사이의 '행간'이 벌어져 있다. 이 '행간'은 책을 읽는 독자 쪽에서 채워 가야 한다. 이 '행간'을 채워 가는 작업을 필자는 '읽는다'라고 이름 붙인다. 선서는 '읽어야만 한다'고 늘 생각하고 있다.
　이제 그 읽는 작업 하나를 해 보자.『벽암록』제29칙의 '평창(評唱)'에 소개된 위산 영우 스님과 대수 법진(大隨法眞; 834~914) 스님과의 대화를 보자.

> 대수 법진 화상은 대산 선사의 법을 이은 사람으로 동천 염정현 출신이다. 그는 60여 명의 선지식을 찾아뵈었다.
> 전에 한번은 위산 스님의 회상에서 불 때는 일을 맡고 있었다.
> 어느 날 위산 스님이 대수에게 물었다.

"그대는 내 밑에서 몇 년 살았지만, 나에게 전혀 묻지를 않는 것은 무슨 이유인가?"
그러자 대수가 대답했다.
"무엇을 물어야 합니까?"
이렇게 되묻자 위산 스님은 대답한다.
"만일 그대가 뭐라고 물어야 좋을지 모르겠으면, '부처란 무엇입니까?' 하고 묻게나."
이 말이 채 끝나기도 전에, 대수 스님은 손으로 위산 스님의 입을 막았다.
그러자 위산 스님은 말했다.
"<u>이후로 일체의 모든 관념을 싹 쓸어버린 수행자를 만날 수 있을까?[以後覓箇掃地人也無]</u>"

밑줄 친 부분의 '~야무(~也無)'는 문장의 끝에서 의문을 표시하는 구어이다. 이것을 문어로 읽어 '~마저도 없다'라고 부정문으로 번역하는 이도 있는데, 이는 잘못이다.

문제의 관건은 '소지인(掃地人)'을 어떻게 해석하는가이다. 곧 '소지인'을 '땅을 쓰는 사람'이라는 뜻으로 읽어 '시중을 드는 제자'로 해석할 것인가, 아니면 위에서처럼 '부처니 깨달음이니 하는 일체의 생각을 싹 없애버린 참 수행자'로 해석할 것인가이다.

5

먼저 '소지인'의 뜻을 밝힐 필요가 있다. 한 단어의 뜻을 추정할 때는 무엇보다도 같은 책에서 그 용례를 모아 공통된 뜻을 추려 내야 한다. 중국의 경학가들이 한나라 정현(鄭玄; 127~200)의 주를 높게 평가하는 이유도 여기에 있다. 그 다음에 동시대의 문헌, 그 다음에 같은 계통의 문헌에서 그 용례를 찾아 의미를 밝혀야 한다.

먼저 『벽암록종전초(碧巖錄種電鈔)』를 대본으로 한 『벽암록색인』(경도: 선문화연구소, 1992)을 이용해서 '소지인'의 용례를 찾아보았다. 그러나 용례는 이곳 한 군데뿐이다. 단 '소지'라는 말은 몇 군데 나왔다. 제12칙의 송의 평창과 제19칙의 본칙의 평창을 보자.

"만약 그렇게 이해했다가는 달마를 스승으로 받드는 선종은 싹 쓸려 없어지고 만다."

若恁麼會, 達摩一宗掃地而盡.

여기서의 '소지'는 '싹 쓸려서 없어지다'의 의미이다. '소지이진(掃地而盡)'은 '소토이진(掃土而盡)'(제74칙 본칙의 평창)으로도 쓰인다. 다음은 제52칙의 평창이다.

하루는 조주 스님이 땅을 쓰는데, 어떤 승려가 물었다.
"화상께서는 선지식인데 어찌 먼지가 있습니까?"

一日趙州掃地次, 僧問, 和尚是善知識爲什麼有塵.

여기에서의 '소지'는 더도 덜도 아닌 땅을 쓰는 것이다. 이렇게 볼 때 '소지'의 뜻은 '땅을 쓸다'이고, 이 의미가 확대되어 '청소하다' 나아가서는 '모든 것을 싹 쓸어버리다'는 뜻으로도 쓰인다고 볼 수 있다.

그렇더라도 '소지인'을 '청소해 주고 시중드는 제자'로 해석할 것인가, 아니면 '모든 관념을 싹 없앤 참 수행자'로 볼 것인가의 문제는 여전히 남는다.

그러면 이 이야기의 근원이 되는 이야기를 찾아보자. 『조당집』 권19에 「대수법진장」이 있지만 안타깝게도 위의 이야기는 나오지 않는다. 『경덕전등록』과 『송고승전』에는 항목조차도 없다. 시대는 좀 떨어지지만 『오등회원』 권4에는 『벽암록』과 같은 내용이 실려 있다. 단 밑줄 친 부분이 "위탄왈 자진득기수(潙歎曰, 子眞得其髓)"로 되어 있다. 즉, "대수 그대는 참으로 핵심을 얻었다"는 뜻이다. 이것으로 위산 스님의 입을 막을 막은 대수 스님의 행동은 잘한 것임이 확인된 셈이다.

또 『벽암록』보다 뒤에 만들어진 『종용록』 제30칙에도 『벽암록』 제29칙과 같이 위산과 대수 두 스님의 대화가 인용되었다. 다만 밑줄 친 부분이 더 들어 있을 뿐이다.

"니이후유편와개두, 멱개소지인야무."
(你以後有片瓦蓋頭, 覓箇掃地人也無).

여기서의 '편와개두(片瓦蓋頭)'란 글자대로는 '깨진 기와 조각으로 머리를 가려(눈이나 비를 피한다)'인데, 초라하나마 자기의 집을 세운다는 뜻이다. 즉 일가를 이룬다는 뜻이다. 위의 원문을 우리말로 옮기면 "그대 다수는 앞으로 일가를 이루어 한 사찰의 주지가 되더라도, 그대처럼 모든 관념을 싹 버린 참 수행인을 찾을 수 있을까?"가 된다.

6

한 단어의 뜻을 고증하는 것은 그 단어로 표현하고자 하는 사상을 들추어내는 데 그 중요성이 있다. 그러면 어떤 사상적인 배경 속에서 이 말이 쓰이는가를 보자.

『전등록색인』을 이용하여 '소지인'이 들어 있는 문장을 찾아보았다. 『전등록』(한글대장경 182, 권26, 監院守訥章, p.428)에 다음과 같은 말이 있다.

스님이 법당에 들어가 대중에게 설법하였다.
"(불법의) **핵심을 말로 다 설명하면 모든 생각을 싹 쓸어 낸 무심한 사람이 없어진다**[盡令提綱, 無人掃地]. 이 사실은 선방의 모든 형제들이 증명하고 있다. 늦게 발심한 무리가 의심이 있거든 물어보라."
이때 어떤 스님이 물었다.
(…필자 임의로 생략…)

"무엇이 부처입니까?"
"도리어 누구에게 묻는가[更問阿誰]."

위의 밑줄 친 부분은 제자들에게 깨달음을 말로써 이러쿵저러쿵 친절하게 설명해 주면 결국 모든 관념을 싹 버린 참 수행자가 없어진다는 엄한 경계이다. 위 문장에서는 "무엇이 부처입니까?"라는 질문에 대해 수눌 스님은 "(그 문제는 네가 스스로 알아야 할 일인데) 도리어 누구에게 묻느냐?"고 야단친다. '갱(更)'이라는 강조 부사를 사용한 것도 바로 이런 뉘앙스를 살리려는 배려이다.

선사들의 이런 태도는 저 유명한 동상 양개 스님의 말에서도 엿볼 수 있다.

> "나는 돌아가신 은사 스님의 깨달음이나 그 분의 도덕을 귀중하게 여기기보다는, 나에게 이러니저러니 설명해 주시지 않았던 점을 귀중하게 여긴다."

이상의 예문을 통해 볼 때 위에서 인용한 『벽암록』을 '행간'을 메워서 읽으면 이렇다.

> "그대는 (그대처럼) 모든 관념을 싹 쓸어 없앤 참 수행자를 앞으로 찾을 수 있을까? (아~ 아~ 그대는 참으로 훌륭하다.)"

나는 '소지인'이란 단어를 처음 접하는 순간 등골이 오싹했다. 그 언어의 강렬함과 상황에 딱 들어맞는 언어의 치밀함에 놀란 것이다. 단계적인 수행의 절차는 말할 것도 없고, 부처님이니 깨달음이니 하는 일체의 관념을 싹 쓸어 없앤 무심도인의 경지가 이 말로 멋지게 표현되었기 때문이다.

위의 두 스님의 이야기는 육조 스님을 스승으로 삼는 조계선의 정신을 여실히 보여 준다. 스스로 몸소 깨쳐야 한다는 주체 정신과 부처니 조사니 하는 일체의 관념을 싹 쓸어버린 무심사상을 모르고는 제29칙의 공안을 알 수 없다. 뿐만 아니라 『벽암록』 전체도 그럴 것이다.

조계의 후손들은 단계적인 수행의 절차를 용납하지 않는다. 자신의 성품을 몸소 활짝 깨치고, 그 뒤에는 어디에도 걸리지 않고 영원한 자유인으로 무심히 살아간다.

중봉광록

1

　1994년 2월에 큰 이사를 했다. 5년 4개월에 걸친 유학생활을 마치고 고향으로 돌아오게 되었다. 설렘과 걱정이 겹치는 속에서 초등학교를 다니는 큰 애도 서울로 전학을 했다. 말도 서툴고 환경도 낯선 데 잘 적응할까 은근히 걱정이 되었다.

　그러나 이런 걱정은 금방 사라졌다. 대개의 교과과정과 학습 진도가 서로 비슷할 뿐만 아니라, 장난감의 이름이나 거기에 새겨진 모양들이 일본 것과 다를 것이 없고, 만화 영화도 같은 게 많다.

　도쿄가 서울보다 익숙했기에 서울 가기 싫어하던 이 애가 어느 날 "아빠, 유관순 누나 불쌍하지. 일본 사람은 나쁜 사람이지?" 하고 온 식구들이 함께한 자리에서 묻는 것이다. 그것도 태연하게 말이다. 생각해 보면 편리한 것은 편한 대로 좋고, 나쁜 것은 나쁜 대로 있는가 보다. 사실, 일본 초등학교의 교과서와 우리의 그것과 다른 것은 이를테면 유관순 누나 이야기가 있는가, 없는가, 정도이다. 우리 교과서가 일본 초등학교 교과서를 본떴다고 말할 수 있는 부분이 너무도 많다.

나는 여기서 민족주의를 운운할 생각은 눈곱만큼도 없다. 다만 우리의 교육과 학문을 담당하는 이들은 우리가 놓여 있는 현주소를 속이지 말고 있는 그대로 드러내야 한다는 것이다. 종당에는 호랑이 밥이 되더라도 그렇게 되는 줄은 알려줘야 한다는 것이다.

인문학의 보편성 또는 진리의 절대성을 말하는 사람들도 있지만, 그것도 많은 생각 중의 하나일 뿐이다. 얼마든지 다른 생각을 할 수 있다. 다른 생각이란 인문학이야말로 그것이 처한 지역 문화와 밀접한 관계를 맺고 있다는 점을 잊어서는 안 될 것이다. 보다 노골적으로 말하면, 인문학이야말로 각 민족이 갖고 있는 특수한 지적 요소가 바탕이 되어 있고, 그 특수성을 어떻게 보편화시키는가에 따라 수준 있는 인문학으로 성장할 수 있는가 그렇지 않은가가 달려 있다. '문(文)'이라는 말 자체가, 다른 것과 구별하고, 세밀하게 쪼개고, 꾸민다는 등의 뜻이 들어 있는 것을 보아도 알 수 있다.

2

불교가 인도 땅이라는 특수한 지역에서 생겼다는 점을 까맣게 잊고, 보편성에만 눈을 돌린다면 불교의 진리성마저도 퇴색해 버린다. 선불교도 마찬가지이다. 육조 혜능을 중심으로 하는 선은 중국이라는 특수 상황에서 생긴 것이라는 점을 분명히 할 때 비로소 중국 선의 보편성과 진리성이 드러난다. 이런 인식 없이 선서를 읽으면, 술에 물 탄, 물에 술 탄 어정쩡한 선학개론이 되고 만다.

대혜 종고(大慧宗杲; 1089~1163) 스님의 『대혜어록(下)』에 이런 말이 있다.

"깨달은 마음이 바로 '충의심(忠義心)'이다. 부르는 명칭은 다르지만 그 본질은 똑같다."

그의 이 말 속에는 외래 민족의 침략에 나라의 흥망이 위태로운 남송(南宋)의 상황이 잘 드러나 있다. 여기에서 '충(忠)' 자의 뜻은 임금과 신하의 관계에서 생기는 도덕 윤리이다. '충'의 뜻은 시대에 따라 그 의미가 변해서 대혜 당시는 이렇게 된 것이다. 그러나 『논어』의 '충'은 개인의 윤리 덕목으로서 자신의 순수한 마음을 기반으로 한 덕목의 하나이다. 그러다가 비로소 『순자』에서 임금과 신하 사이의 덕목을 설명하는 개념으로 쓰인다. 그것이 사회제도 속에서 정착하게 된 것은 송대의 일이다.

이런 과정 속에서 대혜 스님은 임금에 대한 '충'을 '깨달음'과 동일선상에서 이야기하게 된 것이다. 북쪽 이민족 토벌 정책의 깃대를 높이 들어 결국은 유배를 떠나는 대혜 스님의 일생은 그의 선사상과 뗄 수 없는 관계에 있다. 이것은 '깨달음'에 대한 중국적인 변용이라고 할 수 있다. 이런 특수하고 중국적인 상황 속에서 남종선이 자기 모습을 발전시켜 가고, 이런 연장선 속에서 고봉 원묘(高峰原妙; 1238~1295) 스님의 선사상이 나오고, 나아가 중봉 명본(中峰明本; 1263~1323) 스님의 선사상이 전개되는 것이다.

3

고봉 원묘 스님이 천목산(天目山)에 머물면서 선법을 펴던 시기는 남송의 멸망과 시기를 같이하고 있다. 대혜 스님 때 확립된 간화선은 단순한 수행상의 문제만은 아니었다. 완전한 깨달음을 궁극의 도달점으로 하여, 어설픈 깨달음을 단호하게 거부하는 돈오의 정신이 사회적으로는 이민족과의 타협을 거부하는 '북벌론'으로 드러났던 것이다. 조한 혼란스런 사회 속에서 형이상학적이고 안이하게 안주하려는 당시의 정토사상을 거부하고 단박에 여래의 경지에 뛰어오르려는 철저한 자세가 고봉 원묘와 그의 제자 천목 중봉 스님에게 이어졌던 것이다. 그러나 도도히 흐르는 시대의 사조는 결과적으로 선정일치(禪淨一致)의 세태로 흐르고 말았다. 철저한 돈오무심법으로 일관하는 선종의 근본정신도 중봉 스님 이후에는 사라지고, 명나라 주굉(袾宏; 1535~1615) 스님 시대에 이르러서는 흐트러지고 말았다.

그러나 중봉 스님의 말씀은 『천목중봉화상광록(天目中峰和尙廣錄)』(30권)으로 기록되어 오늘에 전하고 있다. 이 책은 우리 조선에도 들어오기는 했지만, 그 정신을 알아주는 임자를 만나지 못하다가, 이미 고인이 되신 해인사의 성철 선사에 의해 고목에 새싹을 틔우기 시작했다.

　백련선서간행회에서 1988년에 『동어서화』와 『산방야화』라는 이름으로 우리말로 번역하였다. 이 책은 『천목중봉화상광록』 속에 들어 있는 독립된 편으로, 후인들에게 많이 인용되는 부분이기도 하다. 간화선 즉 공안선에 대한 스님의 견해는 그 시대상을 잘 반영하고 있다. 스님은 『산방야화』에서 선종의 분파에 대해서 중요한 발언을 하고 있다.

　　"남종과 북종이 분리되고 5가로 갈라진 뒤로부터, 모든 선지식들은 누구를 가릴 것 없이 부처님의 교외별전과 사람의 마음을 스트레이트로 일깨워 주는 달마 스님의 도를 전하려고 애썼다."

　그러나 단지 선법을 전하는 상황에서 5가의 가풍이 달라졌다고 말한다. 예를 들면 위앙종의 근엄함과, 조동종의 자상함과, 임제종의 통쾌함과, 운문종의 고고함과, 법안종의 간단명료함이 그것이다. 이 차이는 선법을 전하는 인물들의 천성에서 나온 것이다.

　그러나 세월은 흐르고 지리적으로 멀어지다보니 자연 육조 스님의 돈오돈수 정신이 변질되어, 제각기 깨달았다는 도인 행세를 하여 세인을 현혹시키게 되었다. 그리하여 대혜 스님 이후에는 공안이라는 잣대를 제시하여 스스로 자신을 검증하게 했던 것이다. 대혜의 가풍을 이은 중봉 스님은 공안을 이렇게 정의하고 있다.

"공안이란 관청에 비치해 놓은 문서에 비유한 것이다. 국가에는 법령이 있어야만 왕도정치가 제대로 실시되는지를 알 수 있다."
"부처님과 조사 스님들이 깨닫게 된 계기를 공안이라 이름 붙인 것도 이와 같다."

4

교학에서는 옳고 그름의 기준을 경전으로 하지만, 제 마음을 깨칠 것을 주장하는 선종에서는 각자의 체험이 제대로 되었는지 시비를 가릴 수가 없다. 이럴 때 자신의 깨달음을 스스로 검사하는 장치가 공안의 기능인 것이다. 그래서 이 공안을 '거울'에 많이 견주기도 한다. 제 얼굴을 자신이 볼 수 없기 때문에 거울이라는 매개체를 이용하는 것과 같은 이치이다.

성철 선사가 '동정일여', '몽중일여', '오매일여'라는 잣대를 제시하여 자신의 깨달음을 스스로 판단하게 한 것도 이런 맥락에서 이해할 수 있다. 작은 체험에 안주하여 그것이 전부인 양 신도들을 현혹시키는 지금의 세태를 볼 때 성철 선사의 말씀은 더 없이 좋은 자기반성의 거울이 된다.

깨달음의 문제만 해도 그렇다. '동정일여'도 되지 못하는 상태에서 완전한 깨달음이라고 착각하여 거기에 안주하여 신도를 속인다면, 그 죄는 그 누구도 감당할 수 없다. 이런 위험은 이미 중봉 스님 당시에도 있었던 듯하다. 다음의 대화를 보자.

어떤 스님이 물었다.

"깨달았다 하더라도 오랜 세월 동안 쌓인 번뇌의 작은 습성이 그대로 남아있다. 비록 깨달았다고 해도 그것이 갑자기 싹없어지지 않음으로 실천, 수행을 해야만 할 것이다."

이 질문은 돈오한 후의 점수를 주장하는 이들의 말이다. 이에 대해 중봉 스님은 분명하게 말하고 있다.

"만일 조금이라도 번뇌의 습성이 남아 있다면 그것은 깨달음이 뚜렷하지 못해서 그런 것이다. 깨달음이 뚜렷하지 못하면, 반드시 평생을 바쳐서라도 분명하고 뚜렷하게 깨달아야 한다. 만약 어떤 사람이 뚜렷하게 깨치지 못했다고 해서, 다시 실천과 수행을 통해서 확실히 깨달았다고 한다면, 이것은 마치 불쏘시개를 집어 들어 불을 끄려다 불을 더 크게 내는 꼴과 다름없다."

이 말에 대해 상대 스님은 다시 질문을 한다.

"그렇다면 수행을 할 필요가 없다는 말입니까?"

이에 대해 중봉 스님은 이렇게 대답한다.

"이것은 미리부터 실천할 것이 있니 없니 하는 것을 따질 필요는 없다. 완전히 깨달아서 번뇌를 싹 끊고 나면 수행이 필요한지 아닌지를 저절로 알 수 있다."

중봉 스님은 '현성공안(現成公案)'을 참구할 것을 강조한다. 여기에서 말하는 '현성'이란 뜻은 있는 그대로 고스란히 드러나 있다는 뜻이다. '공안'이란 관공에 비치된 공문서 너지는 국법과 같다는 말은 앞에서 했다. '현성공안'이란 이미 정형화 된 공문서가 아니라, 정형화되기 이전에 생짜배기로 그대로 자기 자신 앞에서 주어져 있는 문제를 말한다. 이 공안을 각자마다 참구하라고 중봉 스님은 강조한다. '현성공안'이라는 말 속에는 남에 의해서 재해석된 공안, 즉 죽은 공안이라는 가치 판단이 들어 있다. '병맥주'처럼 천편일률적으로 발효된 맥주가 아니라, 집집마다 다른 '생맥주'를 마시자는 말로도 바꿀 수 있다.

5

이러한 철저한 자기 체험을 통해서 돈오돈수의 정법이 전수되는 것이다. 육조의 자손이라고 하면서 점수를 운운한다면, 이것은 양고기만을 전문적으로 판다는 가게 간판을 걸고 개고기를 파는 격이다. 이것은 자기모순이며, 가풍을 문란하게 하는 일이다. 보조 스님의 돈오점수 사상은 육조의 가풍에 대한 반역이다.

고려 말에 살다간 경한 백운(景閑白雲; 1298~1365) 스님이 편찬한 『백운화상초록불조직지심체요절(白雲和尙抄錄佛祖直旨心體要節)』이라는 책을 보아도 돈오돈수로 이어지는 선사들의 어록을 잘 뽑아 놓고 있다. 20세기에 들어 난데없이 보조 연구가 성행하여 조선의 선법을 왜곡시켰다. 이 책은 프랑스의 파리국립도서관에 비장되었던 것으로 세계 최초의 현존 주자본(鑄字本)이다. 안타깝게도 하권만이 남아있으나, 조계의 돈법에 대한 우리 조상들의 안목을 엿보기에 충분하다. 서지학자 천혜봉 교수의 노력으로 학계에 소개되어 몇 종의 한글 번역이 나왔다.

본지풍광

1

그러니까 1993년 11월 초순의 일이었다. 당시에 나는 박사학위 논문의 마지막 손질을 하면서 5년에 걸친 동경 유학을 마무리하던 때였다. 막 저녁식사를 마치려는데 텔레비전에서 한국말 소리가 들려왔다. 귀를 기울여 보니 해인사의 성철 스님(1912~1993)이 돌아가셨다는 보도였다.

"아이쿠! 이 일을 어찌하나!" 하고 나도 모르게 한탄이 나왔다. 사실 나는 성철 스님을 만나 뵌 적은 없다. 따라서 그 분의 죽음을 슬퍼할만한 사사로운 정은 없다. 면식이 있는 일가친척이나 친구와 사별한 그런 슬픔은 없다는 말이다. 그러면서도 슬픈 까닭은 내 자신에 대한 서글픔이었다.

몇 년 전 나는 선지식 덕분에 중국의 역대 선사 스님들의 어록을 읽을 기회를 얻었다. 문헌 고증을 주업으로 삼으려는 나는, 선문(禪門)에서 최고의 금기사항으로 알려진 언어문자(言語文字)에 의지하여 선승의 철학을 연구하려는 태도를 고수하고 있다. 그래서 고증에 필요한 도구를 모두 동원하여 한문으로 적혀 있는 선서를 올바르게 읽어, 그 말을 한 선사의 심중을 읽어 내려고 했다.

그러나 인간은 생각한 것을 모두 말로 표현할 수 없고, 말로 표현했다고 해서 그것을 고스란히 문장으로 다 기록할 수가 없다. 그러니 문자로 기록된 선서를 해석하여 그 말을 한 선사 스님의 생각을 거슬러 올라가 알아낸다는 것은 이미 한계가 있다. 선서를 읽을 때면 번번이 이런 한계에 부딪치곤 한다. 그럴 때면 당사자를 직접 뵙고 물어볼 수 있으면 얼마나 좋을까 하고 뼈저리도록 아쉬웠다. 예컨대 『임제록』을 읽을 때면 임제 스님을, 『벽암록』을 읽을 때면 설두 스님과 원오 스님을, 직접 뵈고 여쭤 보고 싶은 말들이 한 둘이 아니다. 만나 뵙고 무슨 뜻으로 이 말씀을 했는지 본인의 참뜻을 묻고 싶었다. 말하자면 '저자의 직강'을 듣고 싶은 것이다. 그러나 이미 죽은 사람들이 살아날 리는 만무이니 안타깝기만 하다.

성철 스님의 죽음에 대한 나의 슬픔은 바로 여기에 있다. 성철 스님의 경우도 과거의 많은 조사 스님들처럼 어록과 저서를 남기셨다. 문헌학도의 한 명인 나는 그분의 저서를 읽고 있었다. 그 문헌을 통해서 당신의 사상을 알고 싶어서 말이다.

그러나 그 분이 남긴 문헌을 중국의 그것처럼 철저하게 읽지는 못했다. 잘 모르는 부분이 나와도 그냥 넘어간다. 살아 계시니까 여쭤보면 되겠지 하는 안이함 때문이었다. 그런데 그 저자가 돌아가셨다는 것이다. '저자 직강'의 기회가 영영 사라졌다.

2

문자나 언어만을 끌어안고 씨름해야 할 나의 신세를 돌아보지 않을 수 없었다. 그러면 성철 스님이 남긴 문헌을 검토 분석하면 스님의 생각을 알 수 있을까? 더구나 남의 말을 많이 인용한 『본지풍광』과 같은 책을 가지고 어디부터가 스님의 생각이고 어디까지가 남의 생각인가를 구분할 수 있을까?

대답을 먼저 말한다면, 그것은 가능하다고 본다. 마치 선서의 연구를 통해서 역대 조사들의 사상을 엿볼 수 있듯이.

우리는 "엿장수 맘대로……"라는 말을 쓰기도 하고 듣기도 한다. 이 말을 내 나름대로 풀어 보면, 엿 바꿔 먹기 위해 고물을 가져온 꼬마에게 엿을 얼마나 줄까는 엿장수 다음대로라는 것일 게다. '엿장수 맘대로'는 '아무런 기준 없이 마음 내키는 대로'라는 의미로도 쓰이고 있다.

그러나 여기에서 분명한 것은 '엿장수의 마음'이 있다는 사실이다. 남들이 보면 멋대로 엿을 주는 것 같지만, 엿장수가 엿을 주는 데는 반드시 엿장수의 기준이 있다. 가져온 고물의 시가를 매기는 엿장수의 안목이 그 뒷면에 들어 있다. 하다못해 고물을 들고 온 꼬마가 어여쁜 과부의 아들일 때, 마음을 거기에 두고 꼬마에게 엿을 많이 줄지도 모른다.

그러니 분명한 것은 엿장수 나름대로의 기준이 있다는 것이다. 멋대로 엿을 팔다가는 밑천을 다 까먹어 더 이상 엿장수 노릇도 할 수 없을 테니까.

3

그러면 성철 스님은 어떤 마음으로 엿의 크기를 정했을까? 즉 성철 스님은 중국과 우리나라 과거 스님들의 말씀을 많이 인용하는데, 첫째, 그것을 선택하는 기준은 무엇이었을까? 둘째, 왜 자신의 깨달음을 직접 말하지 않고 남을 말을 인용했을까?

먼저 두 번째 질문에 대해 답해보자. 『본지풍광』처럼 남의 말을 모아서 자기가 하고 싶은 의도를 드러내는 것은 중국이나 우리나라에서 오래 전부터 정착되었던 전통적인 저술 방식의 하나이다. 『논어』의 술이부작(述而不作) 정신이다.

중국은 그만두고라도 우리나라 경우를 생각해 보자. 진각 혜심(眞覺慧諶; 1178~1234) 선사의 『선문염송』이 대표적인 사례이다. 이 책은 중국 역대 선사들의 깨달음에 관한 기연들을 모아 놓은 책이다. 이 책을 편집한 혜심 선사를 그의 스승인 보조 지눌의 선사상과 연결 짓는 학자도 있지만, 『선문염송』을 편집하는 과정에 결과적으로 나타난 혜심 선사의 선사상은, 남종선의 돈오무심과 밀접하다. 참으로 묘한 것은 제자 혜심 선사에게는 돈오무심사상이 철저하게 드러나는데, 기이하게도 보조 지눌 선사에게는 돈오점수사상이 두드러진다. 스승과 제자 사이에 단절이 너무도 심해서 과연 사승 관계였는지 의구심마저 든다. 아무튼 혜심 선사는 돈오무심과 관련된 일화를 중심적으로 이 책에 채록하고 있다.

이런 모습은 태고 보우 선사와 함께 당시 임제선풍을 드날리던 백운 경한 선사의 『백운화상초록불조직지심체요절』에도 나타나고 있다. 이 책은 고려 공민왕 21년(1372)에 주자본으로 출판되었고, 뒤에 다시 목판으로 출판되었다. 주자본은 하권 일부만이 전하지만, 목판본은 온전하게 오늘에 전하고 있다.

그 내용을 보면 『경덕전등록』이나 『오등회원』 등에서 중요하다고 생각하는 부분만 추려서 모아 놓은 것이다. 편자인 백운 선사의 생각은 표면적으로 나타나지는 않았지만 무엇을 선택했는가를 통해서 역으로 백운 선사의 안목을 알 수 있다.

성철 선사의 『본지풍광』도 역시 이런 맥락에서 보아야 할 것이다. 그 많은 선사들의 어록 중에서 누구의 어느 말을 선택하여 모아 놓았는가를 통해 우리는 그 편자의 사상을 역으로 추정해 볼 수 있다.

4

그러면 첫 번째 질문인 성철 선사는 어떤 기준으로 중국의 선서를 발췌 요약했을까?

혜심 선사의 『선문염송』의 경우도 그렇고, 백운 화상의 『백운화상초록불조직지심체요절』을 보아도 그렇지만, 중국의 선서를 발췌하는 기준은 무심사상을 제대로 드러냈느냐 아니냐에 달려있다고 할 수 있다. 물론 이 책들 중에는 모두가 무심사상과 연관된 이야기만 있다는 것은 아니다. 그러나 분명한 것은 무심에 관한 이야기들이 주류를 이루고 있다는 것이다.

예들 들어 『백운화상초록불조직지심체요절』에서 마조 대사의 이야기를 어떻게 소개하는지 그 책의 상권 12엽(葉)을 보자.

> 마조 대사에게 어떤 스님이 물었다.
> "부처란 무엇입니까?"
> 마조 대사가 말했다.
> "네 마음이 바로 부처이다."
> 그 스님이 다시 질문했다.
> "그러면 도란 무엇입니까?"
> 마조 스님이 대답했다.
> "무심이 바로 도이다."
> 그 스님이 다시 질문했다.
> "그러면 도와 부처와는 어떤 관계에 있습니까?"
> 마조 스님이 대답했다.
> "손을 펴는 것이 도라면 손을 오므리는 것이 부처이다."

여기에서 알 수 있는 것은 고려 백운 스님은 중국 마조 스님의 사상을 단적으로 드러내는 것이 위에서 인용한 문장이라고 생각한다는 사실이다. 그 많은 마조 스님의 말씀 중에서 이 말을 인용한 뒷면에는 백운 스님의 주관적인 선택이 들어 있다. 곧, 마조선의 핵심은 무심이라는 백운 스님 자신의 선관(禪觀)이다.

이어서 백운 스님은 '수(修: 수행)'와 '도(道: 궁극의 진리)'의 관계를 논하는 마조 스님의 대화를 인용하고 있다. 도란 '수'를 통해서 얻는 것이 아니라 다만 무심하기만 하면 된다고 한다. 이것이 바로 조계선의 전통이다.

성철 스님의 사상을 전해주는 책으로는 『본지풍광』(1982) 말고도 『한국불교의 법맥』(1976), 『선문정로(禪門正路)』(1981)를 비롯하여 10여 종의 선서들이 있다. 이 책 중에는 붓을 들고 직접 쓴 것도 있고 지혜 있는 문하생들이 채록한 것도 있다. 이 책들 어디를 보아도 무심을 조계선의 핵심으로 보는 생각이 여실히 드러나 있다. 이 무심이라는 말을 성철 스님은 때로는 돈수라는 말로도 표현한다.

5

여기서 우리는 성철선(性徹禪)과 마조-백장-황벽으로 이어지는 임제선(臨濟禪)과의 차이점에 주목할 필요가 있다. 그것은 완벽하고 완전한 깨달음에 도달할 것을 강조하는 심도의 차이를 들 수 있다. 성철선과 임제선이 모두 돈오를 핵심으로 하고 있는 점에서는 동일하다. 그리고 그 돈오사상이 무심사상과 연결되어 있다는 것도 동일하다.

그런데 임제선의 경우는 무심보다는 돈오에 대한 강조가 두드러지게 보인다. 이런 특징이 눈에 띄게 드러나는 것은 『돈황본 육조단경』이다. 이 『육조단경』은 마조교단의 형성과 밀접한 관계를 맺고 있다는 것은 최근의 연구에서 이미 밝혀지고 있다. 마조교단이 형성되던 당시에는 북종이라고 불리는 신수 계통의 선사들에 대한 구별 의식이 있었다. 그 결과 마조교단과 그의 후손들은 돈오사상에 역점을 두면서 무심사상을 곁들였다.

그러나 성철선의 경우는 돈오무심 사상을 근간으로 하면서도, 무심사상에 강조점을 두고 있다고 할 수 있다. 성철 스님이 활동하던 20세기 한국 불교에서는 남종선이 돈오를 핵심으로 한다는 점에 대해서는 누구도 의심하지 않는다. 그러나 무심에 대해 소홀히 하게 되었다. 여기에는 규봉 스님의 돈오점수 사상과 남종선을 돈오점수로 이해한 보조 스님에게 일차적인 원인이 있다.

즉 규봉 스님은 『선원제전집도서』, 『원각경대소초』, 『배휴습유문』 등에서 돈오점수를 최고의 수행법이라고 주장한다. 그런데 보조 스님은 규봉 스님이 말하는 돈오점수의 '돈오'를 임제선의 '돈오'와 혼동한다. 무심에 대한 성철선의 특색은 돈오돈수를 부정하는 규봉 스님의 사상과, 규봉 스님이 말한 돈오를 임제선의 돈오로 이해한 보조선의 비판에서 잘 드러난다.

규봉 스님은 한 생각도 생기지 않는 경지를 인정하고 거기에 머물러야 한다고 한다. 그러나 성철 스님은 그 생각마저도 없어지지 않으면 완벽한 깨달음이 못 된다는 것이다. 성철선의 특징은 철저한 무심에 있다고 할 수 있다.

이러한 성철선의 특징은 '향상일로(向上一路)'를 제창하는 곳에서 명백하게 드러난다. 이 문구의 번역을 흔히들 '한 단계 위에 있는 길'이라고 한다. 이 점에서는 일본의 선학자 야나기다 세이잔(柳田聖山)도 마찬가지다. 이것은 잘못된 이해이다. 이 말은 '끝없이 초월해 가는 길'이라고 이해해야 한다. '은하철도999'처럼 끝없이 저

곳을 향해 달리는 길이다.

성철 선사는 살아서는 종권 싸움으로 실추된 불교계의 위신을 세우고, 죽어서는 안팎에 수행의 위대함을 보여 주셨다. 스님은 죽음의 마지막 순간에 이렇게 일갈하신다.

"일생 동안 남녀의 무리를 속여서 하늘을 넘치는 죄업은 수미 산을 지나친다."

바로 이렇게 말할 수 있는 철저한 구심사상이야말로 성철선의 특징이 아닐까? 아~, 이 일을 어쩌나, 저자 직강을 들을 길이 영영 사라졌구나.

제4부
선어록 읽기의 진검 승부

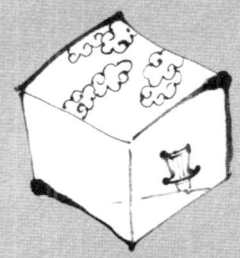

선서 해독을 위한 문헌적 접근

I. 선(禪)과 선서(禪書)

 선서를 문헌적으로 해독하는 데는 몇 가지 장벽이 있어 적절한 조치가 필요하다. 그것은 언어와 문자에 대한 해명이라고 할 수 있다. 지금까지 선(禪)은 언어를 떠나서 존재하기 때문에, 그것을 기록한 선서(禪書)도 언어나 문자로 이해할 수 없다는 생각이 팽배해 있고, 이런 생각은 선서의 한글 번역에까지 영향을 주고 있다.
 그러나 많은 선사들이 '선의 체험'을 언어로 표현하려 했고, 그것은 '글'이라는 매체를 빌어서 선서라는 형태로 전승되고 있다. 그런데 그것이 '글'인 이상 문헌적인 방법을 사용해서 해독할 수 있다. 따라서 선서를 통해 선을 이해하려면 그 '글'이 담고 있는 '내용이 무엇인가'를 밝혀내야 함은 물론, 그 내용을 '어떻게 표현'하고 있는가에도 주의를 기울일 필요가 있다. 이는 문헌적 접근에 있어서 가장 기본적인 태도라 하겠다. 먼저 선과 언어의 문제를 검토하기로 하자.

1. 선과 언어

 일반적으로 선이라 하면 삼처전심(三處傳心)의 고사가 대변하듯이 언어나 문자와는 별 인연이 없는 것으로 여겨진다. 이와 더불어, 선서를 해석한다든지 설명한다는 것은 어느 면에 있어서는 금기사항으로까지 되어 있는 게 현실이다. 이런 현실에 대해 우리는 몇 가지 측면에서 재검토가 필요하다.

첫째, '선의 체험'과 그것을 체험하게 된 상황을 밝혀놓는 이야기인 '기연(機緣)'을 혼동해서는 안 된다는 점이다. 이것은 선의 체험과 그것의 번역 및 전달에 관한 논란이기도 하다. 이런 논란은 상당히 오래 전부터 있었던 것으로 보인다. 이점은 원본(元本)『경덕전등록(景德傳燈錄)』에 실린 장락 정앙(長樂鄭昂) 스님의 「발(跋)」에도 잘 반영되어 있다.

> 혹 어떤 이는 '불조(佛祖)의 전법게(傳法偈)는 번역해서 전한 사람이 없다'고 의심한다. 그러나 이는 여름 벌레가 봄과 가을이 있는 줄을 모르는 것과 같다 하겠다. 불조가 아무리 전함이 없이 전했다 해도, 전해주는 인연이야 어찌 몰라서 된단 말인가?[15]

즉, 선사들이 깨닫게 된 상황은 전할 수 있다는 것이다. 이것은 선서가 무슨 내용을 담고 있는지를 상기해 보면 해소될 수 있는 문제이다. 사실 '깨달음 자체'를 설명하고 있는 선서는 없다. '선의 체험' 자체와 그런 체험을 얻게 된 '기연'은 서로 다른 영역일 뿐만 아니라, 그에 접근하는 방법도 다를 수밖에 없다. '깨달음 자체'가 수행의 영역이라면, 선서에 기록된 '기연'에 대한 해석은

15『景德傳燈錄』(대정장5□ p.465b).

문헌학 내지는 인문학의 영역이다.

둘째, 중국의 조사들은 '선의 체험'을 일상생활 속에서 드러내 보임은 물론, 언어로까지도 표현하려고 했다. 이것은 '도와 언어'의 관계로써, 중국사상사에서는 이것이 '언진부진의(言盡不盡意)' 논쟁으로 표출되기도 했다. 이 문제는 '신멸불멸(神滅不滅)' 논쟁과 더불어 중국의 위진남북조 시대에 그 꽃을 피워, 당나라 시대에서 일단 정리된다.

선사들도 '선의 체험'을 언어로 표현하기가 얼마나 어려운가를 충분히 인식하고 있다. 그러면서도 한 걸음 더 나아가 그 체험을 언어로 표현하려 애썼다. 예를 들어, 경청 선원(鏡淸禪院)의 도부(道怤; 864~937) 선사는 이렇게 말했다. "(번뇌로부터) 벗어나기는 그래도 쉽지만, 있는 그대로를 고스란히 말로 표현하기는 더욱 어렵다"[16]고 했다. 물론 선종에서 말을 제한적으로 쓰는 것은 사실이다. 그러나 이것은 도를 설명하는 논법일 뿐이다.

약산 유엄(藥山惟儼; 751~834) 선사도 "말을 아주 끊을 수는 없다. 내가 지금 그대에게 이런 말을 하는 것은, 말로 할 수 없는 것을 드러내려고 하는 것이다"[17]고 했는데, 이런 맥락에서 "말이 그대로 도이다"[18]라고 하는 보지(寶誌; 418~514) 화상의 「대승찬(大乘讚)」

---

[16] 『벽암록』 46則, "清云, 出身猶可易, 脫體道應難."(대정장47, p.804c). 본문의 '應' 자가 『祖堂集』(권10)에서는 '還' 자로 되어 있다. 『조당집』 쪽이 의미를 더 분명하게 해준다. 즉, "고스란히 말하기가 도리어 어렵다."

[17] 『경덕전등록』(28권), "不得絶却言語, 我今爲汝說遮此箇語, 顯無語底."(대정장 51, p.440b).

[18] 『경덕전등록』(29권) 『梁寶誌和尚大乘讚十首』, "若欲悟道眞體, 莫除聲色言語,

도 이해할 수 있다. 이런 등등으로 볼 때, 선사들은 언어의 한계성을 인식한 위에 언어의 기능을 최대한 살리려고 했다고 볼 수 있다.

셋째, 깨달음이란 문자에 의지하지 않으며, 마음의 법은 스스로 깨치는 것으로 남에 의지해서 얻을 수 있는 것이 아니다. 물론, 너무도 지당한 말이기는 하지만, 문헌 기록으로서의 '선서'와 인간 내면의 사유 작용으로서의 '깨달음'을 혼동해서는 안 된다. 깨닫는 일이야 주체적으로 해야 하지만 그것을 유발하기 위한 '기연'은 충분히 고려해야 한다. 즉, 선어록도 깨달음에 기여한다는 것이다. 이 점에 대해서는 『경덕전등록』 출판 당시의 관리였던 유비(劉斐)의 「후서(後序)」[19]에 잘 지적되어 있다. 그에 의하면, 천복 고(薦福古) 선사가 『운문광록(雲門廣錄)』을 보다가 깨친 것이라든가, 황룡(黃龍) 선사가 다복(多福) 선사의 어록을 보다가 깨쳤던 것 등 많은 사례들을 제시하고 하고 있다.

끝으로, 현재의 수행자들이 무엇을 기준으로 하여 자신의 경지를 점검하고 반성하느냐는 것이다. 즉, 조계 혜능 선사의 선지(禪旨)를 귀의처 내지는 이정표로 삼는다면, 조계의 선지를 담고 있는 선서에 대한 바른 이해가 절대적으로 필요하다. 바로 이점에서도 역대 조사들의 행적을 기준으로 삼아야 한다는 것이다. 이 기준이 바로 선서인 것이다. 이런 태도는 화두(話頭)를 '공안(公案)'

言語却是大道. 不可斷除煩惱"(대정장51, p. 449b).
19 『경덕전등록』(30권), 「景德傳燈錄後序」(대정장51, p.466a).

이라고 표현하는 점에서도 잘 드러난다. 공안이란 말은 원래 법률 용어로서, 관공서에 비치하고 있는 판례 조문에 해당하는 것이다. 과거의 전례에 견주어 지금의 문제를 검토하는 것이다. 선가(禪家)에서 말해지고 있는 1,700 공안도 선사들의 수행과 깨달음의 기연을 모아놓은 전기 모음집으로서, 『경덕전등록』에서 유래된 것이다.

이상과 같은 점들로 미루어보면 선서는 번역의 가능성은 물론, 수행에 지침이 된다고 할 수 있다. 그러면 선서란 과연 무엇인가?

2. 선종(禪宗)과 선서(禪書)

'선서'의 의미를 규정하려면, 필수적으로 수반되는 개념이 '선종'이 무엇이냐는 문제일 것이다. 선의 근원은 석가모니 부처님에게 있다고 할 수 있다. 이것을 밝혀 놓은 것이 바로 이 28조 조통설(祖統說)이다.[20] 이 조통설은 선사상이 불타의 근본 교설임을 인증하기 위한 중국적인 권위에 의한 논증 방법의 일종이다. 역사적 사실은 아니다.

한편, '선종'의 시작을 6조 혜능 선사로 보려는 사람도 있기는 하지만,[21] 그러기에는 몇 가지 문제가 있다. 북종선도 역시 선의 범주에 넣을 수 있지 않는가 하는 것이고, 6조 혜능 스스로가 스

---
20 일반적으로 많이 알려져 있는 것은 『육조단경』이기는 하지만, 선종의 28조설이 최초로 등장하는 자료는 『曹溪寶林傳』이다. 그러나 선이 수양의 핵심적인 방법으로 등장한 것은 역시 중국에서부터 시작된 것이라 할 수 있다.
21 郭朋, 『壇經校注』(북경: 중화서국, 1983).

승으로 삼고 있었던 계통이 있었다는 것도 사실이기 때문이다. 물론, 선종이 여타의 불교와 구별되는 특징이 발휘되기 시작한 것은 혜능 선사부터임은 분명하다. 이렇게 볼 때에 선종의 정의는 '석존(釋尊)에 연원을 두고 달마 선사를 초조(初祖)로 해서 혜능 선사를 거치면서 중국의 지식사회에 전개된 불교'라 할 수 있다.

그러나 여기서 말하는 선종은 분파적 의미로서의 종파를 의미하는 것은 결코 아니고,[22] 더 큰 개념이다. 예컨대 청나라 말기까지만 해도 사원을 분류할 경우, '선을 수행하는 선사(禪寺), 경전을 강의하는 강사(講寺), 밀교적인 기도를 하는 교사(敎寺)'의 셋으로 나누었다.[23] 필자가 쓰고 있는 선종의 개념도 이런 의미에서의 선종인 것이다.

선종의 구성원도 일단은 달마 선사를 종조로 하면서 종교적인 삶을 살았던 사람들의 집단으로 볼 수 있다. 종교적인 삶이란, 단적으로 말하면 번뇌로부터의 해탈이고, 나아가서는 부처가 되려는 수행자적 삶을 말한다. 위의 정의에서 '달마 선사를 종조로 하는'이란, 달마 선사야말로 석존의 적손이라고 믿는 것이다. 이런

---

[22] 천태종이니 화엄종이니 하는 종파 개념에 의한 사람 내지는 불전의 분류는 재검토되어야 한다. 현존하는 최고의 승록(僧錄)이라 할 수 있는 승우의 『출삼장기집』은 물론 그 이후의 중국의 경록(經錄)에서는 결코 종명(宗名)으로 분류하지 않았다. 종명이 분류의 기준으로 나타나는 것은 『만자속장경』이 최초라고 볼 수 있다. 중국의 경우는 행정조직은 물론 승관제도에서도 결코 종파에 의한 통치는 없었다. 역사적으로 종파에 의한 통치는 없었다. 즉, 역사적으로 종파는 실재하지 않았다고도 할 수 있다. 그러나 일본의 경우는 나라시대부터 계단(戒壇)의 독립 등 고유한 영역을 확보하고 있는 의미로서의 종파가 역사적으로 존재했었다.

[23] 道端良秀,『中國佛敎史』(京都: 法藏館, 昭和40), p.229.

의식을 가진 사람들로는, 달마 자신은 물론이려니와 그의 제자와 그 이후로 이어지는 제자들을 들 수 있겠다. 그리고 그 제자들과 사제 과계를 맺었던 거사(居士)들을 들 수 있다.

　따라서 선종에 속해 있던 인물들의 삶을 기록해 놓은 문헌이면 일단은 선서(禪書)로 볼 수 있다. 물론『방거사어록(龐居士語錄)』과 『거사분등록(居士分燈錄)』등도 선서의 범주에서 논의될 수 있는 것이다. 다음은 중국 찬술 불전 속에서 선서의 위상을 검토하기로 한다.

II. 중국 찬술 불전에서 선서의 위상

1. 중국 찬술 불전의 분류와 선서

　고대 한어(漢語)로 기록된 불전은 크게 둘로 나누어 볼 수 있다. 즉, 인도에서 찬술된 불전을 한어로 번역한 것과, 중국에서 찬술된 불전이다. 불전은 '경(經)' 또는 '율(律)'이라는 형식으로 석가모니 입멸 직후에 인도에서부터 결집된다. 그 이후의 결집들도 이 형식을 빌어서 계속된다. 이와 더불어 이 '경'과 '율'에 대한 주석으로 '논(論)'이 이루어진다. 이것이 바로 3장(藏)으로서 '인도 찬술 불전'이다.

　'인도 찬술의 불전'은 '역경(譯經)'이라는 작업을 통해 중국의 사상계에 소개되기 시작하는데, 이렇게 인도 찬술 불전을 번역하는 과정에서 중국인 나름대로 인도 찬술 불전을 '이해'하고 '해석'하며 저술 활동을 한다. 이것을 이름 하여 '중국 찬술 불전'이라 한다. 이렇게 해서 이루어진 한문 경전은 '일체장경(一切藏經)'이라는 이름 하에, 칙명에 의해 시대별로 편집되고 입장(入藏)되어 권위를 부여받게 된다.

그러면, 한어로 된 불전은 어떻게 분류해왔는가? 이것은 불교 서지학에 있어 중요한 과제로서 중국의 학술사와 직결되는 문제이다. 그러나 불전의 서지적인 문제는 특수한 성격을 갖고 있어 일반서적의 분류법과는 상당히 차이가 있으므로,[24] 불전만을 대상으로 한 불교서지에 대한 전문적인 연구가 요구되는 문제이기 때문에, 이 책에서는 선서의 서지적 위상을 밝히는 정도에서 정리하기로 한다.

역경의 보급과 함께 전문적인 목록의 제작이 중국에서는 일찍이 시작되었다. 이것이 '경록(經錄)'으로, 도안(道安; 312~385)의 『종리중경목록(綜理衆經目錄)』을 효시로 하여 상당한 역사와 범위를 가지고 있다. 그러면 현재 알려져 있는 경록은 모두 몇 종이 되는가? 『개원석교록(開元釋教錄)』(권10)에 의하면, 고금 제가의 목록은 수나라 이전에 도안의 『종리중경목록』을 비롯하여 27부가 있었다고 한다. 이 중에서 실제로 이용이 가능한 것은 양나라 승우(僧

---

[24] 보통, 중국 한적의 분류 및 목록은 『隋書』「經籍志」를 비롯하여 일단은 『四庫全書 總目提要』에 의해서 알아 볼 수 있다. 그리고 이것을 수정 보완한 것이 『교토대학 인문과학연구소 한적분류목록』이다. 이 분류 목록들에 의하면, 불전은 자부(子部)의 석가류(釋家類)에 들어 있다. 그러나 이것으로는 불전을 모두 망라하기는 도저히 불가능하다.

祐; 445~518)의 『출삼장기집(出三藏記集)』이다.

『출삼장기집』은 남북조 시대의 불전 목록으로는 독보적인 작품이다. 그리고 수나라시대에는 개황(開皇) 14년(594년)에 대흥선사(大興先寺)의 번경중(飜經衆)이었던 법경(法經) 스님의 『중경목록(衆經目錄)』과, 비장방(費長房)의 『역대삼보기(歷代三寶記)』를 들 수 있다. 당나라시대에 들어서는 지승(智昇; 658~740) 스님의 『개원석교록(開元釋敎錄)』과 정원 15년(799년)에 원조(圓照) 스님이 편집한 『정원신정석교목록(貞元新定釋敎目錄)』 등을 들을 수 있다.

『개원석교록』은 정장록(正藏錄)에 해당하는 것으로, 대승경을 5부 즉, 반야(般若)·보적(寶積)·대집(大集)·화엄(華嚴)·열반(涅槃) 등으로 나누었는데, 이 분류는 후세 불전 분류법에 지대한 영향을 주었다. 한편, 『정원록』은 속장록(續藏錄)에 해당하는 것이다.

이와 함께 도선(道宣) 스님의 『대당내전록(大唐內典錄)』을 더불어 이용하면, 적어도 북송 칙판(勅版) 대장경의 출현 이전의 중국 찬술 불전의 명목(名目)은 확인할 수 있다. 한편, 북송의 촉판(蜀版) 대장경인 『개보대장경(開寶大藏經)』 출현 이후의 것은 각종 「장경목록」을 이용하면 된다. 이와 더불어, 명나라 말기에 지욱(智旭) 스님이 편찬한 『열장지율(閱藏知律)』을 겸용하면, 중국 찬술 경론의 소초(疏抄), 목록(目錄), 음기(陰記) 등을 보완할 수 있다.

그러면, 이 경전 목록들이 각 명목의 분류법을 알아보고 그 속에서 선서의 위상을 밝혀보기로 하자. 최초의 경록(經錄)으로 도안 스님의 『종리중경목록』이 있으나 산일되었다. 다행히도 『출삼장기집』에 일부가 인용되어 그 모습을 알 수 있다. 『출삼장기집』은 한어로 기록된 불전의 목록학 내지는 서지 분류학에 대단히 중요한 자료이다. 이 경록은 4방식(方式)으로 구성된 부록체(簿錄體)이다.

첫째는 찬연기(撰緣記)로서 불전 내지는 역경의 배경을 기록한 것이다.

둘째의 전명록(銓名錄)은 모두 4권으로, 역대출경(歷代出經), 이출경(異出經), 고이경(古異經), 실경(失經), 율부(律部), 실역잡경(失譯雜經), ① 초경(抄經), ② 의경(疑經), ③ 주경(注經) 등의 명목이 기록되어 있다.

셋째의 총경서(總經序)는 7권으로, 각 경의 ④ 전서(前序)와 ⑤ 후기(後記) 등의 편목이 기록되어 있다.

넷째의 술열전(述列傳)은 모두 3권으로, 역경인들의 전기이다.

여기에서 우리는 중국 찬술 불전의 분류에 대한 초기 형태를 알 수 있다. 이 방식은 후대에 계속 영향을 주고 있어, 그 가치는 더욱 크다고 하겠다. 이 중에서 찬연기(撰緣紀)와, 전명록(銓名錄) 중 ①·②·③과, 총경서(總經序) 중 ④·⑤와, 술열전(述列傳)이 중국 찬술 불전이라 할 수 있다.

이상의 명목을 바탕으로 해서 더 조직적으로 분류한 것이 탕용동(湯用彤) 씨의 '주소(注疏)'·'논저(論著)'·'역자찬집(譯者撰集)'·'사지편저(寺志編著)'·'목록(目錄)'·'위서(僞書)' 등 6종 분류법이다.[25]

'주소'는 한어로 번역된 3장(藏)에 대한 해석으로서 원래의 경에 제한을 받는다. 이에 반하여, '논저'는 '주소'보다는 자유롭게 불교의 교의를 논해가는 것이고, '역자찬집'은 역경의 대본이 되는 불전을 요약 번역한 것이다. 다음으로 '사지 편저'는 역사 내지는 지리에 관한 저술이다. '목록'이란 경록을 두고 말하는 것이며, '위서'는 중국에서 찬술된 경을 말하는 것이다. 탕용동 씨의 이 분류는 위진남북조시대의 중국 찬술 불전을 대상으로 한 것이기 때문에, 선서 분류에 대한 그의 입장은 알 수 없다. 당시에는 아직 본격적인 선서가 등장하지 않았기 때문이다.

한편,『신수대장경』의 경우는 중국 찬술 불전을 인도 불전의 주석에 해당하는 '경소부', '율소부', '논소부' 등으로 나누고, 이어서 '제종부(諸宗部)', '사전부(史傳部)', '사휘부(事彙部)', '목록부(目錄部)'를 싣고 있다. 이 중에서 '제종부'는 대개 화엄・천태・진언・정토・선종 등의 감각으로 정리하고 있으나, 과목을 설정하지는 않고 있다. 이점은『만자속장경』이 종명을 사용하는 점과 다른 점이다. 한편,『만자속장경』이 '인도 찬술' 또는 '중국 찬술'이라는 과목을 세운 것도 특징 중의 하나이다. 그러나 모두 선서(禪書)의 분류에 대해서는 특별히 기준을 설정하지 않은 점은 동일하다.

다음으로, 일본 고마자와대학(駒澤大學)에서 발간한『선학대사전

---

25 탕용동(湯用彤)은 다음과 같이 분류하고 있다. 즉, (甲) 注疏/ (乙) 論著: ① 經序, ② 논(통론 및 전론), ③ 義章 / (丙) 譯者撰輯: ① 단경초록, ② 군경찬집, ③ 회역, ④ 중국찬술편집 / (丁) 史地編著 ① 석가전기, ② 인도성현전기, ③ 중국승전, ④ 불교통사, ⑤ 명산사탑, ⑥ 외국전지, ⑦ 사료의 보존 / (戊) 目錄 / (己) 僞書.(湯用彤,『漢魏兩晉南北朝佛敎史』第14章)

(禪學大辭典)』니의 「선적분류요람(禪籍分類要覽)」의 경우는, 제1부: 총기(總記), 제2부: 경률론(經律論), 제3부: 선종(禪宗)으로 나누고 있다. 그리고 제2부를 다시 ① 경, ② 율, ③ 론, ④ 중국 제종부로 나누고 있다. 이 분류법은 선종의 전적을 분류하는 데에는 나름 장점을 가지고 있다.

그러나 불전을 전체를 총체적으로 분류하는 데에 있어서는 재검토할 부분이 있다. 실제로, ①·②·③과, ④는 그 성질이 서로 다르므로 동일 계열에 놓을 수 없다. 또, ④ 중국 '제종부'를 다시 화엄와 천태 등으로 분류했는데, 이는 중국불교의 실제의 사정과 다르다.

앞에서도 언급했듯이 중국에서는 실제로 '영역'이라는 의미로서의 '종(宗)'이 존재하지 않았기 때문에, 중국 찬술 불서의 문헌학적인 내지는 형태 서지학적인 변천을 연구하려 할 경우는 중국의 현지에 실재했던 역사적 사실을 바탕으로 분류해야만 한다.

여기에서 '찬술'이라는 단어의 뜻 그대로, 불전이란 만들어진 것이라는 것에 유의할 필요가 있다. 불전(佛典)이란, 출생지가 인도이던 중국이던, 인간 석가모니의 종교적 체험 내지는 그것으로 향하는 인간 수양의 산물이라는 점에서는 동일하다 할 수 있다. 이런 인식은 중국에는 일찍부터 있어, 칙명에 의해 선서들이 계속하여 입장(入藏)되어,[26] 신앙의 대상이 되기에까지 이르게 되었

---

26 常盤大定,『支那佛教史の研究』「入藏史の一般」, pp.303~315; 柳田聖山 編,『宋版 高麗本 景德傳燈錄』「大藏經と禪錄の入藏」, 京都: 中文出版社, 1976, pp.724~731.

다.

 그러면, 선서(禪書)에는 어떤 종류가 있고 그것들은 어떻게 분류되어 어디에 보관되어 있는가? 실제적인 이용 방법에 대해서 기술하기로 한다. 먼저 선서의 분류에 대해서 보기로 하자.

 선서의 분류에 대한 전문적인 것으로서는 고마자와대학의 『선학대사전(禪學大辭典)』에 부록으로 실린 「선적분류요람」을 참고할 수 있다. 이 분류법은 『교토대학 인문과학연구소 한적분류목록(京都大學 人文科學硏究所 漢籍分類目錄)』 등을 토대로 해서 만든 것으로 현 단계로서는 가장 규모를 갖춘 것이라 할 수 있다. 여기에 의하면, 1) 종의(宗義), 2) 사전(史傳), 3) 어록(語錄), 4) 명(銘)·잠(箴)·가송(歌頌), 5) 송고공안(頌古公案), 6) 선문학(禪文學), 7) 청규(淸規) 등으로 분류하고 있다.

 이와 더불어 『선가어록(禪家語錄)』(柳田聖山, 東京: 築磨書房, 1974)에 수록되어 있는 「선적해제」를 참고할 수 있다. 이 책은 선서의 유래 및 이본(異本)에 대해서도 간략히 소개되어 있는 점이 장점이라 하겠다. 이 외에도 입문서로 『경록연구(經錄硏究)』(林屋友次郎, 東京: 岩派書店, 1941) 등이 있다.

 그러면 선서가 어느 총서 또는 대장경에 편재되어 있는가는 어떻게 확인할까? 이때에 이용되는 공구류를 소개하기로 하자. 손쉽게는 『대정신수대장경(大正新修大藏經)』과 『만신찬대일본속장경(卍新纂大日本續藏經)』이 보급되어 있어, 그 목록을 우선 활용할 수가 있다. 불전의 대부분이 그렇듯이 선서도 대장경 속에 편집되어 있다.

그러나 대장경이라면 수 종류가 있는데 이 많은 대장경을 어떻게 활용해야 할까 하는 문제가 있다. 이 점에 대해서는 대장경에 대한 약간의 지식이 필요하다. 우선 입문서로서 『대장경(大藏經)』(京都: 大藏會, 昭和39)과 『불교대장경사(佛敎大藏經史)』(方廣錩, 北京: 1993)를 들 수 있다. 대장경 전체에 대한 목록으로는 『25종장경목록대조고석(二十五種藏經目錄對照考釋)』을 참고할 수 있으나, 이 25종의 장경이 모두 입수 가능한 것은 아니다. 간본(刊本) 자체가 전하지 않는 것도 있고, 아직 영인이 안 됐거나 영인 중인 것도 있다. 또 대장경을 지금도 편찬 중에 있기 때문에 이 점은 계속 정보를 수집해야 되는 부분이다.

이런 점 등을 감안할 때에 편리한 것으로 『불교총서(7종)색인(佛敎叢書(七種)索引)』(小關貴久, 東京: 名著普及會, 昭和59)이 있다.[27] 이 목록은 한역 장경은 물론 일본 번역 대장경도 수록되어 있고, 영인 대장경의 페이지 수를 기준으로 했기 때문에 매우 편리하다.

한편, 대장경에 '입장(入藏)'이 되기까지에는 그 이전에 단행본이 먼저 존재했을 것이나, 그것이 간본(刊本)이든 사본(寫本)이든 간에 현존하는 간본 내지는 사본을 일목요연하게 모두 볼 수 있는 목록은 아직 나와 있지 않다. 그러므로 한자 문화권에 속해 있는 각 국가의 서지학적 성고에 의지하는 수밖에 없다. 여기에는 조선과

---

[27] 7종이란, 『影印本 高麗大藏經』, 『國文東方佛敎叢書』(東方書院刊), 『新修大藏經』, 『大日本校訂藏經』, 『大日本續藏經』, 『大日本佛敎全書』, 『日本大藏經』이다.

일본에서의 복각본(復刻本) 내지는 필사본(筆寫本)들 또한 중요한 자료가 된다. 그러나 미공개된 자료들이 많기 때문에 서로의 협조와 이해가 필요하다.

한편, 금세기에 주목을 끌고 있는 돈황의 사본들은 대부분이 대만에서 영인한 『돈황보장(敦煌寶藏)』에 실려 있고, 이것의 목록으로는 『돈황유서총목색인(敦煌遺書總目索引)』(王重民, 北京: 商務印書館, 1962)이 있어 이용에 편리를 돕고 있다. 그러나 이 색인만으로는 북경대학 소장본의 영인판 이용에는 불편한 점이 있다. 그리고 나까다(中田篤郞) 씨가 편집한 『북경도서관장돈황유서총목록(北京圖書館藏敦煌遺書總目錄)』(京都: 朋友書店, 1989)도 이용도가 높다 하겠다. 이상의 영인본들의 모본이 되는 원본들은 먼저 중국에서 소장하고 있는 중국의 간본 내지는 필사본을 들 수 있겠으나 현재로서는 단행본으로 정리되지 않은 상태라서 각 대학 내지는 연구기관의 개별 목록을 일일이 검토 하는 수밖에 없다. 다행히도 최근에는 『북경도서관고적진본총간(北京圖書館古籍珍本叢刊)』이 북경대학에서 영인되어 91권까지 나와 있어 주목을 끌고 있다.

다음으로, 한국이 소장하고 있는 중국의 간본 내지는 판본을 알아보기로 하자. 선서의 서지에 관한 전문적 목록집은 아직 없고, 단지 동국대학교에서 펴낸 『한국불교해제사전(韓國佛敎解題辭典)』이 있으나 조선의 저작만이 실려 있어서 이용에 한계가 있다. 그러므로 소장자가 발표한 목록집을 일일이 조사하는 수밖에 없다. 소장자로서는 크게 도서관과 사찰을 들 수 있겠다. 도서관으

로서는 먼저 규장각 도서 목록을 들 수 있겠으나 이용에 한계가 있다.[28]

여러 가지 문제가 있기는 하지만 1921년에 나온 『조선총독부고도서목록』을 사용할 수 있다. 그러나 이 목록대로 지금도 자료가 있는지는 확인해 봐야 할 것이다. 그 실례로 『불과원오선사벽암록(佛果圓悟禪師碧岩錄)』(10권 5책)이 동활자본[乙酉字]으로 간행되었으나, 실제로는 볼 수가 없다.[29]

한편, 각 대학도서관의 한적 목록을 검토하는 것도 방법 중의 하나이다. 각 사찰에서 소장하고 있는 고본들은 아직 종합적인 목록은 보이지 않는 것 같다. 이 밖에도 서지학 연구의 성과들을 참고할 수 있다.[30]

끝으로, 일본에서 소장하고 있는 선서를 이용하는 법을 알아보기로 하자. 우선 꼽을 수 있는 것이 『불서해설대사전(佛書解說大辭典)』(小野玄妙 편집, 東京: 大東出版社, 昭和53)이다. 이 사전은 각각의 서적에 관한 주석서가 소개되어 있어서 도움이 된다. 선서에 관한 전

---

28 규장각에 발행한 목록으로는 1983년에 간행된 『奎章閣圖書韓國本綜合目錄』이 간행된 바가 있다. 이것은 제목이 말해주듯이 조선본이 중심이다. 역시 중국선서를 연구하는 데는 한계가 있다. 이와 더불어 『한국고서총합목록』(국회도서관사서국참고서지과편, 1968)을 이용하는 것도 좋다.
29 이 刊本은 일본의 『大東急記念文庫』 장서에 청구번호 25-101-1133으로 소장되어 있다. 이 본에는 당시에 소장하던 일본인이 나름대로의 토를 붙여 놓아 원형과는 좀 다르다 하겠다.
30 한국서지학회에서 발행하고 있는 『書誌學』지가 있으니 참고할 필요가 있겠다. 연구서로서는 김종두 씨의 『한국고인쇄기술사』가 있고, 불교서지에 관해서는 역시 『韓國佛敎書誌學考』(安春根, 東京: 同明舍, 소화53년)를 꼽을 수 있다. 이 책은 기존의 서지학적인 연구 자료명을 많이 소개하고 있어서, 불교서지학연구에 중요한 도구서이다.

문적인 목록집으로는 『신찬선적목록(新纂禪籍目錄)』(駒澤大學圖書館 편, 東京; 昭和39)이 있다. 서문에도 밝히고 있듯이 일본에 있는 기존의 불교대학의 소장목록을 이용했기 때문에 일차적인 자료는 망라가 되어 있다고 하겠다. 이 책은 중국본은 물론 일본본도 함께 넣어 편찬해서 이용도를 더욱 높이고 있고, 게다가 그 후 보정판이 나와 좀 더 보충이 되었다.

2. 불전 해석의 형식과 선서

그럼 불전의 해석과 주석의 역사 속에서 선서의 위상은 어디에 위치하는가? 이 작업을 위해서는 먼저 중국 찬술 불전의 기원을 검토할 필요가 있다.

중국 찬술의 시원을 논할 때에 빼놓을 수 없는 것이 역경(譯經)이다. 산스크리트어를 중국어로 번역하는 과정에서 이미 '해석' 작업이 시작된다. 즉, 경전을 번역하는 사람이 그 불전이 어떠한 경위를 통해서 지금에 이르게 되었는지를 설명하고, 그 경전의 대의를 설명하며, 나아가서는 문구에 대한 설명을 한다. 이것이 문헌화된 것이 바로 중국 찬술 불전이다.[31]

그런가하면 거꾸로, 한역된 불전을 강의하기 위한 강의의 대본

---

[31] 주경(註經)의 시조라고 하는 강승회는 『安般經序』에서 다음과 같이 말하고 있다. "陳慧注義, 余助斟酌, 非師不傳, 不敢自由也: 진혜(陳慧)가 (경의) 뜻을 해석했는데, 나는 그저 옆에 좀 거들었을 뿐이었다. 스승께서 말씀해주지 않은 것은 (조금도 기록함이) 없다. 감히 내 멋대로 하지 않았다."(『佛說大安般守意經』(대정장15, p.163c)).

이 만들어지고, 이것이 불전 주소(注疏)의 원형이 되었다고 볼 수 있다. 이러한 전통은 매우 오래되었다. 『승사략(僧史略)』에 의하면, 주경(注經)은 강승회(康僧會), 강경(講經)은 주사행(朱史行), 경(經)의 본문에 과목(科目)을 치고 소(疏)를 붙인 사람을 도안(道安)이라고 하고 있다.

중국에서는 일찍부터 유가들에 의한 경전 강의 행위가 있었으며,[32] 군주에 의한 강경의 장려로 융성했다. 이런 유교 경전에 대한 강의의 풍습이 불경에도 그대로 이행되었다고 볼 수 있다.

이리하여 강의의 대상이 되는 경전의 종류가 많아지면서부터 각 경전 간의 유기적인 이해를 하려고 노력하기 시작했다. 경전 간의 관계와 우열을 매기는 작업, 즉 교상판석(敎相判釋)이라는 중국불교 특유의 훈고 작업을 하기 시작했던 것이다. 이러한 흐름 속에서, 수행자들은 자신의 깨달음 내지는 수행자적 삶을 경전을 통해서 확인하기도 하면서 때로는 자신의 체험을 남에게 설하기도 했다.

불경에 대한 강의의 연장선상에서 선사들의 '상당설법(上堂說法)', '시중(示衆)' 등도 이해될 수 있다. 아무튼 역경과 강의 행위와 더불어 중국에서 불전이 찬술되기 시작한다. 이렇게 해서 생긴 불전들은 칙명에 의해 대장경에 편입되고, 그 목록은 각종 경록들에 수록된다. 선서의 출현도 이러한 일련의 맥락 속에서 이해

---

32 四川省 成都市 근교에서 발굴된 後漢 시대의 벽돌에서도 강경의 흔적을 볼 수 있다. 즉, 伏生이 『書經』을 강의하는 모습이 새겨져 있다. 戶川芳郎 外, 『儒敎史』(東京: 山川出版社, 1987), p.115.

되어질 수 있다.

역경(譯經)과 경전의 주소(注疏)는 떼려야 뗄 수 없는 관계라는 점은 앞에서 지적한 대로이다. 그러면 이런 주소(注疏)들이 어떠한 변천을 통하여 정형화 되는지를 보기로 하자. 경전을 번역하는 이가 경의 제목 내지는 그 경의 전체적인 취지를 강의하고 나아가서는 축자적인 해석까지도 했었을 것이며, 얼마간 이런 과정을 겪은 뒤에는 주소라는 형식으로 진전되었을 것이다. 이는 구마라습(鳩摩羅什) 삼장 또는 진제(眞諦) 삼장의 경우를 보면 쉽게 짐작할 수 있을 것이다.[33]

경전의 강의 내지는 주소의 시원은 강승회(康僧會) 또는 지겸(支謙) 등에서 시작되었다고 하지만, 현존하는 문헌으로는 회계(會稽)의 진혜(陣慧)가 주(註)했다고 하는 『음지입경주(陰持入經註)』를 가장 오래된 것으로 꼽을 수 있다. 그 다음으로, 도안(道安)의 『인본욕생경주(人本欲生經注)』, 승조(僧肇)의 『주유마경(註維摩經)』 등을 들 수 있다. 이 주소들의 특징은 경의 본문에 주(註)를 붙이기 전에 먼저 「주경서(注經序)」가 있는 것과 「과단(科段)」을 나누지 않은 것 등이다. 이것들은 뒤에 오는 혜관(慧觀)이나 도생(道生)의 불전 해석법과는 그 궤도를 달리하고 있다.

다음으로, 도생은 『법화경소(法華經疏)』에서 주경서(注經序)를 별

---

[33] 그 예로서, 『註維摩詰經』(대정장38, p.27b)의 「序」의 다음과 같은 문구를 들 수 있다. "什以高世之量, ……. 時手執梵文, 口自宣譯, 道俗虔虔, 一言三復, …所聞爲之注解." 즉, 구마라습이 번역을 하면서 강의를 하고, 그것을 승조가 그대로 기록한 것이, 바로 『주유마힐경』인 셈이다.

도로 세우지 않고 본문 해석에 들어가기 전에 「현담(懸談)」을 설치하여 이 속에서 총론적인 설명을 하고 있다. 이 「현담」 속에서 이 경이 가지고 있는 지위를 전(全) 불교의 체계 속에서 규명하고 있다. 한 경의 종요(宗要)와 교판(敎判)을 서술하는 것이다. 이런 기풍은 혜관의 『법화경종요서(法華經宗要序)』와 『열반경서(涅槃經序)』에도 있었음이, 『출삼장기집』과 『삼론현의(三論玄義)』를 통하여 각각 간접적으로 엿볼 수 있다. 이것은 이전의 체제와는 상당히 다른 점이다. 또한, 「과단(科段)」을 종횡으로 구사하고 있는 점 등은 이후의 불전 해석에 절대적인 영향을 주고 있다.

「현담」의 유행과 「과단」의 발전은 후대에 끼친 영향은 상당하여, 이 이후로는 경전의 해석에는 항상 이 두 가지 요소가 구비되게 되었다. 특히, 「현담」은 그것만으로 독립적으로 유행되기까지에 이르렀다. 천태 지자 대사의 『법화현의』 등을 비롯해서, 현수 법장 스님 등이 이르러서는 현담의 분과(分科)까지도 일어나게 되었고, 『화엄오교장(華嚴五敎藏)』 등과 같이 독립된 현담도 출현하게 되었다.

한편 규봉 종밀 선사의 경우에는 『원각경대소초과문(圓覺經大疏鈔科門)』이라 하여, 과목만으로 별개의 책을 짓기도 했다. 과목의 분단과 「현담」의 조직화는 더더욱 진행되어 정형화되기에 이르러, 천태교판 내지는 화엄교판이라는 형태로 나타나게 되었다.

강사(講師)들이 전문적인 용어와 경전의 주석을 통하여, 수행상의 제 문제를 피력한다면, 선사들은 실제 수행에서 생기는 문제를 일상회화를 통해서 설하게 된다. 게다가 금당(金堂) 중심의 강사(講寺)가 아닌 법당(法堂) 중심의 선사(禪寺)에서는 조석으로 주지가 법당에 올라 상당설법을 행하게 된다. 이와 함께 수행자들의 조참(朝參)이나 만참(晚參)에 시중(示衆)을 하거나, 문답을 통해 상대의 견지를 탐사하는 감변(勘辨) 등등의 형태가 정착하게 된다. 이것들이 본인 내지는 문인들에 의해 문자화 되어 선서로 정착된다.

이 선사들도 초기에는, 물론 강사들처럼 정형화된 틀을 고수하지는 않지만, 경전을 상당히 많이 인용하고 있다. 불전 해석의 연장선상에서 선서를 논할 수 있는 이유 중의 하나도 이런 점 등 때문이다.

그런데 이러한 기풍에 변화가 일어난다. 당나라 말기를 전후로 하여 경전 인용의 빈도수가 줄어들고 있다. 이점은 후대의 선서들이 경전과는 무관하게 진행된 것을 상기할 때에 매우 의미 있다고 하겠다. 어쨌든 여기서 우리는 선서(禪書)와 교학서(敎學書)를 별개로 보는 일반적인 견해를 고수할 필요는 없다고 본다. 불전 해석 방법의 차이로 보는 것이 오히려 중국 불전 해석의 역사라는 측면에서 볼 때 보다 자연스럽다고 할 수 있다.

먼저 그 대표적인 선서로 『육조단경』을 들 수 있다. 이 『육조단경』에서는 많은 경전을 인용해가면서 석존의 본지(本旨)를 설명해가고 있음을 볼 수 있다. 『금강경』, 『법화경』, 『화엄경』, 『열반경』, 『유마경』 등등의 대승경전들이 상당히 인용되고 있다는 점에 주의를 기울일 필요가 있다. 이러한 전통은 마조(馬祖; 709~788) 선사의 어록 속에도 현저하게 드러나는 현상 중의 하나이다.

주로 인용되는 것으로는, 『이입사행론(二入四行論)』, 『유마경』, 『열반경』, 『대반야경』, 『능가경』, 『화엄경』 등이 그것이다. 특히 『유마경』의 문구는 상당히 많이 보이는 편이다.

이런 현상은 황벽 희운(黃檗希運; ?~850) 선사의 『전심법요(傳心法要)』에도 마찬가지이다. 이후로 『임제록』에도 『수능엄경』, 『심지관경(心地觀經)』, 『정법염처경(正法念處經)』, 『유마경』, 『화엄경』, 『열반경』, 『화엄합론(華嚴合論)』 등의 인용이 보이고 있다.

가장 대표적인 것으로는 영명 연수(永明延壽; 904~975)의 『종경록(宗經錄)』을 들 수 있다. 그러나 이들이 경전을 인용함에는 깨달음을 방증하는 수단으로 사용하고 있는 것이 특징이라 할 수 있다. 다시 말하면 선교(禪敎)의 합치라는 측면보다는, 애초부터 구별을 허용하지 않으려는 경향이 강하다. 석존의 본자를 파악하기 위한 방편으로 경전을 인용하여 자기 수행의 완성 속에 확인한다는 표현이 오히려 적당하다 하겠다. 이 때문에 이들에 있어서는 불전 해석학자들에 의해서 정형화된 수행의 단계라든가, 언어적인 개념의 한계에 대한 비판은 매우 당당하다.

이상과 같은 선서가 이루어짐에 따라 이제는 각 선서에 대한 해석 내지는 강의가 진행되게 된다. 이것이 '송고(頌古)'이다. 그 대표적인 것이 바로 설두(雪竇; 980~1052) 선사의 『설두송고(雪竇頌古)』이다. 송고란 말 그대로 옛 선사들의 깨달음에 대한 기연들을 운문체로 '코멘트'를 붙인 것이다.

　송나라 시대에 이르러서는 '송고'에 '코멘트'를 붙여서 납자들을 지도하는 '평창(評唱)'이라는 강의 형태가 출현한다. 대표적인 예로 원오(圜悟; 1063~1135) 선사의 『벽암록(碧巖錄)』과 만송(萬松; 1166~1246) 선사의 『종용록(從容錄)』 등이 그것이다. 경전의 강의와 주석서가 밀접한 관계를 가지고 있듯이, 선서에서의 송고 내지는 평창도 강의와 밀접한 관계를 맺고 있다.

　한편, 개별적인 선서의 출현과 더불어 선종의 역사서가 등장하게 된다. 이것들이 바로 '등사(燈史)'로서 『조당집(祖堂集)』이나 『경덕전등록(景德傳燈錄)』 등이다. 여기에서 다시 중대한 문제가 생기게 된다. 그것은 각 선사들의 이야기를 어떠한 순서로 편집 정리하느냐는 문제이다. 『조당집』이나 『경덕전등록』만 하더라도, 내용은 대동소이하나 그 배열에는 상당한 특색이 있다. 즉, 혜능 선사 아래로의 배열에 있어서 『조당집』은 청원 행사(靑源行思) 계열을 먼저하고, 『경덕전등록』은 남악 회양(南嶽懷讓)의 계열을 먼저 기술하는 점이다. 이 점은 결국 찬술자의 도통의식과도 결부되는 것으로, 선종사 연구의 중요한 자료가 되기도 한다. 이런 현상은 『오등회원(五燈會元)』이나 『고존숙어록(古尊宿語錄)』 등에 가서는 더욱 뚜렷하게 나타난다. 등사(燈史)들의 체제에 대해서는, 『중국불교사적개론(中國佛敎史籍槪論)』(陳垣, 北京: 中華書局, 1962)을 참고할 수 있을 것이다.

Ⅲ. 선서의 번역

이상에서는 서지적 접근을 위한 기초 사항들을 살펴보았다. 이제부터는 선서를 어떻게 해석할까에 대해서 검토하기로 한다. 전반부에서는 번역에 필요한 공구서를 소개하기로 하고, 후반부에서는 『벽암록』중 한 칙(則)을 실례로 들어서 번역하는 과정에 공구서를 어떻게 활용하는가를 보여주기로 한다.

1. 공구서의 소개

선서(禪書)가 중세 중국어로 기록되어 있는 문헌이라는 점을 감안하면, 선서의 해석도 이런 언어의 역사성 속에서 추진되어야 할 것이다. 그리고 아무리 특수성이 강한 선서라 하더라도 중국 문헌의 흐름 속에서 나온 것이므로, 선서만의 독특한 언어가 따로 있을 수는 없다. 선서도 역시 당시의 언어 습관을 반영하고 있다. 이런 등의 이유로 해서 여기에서는 중국의 일반 문헌을 다루는 데에 사용되는 공구서도 포함하여 서술하기로 한다. 크게 어법(語法)과 어의(語義)로 나누어서 정리하기로 한다.

1) 어법(語法)에 대하여

한어(漢語)의 어법에 관해서는, 기본적으로는 통시대적인 문법서를 활용해야 하고, 나아가서는 당나라 시대의 어법 내지는 구어에 관한 문법서를 참조해야 할 것이다.

먼저 통시대적인 연구서 및 문법서를 소개하면 다음과 같다. 중국인의 것으로는, 왕르(王力)의 『한어사고(漢語史稿)』(3권)(북경: 과학출판사, 1958) 및 『고대한어(古代漢語)』(4권)를 꼽을 수 있을 것이다. 그밖에도 마지앙쫑(馬建忠)의 『마씨문통(馬氏文通)』과 루수시앙(呂叔湘)의 『중국문법요략(中國文法要略)』이 있다.

일본인의 작품으로는 먼저 우시지마 독쿠지(牛島德次)의 『한어문법론(漢語文法論)』(中古篇)(東京: 大修館書店, 昭和46) 오다 다즈오(太田辰夫)의 『중국어역사문법(中國語歷史文法)』(東京: 江南書院, 1957 초판, 朋友書店, 1981 재판)을 들 수 있다. 그리고 『중국역대구어문(中國歷代口語文)』(太田辰夫, 京都: 朋友書店, 1957 초판, 1982 개정)이 있다. 이 책은 선서의 구어 해석에 선구자적인 문법서이다. 또 어휘색인이 붙어있어 사전적인 역할도 겸하고 있어 애용되고 있다. 그 밖에도 『중국어사통고(中國語史通考)』(太田辰夫, 京都: 白帝社, 1988)라든가, 『고전중국어문법(古典中國語文法)』 등이 있다.

다음, 선서 출현과 시대적으로 가까운 때의 어법서로, 『수당오대한어연구(隋唐五代漢語研究)』(鄭湘淸, 山東: 山東敎育出版社, 1990)와 『중국중세어법사연구(中國中世語法史研究)』(志村良治, 東京: 三冬社, 1984) 등을 들 수 있을 것이다. 논문으로는 『히로시마대학문학부기요(廣島大學文學部紀要)』의 33, 34, 36, 38호 등에 실린 모리노 시게오(森野敏夫)의 육조한어(六朝漢語)에 관한 논문 등이 있다. 그 외에도 고전이지만 『불교한문 읽는 법(佛敎漢文の讀み方)』(金岡照光, 東京: 春秋社, 1978)

도 참고가 될 것이다. 다음은 어의에 관한 공구서를 보기로 한다.

2) 어의(語義)에 대하여

선서에 나오는 어의를 번역하려면 일차적으로는 사서류(辭書類)와 어휘색인(語彙索引)을 이용할 수 있을 것이다. 선서에 등장되는 어의를 편의상 인명 및 지명, 어휘 등으로 나누어서, 이때에 이용 가능한 공구서를 소개하기로 한다.

① 인명 및 지명

먼저 인명을 보기로 하자. 우리가 선어를 읽다보면 많은 승려들의 이름을 접하게 된다. 선서의 내용을 보다 정확하게 이해하기 위해서는 등장되는 인물의 주변적인 관계를 파악할 필요가 있다. 모든 문헌이 다 그렇지만, 특히 선서의 이야기들은 각각의 구체적인 상황 속에 나온 이야기들이다. 따라서 그 인물의 행적에 대한 예비적 지식이 없이는 완전한 이해는 불가능하다.

그러면 각각의 승려들의 행적은 어느 문헌에 의해서 후세에 전해지고 있는가? 그것은 '승전(僧傳)' 내지는 '등사(燈史)'에 실려 있다. 대장경의 '사전부(史傳部)'에 해당하는 서적들에 수록되어 있다. 비록 그렇기는 하지만 이 사전부에 해당하는 서적을 일일이 조사 검토한다는 것은 불가능하다. 따라서 여기에는 인명색인의 활용이 요구된다. 물론, 이때에 『중국고승전색인』 시리즈를 이용할 수도 있지만, 거기에는 각각의 승전에만 한정되어 불편하다. 이런 불편을 보완한 것이 스즈끼 데츠오(鈴木哲雄)의 『중국선종인

선서의 해독을 위한 문헌적 접근 331

명색인(中國禪宗人名索引)』(東京: 其弘堂書店, 昭和50)이다. 이 색인집은 기존의 연구 성과를 흡수하고 있기 때문에 매우 편리하다. 특히 입수하기 쉬운 대본을 사용했기 때문에 그 이용 가치가 더욱 높다 하겠다.

그러나 여러 서적을 모두 구비해 두어야 하는 부담이 따른다. 그래서 간편하게는 환시양용(范祥雍)이 점교(點校)한 『송고승전(宋高僧傳)』(2책)(북경: 중화서국, 1988)을 이용하는 것도 좋다. 이 책을 대본으로 해서 천야(陳雅) 씨가 인명 색인을 부록으로 붙여놔서 사용이 편리하다.

그러나 한글을 모국어로 하는 우리의 경우는 인명을 일본음 내지는 중국 병음으로 읽거나 한문으로 된 본문을 파악하기에는 시간이 걸린다. 이 경우에는 『한글대장경181, 182, 경덕전등록』(김월운 역, 서울: 동국역경원, 1970, 1971)을 이용할 수 있다. 이 번역서는 선 어휘를 현대 한국어로 어떻게 번역하면 좋은가라는 문제에 있어 본보기가 되며, 유려한 한글 번역에 이정표가 될 것이다.[34] 그리고 이 한글 번역본을 대본으로 한 인명색인으로는 『경덕전등록인 명색인』(신규탁, 서울: 필사본, 1988)이 있다.

한편으로는 『중국인명대사전(中國人名大辭典)』(香港: 泰興書局, 1931年) 및 당대(唐代)의 전기 자료집에 나오는 인물들을 대상으로 한 『당

---

[34] 『경덕전등록』은 중국에서는 아직 현대어 번역은 물론 교주도 나오지 않은 상태이다. 일본에서는 훈독으로 토를 달아서 국역한 적이 있고, 최근에는 「花園대학 국제선문화연구소」에서 北京列本의 『東禪寺版 경덕전등록』의 현대어 번역이 추진되고 있다. 1990년 5월에 『경덕전등록색인 잠정판』을 컴퓨터 판으로 내고 있다. 학계의 기대가 크다고 하겠다.

오대인물전기 자료총합색인(唐五代人物傳記資料總合索引)』(북경: 중화서국, 1982)을 들 수 있다. 이 색인은 선사들과 당시 사대부들과의 대화가 나올 경우에, 그 인물의 전기가 실려 있는 책을 찾는 데에 도움이 된다.

다음은 지명의 검토에 이용되는 공구서들을 보기로 하자. 중국 문화의 지역적인 특수성에 대해서는 일찍이 말해져 왔다. 유학에서 경학을 논할 때에도 '남학'이니 '북학'이니 하는 분류를 해왔음은 물론,[35] 불교를 논할 때에도 이런 분류 방식을 도입하고 있으므로, 선서 이해에 있어서 지역의 지식 사회적 분위기는 간과될 수 없다.

이 지명의 위치 확인에 잘 이용되는 공구서로는『중국고금지명대사전(中國古今地名大辭典)』(北京: 商務印書館, 1933)을 비롯하여,『선학대사전』의 부록으로 발행된 지명 색인과 지도를 들 수 있다. 이보다 좀 더 자세한 지도로는 모두 여덟 권으로 된『중국역사지도집(中國歷史地圖集)』(潭其驤 주편, 上海: 地圖出版社, 1982) 시리즈를 들 수 있다. 이 책은 출판 당시에는 국외 반출이 금지되었으나, 이제는 쉽게 구할 수 있다.

이렇게 해서 지명의 위치는 해결이 되지만, 그 지역의 문화적 전통 등은 알 길이 없다. 여기에 필요한 것이『방지(方志)』이다. 중국의 경우는 일찍부터 지방지가 발달되어서, 각 지방의 인물과

---

35 皮錫瑞 저, 李鴻鎭 역,『中國經學史』, 서울: 동화출판사, 1984 ; 安井小太郎 外,『經學史』東京: 松雲堂書店, 昭和8.

풍물을 소상히 전하고 있다. 이 방대한 지방지를 이용하기 위해서는 역시 공구서들이 필요하다. 우선 길잡이가 되는 것이 『중국방지사전(中國方誌辭典)』(杭州: 浙江人民出版社, 1988)이다. 이 사전에 의해서 해당하는 지방지를 열람하면 의외의 소득을 얻을 수도 있다. 예를 들어, 『벽암록』의 '과주(果州)의 손님'이라든지, '진주(鎭州) 사람이 도적을 놓아준다' 등의 의미가 해결되기도 한다. "유주(幽主)는 그래도 괜찮은데 가장 괴로운 것은 강남(江南)이다." 등도 뜻을 유추할 수 있다.

② 어 휘

우리가 고대 한어(漢語)로 기록되어 있는 선 관계 문서를 대할 때, 우선 접하게 되는 것이 문장 속에서 그 글자의 역할과 의미에 관한 문제이다. 이 경우에 일차적으로 그 문헌 내에서 동일한 용례를 찾아서 의미를 유출하는 방법이 있을 수 있겠다. 나아가서는, 그 문헌과의 동시대 동일 지역에서 편찬된 다른 문헌에서 그 용례를 수집하여 뜻을 유출하는 방법도 있을 수 있다. 이렇게 볼 때에 사서의 질은 시대성과 지역성을 분명히 할수록 이용 가치가 높다는 말도 가능하다. 그러나 어휘의 용례를 한 개인이 조사한다는 것은 한계가 있기 때문에 사서류나 어휘 색인집을 이용하게 마련이다.

선서에 나오는 일반 어의는 크게 둘로 나누어 볼 수 있다. 하나는 일반적인 불교문헌에 나오는 문어(文語)와 다른 하나는 선서에 특히 많이 나오는 구어(口語)로 나눌 수 있다. 그런데 이것의 엄밀한 구분은 별도의 어학적인 연구를 수반한다. 엄밀하게 문어와 구어로 구별한다는 것은 사실상 무리일지도 모른다. 선서의 한 사휘(詞彙)가 일반 어휘 사서에 나오는지 구어 사서에 실려 있는지의 판단은 이용자의 감각에 따를 수밖에 없다.

(가) 일반 어휘

선서에 나오는 일반 어휘에 대해서는 『한한대자전(韓漢大字典)』(이상은 감수, 만중서관) 도는 『중한사전(中韓辭典)』(고려대학교 민족문화연구소, 1989) 등을 이용할 수 있다. 더 나아가면 『패문운부(佩文韻府)』 및 『경적찬고(經籍纂詁)』의 성과에 힘입은 『대한화사전(大漢和辭典)』(諸橋轍次, 東京: 大修館書店) 내지는 『중문대사전(中文大辭典)』(中文出版社, 京都) 등도 이용될 수 있다. 또, 『사원(辭源)』(北京: 商務印書館, 수정판, 4권, 1983)과 최근에 대륙에서 심혈을 기울여 간행한 『한어대사전(漢語大詞典)』(上海: 上海出版社, 전11권), 『한어대자전(漢語大字典)』(四川: 四川辭書出版社·湖北辭書出版社, 全8卷) 등을 이용할 수 있다. 그리고 허사(虛辭)에 관한 사서들도 이용할 수 있겠다.[36] 그러나 좀 더 전문적으로 검토하려할 경우에는 역시, '소학류(小學類)'에 속하는 공구서를 보아야 할 것이다.[37]

---

[36] 『古漢語虛詞詞典』(王政白, 北京: 黃山書社, 1986) ; 『古漢語虛詞用法詞典』(陝西: 人民出版社, 1988) ; 『漢語虛詞用法詞典』(唐啓運 외, 1989).

[37] 『訓考學槪要』(周大璞, 호북: 호북인민출판사, 1984)에서 소학류를 소개하고 있다. 많이 알려진 것으로는, 멀리는 『爾雅』로부터 해서 한대의 『說文解字』를 비롯하여, 당나라 때에 편찬된 『經典釋文』, 청나라 시대에 편집된 『佩文韻府』, 『經籍纂詁』 등이 있다. 이때 청나라 시대의 고증학자들의 연구가 상당한 비중을 차지하게 된다. 그리고 『騈字類編』(臺灣學生書局, 1963)도 들 수 있다.

한편, 선서에 나오는 교리 용어에 대해서는, 고전적이기는 하지만 우선 『불교사전』(이운허, 서울: 법보원, 1960)을 들 수 있다. 또 필자가 편집한 『선학사전』(서울: 불지사, 1995) 그리고 일본에서 간행된 『불교어대사전(佛敎語大辭典)』(中村元, 東京: 東京書籍, 昭和56年), 『불교사전(佛敎辭典)』(東京: 岩波書店), 『불교대사전(佛敎大辭典)』(東京: 小學館, 1988) 등을 들 수 있다.

그리고 이런 사서들에 불분명한 점이 있으면 당시의 승려들이 어떻게 각각의 어휘를 정의하고 있는지를 검토할 수밖에 없다. 선서를 볼 때에 이용도가 높은 것은 소흥(紹興) 2년(1154년)에 중간(重刊)된 목암 선경(睦庵善卿) 스님의 『조정사원(祖庭事苑)』(卍속장113)이 있다. 그 밖에는 대장경의 사휘부에 해당하는 공구서가 있다. 그러나 이 공구들로 선서에 나오는 일반 어휘를 모두 해석할 수 있는 것은 아니다. 어쩌면 직접적인 도움이 안 된다고도 할 수 있다. 그러나 만에 하나라도 해결될 수 있는 가능성 때문에 참고로 소개한다.

그리고 『일체경음의(一切經音義)』도 제목이 말해주듯이 어의에 대한 유서(類書)이다. 이 책은 『일체경음의색인(一切經音義索引)』(沼本克明 등 편, 京都: 古典硏究會, 昭和59)도 있어 이용에 편리하다.

(나) 구어에 관한 어휘

그런데 여기에 대단히 골치 아픈 문제꺼리가 있다. 이상의 공구서적들은 '문어(文語)'로 기록된 문헌에는 도움이 된다. 그러나 '구어(口語)'가 들어 있는 문헌의 경우는 이것만으로는 해결 안 되는 부분이 나온다. 우선 들을 수 있는 예로서 송나라 시대의『주자어류(朱子語類)』만 해도 그렇다. 그리고 원나라 시대의 희곡 작품을 접하게 되면 더욱 난감하게 된다. 또 선서는 어떠한가? 이쯤 되면 문제는 더더욱 심각해진다. 선서는 당송(唐·宋) 시대의 구어에 대한 이해 없이는 완전한 해독이 거의 불가능하다. 그럼 중국의 선서를 해석하기 위해서는 어떠한 공구류들이 이용될 수 있을까?

선서에 나오는 구어는 선서 고유의 용어도 있지만 대개는 당시에 유행하던 구어이기 때문에, 주로 당·송·원 나라 시대의 구어를 채집해 놓은 구어 어휘집이나 사서류를 이용해서 선서를 해석할 수 있다. 편의상 불전을 대본으로 한 공구류와 불전 이외의 작품을 대본으로 한 것으로 나누어서 설명하기로 한다.

먼저 불전(佛典) 부분부터 서술하기로 한다. 여기에는 어휘 색인과 사서류가 있겠다. 먼저 어휘 색인을 소개하면 다음과 같다.

『禪宗5書の綜合語彙索引』(東京: 駒澤大學, 소화53)[38]

『'高僧傳'語彙索引』(森野繁夫, 京都: 朋友書店, 소화54)

---

[38] 이 어휘집은『祖庭事苑』,『禪林象器箋』,『葛藤語箋』,『禪學要覽』,『禪學俗語解』를 저본으로 하고 있다.

『'祖堂集'口語索引』(京都: 汲古書院, 1981)

『'祖堂集'索引』(柳田聖山, 京都: 경도대학인문과학연구소, 1984)

『景德傳燈錄索引(잠정판)』(京都: 선문화연구소, 1990)

『碧巖錄索引』(京都: 선문화연구소, 소화63)

『禪の語錄'總合索引』(加治・佐藤・末木 편, 東京: 사가본, 1984)

『禪書語彙用例集』(신규탁, 서울: 수고본, 1991)

 그리고 구어 전문의 사서는 아니지만, 전 시대의 선 관계 사서를 총망라한 것으로『선학대사전』(駒澤大學, 東京: 大脩館書店, 昭和53)에 구어에 대한 해석이 들어 있다. 하지만 이 사전은 부분적으로 다시 손을 봐야 할 단계에 와 있다. 한편,『선어사전(禪語辭典)』(古賀英彦, 京都: 思文閣出版, 1991)을 꼽을 수 있다. 이 책은 이리야 요시다까(入矢義高)의 감수 하에 이루어진 것으로서, 선서에 나오는 구어 해석에 있어서 최고의 사전으로 평가되고 있다.

 그리고 대륙의『선종저작사어회석(禪宗著作詞語匯釋)』(袁賓, 江蘇: 강소고적출판사, 1990)이 있다. 또『선록관용어속어요전(禪錄慣用語俗語要典)』(柴野恭, 京都: 思文閣出版, 1980) 또한 여전히 건재하다.

 다음은 불전 외의 작품에 어휘를 채집한 것들을 보기로 하자. 전항과 마찬가지로 역시 어휘 색인과 사서류를 나누어 소개하기로 한다. 먼저 돈황 필사본을 대본으로 한 어휘 색인을 들 수 있다. 왕쭝민(王重民) 등에 의해『돈황변문집』(北京: 인민문학출판사, 1957)이 발간되었고, 이것을 대본으로 한『'돈황변문집' 구어어휘색인('敦煌變文集' 口語語彙索引)』(入矢義高, 手稿本, 京都: 1985)이 있다. 이와 함께 『돈황변문사어회석(敦煌變文詞語匯釋)』(閻崇璩, 東京: 大東文化學院, 1983)과 『돈황변문자의통석(敦煌變文字義通釋)』(上海: 上海古籍出版社, 蔣禮, 1988)도 많이 이용되고 있다.

유학 서적을 대본으로 한 것으로는 『'주자어류' 어구색인(朱子語類'語句索引)(1~13권)』(佐藤仁, 東京: 采華書林, 1975)과, 『'주자어류' 구어색인('朱子語類' 口語索引)』(鹽見邦彦, 京都: 중문출판사, 1985), 『'즈자어류' 어휘색인('朱子語類' 語彙索引)』(溝口雄三, 東京: 수고본, 1993) 등이 이용될 수 있다.

문학 작품을 대본으로 한 것으로는, 『소설사어회석(小說詞語匯釋)』(陸澹安, 上海: 上海古籍出版社, 1964), 『희곡사어회석발음색인(戲曲詞語匯釋發音索引)』(佐藤晴彦, 京都: 汲古書院, 1983), 『명청속어사서집성총색인(明淸俗語辭書集成總索引)』(佐藤晴彦 외 3인, 京都: 汲古書院, 1990), 『중국소설희곡사휘연구사전-종합색인편(中國小說戲曲詞彙硏究辭典-綜合索引篇)』(波多野太郎, 漢浜: 『漢浜市立大學紀要』, 44·66, 1956·57), 『중국고전소설용어사전(中國古典小說用語辭典)』(田宗堯, 台北: 聯經出版社, 民國74) 등을 들 수 있다.

다음으로 사서류를 소개하면 다음과 같다.

선서 번역에 많이 이용되는 것으로 『송원어언사전(宋元語言詞典)』(龍潛庵, 上海: 上海辭書出版社, 1985)이 있겠고, 성어사전으로는 『한어성어대사전(漢語成語大詞典)』(湖北大學言語硏究室編, 湖北: 河南人民出版社, 1985)과 『고금속어집성(古今俗語集成)』(溫瑞政, 北京: 山西人民出版社, 1985) 등이 있다. 그리고 속어 사전으로는 『속어전(俗語典)』(胡朴安, 上海: 上

海書店, 1983)을 들 수 있겠다. 그 밖에도, 『홍루몽사전(紅樓夢詞典)』 (楊爲珍 외, 山東: 山東文藝出版社, 1985) 등을 비롯하여 상당수의 사서가 이용될 수 있다.[39]

2. 분석의 실제 - 『벽암록』 제21칙을 중심으로 -

이상에서의 서지적인 작업을 바탕으로 해서 '종문제일서(宗門第一書)'로 알려진 『벽암록』을 실례로 들어서 번역의 문제를 검토해 보기로 한다. 주지하듯이 이 책은 설두 스님의 '송고(頌古)' 100칙에 원오 극근 선사가 「수시(垂示)」, 「평창(評唱)」, 「착어(着語)」 등의 '코멘트'를 붙인 것이다.

그러면 먼저 『벽암록』이라는 책을 번역하려면 대본 및 참고가 될 만한 주석서를 찾을 필요가 있다. 이 경우에는 먼저 『25종장경목록대조』, 『불서해설대사전』, 『선적목록』 혹은 『불서(7종)총서총색인』 등을 찾는 것이 순서일 것이다. 먼저 이본(異本)들이 얼마나 있는지에 대해서는 『선적목록』을 이용할 수 있다. 여기에는 명본(明本)으로 추정되는 고마자와대학(駒澤大學)도서관 청구번호

---

[39] 佐藤鍊太郎 씨의 논문으로 『碧巖錄』への文獻學的アプローチ(『印度哲學佛教學』, 5號, 1990) 그리고 중국 사서류의 최신 정보에 대해서는, 『夏期セール抄目』(琳瑯閣書店편, 1991년 6월, 東京)을 이용하면 좋다. 최근 대륙에서는 상당수의 사서들이 발간되고 있다. 그중 선서 번역에 비교적 많이 이용되는 것을 소개하면 다음과 같다. 『中國話本小說俗語辭典』(田宗堯, 臺北: 新文豊出版公社, 1985); 『中國古典小說用語辭典』(田宗堯, 연경출판사업공사, 1985); 『元曲百科辭典』(袁世顧 주편, 산동교육출판사, 1989); 『金甁梅詞典』(王利器, 길림문사출판사, 1988); 『水滸詞典』(胡竹安, 한어대사전출판사, 1989); 『水滸語詞典』(李法白 외, 상해사서출판사, 1989); 『廣州話方言詞典』(饒秉才 외, 상무인서관, 1982).

086-39본과, 『가흥속장경본(嘉興續藏經本)』, 『고마자와대학 소장 청판본(駒澤所藏淸版本)』, 『다이토큐기념문고소장조선본(大東急記念文庫所藏朝鮮本)』 등의 10여 종의 간본(刊本)이 있음을 알 수 있다. 그러나 이밖에도 가장 오래된 현존 필사본으로 일본의 도겐(道元) 선사가 전한 『이리야본(一夜本)』, 그리고 현존하지 않으나 『후지쇼(不二鈔)』에 인용되고 있는 『촉본(蜀本)』, 『독본(福本)』 등을 치면 대단히 복잡하다. 두드러진 예로서 『벽암록』 100칙의 제목이 원오 선사 당시에는 없었던 후대에 붙여지고 있다는 사실을 들 수 있다. 이런 등등만 보아도 번역을 위해서는 각 이본들에 대한 검토는 절대적으로 필요하다.

각 이본(異本)들에 대한 계통의 서술은 다른 기회로 미루기로 한다. 본고에서는 『벽암록』의 대본으로 『대정신수대장경』(48권)을 편의상 정하기로 한다. 물론 우리말 현토(懸吐)가 있는 『벽암록』 (대동불교연구회편, 서울: 보련각, 1970)이 있으나, 저본(底本)이 불분명하고 오자가 많아 텍스트로는 부적합하다. 일본에는 최근에 나온 교감본으로 『벽암록집정본(碧巖錄集定本)』(伊藤奠典, 東京: 理想社, 昭和38)이 있기는 하지만, 주관적인 부분이 많아 개고해야 될 부분이 많다.

다음으로 주석서의 종류를 살펴보면, 『불서해설대사전』에 의하면 무려 80여 종을 넘고 있음을 알 수 있다. 이중에서 일본의 『벽암집불이초(碧巖集不二鈔)』와 『벽암록종전초(碧巖錄種電鈔)』가 문헌학적으로 신용할 만하고, 『벽암록방어해(碧巖錄方語解)』가 어구의 해석에 있어 비교적 참고할 만하다. 그리고 색인류로 『벽암록색인』(선문화연구소편, 京都; 昭和63)이 있고, 번역서로는 한국에서는 아직 없었던 것으로 알고 있으며, 일본의 경우는 『벽암록대강좌』(加藤咄堂, 東京: 平凡社, 1940)와 『벽암록(碧巖錄)』(朝比奈宗源, 東京: 岩波文庫, 1937), 『설두송고(雪竇頌古)』(入矢義高 외, 築摩書房, 1982)을 비롯해서 수십 종에 달하고 있다.

다음은 본문에 들어가서 번역 상에서 생기는 문제를 몇 가지 검토해 보기로 한다. 『벽암록』 100칙 중에서는 해석하기 어려운 칙들이 상당히 있다. 그 중의 하나에 '제 21칙, 연화하엽(蓮花荷葉)'도 꼽을 수 있다. 먼저 지문(智門; 생몰연대 미상)[40] 스님의 행적에 대해서 알아둘 필요가 있다. 먼저 『선학대사전』을 찾아서 『지문조선사어록(智門祚禪師語錄)』이 현존함을 확인하고 『불서총서총색인』을 찾아서 『대일본속장경, 2~23』에 수록되어 있음을 확인하여 해당하는 일화(逸話)가 있는가를 검토한 결과 다행히도 있었다. 그 밖에 『오등회원(五燈會元)』이나 『송고승전(宋高僧傳)』을 참고할 수도 있다.

다음은 본문으로 들어가 먼저 「본칙(本則)」을 보면, "연꽃이 물에서 나오지 않았을 때는 어떠합니까?"라고, 어떤 스님이 지문 스님에게 질문을 했다. 이 구절에 대해 원오 스님은 이렇게 「착어」를 붙이고 있다. "鉤在不疑之地, 泥裏洗土塊, 那裏得這消息來." 먼저 '구재불의지지(鉤在不疑之地)'는 어학적으로는 문제될 것

---

40 『禪學辭典』(이철교·일지·신규탁 공저, 서울: 불지사, 1995)에 의하면, 생몰 연대는 미상이나, 향림 징원(908~987) 문하에 참학한 것이 확인된다.

은 없고, 의미의 문제이다. 먼저 이와 같은 용례가 원오 스님의 문장에 있는가를 검토해야 될 것이다.[41]

그러나 유감스럽게도 『벽암록색인』에는 없다. 다만 '구(鉤)'가 들어간 구절은 몇 군데 있다. 이것들에 의하면 '걸린다'의 의미로 원오 스님은 이 글자를 사용하고 있다. 그러면 주석서를 보기로 하자. 『슈덴쇼(種電鈔)』에는 (1) "此處無可問來之疑念, 而下鉤於未萌地來, 故着此語"라고 되어 있다. 『후지쇼(不二鈔)』에서는 (2) '山云, 定知有漁地擲鉤也' 및 또 다른 해석으로 (3) "謂鉤住在不疑之上"을 들고 있다. 그리고 고마자와대학에서 간행한 『선학대사전』에는 (4) "확철대오한 경지"라고 되어 있다. (1)의 입장은, 여기에서는 의심을 내어 물어볼 필요도 없는데, (연의) 싹도 트지 않은 곳에다 낚시를 드리우고 있다는 해석이다. (2)는, 물고기 있는 자리에 적중하여 낚시를 드리웠다고 해석하는 것이다. (3)은 의심낼 것조차 없는 자리인데 괜스레 걸려 있다는 해석이다. (4)는 너무나 상투적으로 해석한 것이다. 이에 대한 해답은 다음 구절 "泥裏洗土塊(흙탕물 속에서 흙덩이를 빨고 있구나)"의 해석과 연관되어 있다. 이것은 이리야의 『선어사전』에 의하면, '쓸데없는 헛일을 하다'라고 설명하고 용례를 『목주어록(睦州語錄)』의 '問, 佛法大意, 請師擧唱, 師云, 我這裏不會, 泥裏洗土塊'를 들고 있다. 적절한 해석으

---

41 『불서총서7종색인』의 '저자명색인'에 의하면, 원오 스님의 저작으로는 다음의 것들을 소개하고 있다. 『佛果擊節錄』, 『圓悟克勤禪師語錄』, 『圓悟佛果禪師語錄』, 『心要』 등등이 있다고 한다. 그러나 이상의 책들은 모두 현재로서는 색인이 없어 일일이 검토해야 할 것이다.

로 볼 수 있다. 따라서 (3)으로 해석함이 옳다. 끝으로, "那裏得這消息來"에서 '래(來)'의 용법이다. 이것은 동작의 완료를 나타내는 조사로서, 현대 중국어의 '료(了)'에 해당한다.

또, 원오 선사의 「착어」에 "莫向鬼窟裏作活計, 又恁麻去"라는 구절이 있다. "莫向鬼窟裏作活計"는 "귀신의 굴속에서 살림살이 하지 말라"라고 번역할 수 있을 것이다. 다음의 "又恁麼去"에 대해서는 "또 이처럼 가는구나"라고 번역하는 이도 있다. 그러나 여기에서 '거(去)'는 동작의 진행 내지는 논리적인 귀결을 나타내는 조사로 보아야 한다. 『경덕전등록』을 뒤져보면 많은 용례가 보인다. 우선 "百千三昧, 無量妙義, 只向一毛頭上, 便識得根源去."(『전등록』 8권, 洪州水老和尙條) 등을 들 수 있다. 따라서 "또 그런 짓거리냐?"로 번역되어야 할 것이다.

다음으로, "兩頭三面, 笑殺天下人"을 "두 개의 머리에 얼굴은 셋, 의심스럽다 한 사람이여"라고 번역하는 이도 있지만, 그래가지고는 도저히 의미가 통하지 않는다. "兩頭三面"은 『벽암록색인』에 의하면 5군데나 이 말이 나온다고 되어 있다. 이것들의 전후 맥락을 보면 '사고의 일관성이 없는 것으로 상대를 야유하는' 뉘앙스가 있다. 『송원어언사전』에 의하면, "思緖紛亂, 見'兩頭三緖'"이라고 나와 있다. 그런가 하면 『신심명(信心銘)』에는 정언(定言)을 훌쩍 뒤집어 비꼬아서 야유하는 의미로 사용하고 있다.

이런 용례들로 미루어 볼 때, 객승의 질문에 대해 어떤 때에는 '연꽃'이라 대답하고 어떤 때에는 '연잎'이라 대답한 지문 스님의 대답을 일관성이 없다고 야유하는 말이다.

다음으로 "笑殺天下人"에서 '쇄(殺)'는 동사 뒤에서 그것을 강조시키는 조사이다. 따라서 이 문장을 굳이 해석하자면, "이러쿵 저러쿵 갈피를 못잡네. 온 세상 사람을 웃기네" 정도일 것이다.

다음, 「평창」에서 "投子道, 爾但莫著名言數句, 若了諸事, 自然不著, 卽無許多位次不同"이라는 구절이 있다. 여기에서의 키워드는 역시 '위차(位次)'일 것이다. 『전등록색인』에 의하면, 17권, 「瑞巖師恩條」에 이 용례가 있다고 한다. 어떤 격승과의 대화에서, "問作麼生商量, 卽得不落階級, 曰爲什麼排不出, 他從前無階級, 曰未審居何位次, 師曰佛坐普光殿."(「어떻게 해야 계급에 떨어지지 않겠습니까?」「물리쳐드 나아가지 않느니라.」「어째서 물리쳐도 나아가지 않습니까?」「그는 전부터 계급이 없느니라.」「어떤 지위와 차례에 있습니까?」「보광전에도 살지 않느니라」)라는 구절이 있다.

따라서 '위차(位次)'라는 말은 수행상의 내지는 수행에서 얻은 결과로서의 단계나 차례로 해석된다. 잡다한 단계나 수행의 차례를 선가에서는 용납하지 않는다.

한 예로써, 『벽암록』 제29칙의 평창에서 나오는 '소지인(掃地人)'의 해석을 이와나미(岩波) 문고본에서는 '시자(侍者)'로 주(注)를 하고 있는데, 이는 잘못 번역한 것이다. 즉, 위산(潙山) 선사가 대수(大隋) 선사에게, "汝已後覓箇掃地人也無"라고 하고 있다. 이 말은 "네 이후부터는 (그대처럼) 모든 것을 싹 쓸어버린 본분수행인이 없을 것이다"라고 번역해야 한다.

예를 들어서, '平步青宵'(27칙 「본칙」의 「착어」)에서 '청초(青宵)'는

'청천(靑天)', '청운(靑雲)' 등으로도 쓰이는 것으로, 구름 한 점 없는 푸른 하늘을 가리키는 말이다. 문제는 '평보(平步)'이다. 이것을 "편안하게 걷다"로 해석하는 이가 있는데, "창공을 편안히 걷다"로 해서는 의미가 통하지 않는다.『고금성어사전』에 의하면, 최고의 지위에 '단박'에 올라가는 것을 표현할 때 쓰는 말이라고 한다. 용례로서 "喜君家平步上靑雲"(元代, 吳昌齡의『東坡夢』)을 들고 있다. 즉, 돈오(頓悟)를 나타내는 어구이다.

이런 '돈오'와 '무심'의 정신은 선서의 핵심 기둥이 되고 있다. 즉, 선가의 핵심을 제대로 계승하고 있는 선서에서는 항상 '돈오'와 '무심'의 가풍을 견지하면서, 상황과 상대의 수준에 맞추어 적절하게 발휘하고 있다는 점이다.

이런 용례는 21칙의「본칙」의「평창」에 나오는 "爾若能言中透得言, 意中透得意, 機中透得機, 放令閑閑地, 方見智門問答處"라는 문구에서도 볼 수 있다. 해석하자면, "그대가 만약 말 속에서 말을 알아차리고, 뜻에서 뜻을 알아차리고, 기연에서 기연을 깨쳐서 무심하게 해야지만 비로소 지문 스님의 말을 알 수 있다"일 것이다.

여기에서 '放令閑閑地'가 문제의 키워드일 것이다. 먼저 '방령(放令)'은『시사곡어사회석(詩詞曲語辭匯釋)』에 의하면 '방교(放敎)'의 뜻으로 사역조동사에 해당한다고 한다. 문제는 '한한지(閑閑地)'로서,『벽암록색인』에 의하면 이 어휘는 이곳 뿐이지만 '한사(閑事)', '한처(閑處)' 등등의 용례가 보인다.『전등록색인』에 의하면 '한한

(閑閑)'이란 달이 두 군데 있다고 한다. 그 중에 『전등록』27권, 「布袋和尙條」를 보면, "騰騰自在無所爲, 閑閑究境出家兒"라는 게송이 있다. 번역하자면, "팔팔하고 자재하여 하릴없으니, 한가롭고 한가로워 참으로 출가한 장부일세" 쯤 될 것이다. 따라서 '한한(閑閑)'이란 사량분별을 잘라버려, 어디에도 걸림이 없는 상태를 나타내는 말이다. 이는 '돈오'와 '무심'의 정신에 입각해서, 단계적인 개념에 대이지 않고 주체적으로 살아가는 선승의 행동거지를 지칭하는 말이다.

그러나 '선의 체험'과, 거기로 인도하기 위하여 선배들이 쓰고 있는 방편, 즉 '기연'을 혼동해서는 안 된다. 이 점은 선서의 번역에 있어서 어쩌면 가장 어려운 부분이기도 하다. 즉, 한 문장을 깎아내리는 어투로 번역할 것인가, 아니면 추켜올리는 뉘앙스로 번역어를 선택할 것인가의 문제이다.

이런 어려움은 '가느다란 좁은 길'을 뜻하는 '일선도(一線道)'라는 용어의 사용에서도 그대로 드러난다. 역시 「본칙」에 이런 구절이 있다. 즉, "古人到這裏, 放一線道, 有出有入, 若是未了底人, 夫籠摸壁, 依草附木, 或教他放下, 又打入莽莽蕩蕩荒然處去, 若是得底人, 二六時中, 不依奇一物."(옛 사람은 여기에 이르러 방편의 가느다란 길을 마련하여 상대방을 들이기도 하고 내보내기도 하였다. 깨치지 못한 자들은 울타리나 벽을 더듬어서 앞길을 가기도 하고, 풀이나 나무에 의빙(依憑)한다. 그러다가 그것이 혹 싹없어지면 아득하고 황량한 곳으로 들어가고 마는 것이다. 그러나 도를 깨친 사람은 하루 종일 한 물건에도 의지하지 않는다.)

여기에서의 '일선도(一線道)'라는 궁례는 『벽암록』에서는 모두

선서의 해독을 위한 문헌적 접근 347

10군데에 나온다. 이 의미를 분명히 해주는 용례로서는 "所以放一線道, 於第二義門"(23칙, 「본칙」의 「평창」)이다. 이 용례로 보아도 '일선도(一線道)'는 핵심 되는 진리인 제일의제(第一義諦)는 아님을 알 수 있다. 이렇게 볼 때에 어떤 문장이 '일선도(一線道)'인지, 아니면 '의초부목(依草附木)'인지는 분간하기 참으로 난해하다. 어쩌면 이것이 선서를 문헌적으로 번역하려는 작업의 한계인지도 모른다.

끝으로, '현성공안(現成公案)'에 대해서 검토하기로 하자. "연꽃과 연잎을 그대에게 알려주었지만[蓮花荷葉報君知]"이라는 설두 스님의 「송」에 대해서, 원오 스님은 "老婆心切, 現成公案"이라고 「착어」를 하고 있다.

'현성공안(現成公案)'이란 말 자체는 『전등록』 12권의 「목주조(睦州條)」에 처음으로 등장한다. 그 후 자명 초원(慈明楚圓), 분양 선소(汾陽善昭), 설두 중현(雪竇重顯), 오조 법연(五祖法演)을 거치면서 사용되어 오다가 송대에 들어서는 원오 스님이 애용하는 말이 되었다.[42] 이 말은 『원오어록』에 자주 보이는 말이다. 아무튼 여기에서 문제는 '現成'이다. 이 말은 『중한사전』(고려대학교 민족문화연구소 편)에 의하면, '마침 그 자리에 있는, 이미 갖추어져 있는'이라고 설명하고 있다. 그런가하면 『선어사전』에서는 '지금 그대로가 판결을 내리기 이전의 안건이다' 또는 '상대가 취하는 태도를 범인으로 간주하여 그 과오를 스스로 자각하게 하는 것'이라고 설명한

---

42 古田紹欽, 「現成公案の意義」, 『印度學佛敎學硏究』 5-1.

다. 즉, 스스로가 깨치도록 스승이 자신의 견해를 보류하고, 판단 이전의 상태를 생생하게 그대로 내어 놓은 이야기인 것이다. 굳이 우리말로 옮기면 '생생하게 그대로 드러나 있는 공안' 정도쯤 될 것이다. 내지는 '공안이 생생하게 그대로 드러나 있다'가 될 것이다.

이것은 '탈체현성(脫體現成)'(1칙, 「본칙」의 「평창」), '역력현성(歷歷現成)'(58칙, 「본칙」의 「평창」), '이시십분현성(已是十分現成)'(62칙, 「본칙」의 「평창」), '일시현성(一時現成)'(65칙, 「송」의 「평창」) 등의 용례와 함께 대조하면 더욱 분명해진다.

이 말들은 결국 사량분별이나 단계나 점차를 배제한 단박에 있는 그대로의 모습이 그대로 드러나는 것을 표현하는 말들이다. 『경적찬고(經籍纂詁)』에 의하면 주물을 만들 때 거푸집에 쇳물을 붓고, 그 거푸집을 떼어낼 때에 본체가 순간 그대로 드러나는 것을 표현하는 문장에 '탈체(脫體)'란 말이 쓰이고 있음을 알 수 있다. 또, 『선종저작회석(禪宗著作匯釋)』에서는 『청평산당화본(淸平山堂話本)』 등의 용례를 들어 병이 씻은 듯이 뚝 떨어지는 것을 말한다고 한다. 그런가하면 『선어사전』에서는 '그대로 빼닮은'으로 해석하고 있다. 어느 설명에 의하더라도 전체의 그대로가 단박 고스란히 나타나는 이미지에는 동일하다. 선가의 가풍을 고수했다고 후세에 평을 받는 선서에는 결코 점수를 논하지는 않는다. 이 점은 선서 번역에 있어서 충분히 주의를 할 필요가 있다 하겠다. 언뜻 보아 점수적인 표현으로 보이는 구절이 있으면, 반드시 문헌학적으로 재검토할 필요가 있다.

• 덧붙임

1.

위의 글은 필자가 동경대학 대학원 박사과정에 재학하던 1992년에 『백련불교논집』(제1집, 경남: 백련불교문화재단, 1992년 1월)에 발표한 논문이다. 금년이 2014년이니, 벌써 20년도 더 지났다. 당연하겠지만 지금의 상황은 많이 바뀌었다. 그 중에서도 소위 혁명적이라고 말할만한 변화가 있었으니, 그것은 대만의 '중국전자불전협회'에서 개발하여 전 세계에 보급한 〈C-Beta〉의 출현이다. 『대정신수대장경』과 『대일본만자속장경』을 대상으로 검색 가능한 데이터베이스가 구축되었다. 이 검색 엔진을 활용하여 용례와 출전을 손쉽게 검색할 수 있다. 그리고 한국의 동국대학교에서 만든 『한국불교전서』도 전자 화일로 제공되어 검색이 가능하며, 또 한국의 고려대장경연구소의 덕택으로 『고려대장경』의 정장과 속장도 검색 가능하게 되었다. 컴퓨터 하드의 발달과 더불어 상상을 초월하는 일들이 현실화된 것이다.

그렇다고 해서 이상에서 제시한 각종 공구서들이 쓸모없어진 것은 아니다. 이것은 이것대로 서로 상호 보완적인 역할을 여전히 하고 있다. 특히 구어(口語)에 대해서는, 이 역시 또 하나의 외국어이기 때문에 평소에 언어적인 감각을 몸에 익혀두어야 한다. 몇 개월만 안 보아도 그 감각이 떨어진다. 꾸준히 선 문헌을 읽어야만 그 감각이 유지된다. 물론 이 방면의 새로운 연구 성과에 대해서도 주목하고 꾸준히 '업-그레이드' 해두어야만 선서를 제대로 읽을 수 있다.

이와 더불어 사전류들도 전산화 되어, 손으로 일일이 찾는 수고를 덜었다. 〈개방고적평대(開放古籍平台)〉가 그것이다. 『설문해자』를 비롯한 고금의 각종 사전들을 개인 컴퓨터에서 간단하게 검색이 가능하게 되었다. 약 19종의 공구서들이 탑재되어 있다. 『이십육사(二十六史)』는 물론 『고금도서집성(古今圖書集成)』 등 참으로 다양한 류서(類書)들을 검색할 수 있게 되었다.

2.
이상의 서적들은 거의 대부분 대한민국 국립도서관에 비치되어 있다. 필자가 15여 년 전에 국립도서관 중국도서 선정위원으로 위촉된 적이 있어, 이때 국비로 많은 책을 주문할 수 있었다.

3.
1992년 이후 나온 저서 중 주목할 만한 것들로는 연도순으로 다음이 있다.

(1) 張華 點校, 『祖堂集』, 鄭州: 中州古籍出版社, 2001.
(2) 김월운 역, 『선문염송·염송설화』(전10책), 서울: 동국역경원, 2005.
(3) 金吉祥, 『佛敎大辭典』, 서울: 弘法院, 2005.

(4) 譚偉,『≪祖堂集≫文獻言語硏究』, 四川: 四川出版團巴蜀書社, 2005.
(5) 辛奎卓,『선어읽기사전』, 서울: 수고본, 2006.
(6) 석지현 역주,『벽암록』(전5책), 서울: 민족사, 2007.
(7) 孫昌武·衣川賢次·西口芳男,『祖堂集』(上·下), 北京: 中華書局, 2007.
(8) 淨圓 釋字 譯註.『祖庭事苑』, 서울: 평심사 태화당, 2009.
(9) 吉川忠夫·般山 徹 譯,『高僧傳』(4冊), 東京: 岩波文庫, 2010.
(10) 한보광·임종욱,『중국역대불교인명사전』, 서울: 이회, 2011.
(11) 慧諒 編著,『禪語事典』, 서울: 운주사, 2011.
(12) 辛奎卓 譯註,『禪文手鏡』, 서울: 동국대학교출판부, 2012.

『벽암록』 번역 맛보기

I. 머리말

중국의 선승들은 대화를 통해 상대가 스스로 견성성불(見性成佛)할 수 있도록 지도하는 방법을 개발했는데, 이런 제자 지도 방법은 당시 중국 불교계에 신선한 충격을 주었고 후대에도 계속되어 하나의 전통을 이루었다. 이 과정에서 생성된 대화들 중에는 선종 문하의 제방에서 모범적인 대화로 공인되기도 하였고, 이런 대화들은 시대를 거치면서 차츰 축적되어 갔다. 사람들은 이렇게 종문(宗門)에서 공인된 이야기를 '공안(公案)'이라 불렀다. 그런데 이 공안의 내용을 자세하게 들여다보면, 그 속에는 많은 '이야기 소재[話素]'들이 들어있음을 알 수 있는데, 이것들 하나하나를 우리는 '화두(話頭)'라고 부른다. 화두가 모여서 공안이 되는 것이다.

여기에서 필자는 『벽암록』 제1칙에 실려 있는 '달마불식(達磨不識)' 화두(話頭)를 사례로 삼아, 중국 선종 역사 속에 드러난 화두의 생성·강의·참구에 대한 '역사적 검토'를 시도하려 한다. 그런데 여기에서 필자는 두 가지 점을 먼저 해명함으로써, 이상과 같이 분석 대상을 선정하고 또 검토의 방법을 택한 필자의 의도를 밝히려고 한다. 첫째는 왜 하필이면 '제1칙. 달마불식(達磨不識)'

화두(話頭)를 대상으로 하는가 이고, 둘째는 '역사적 검토'란 무슨 뜻인가이다.

먼저, 첫째의 질문에 대해 해명하기로 한다. 선문(禪門)에 유행하는 공안은 그 수가 『선문염송(禪門拈頌)』[43]을 기준으로 하더라도 1,463개에 달한다. 이 중에 달마(達磨)[44]에 관한 화두도 적잖이 있는데, 달마야말로 선불교의 초조(初祖)이며, 이 화두 속에는 선종 역사상 달마가 중국 땅에 와서 처음 겪었던 일이라고 하기 때문이다. 이것은 그만큼 이 화두가 남종선의 종지를 대표하고 있다고 볼 수 있다. 그래서 이 화두를 통해서 남종선의 종지가 무엇인지를 확인하려는 것이다. 이 과정에서 밝혀지겠지만, 남종선의 종지는 누가 뭐래도 견성성불(見性成佛)이다.

다음, 둘째 질문에 대해 해명하기로 한다. 남종선의 종지는 견성성불(見性成佛)이지만, 이 종지를 드러내는 방식은 시대에 따라 달리 나타난다. 이렇게 시대에 따라 달리 나타나는 점을 규명하기 위해 '역사적 검토'를 하려고 한다. 사실, 화두가 '생성'되고 나면, 후세 사람들은 그렇게 생성된 '화두'에 대한 '강의'를 통해 수행자를 지도하는 전통을 만들었고, 남송대에 들어서는 화두 자체를 '참구'하는 수행 전통도 생긴다. 이런 일들이 역사적 추이에 따

---

[43] 진각 혜심 편, 설봉 학몽 현토, 『懸吐 禪門拈頌』(서울: 불서보급사, 1979).
[44] 달마(達磨): 달마의 표기가 '達磨'로 된 것은 『경덕전등록』(1004년)이 편찬된 이후이다. 그 이전에는 '達摩'로 표기 되었다. 자세한 것은 『語錄の歷史』(柳田聖山, 京都: 京都大學 人文學研究所, 1985年, pp.12~13)를 참고. 이 글에서는 '達磨'로 표기하기로 한다.

라 일어나는데, 물론 각 시대 속에서 '화두'를 활용하는 방식은 달라진다. 그렇지만 역사에 따른 다양한 방법을 통해 그들이 도달하려했던 목표에는 변함이 없었다. 그 목표란 결국 견성성불(見性成佛)이다.

그럼에도 불구하고 송·원 시대를 지나 후대로 내려오면서 선승들은 화두의 참구만을 유독 강조했다. 그 강조의 강도가 크면 클수록 상대의 기량을 엿보아 상대와의 시의적절한 대화를 통해 상대방을 견성성불 하도록 인도하고 지도하는 행위는 말할 것도 없고, 화두에 대한 '강의' 조차도 금기시하게 되었다.

그 결과 때로는 화두에 대하여 막연하게 '동경(憧憬)' 하거나, 또는 화두에 대한 언어나 사유의 접근을 거부하고 화두 자체를 '성역화(聖域化)'하는 풍조도 생기게 되었다. 그러나 위에서 필자가 제기한 문제가 논증된다면, 역사적으로 화두의 다양한 활용이 현존했었음을 알 수 있고, 더 나아가 오늘날도 그럴 수 있음을 알게 될 것이다. 그리하여 이 시대의 수행 환경에 적합한 새로운 화두를 생성하고, 강의하고, 참구해야 한다는 인식도 다시 빛을 보게 될 것이다.

II. 화두의 생성

 이제부터는 '달마불식(達磨不識)' 화두를 중심으로 화두의 '생성'에 관해 검토하기로 한다. 이 화두는 달마와 양 무제(武帝; 464~549, 502년 梁 건국)가 서로 만나 주고받은 이야기를 중심으로 구성되어 있다. 이 이야기를 '역사적 사실'이라고 액면 그대로 수용하는 사람은 없을 것이다. 따라서 화두를 전하는 문헌자료에 대하여 확인할 필요가 있다. 달마 대사가 양 무제와 만나 주고받은 이야기가 언제부터 문헌자료에 나타나는지는 더 조사해 보아야겠지만, 현재 필자는 801년에 편찬된 『보림전』(원명은 『大唐韶州雙峰山曹溪寶林傳』)으로 잠정 짓고 있다.
 물론 『보림전』 이전에, 혜능(慧能; 638~713)의 『조계대사전(曹溪大師傳)』(781년)에 천축(天竺) 29대(代, 혹은 28대)와 동토(東土) 6대의 조통설(祖統說)이 성립되어 있었으나, 『보림전』처럼 조사들의 전기(傳記)가 정리·소개되어 있지는 않았다. 이렇게 보면, 이야기를 양 무제 시대에 있었던 '역사적 사실'로 위장했지만, 문헌으로 정착된 것은 300여 년이 지난 뒤의 일이다. 이 말은 뒤집어 말하면, 300여 년 전의 이야기를 '역사적 사실'로 확정하는 것은 아무래도 무리라는 것이다. 이 점은 원오 선사도 잘 알고 있었다.[45] 필자가 보기에 이것은, 훗날 북종(北宗)이라고 폄하되던 대통 신수(大通神

---

[45] 그래서 양 무제와 달마와의 시간 차이가 7년씩이나 나기 때문에, 시간적으로 서로 만날 수 없다는 당시 사람들의 이야기를 전하고 있다. 이 책의 「III. 화두의 강의」에 인용된 『벽암록』 〈본칙〉의 〈평창〉 참조.

秀; 606~706) 계통의 전등서(傳燈書)⁴⁶, 보당사(保唐寺) 정중종(淨衆宗) 계통의 전등서⁴⁷, 또 남종(南宗) 계통의 전등서가 형성되는 과정에서 만들어진 것으로 보인다.

이렇게 만들어진 달마와 양 무제 사이의 이야기는, 그 후 『성위집(聖胄集)』(899년), 『조당집(祖堂集)』(952년), 『경덕전등록(景德傳燈錄)』(1004년)을 거치면서 세상에 널리 퍼졌다. 그 후 『천성광등록』(1023년), 『건중정국속등록』(1101년), 『연등회요』(1183년), 『가태보등록』(1201년)을 지나, 다시 『오등회원』(1252년)과 『고존숙어록』(1267년)에 와서 중국 쪽에 확고하게 정착된다. 이런 상황은 한반도에서도 마찬가지이다. 고려시대에는 진각 국사 혜심(慧諶; 1178~1234)의 『선문염송』(98則)에도 반영된다. 이 화두의 내용은 각 전등서(傳燈書)에 따라 약간의 글자 출입은 있지만 내용에는 변함이 없다.

역사의 변동과 더불어, 결과적으로 남종(南宗)이 확산되면서, 남악 회양 문하의 마조 도일과 청원 행사 문하의 석두 희천의 문도(門徒)들이 번성하게 되었다. 이들은 저마다의 개성을 드러내면서 또 다양한 방식으로 수행에 관한 이야기를 만들어 내었다. 그리고 이들의 이야기는 각종 전등서(傳燈書)에 채록(採錄)되어, 오늘날

---

46 북종 계통의 전등서로는, 개원 년간(713~741)에 두비(杜朏)에 의해 편찬된 『전법보기병서(傳法寶記幷序)』와 개원 7~8년(719~720) 정각(淨覺)에 의해 편찬된 『능가사자기(楞伽師資記)』가 있다.
47 정중종(淨衆宗) 계통의 전등서로는, 보당 무주(714~774) 선사가 입적한 후에 그의 제자들에 의해 편찬된 『역대법보기(歷代法寶記)』를 들 수 있다. 이와 더불어 사서는 아니지만 남종 선양에 승리를 안겨준 『보리달마남종정시비론(菩提達摩南宗定是非論)』의 대두도 화두 형성에 영향을 주었을 것으로 생각된다.

까지 전해지고 있다.

물론 세월이 하대(下代)로 내려오면서, 이들의 이야기는 때로는 증광(增廣)되기도 했고, 때로는 변형(變形)되기도 했다. '달마불식(達磨不識)' 화두(話頭=이야기)도 『달마삼론(達磨三論)』이나 『소실육문(少室六門)』에는 기록되어 있지 않다. 훗날 누군가가 역사적인 사실을 보태어 현실성을 부여한 인위적 이야기일 가능성이 높다. 그 시기는 물론 『보림전』(801년)이 만들어지기 이전일 것이다.

이렇게 해서, 개개의 화두마다 각자 사연과 과정은 다르지만, 생성되고 발전해 오다가 특정한 시기에 이르러 그 '생명 활동'은 정지되곤 한다. 필자가 화두의 이런 현상을 '생명 활동'이라고 명명하는 이유는 '작은 이야기'가 만들어진 다음에, 그것이 '역사적 산물'이든 아니면 '이념적 산물'이든, 생명체가 진화하듯이 생생하게 수행하는 선승들의 치열한 구도와 토론 속에서 활용되고[48] 때로는 변화해 가기 때문이다. 그러나 생생한 수행승들이 사라지고 나면 그 껍질만 형해(形骸)처럼 남는다. 그리고는 그 형해를 우려먹는다. 물론 진국은 전혀 없다. 때로는 문자의 흥취나 희롱하는 '잘못된' 선문학(禪文學)에 빠지기도 한다. 남의 게송(偈頌)이나 모방하는 따위가 이런 경우이다. 물론 개중에 뛰어난 선승들은 자

---

[48] 화두의 활용 : 화두를 활용해서 제자들을 지도하는 사례를 필자는 일찍이 운문 문언(雲門文偃; 865~949)의 『운문광록』에서 문헌적으로 고증한 적이 있다. 타인의 화두를 들어서[拈擧]서 상대를 지도하기도 하고, 때로는 타인의 화두에 대하여 상대방에 대신해서 말해주기[代語]도 하고, 때로는 타인의 화두와는 다른 측면에서 말해주기[別語]도 한다. 자세한 것은 이 책의 「선사들이 가려는 세상」(pp.426~434) 참조.

신의 체험을 자신만의 언어로 밀도 있게 표현하기도 한다. 필자가 위에서 '잘못된'이라고 한정어를 쓴 이유는 모든 선문학(禪文學)이 다 그런 것은 아니기 때문이다. '작가(作家) 선지식(善知識)'이라는 말도 이런 배경에서 비롯된 것이다. 그 대표적인 '작가(作家)'들 가운데 한 사람이 설두 중현(雪竇重顯; 980~1052)과 원오 극근(圜悟克勤; 1063~1135)이 있다. 이하에서 저 '작가(作家)'들의 솜씨를 살펴보도록 한다.

III. 화두의 강의

설두 중현(雪竇重顯) 선사는 일찍이 지금의 절강성 봉화현(奉化縣)에 있는 자성사(資聖寺)에 주석하면서, 전래되는 고칙(古則) 화두 100개를 가려 뽑고 그에 대하여 송(頌)을 붙였다. 세인들은 이것을 『설두송고(雪竇頌古)』라 한다. 선문학(禪文學)의 백미(白眉)이다.[49]
이것을 다시 원오 선사가 성도(成都)의 원각사(圓覺寺), 그리고 호남성 예주(澧州)의 협산사(夾山寺)와 담주(潭州)의 도림사(道林寺)에 머물면서, 선승들을 대상으로 강의를 한다. 바로 이 강의가 수강생들에게 채록되어 이리저리 돌아다니다가 남송 건염(建炎) 2년(1128년) 제자 보조(普照) 선사에 의해 상재(上梓)된다. 이것이 바로 '종문제일서(宗門第一書)'로 꼽히는 『벽암록』이다. 이 책의 원서명

---

[49] 柳田聖山,「解說」,『雪竇頌古』, 入矢義高 外 3人 譯(東京: 筑摩書房, 昭和56年), pp.281~304.

은 『불과원오선사벽암록(佛果圜悟禪師碧巖錄)』이다.

위에서 원오 선사의 강의 장소로 세 곳을 거론했지만, 이 문제에 대해서는 심상찮은 곡절이 있다. 우리는 저간의 사정을 이 책의 제목에 부기(附記)된 다음의 문장 속에서 엿볼 수 있다. 즉, "사주예주협산령천선원 평창설두현화상송고어요(師住澧州夾山靈泉禪院 評唱雪竇顯和尙頌古語要)"인데, 이것을 번역하면 다음과 같다. "(원오) 선사께서 예주(澧州)의 협산(夾山)에 있는 영천선원(靈泉禪院)[50]에 계시면서 설두 중현(雪竇重顯) 화상의 송고(頌古)[51]에 대하여 평창(評唱)[52]을 붙인 핵심 말씀[語要[53]]."

우리나라에서는 세조 11년(1465)에 주조한 청동 활자 을유자(乙酉字)로 인행(印行)된다. 을유자본은 『벽암록』(전3책)(백련선서간행회, 경남: 장경각, 1993)으로 한글 번역되고 그 판본을 영인 첨부하여 독서인의 열람을 돕고 있다. 이하에서는 '달마불식' 화두가 선승들의 교육 현장에서 어떻게 강의되었는지를 살펴보기로 한다. 한글로 읽는 독자들에게 화두 '강의'의 현장감을 살리기 위하여, 자세하

---

50 예주(澧州)의 협산(夾山)에 있는 영천선원(靈泉禪院): 예주는 호남성 북부의 지명. 동정호의 서쪽에 있다. 예주의 서쪽에 있는 석문현(石門縣) 동남쪽에 영천선원(靈泉禪院)이 있다. 이 선원을 협산사(夾山寺)라고도 한다. 『大明一統志』(권59)에 자세한 기록이 보인다.
51 송고(頌古): 고칙(古則)의 내용을 노래조로 엮어가면서, 때로는 찬양하기도 하고 때로는 비판하기도 하는 선어록 강의의 한 형식, 또는 그런 선 문헌.
52 평창(評唱): 평론하여 드러내다. 문제를 논평하여 제창하는 것.
53 어요(語要): 원오 스님은 설두 스님의 『頌古』를 여러 차례 장소도 바꾸어 가면서 법문을 했고, 이것을 제자들이 기록했다는 것은 이미 밝힌 바가 있다. 아마도 법문하신 여러 말씀 중의 요지라는 뜻으로 어요(語要)라고 한 듯하다.

게 주석을 붙인다. 또 원문은 독자들의 열람하는 편의를 위해
『신수대장경』(48권)을 대본으로 했고, 다시 현토(懸吐)하여 필자의
번역이 제대로 되었는지도 수월하게 대조할 수 있도록 하였다.

【垂示】

垂示[54]하여 云호대 隔山見煙하면 早知是火하고 隔牆見角하면 便知是牛라.[55] 舉一明三[56]하고 目機銖兩[57]은 是衲僧家[58]의 尋常茶飯이어니와 至於截斷衆流[59]하고 東湧西沒하며 逆順縱橫하야 與奪自在하야는 正當恁麼時[60]하야 且道[61]하라. 是什麼[62]人의 行履處오. 看取[63]雪竇葛藤[64]하라.

---

54 수시(垂示): 보여 주다. 때로는 본칙을 거량하기에 전에 서두에서 문제를 제기하는 설법의 한 형식을 지칭한다.
55 이 대목은 現量을 더 높이 치는 선승들의 진리관을 단적으로 드러내는 부분이다. 이 부분의 내용은 比量에 사례로 많이 인용된다. 『니야야빈두』에도 그 사례 있다. 중국에서는 대체로 다음의 문헌에서 그 사례를 채용한다. 『大涅槃經』(17권), "如遠見烟, 名爲見火, ……, 如人逢見籬間牛角, 便言見牛, ……"(대정장12, 477a).
56 『論語』「述而」篇, "擧一隅, 不以三隅反, 則不復也."
57 목기수량(目機銖兩): '目機'는 눈대중으로 알아차리는 것. '銖兩'은 무게를 재는 단위. 1銖(수)=1/24兩, 1兩=1/16斤. 즉, 눈짐작으로 아주 미묘한 차이의 무게까지도 알아맞춘다는 뜻으로, 상대의 수행이 어느 정도인지 꿰뚫어보는 것을 비유.
58 납승가(衲僧家): '衲衣'를 걸친 승려라는 뜻이나, 주로 선승을 지칭. '衲衣'는 기워서 만든 가사. '家'는 명사 뒤에 붙는 접미사이므로, 선승의 집안이라고 해석해서는 안 된다.
59 절단중류(截斷衆流): '衆流'는 '識'이 생겼다가 사라졌다 하는 것을 물의 출렁거림에 비유한 것이다.
60 정당(正當)~시(時): '바로 ~할 때에'의 뜻이다. '恁麼'는 文語의 '如此'. '正'만으로도 그런 의미로 쓰인다.
61 차도(且道): '且'는 위의 말이나 문장을 이어서 뒤의 말이나 문장을 이어갈 때에 쓰는 어기사. '道'는 '말해보거라'의 뜻이다. 이 문맥에서는 '且道'를 상투어로 보아 대답을 재촉하는 말로 해석하였다.
62 십마(什麼): '어떤'의 뜻이다. 현대의 백화에서도 쓰이는 의문사. 唐代에는

【수시】

(원오 선사께서) 수시하였다.

산 너머에서 나는 연기를 보고도 벌써 거기에 불이 있는 줄 알고, 담장 너머에 있는 뿔만 보고도 그것이 소라는 것을 안다. 한쪽 모퉁이만을 들어도 나머지 세 모퉁이를 미루어 짐작할 줄 알고, 상대의 수행이 깊은지 얕은지 한 눈에 척 알아본다. 이는 선승(禪僧)에게 있어서는 차 마시거나 밥 먹는 것처럼 일상적인 것이다.

그런데, 모든 알음알이의 출렁거림을 딱 끊어 버리는 지경에 이르러서는 동서로 자유롭게 출몰하고, 종횡무진 상대의 감정에 맞추어 주기도 하고 때로는 거슬리기도 하며, 자유자재하게 때로는 상대를 용서해 풀어 줬다가 때로는 끌어들여 가차 없이 처단하기도 한다. 바로 이런 경우, 자! 말해 보아라, 이는 도대체 어떤 사람이 하는 행동거지인가? 설두 선사의 이야기를 보아라.

【本則】[65]

擧[66]하다. 梁武帝가 問達磨大師호되

'是物', '是勿', '是沒'로도 표기. 줄여서 '甚'으로도 쓰임. 송대에는 '什麼'로 사용되기도 한다.
[63] 간취(看取): 보아라. '取'는 동사의 뒤에서 그 동작의 진행을 표시하는 접미어로서, '취하다'는 뜻은 없다. '說取', '合取口: 입 닥쳐' 등도 같은 용례이다.
[64] 갈등(葛藤): 원래의 의미는 칡덩굴. 선서에서는 언어와 문자를 비유.
[65] 본칙(本則): 본안에서 처리할 주제.
[66] 거(擧): '거론하다'는 뜻이다. 이제부터 본론으로 들어가 이야기를 거론함을 나타내는 말. '擧'는 論主(또는 講主)가 내 뱉는 말이 아니고, 그 회상에서 이야기를 들은 사람이 자신이 들은 이야기의 내용을 문자로 기록할 때에 첫머

〈說하시다.⁶⁷ 這不啷嚕漢⁶⁸이여.〉

如何是聖諦第一義이니이꼬
〈是甚⁶⁹繫驢橛⁷⁰인가.〉

磨云호되 廓然⁷¹無聖이니다.
〈將謂⁷²多少⁷³奇特이언만 箭過新羅⁷⁴라. 可殺⁷⁵明白이로다.〉

帝曰호되 對朕者誰요.
〈滿面慚惶이나 强惺惺이군. 果然⁷⁶이로다. 摸索不著⁷⁷이로다.〉

리에 쓰는 것으로 훗날 선어록의 본칙 앞에 붙는 정형구가 되었다.
67 설(說): 원오가 강설하는 모습을 기록자가 적은 것으로 볼 수도 있다. '이런 어줍지 않은 것을 설하는 놈'이라고 번역해서는 안 된다. 물론, 唐代 강창문(講唱文)에 '說這~'의 어법이 있기는 하다. 이 말은 '그런데, 이 ~는'의 뜻으로 말머리를 바꿀 때에 쓰는 상투어. 그런데 만약 이 어법을 이곳에 적용하면 술어가 없다. 그렇다고 '說'字를 성급하게 衍字로 볼 수도 없다. 그래서 이번 번역에서는 '說'을 '말했다'로 했다.
68 자부즉류한(這不啷嚕漢): '이런 어줍지 않은 놈'이라는 뜻의 한 단어임. '啷嚕'는 '영리한' '민첩한'의 뜻이다. '~漢'은 '~한 놈'의 뜻이다. 제1則에서의 '변변치 못한 놈'은 황제를 지칭. 6則은 수보리, 27則은 달마를, 55則은 漸源, 78則은 16명의 보살을 각각 지칭한다.
69 시심(是甚): 이 무슨. '甚'은 '什麽'의 간략형. '是甚'은 '是什麽'와 같다.
70 계려궐(繫驢橛): 나귀 매는 말뚝. 선서에서는 자유를 얽매는 그 무엇인가를 나타낼 때에 비유적으로 쓴다.
71 곽연(廓然): 아무것도 없는 상태를 형용. '廓'은 '空'也. '然'은 부사어.
72 장위(將謂)~: ~이라고 여겼는데 알고 보니 실제는 그렇지 않음을 표현할 때 문장 첫머리에 사용한다.
73 다소(多少): ① '꽤 대단한'의 뉘앙스로 '多'에 의미가 실리는 경우도 있고, ② '조금 못난'의 뉘앙스로 '少'에 의미가 실리는 경우도 있다. 여기서는 ①이다.
74 신라(新羅): 선서에서의 '新羅'의 의미는 '너무 멀리 떨어져서 아득한 곳' 또는 문명이 뒤떨어진 '촌구석'. 여기서는 전자이다. 箭過新羅'는 핵심에서 빗나갔음을 표시한다.
75 가살(可殺): 참으로, 너무, 매우. 부사. '可煞'로도 표기. '殺'은 동사의 뒤에 붙어서 그 동작을 강조하는 어기를 나타낸다.
76 과연(果然): 예상했던 대로 언행이 진행되는 것을 표시한다.

磨云호되 不識이라하니

〈咄.⁷⁸ 再來⁷⁹不直半文錢이로다.〉

帝不契어늘

〈可惜許⁸⁰라. 卻較些子⁸¹로다.〉

達磨遂渡江至魏하다

〈這野狐精이 不免一場懡㦬하고 從西過東하며 從東過西하는도다.〉

帝後擧問志公하니

〈貧兒⁸²가 思舊債로다. 傍人이 有眼이로다.〉

---

77 모색불착(摸索不著): '摸索'은 '찾아보다', '검토하다'. '~不著'은 동사 뒤에 붙어서 그 동작이 실현되지 못한 것을 표시한다.

78 돌(咄): 꾸짖는 행위를 설명하는 지문. 현대 중국어 발음은 'duo'. 혹자는 이 말을 의성어로 보아 '쯧쯧'으로 번역했으나 이는 오류이다. 원오 스님이 지금 설법을 하고 있고, 그것을 들었던 제자가 기록한 것이 이 『벽암록』임을 상기해야 한다. 즉 〈수시〉, 〈평창〉, 〈하어〉에 기록되어 있는 문장은 원오가 아닌 제삼자가 기록한 것이라는 것이다. 여기서는 원오 스님이 꾸짖었던 그 상황을 제삼자가 기록한 것이다. 이런 예는 '便打'의 경우도 마찬가지이다. 혹자들은 이 말을 '쳐라!'라고 원오 스님의 말로 번역했으나, 실은 원오 스님이 설법을 하시다가 (선상 내지는 주장자를) 때린 상황을 제삼자가 나중에 기록한 표현이다. 따라서 이 경우는 "원오 스님이 때렸다" 정도로 번역하는 것이 무난하다.

79 재래부직반문전(再來不直半文錢): '再來'는 같은 일을 다시 반복하는 것. 무제의 질문에 첫번째는 '無聖'이라 대답했고, 이번에는 '不識'이라 대답했기에 '再來'라고 했다. 위진남북조 시대 이후 돈을 세는 단위로 '文'을 쓰기 시작했다.

80 가석허(可惜許): '可惜'은 '애석하다'는 뜻이다. '許'는 '乎'와 음통(音通)으로 탄식을 나타내는 조사이다.

81 교사자(較些子): '些子'는 '약간'이라는 뜻의 정도 보어. '較'는 '差'의 뜻으로 '간격이 있음'을 뜻한다. 이 용례는 ① '그저 약간 차이가 있다'는 뜻의 긍정적 용례도 있고, ② '좀 차이가 난다'는 뜻의 부정적 용례도 있다. 여기서는 ②이다.

82 빈아(貧兒): 가난뱅이. '兒'는 부사 또는 형용사 뒤에 붙어서 명사화시키는 조사이다. '아이'의 뜻은 아니다. 『涅槃經』「聖行品」, "善男子. 譬如窮人負他

志公이 云호되 陛下還識此人否[83]니이까 하니

〈和[84]志公으로 趕出國始得[85]이어다. 好[86]與三十棒이로다. 達磨來也라.〉

帝云호대 不識이니다

〈卻是武帝가 承當[87]得達磨公案이로다.〉

志公이 云호되 此是觀音大士이며 傳佛心印이니라.

〈胡亂指注[88]라. 臂膊은 不向外曲이니라.〉

帝悔하야 遣使去請하니

〈果然把不住[89]라. 向道[90]不啣嘲아.〉

志公이 云호되 莫道[91]陛下發使去取이며

〈東家人이 死에 西家人이 助哀[92]로다. 也好一時에 趕出國이로다.〉

闔國人이 去라도 他亦不回니다.

〈志公도 也好與三十棒이라. 不知脚跟下에 放大光明[93]이로다.〉

錢財, 雖償欲畢, 餘未畢, 故猶繫在獄而不得解. 聲聞緣覺亦復如是, 以有愛習之餘氣故, 不能得成阿耨多羅三藐三菩提. 是名如債有餘."(대정장12, 440b).

83 환식차인부(還識此人否): '還~否'는 의문사. '~인フ-?'의 뜻이다.
84 화(和): '與' 또는 '連'과 같은 뜻이다. 포괄을 표시하는 介詞.
85 ~시득(始得): '~하는 게 좋겠다' 또는 '~해야만 한다.'
86 호(好)~ : '~하는 게 좋겠다.'
87 승당(承當): 받아들이다. 수용하다.
88 호란지주(胡亂指注): '胡亂'은 허둥버둥 정신 못 차리는 모습을 나타낸다. '指注'는 '해석하다'는 뜻이다.
89 파부주(把不住): '~不住'는 동사 뒤에 붙어서 그 동사의 동작이 실현되지 못함을 표시. '잡지 못하다'의 뜻이다.
90 향도(向道) '전에 말하다' 또는 '~에게 말하다'의 두 가지 뜻이 있는데, 여기서는 전자이다.
91 莫道陛下發使去取, 闔國人去, 佗亦不回: 여기에서는 '莫道 A, B'의 구문이다. 'A는 말할 것도 없고 B까지도'의 뜻이다. 종래에 '莫道~'로 구독하여, '~라고 말하지 말라'라고 읽었던 것은 잘못이다.
92 『淮南子』에 고사가 있고 『전등록』(27권) 「寒山條」에도 그런 용례가 보인다.

【본칙】

(설두 선사는 이렇게) 이야기를 꺼냈다.

양 나라의 무제(武帝; 464~549)가 달마 조사에게 물었다.
〈(원오 선사가) 말했다. 이 변변치 못한 놈.〉

"무엇이 근본이 되는 가장 성스런 진리입니까?"
〈이 무슨 당나귀 붙잡아 매는 말뚝인가?〉

"어디에도 성스런 진리란 없습니다."
〈그래도 조금은 기특한 데가 있다고 여겼더니만 …. 저 멀리 가물거리는 신라(新羅) 땅으로 화살이 날아가 버렸구나. 너무나도 분명하군.〉

무제가 말했다.
"나하고 지금 이야기하고 있는 그대는 뉘시오?"
〈온몸이 빨개지도록 부끄러우면서도 억지로 태연한 척 하는구나. 예상했던 대로 별 수 없군.〉

달마 조사가 대답했다.
"모르겠습니다."
〈(원오 선사는) 꾸짖었다. 거듭해 봤자 반 푼어치도 안 된다.〉

무제가 여전히 알아차리지 못했다.
〈아깝구나. 아직 멀었다.〉

---

93 부지각근하대방광명(不知脚跟下大放光明) : '脚跟下大放光明'은 굳이 지공을 두고 한 말이라고 읽을 필요는 없다. 발에서 광명이 솟아나는 이야기는 『華嚴演』「光明覺品」, "爾時. 世尊從兩足輪下, 放百億光明. 照此三千大千世界百億閻浮提."(대정장10, 62중) 참조. '不知~'는 의문사로서 '~인가 아닌가?'의 뜻이다.

달마 조사는 그 뒤 양자강을 건너 위(魏) 나라 땅으로 갔다.
〈이 여우같은 놈. 결코 한 바탕의 부끄러움을 면하지 못할 것이다. 이리 왔
다 저리 갔다 하는군.〉

무제가 뒷날 이것을 지공(志公 ; 425~514) 화상에게 말하였다.
〈거지가 과거에 못다 갚은 빚을 아직도 근심하는군. (오히려) 제 삼자에게
보는 안목이 있군.〉

지공 화상이 말했다.
"폐하께서는 이 사람을 모르십니까?"
〈지공 화상 이놈까지 싸잡아 나라 밖으로 추방해야만 한다. 딱히 30대 정
도는 조져야겠다.
달마 조사가 오셨구나.〉

무제가 말했다.
"모르겠습니다."
〈거꾸로 무제가 달마 조사의 공안을 고스란히 받아들였구려.〉

지공 화상이 말했다.
"그분은 관세음보살이시며, 부처님의 심인(心印)을 전하러 오신
어른이십니다."
〈이러니 저러니 호들갑떨고 자빠졌네. (같은 승려끼리라고) 팔이 안으로
굽는군.〉

무제는 전에 했던 일을 후회하고 사신을 보내어 불러 오게 했
다.
〈예상하건대 데려오지 못할걸, '전에 이미 변변치 못하다'고 말했지 않았더

냐.〉

지공 화상은 말했다.

"폐하께서 사신을 보내는 것은 말할 것도 없고,

〈동쪽에 있는 사람이 죽었는데 서쪽에 사는 사람이 조문을 하는 격이군. 한꺼번에 모두 나라 밖으로 쫓아내면 딱 좋겠다.〉

설사 온 나라 사람이 모두 데리러 가더라도 그는 결코 오지 않을 겁니다."

〈지공 화상도 30대 정도는 조져야 한다. 발밑에서 대광명(大光明)이 비치는 줄을 아는가? 모르는가?〉

【評唱】

達磨遙觀此土에 有大乘根器하고 遂泛海得得[94]而來하야 單傳心印하야 開示迷塗하야 不立文字하고 直指人心하야 見性成佛이라. 若恁麼[95]見得인댄 便有自由分[96]하리라. 不隨一切語言轉하면 脫體現成[97]하야 便能於後頭[98]에 與武帝對譚과 幷二祖安心處[99]에 自然見得하야 無計較情塵하고 一刀截斷하야 洒洒落落[100]하리니 何必更分是分非하며 辨得辨失이리오. 雖然恁麼나

---

94 득득(得得): 먼 길을 하염없이 걸어오는 모양을 형용. 특별하게 일부러 '의기양양한 모습'은 아니다.
95 임마(恁麼): 이렇게.
96 자유분(自由分): '자유를 누릴만한 자기 자신의 몫'. '分'은 자신에게 본래 부여된 자격을 의미이다.
97 탈체현성(脫體現成): '脫體'에서의 '體'는 주물을 부어내는 거푸집이나 틀을 말한다. '脫體'는 거푸집을 벗기는 것을 뜻한다. '現成'은 '있는 그대로 고스란히 드러남'을 뜻한다.
98 후두(後頭): '頭'는 장소를 나타내는 접미사. '뒤에서'의 뜻이다.
99 이조안심처(二祖安心處): 혜가(慧可; 487~593)를 제접한 일. 99칙의 〈평창〉 참조.

能有幾人고. 武帝가 嘗披袈裟¹⁰¹하고 自講放光般若經하니 感得하야 天花亂墜하고 地變黃金이라. 辨道奉佛¹⁰²할세 詰詔天下하야 起寺度僧하며 依教修行하니 人謂之佛心天子라라. 達磨初見武帝하니 帝問호되 朕이 起寺度僧하니 有何功德이니잇고. 磨云호되 無功德이라 하니 早是惡水驀頭¹⁰³澆라. 若透得這箇無功德話이면 許你親見達磨라 하리라. 且道하라. 起寺度僧이 爲什麽하야 都無功德고. 此意在什麽處오. 帝가 與婁約法師와 傳大士와 昭明太子로 持論眞俗二諦하니 據教中說¹⁰⁴컨댄 眞諦以明非有하고 俗諦는 以明非無하니 眞俗不二라하야 卽是聖諦第一義라. 此是教家의 極妙窮玄處니 帝便拈此極則處하야 問達磨호되 如何是聖諦第一義니꼬 하니 磨云호되 廓然無聖이라 하니 天下衲僧跳不出이라. 達磨與他一刀截斷이어늘 如今人多少¹⁰⁵錯會하야 却去弄精魂¹⁰⁶하고 瞠眼睛云호되 廓然無聖이라 하니 且喜¹⁰⁷라

---

100 쇄쇄락락(洒洒落落): 맑고 맑아 깨끗한 모양.
101 지반(志磐)의 『通塞志』에 의하면 무제는 普通 元年(520)에 草堂慧約 법사를 계사로 구족계를 품수했다고 한다.
102 변도봉불(辨道奉佛): '辨道'의 '辨'은 '辦'의 뜻인데, 唐代에는 이 두 자를 구별하지 않고 쓴다. 여기서는 '辨'은 '治'의 의미도 있고, '貶'의 의미도 있다. 만일 '治'로 읽으면 '불도를 닦고 부처님을 받들다'로 번역해야 하고, '貶'으로 읽으면 '도교를 낮추고 불교를 추켜세우다'로 번역된다. 그런데, 『佛祖歷代通載』(권9)에, 天監 13년(514년)에 황제 자신이 重雲殿에서 올린 발원문이 소개되어 있는데, "天監三年四月八日. 帝率道俗二萬餘人, 升重雲殿. 親製文發願 乞憑佛力, 永棄道教, 不在崇奉"(대정장4), 544하)라고 기록. 이를 근거로 여기에서는 '辨'을 '貶'으로 읽었다.
103 맥두(驀頭) 갑자기. 느닷없이.
104 승조(僧肇)의 『不眞空論』에서 『放光般若經』의 眞俗二諦를 설명하는 데에 나오는 구절인 "此經直辨, 眞諦以明非有, 俗諦以明非無, 豈以諦二而二於物哉"를 두고 하는 말일까? 승조의 사상은 中唐 이후의 당시 사상계에 상당한 영향을 미쳤고 『寶藏論』이 그의 이름을 빌려 찬술되기도 했다.
105 다소(多少): '多少'는 '多'에 의미가 있을 때도 있고, '少'에 의미가 있을 때도 있다. 여기서는 전자이다.
106 거농정혼(去弄精魂): '去+V'의 형태도 동사에 앞에 의도적으로 그 동작을 진행해가는 의미가 첨가됨. 여기서는 '精魂'을 '去弄'하다. 즉, '분별망상을 부리다'의 뜻이다.

『벽암록』 번역 맛보기 369

沒交涉이로다. 五祖先師[108]嘗說호되 只這廓然無聖을 若人透得하면 歸家穩坐하리라 一等[109]是打葛藤이나 不妨[110]與他打破漆桶이라. 達磨는 就中에 奇特이로다. 所以道[111]하되 參得一句透하면 千句萬句一時透하야 自然坐得斷하고 把得定[112]하리라. 古人[113]이 道하되 粉骨碎身이라도 未足酬이나 一句了然하면 超百億이로다. 達磨劈頭[114]에 與他一拶[115]하니 多少漏逗[116]了也이나 帝不省하고 卻以人我見故[117]로 再問호되 對朕者誰오하니라. 達磨慈悲忒殺[118]이라 又向道호되 不識이라 하니 直得[119]武帝眼目定動[120]하야 不知落

---

107 차희(且喜): 탐탁하게 여기지 않는 긍정. '에~. 그렇기는 하지만'의 뜻으로, 뒤에 부정하는 말 즉 '沒交涉'과 호응한다.
108 오조 선사(五祖先師): 백운 수단(白雲守端)의 제자이자 원오의 스승인 法演(?~1104)을 지칭한다. '先師'는 돌아가신 은사의 경칭이다. 이 말의 출전은 미상이다.
109 일등(一等): 똑같이. 동일하게. '一等~取中~'으로 쓰이는데, '똑같이 ~하지만, 그 중에서도 ~하다'의 뜻이다. '一等~直須~'로도 사용되는데 '한결같이~하기보다는, 반드시~해야 한다'는 뜻이다.
110 불방(不妨)~: 참으로 ~하다. 문어의 '~를 방애하지 않다'와는 전혀 다른 용법이다.
111 원오 스님의 昭覺寺에 머물 때에 한 말로서, 『원오심요』에 수록되어 있다.
112 좌득단(坐得斷), 파득정(把得定): '坐得斷'은 '坐斷'으로 '把得定'은 '把定'으로도 쓰인다. '坐斷'은 唐代에는 '挫斷'으로 표기하고 '끊다'의 뜻이었으나, 宋代부터는 '조금도 움직이지 못하게 하다'의 뜻으로 전용. 이 때 '斷'은 강조를 나타내는 어조사. 그 예로 "坐斷天下人舌頭", "坐斷要津" 등이 있다. '把定'은 '把住'로도 쓰이며 '放行: 놓다'의 상대어로써 '들다', '집다'의 뜻이다. '~得~'의 어법은 뒤에 오는 동사나 형용사로 하여금 앞의 동사나 형용사를 수식하여 강조를 나타낸다.
113 영가 현각(永嘉玄覺; 675~713)의 『證道歌』의 나온다.
114 벽두여타일찰(劈頭與他一拶): '劈頭'는 '갑자기', '첫머리에'.
115 일찰(一拶): 상대에게 일격을 가하는 것으로 '내지르다'로 번역한다.
116 누두(漏逗): 허점을 보이다. 잘못이 드러나다.
117 却以人我見故: '以~故'는 이유 내지는 원인을 나타내는 어구이다.
118 특살(忒殺): 대단하다. 심하다. '忒'도 '殺'도 모두 '대단하다' '심하다'의 뜻이다.
119 직득(直得)~: (어떤 일이나 결과가) ~하는 지경까지 이르다. '致得'으로도 쓴다.

處¹²¹是何言說이라. 到這裏하야는 有事無事커나 拈來卽不堪이로다. 端和尙이 有頌云¹²²호되 一箭尋常落一鵰하고 更加一箭已相饒¹²³라 直歸少室峰前坐하니 梁主休言更去招하소. 復云¹²⁴호되 誰欲招오. 帝不契어늘 遂潛出國하다. 這老漢이 只得懡㦬하야 渡江至魏하니 時는 魏孝明帝¹²⁵當位라 乃此北人種이니 族姓拓跋氏라 後來¹²⁶에 方名中國¹²⁷하다. 達磨至彼하야 亦不出見¹²⁸하고 直過少林하야 面壁九年에 接得二祖하니 彼方號爲壁觀婆羅門이러라. 梁武帝가 後에 問志公하니 公云호되 陛下還識此人否¹²⁹니까. 帝曰호대 不識이다 하니 且道하라. 達磨道底로 是同가 是別가. 似則也似나 是則不是로다. 人多錯會道호되 前來達磨는 是答他¹³⁰禪이오 後來武帝는 是對他志公하야 乃相識之識이라 하니 且得¹³¹沒交涉기로다. 當時志公이 恁麽問하니 且道하라 作麽生祇對¹³²오. 何不一棒打殺¹³³하야 免見搽胡¹³⁴오. 武

---

120 안목정동(眼目定動): '定動'은 동요하여 안정되지 못하는 것이다. '定動'의 '定'은 첫음절의 자음을 맞추기 위한 것으로 동사 앞에 붙어서 그 동작을 일정하게 하는 상태를 보여준다.
121 낙처(落處): 귀결점. 혁심.
122 단화상유송운(端和尙有頌云): 端 和尙은 白雲守端(1025~1072)으로, 원오의 스승인 五祖法演의 은사이다. 존경의 뜻으로 법명을 한자 諱했다. 현재 절 집안의 상례에 따라 자기 은사의 은사인 경우에는 "노스님"이라고 번역했다.
123 상요(相饒): 일부러 한 수 봐주다. 덤으로 더 주다. 『事文類聚 後集』(권43) 에 後魏의 姜王 幹의 화살 솜씨를 서술하는 문중에 이 고사가 자세하게 실려 있다.
124 『백운수단선사광록』을 보건대, 이 부분은 위의 게송에 대한 백운 스님 자신의 '下語'로 보인다.
125 효명제(孝明帝): 북위(北魏)의 8대 황제. 재위(516~528).
126 후래(後來): 뒤에
127 태화(太和) 20년(496) 漢化 정책에 따라 '元'氏도 改姓.
128 『傳燈錄』「達磨條」에 의하면 명제가 세 차례나 칙소를 내렸으나 그는 결국 나아가지 않았다고 한다.
129 폐하환식차인부(陛下還識此人否): '還~否'는 의문사.
130 타(他): 가벼운 지시대명사로 '저'로 번역한다.
131 차득(且得) 에, 그런데.

帝卻供他款하야 道호되 不識이라 하니 志公見機而作하야 便云호되 此是觀音大士요 傳佛心印이라 하니 帝悔遂遣使去取하니 好不啊嚕라. 當時에 等[135] 他道此是觀音大士요 傳佛心印하야 亦好擯他出國하면 猶較些子라. 人傳호되 志公은 天鑒十三年에 化去하고 達磨는 普通元年에 方來하니 自隔七年이니 何故로 卻道同時相見고. 此必是謬傳이라. 據傳[136]中所載하야 如今不論這事하고 只要知他大綱이로다. 且道하라. 達磨是觀音인가 志公是觀音인가 阿那箇[137]是端的底觀音고. 旣是觀音인댄 爲什麼하야 卻有兩箇요. 何止兩箇요 成群作隊이로다. 時에 後魏光統律師와 菩提流支三藏이 與師로 論議러니 師斥相指心[138]커늘 而褊[139]局之量에 自不堪任하고 競起害心하야 數加毒藥이러니 至第六度[140]하야는 化緣이 已畢하고 傳法得人인지라 遂不復救하고 端居而逝하니 葬於熊耳山定林寺[141]하니라. 後魏宋雲奉使가 於蔥嶺에 遇師手攜隻履而往하니라. 武帝追憶하고 自撰碑文云호되 嗟夫라. 見之不見하고 逢之不逢하며 遇之不遇[142]하니 今之古之에 怨之恨이로다. 復讚云호되 心有也이면 曠劫而滯凡夫하고 心無也이면 刹那而登妙覺이로다. 且

---

132 작마생지대(作摩生祗對) : '祗對'는 말 또는 행동으로 응수하는 것이다. '作摩生'은 의문사로서 '如何'와 동일하다. '作物生', '作勿生', '作沒生'으로도 표기한다.
133 살(殺) : '殺'은 동사의 뒤에서 강조를 나타낸다.
134 차호(搽胡) : 애매모호.
135 등(等)ㄴ : ~를 기다렸다가.
136 『寶林傳』(8권) 「達磨傳」.
137 아나개(阿那箇) : 어느 쪽. '阿'는 접두어이고, '那箇'는 의문대명사이다.
138 사척상지심(師斥相指心) : '相'을 '法相宗'으로 해석하는 이도 있으나, 역사적 사실과 상반된다. '心'의 상대어로써 '형상'으로 해석했다.
139 褊 : 偏(西龍寺版).
140 혜광 율사(468~537)와 보리 유지(?~527)가 달마를 독살하려 했다는 이야기는 『歷代法寶記』, 『寶林傳』, 『傳燈錄』 등에 보이나, 史實이 아니고 이는 선종과 교종의 대립을 상징적으로 나타내는 후대의 사상사적인 산물이다.
141 정림사(定林寺) : 河南省 蘆氏縣에 소재한다.
142 '遇之不遇'이 4字가 없는 판본도 있다.

道하라. 達磨卽今에 在什麽處요. 蹉過[143]也不知로다.

【평창】

달마 조사는 이 중국 땅이 대승을 받아들일 만한 근기가 있는 줄을 저 멀리서 아시고, 바다를 건너 하염없이 왔다. 그는 부처님의 심인(心印)을 단독으로 전하여 미혹에 빠져 있는 중생을 일깨워 주었다. 그것은 바로, 문자를 운운하지 않고, 마음을 딱 가리켜서, 본성을 깨달아 부처님이 되는 가르침이다. (달마 조사가 중국에 오신 이유를) 이렇게 이해해야만 자유자재할만한 자격이 있다. 그렇게 해야만 어떠한 언어나 문자에도 휘말리지 않고 고스란히 있는 그대로 (자기의 본성을) 드러낸다.

그러므로 뒤에 무제 임금과의 대화라든지 2조 혜가 대사의 마음을 편안하게 해주었던 일들이 자연 이해되는 것이다. 이러쿵저러쿵 사량 분별하지 않고 단칼에 두 동강내어야만 아주 맑아진다. 그러니 어찌 시비를 가릴 것이 있으며, 득이 되니 손해가 되니 나눌 필요가 있으리오. 그렇기는 하지만 이런 수행인이 과연 몇 명이나 되겠는가?

무제 임금은 일찍이 가사를 수하고 스스로 『방광반야경』을 강의하였다. 이 때 감응하여 하늘에서 꽃이 수북하게 내렸고 땅은 황금으로 변하였다. 그는 도교를 물리치고 불교를 받들어 절을 세우며 승려의 출가를 허가하고, 부처님의 가르침대로 수행을 하

---

[143] 차과(蹉過): '지나치다', '빗겨가다'의 뜻이다. 제2則 〈본칙〉의 〈평창〉의 "當面蹉過: 얼굴을 마주치고도 그 사람을 모르고 지나가다"와 동의이다.

였다. 그래서 사람들은 그를 '불심 있는 임금님'이라 불렀다.

달마 조사가 무제를 첫 대면했을 때 무제가 물었다. "짐은 절을 세우고 승려들의 출가를 허용하는 등의 일을 했으니, 어떤 공덕이 있겠습니까?" 달마 조사는 대답했다. "공덕이 없습니다." 이는 이미 바로 정통으로 더러운 물을 끼얹은 것이다. 그대가 만일 이 "공덕이 없습니다"라고 했던 말을 알아차린다면, 그대야말로 달마 조사를 친견했다 하겠다.

자, 말해 보아라. 절을 세우고 승려들의 출가를 허용하는 일을 했는데도 왜 공덕이 전혀 없다고 했는가? 이것이 도대체 무슨 뜻이겠는가?

무제는 누약 법사·부 대사·소명 태자 등과 진속이제(眞俗二諦)에 대하여 논의를 한 적이 있다. 교학의 얘기에 따르면, "진제로서 유(有)가 아님을 밝히고 속제로서 무(無)가 아님을 밝힌다"고 한다. 진제와 속제는 별개가 아니라는 이것이 바로 성스런 제일가는 진리라고 하니, 이를 교학을 하는 이들은 가장 미묘하고 그윽한 경지라고 한다. 무제는 이 가장 궁극적인 진리를 가지고 달마 조사에게 물었다. "무엇이 가장 성스런 제일가는 진리입니까?" 달마 조사가 대답했다. "어디에도 성스럽다고 할 것이 없습니다."

천하의 모든 선승들이 모두 (무제의 이 질문에서) 뛰어넘지 못하였지만, 달마 조사는 무제를 위하여 단칼에 두 동강을 내주었다. 요새 사람들은 상당히 잘못 알고, 알음알이[精魂]를 도리어 희롱하여 눈알을 부라리며 "어디에도 성스럽다고 할 것이 없습니다"라고 말들 한다. 에, 그렇기는 하지만 전혀 관계가 없다.

　나의 은사 오조 법연(五祖法演; ?~1104) 선사께서 늘 "바로 이 '어디에도 성스럽다 할 것이 없습니다'는 뜻을 누구라도 알아차리기만 한다면 (본래의) 자기 집에 돌아가 편안히 쉬게 된다. 똑같이 언어 문자를 사용하면서도 참으로 무제를 위하여 어둠을 깨쳐 주었으니, 그 중 달마 조사는 그래도 훌륭하시구나"라고 말씀하셨다.

　그래서 내가 (다른 곳에서 『설두송고』를 강의할 대에) "(이 화두의) 한 구절을 깨치기만 하면 천만 구절이 일시에 알게 되어, 자연히 때로는 상대를 꼼짝 못하게도 할 수 있고 때로는 꽉 잡아들일 수도 있다"고 했던 것이다. 영가 현각(永嘉玄覺; 675~713) 선사가 『증도가』에서 "뼈를 깎고 몸을 부수더라도, (불조의 은혜를) 이루 다 갚을 수가 없다. 그러나 한 구절을 분명히 깨치면 백억의 공덕보다 나으리라"고 이르셨다.

　달마 조사는 갑자기 그를 한 대 내지르기는 했으나, (본인 자신도) 상당히 허점이 드러났다. 무제가 알아차리지 못하고 도리어 너니 나니 하는 견해를 가지고 있었기 때문에 다시 "나와 지금 이야기하고 있는 그대는 뉘시오?"라고 질문했다. 그러나 달마 조사는 자비심이 너무나도 많아서 "모르겠습니다"라고 대답하였다. 결국에 무제는 눈알을 굴리면서 무엇이 핵심인지, 이것이 무슨 말인지를 알지 못하였다. 이쯤 되면 문제가 있고 없고 간에 관계없이, 말을 들먹거리는 것조차 할 수 없다.

　백운 수단(1025~1072) 노스님께서는 다음과 같이 송을 지었다.

화살 하나 뽑았다 하면 반드시
독수리 한 마리를 떨어트리지만
다시 또 하나의 화살을 뽑았으나 (자비심으로) 좀 봐준다.
소림봉으로 곧장 돌아가서 앉아 있으니
무제여! 그를 불러 들이라고 하지 마소서.

다시 말하였다.
"누가 그를 불러 오려고 하는가?"

무제가 알아차리지 못하매, (달마 조사는) 슬며시 이 나라를 떠났다. 이 노인네는 그저 부끄러움만을 당하고는 양자강을 건너 위나라에 갔다. 이 때 위나라에는 효명제(孝明帝)가 임금 노릇을 하고 있었는데, 그는 북쪽 오랑캐 종족이었다. 성은 척발(拓跋) 씨였으나 나중에 중국 성으로 바꾸었다. 달마 조사가 이 나라에 도착했지만, (임금이 그를 만나려 해도) 나오지 않았다. 그래서 곧장 소림사로 가서 9년간 면벽을 했고, 2조 혜가 대사를 제도했다. 이런 연고로 그를 '면벽 바라문'이라 부르게 되었다.

양나라의 무제는 뒤에 지공 화상에게 물었다. 지공 화상이 "폐하께서는 이 사람을 아십니까?"라고 대답하자, 임금님은 "모릅니다"라고 대답했다. 자, 말해 보아라. 달마 조사가 '모르겠습니다'라고 대답한 것과 양 무제의 '모르겠습니다'라고 대답한 것이 같은지 다른지를. 엇비슷하기는 하지만 같지는 않다.

많은 사람들이 잘못 알고서 "앞에서 달마 조사가 ("모른다"고 한 것은) 저 선(禪)을 대답한 것이고, 뒤에서는 무제가 저 지공 화상에게 대답한 것은, 즉, '누구인지 아느냐?'라는 말의 그 '아느냐'에 대답했던 것이다"라고 말한다. 에, 그런데 전혀 빗나간 소리다.

당시에 지공 화상이 이렇게 물었다라면, 자 말해보아라, 어떻게 대답해야 했을까? 왜 한방 먹여서 애매모호하게 하지 못하도록 하지 않았는가? 그러나 무제는 솔직하게 자백서를 바쳐, "모르겠습니다"라고 했다. 그러자 지공 화상은 황제의 수준을 알아채고 "그분은 관세음보살이시며, 부처님의 심인(心印)을 전하러 오신 어른이십니다"라고 답했다. 임금님은 후회하면서 사람을 보내어 그를 데려오게 하였다. 참으로 어줍잖네 그려! 그 당시에 지공 화상이 "그분은 관세음보살이시며, 부처님의 심인(心印)을 전하러 오신 어른이십니다"라고 대답하기를 기다렸다가 그 놈을 나라 밖으로 추방했더라면 그래도 조금은 괜찮았을 것이다.

사람들이 전하는 말에 의하면, "지공 화상은 천감(天鑒) 13년(514)에 입적했고, 달마 조사는 보통 원년(普通元年: 520년)에 중국에 왔다. 서로 7년이나 차이가 있으니 어찌 서로 만났다고 말할 수 있으리오? 이는 필히 잘못 전해진 것이다"고 한다. 그러나 그저 기록에 실린 대로 따를 뿐 여기에서는 그것(의 사실 여부)을 논하지는 않겠다. 다만 그 핵심만 알면 될 것이다.

자 말해 봐라, 달마 조사가 관음보살인가 아니면 지공 화상이 관음보살인가? 어느 쪽이 본래의 관음보살인가? 관세음보살이라면 어찌 두 명의 관음만이 있겠는가? 어찌 두 명에만 그치겠는가? 한 떼거리나 될 것이다.

당시에 위(後魏: 北魏)의 광통 율사·보리유지 삼장, 그리고 달마 조사가 서로 논의를 했다. 달마 조사는 외형적인 모습을 배척하고 심(心)을 말했으나, 편협하고 국집하여 (그들의) 지식으로서는 그것을 감당하지 못했다. 해치려는 마음을 서로 일으켜 수차례나 독약으로 해치려 하였으니, 그러기를 여섯 차례나 하였다. 교화해야 할 인연도 모두 끝나고 법을 전해 줄 사람도 생기고 해서, 마침내 (그네들이 해치려는 것을) 더 이상 피하지 않고 조용히 앉아서 세상을 뜨셨다. 웅이산(熊耳山)에 있는 정림사(定林寺)에 장사를 지냈다.

후위(後魏)의 송운(宋雲)이라는 사람이 (인도에) 사신으로 갔다가 파미르고원을 넘어오는데, 짚신 한 짝을 손에 들고 가는 달마 조사를 만났다. 무제는 지난 일을 후회하여 손수 비문을 지어, "아아, 눈으로 보고도 알아보지 못하고, 만나고서도 알아 모시지를 못했구나. 두고두고 원통하고 한이 되는구나"라고 했다. 다시 찬(讚)을 달아서 "마음(의 씀씀이) 있으면 영겁이 지나도록 범부요, 마음(의 씀씀이) 없다면 찰나에 묘각의 자리에 오른다"라고 했다.

자 말해 봐라, 달마 조사는 지금 어디 있는가? 서로 마주치고도 모르는구나.

【頌】

聖諦廓然하니 〈箭過新羅로다. 咦.[144]〉

何當辨的[145]고. 〈過也[146]라 有什麼難辨고.〉

對朕者誰요. 〈再來不直半文錢이라. 又恁麼去也로다.〉

還云不識이로다 〈三個四個中也라. 咄.[147]〉

因玆暗渡江하니 〈穿人鼻孔不得하고 卻被別人穿이로다. 蒼天蒼天[148]이로다. 好[149]不大丈夫로다.〉

豈免生荊棘[150]가. 〈脚跟下에 已深數丈이라.〉

闔國人追라도 不再來여. 〈兩重公案[151]이로다. 用追作麼오. 在什麼處오. 大丈夫 志氣何在오.〉

千古萬古空相憶이로다. 〈換手槌胸하야 望空啓告로다.〉

---

144 이(咦, yi): 놀라면서 의심할 때 나오는 의성어. '이잇?'으로 번역해 보았다.
145 하당변적(何當辨的): '何當'은 한 단어이다. '언제'라는 뜻이다. 종래에 "어찌 해야 마땅히 알 수 있을까?"라고 해석한 것은 잘못이다.
146 과야(過也): 이미 지나간 일.
147 三箇四箇中也, 咄: 『不二抄』에 의하면 福州本에는 "三箇四箇, 咄, 中也"로 되어 있다고 한다. 『種電抄』에서는 "三人四人中也"로 되어 있고, "武帝達磨 雪竇共中, 圜悟怎摩道, 不得免廓然不識毒氣也"라고 주를 달고 있다. 이번 번역에서는 『種電抄』의 설을 취했으나, 확실한 의미는 모르겠다.
148 창천창천(蒼天蒼天) 아이고! 아이고! 애통할 때 지르는 울부짖는 소리.
149 호(好): 강조 보어.
150 기면생형극(豈免生荊棘): 『老子』(30장) "師之所處, 荊棘生焉"을 상기하면 좋을 듯하다. 달마가 중국에 왔기 때문에 천하에 가시밭이 생겼다는 비평이다.
151 양중공안(兩重公案): 지공이 한 말을 거듭해서 설하니 이것이 '兩重'이다. 지공의 잘못을 되풀이하는 것을 비평함. '公案'은 범인의 진술서에 대한 재판관의 판결 내리는 의견이다.

休相憶하라.〈道什麼요 向鬼窟裏하야 作活計로다.〉

淸風匝地하니 有何極이리요〈果然. 大小[152]雪竇도 向草裏輥이로다.〉

師顧視左右云호되 這裏에 還有祖師麼아.〈你待番款那[153]아. 猶作這去就로구다.〉

自云호되 有로다.〈塌薩阿勞[154]라.〉

喚來與老僧洗脚케하라.〈更與三十棒趕出이라도 也未爲分外로다. 作這去就하니 猶較些子[155]도다.〉

【頌】

성스런 진리란 어디에도 없건만
〈화살은 이미 저 멀리 신라 땅으로 발사되었다. 이잇?〉

언제가 되어야 분명히 알 수 있을까?
〈벌써 상황 종료. 분명히 아는 것이 뭐 어렵겠는가?〉

---

152 대소(大小)~ : '~처럼 위대한 사람조차도'. 상당한 지위나 수행을 한 사람이 실수를 했을 때 야유하는 말이다. 강조를 나타내는 '大'를 덧붙여 '大小大'로도 쓴다.

153 니대번관나(你待番款那) : '款'은 죄인이 내놓은 진술서 내지는 자백서. '番'은 '飜'과 음이 같아서 서로 통용. '待~'는 '~하려고 하다'는 뜻의 의지를 나타내는 용법과, '~이 되거든'이라는 뜻의 조건적 용법이 있으나, 여기서는 전자이다.

154 탑살아로(塌薩阿勞) : '塌薩'은 지쳐서 산뜻함이 없는 모양이다. '阿勞'는 '수고하다', '阿'는 접두어. '薩'이 音寫語임을 감안하여 '塌薩: ta sa'를 '太煞: tai sa'의 音通으로는 볼 수 없을까? 아니면 '薩'을 '颯'의 音通으로 보아 '塌颯' 즉 '의기소침'으로 볼까? 『種電抄』에서는 '太勞生之義'로, 『不二抄』에서는 '其義但謂, 太煞老婆心'으로 되어 있어 이 두 설을 따른다.

155 교사자(較些子) : ① 그래도 꽤 괜찮다. ② 그래도 조금 모자란다. 이 대화에서는 ②의 뜻이다.

"짐을 마주하고 있는 그대는 뉘시오?"라고 물으니

〈반 푼어치도 못되는 상대에게 거듭 질문을 하는군. 또 그 짓이냐?〉

끝내 "모르겠습니다"라고 대답하는구려.

〈서너 명이 모두 화살에 맞았다. (원오 선사는) 꾸짖었다.〉

그리하여 홀로 양자강을 건너가니

〈남의 급소를 찌르지 못하더니, 도리어 남에게 급소를 찔렸군. 아이고! 아이고! 참으로 형편없는 놈.〉

어찌 (세상이) 황폐해지지 않을쏘냐?

〈발밑에 벌써 가시덤불이 수 길이나 우거졌군.〉

온 나라 사람을 달려가 불러 모셔도 결코 다시 돌아오지 않으니

〈잘못을 두 번씩이나 거듭하는군. 쫓아간들 무엇하리요? 어디에 있는가? 대장부의 기상은 어디로 갔는가?〉

영겁토록 공연히 그리워하기만 할 뿐.

〈양 손을 번갈아가며 가슴을 치며, 허공을 바라보며 하소연하는군.〉

그리워 마오,

〈무슨 소리냐? 귀신의 굴속에서 살림을 하는군.〉

온 대지에 맑은 바람은 언제나 하염없도다.

〈예상했던 대로이군. 대단한 설두 선사조차도 가시덤불 속에서 뒹굴고 있네.〉

스님(=雪竇)은 좌우를 둘러보고 말하셨다.

"이 자리에 조사가 있는가?"

〈스님은 당신 스스로가 내놓으신 자백서를 번복하시렵니까? 아직도 그러고 계십니까?〉

그리고는 스스로 대답했다.

"있다."

〈너절하게도, 헛수고 하는군.〉

그럼 (달마 조사를) 불러다 내 발을 씻도록 시켜라.

〈오히려 30대를 때려서 내치더라도 지나친 게 아니다. 이런 짓거리를 하니 조금 멀었다.〉

【評唱】

且[156]據雪竇頌此公案컨대 一似善舞太阿劍[157]相似[158]라. 向虛空中盤礴[159]하야도 自然不犯鋒鋩이로다. 若是無這般手段인댄 纔拈著에 便見傷鋒犯手하리라. 若是具眼者인댄 看他一拈一掇과 一褒一貶에 只用四句하야 揩定[160]一則公案하나라. 大凡頌古는 只是繞路說禪하고 拈古는 大綱據款結案[161]而已라. 雪竇與他一拶하야 劈頭便道호되 聖諦廓然이니 何當辨的고 하니

---

156 차(且): 말을 시작하기 전의 발어사. '에~', '그런데~', '저~'.
157 태아검(太阿劍): 전설상의 명검. 『晉書』「張華傳」에 전고가 보인다.
158 일사선무태아검상사(一似善舞太阿劍相似): '一似~似'의 구문. '~와 흡사하다.'
159 반박(盤礴): 자유자재하게 휘두르는 모양. '般礴' 또는 '嗙礴' 등으로도 표기. 71칙 〈수시〉 참조.
160 개정(揩定): 장악하다. 거머쥐다.
161 거관결안(據款結案): '款'은 소송이 생겼을 때에 양 편의 당사자들이 진술한 내용을 기록한 조목. '案'은 '款'에 대한 관청의 판결문서.

雪竇於他初句下에 著這一句하니 不妨奇特이로다. 且道하라. 畢竟作麼生辨的고. 直饒[162]鐵眼銅睛이라도 也摸索不著이로다. 到這裏하야 以情識으로 卜度得麼아. 所以로 雲門이 道[163]호되 如擊石火하며 似閃電光이라 하리. 這箇些子[164]는 不落心機意識情想이라. 等你開口한들 堪作什麼리오. 計較生時에 鷂子過新羅로다 雪竇道호대 你天下衲僧이여. 何當辨고 하니라. 對朕者誰오 하고 著箇還云不識이라 하니 此是雪竇忒殺老婆心하야 重重爲人處라. 且道하라. 廓然與不識이 是一般가 兩般가. 若是了底人分上[165]인댄 不言而諭어니와 若是未了底人인권 決定打作兩橛[166]하리라 諸方이 尋常에 皆道호되 雪竇重拈一遍이라 하니. 殊不知[167]라. 四句로 頌盡公案了로다. 後爲慈悲之故로 頌出事跡하야 因玆暗渡江하니 豈免生荊棘가 하니 達磨가 本來玆土는 與人으로 解粘去縛하고 抽釘拔楔하며 剗除荊棘이어늘 因何卻道호되 生荊棘고. 非止當時라 諸人卽今도 脚跟下에 已深數丈이로다. 闔國人이 追不再來여. 千古萬古空相憶이로다. 可殺不丈夫라. 且道하라. 達磨在什麼處오. 若見達磨인댄 便見雪竇末後에 爲人處[168]하리라. 雪竇는 恐怕人逐情見하야 所以로

---

162 직요(直饒): 예컨대~일지라도.
163 이 귀절은 『雲門錄』은 물론 『傳燈錄』, 『五燈會元』의 「雲門條」에도 보이지 않는다.
164 저개사자(這箇些子): '些子'는 '작은'이라는 말이므로 문자대로라면 '이 작은 곳' 굳이 말로 표현하자면 아주 핵심이 되는 깨달음을 말한다.
165 료저인분상(了底人分上): '了底人'은 '(生死大事를) 해결한 사람'. '分上'에서의 '分'은 '자격', '능력'의 뜻이다. '上'은 '차원', '입장'.
166 결정타작양궐(決定打作兩橛): '打作'에서의 '打'는 특정한 어귀를 목적어로 취하여 갖가지 동작을 행하는 것을 나타낸다. 예로 '打眠: 잠자다', '打水: 물을 긷다'. '打成(一片): 하나로 (만들다)' 등이 있다. '兩橛'은 '공하다' 한 말과 '모른다' 한 말을 지칭한다.
167 수부지(殊不知): '殊不'는 부정을 강조하는 말. '참으로 모르는구나'의 뜻이다.
168 변견설두말후위인처(更見雪竇末後爲人處): '末後'는 우리말로는 '마지막'이라고 번역되나 순서적인 의미에서의 그것과, 궁극적이라는 의미에서의 그것이 있다. 이 문장에서의 적용은 독자들에게 맡긴다. '爲人'은 학인을 지도하는 것을 이른다.

撥轉關捩子하야 出自己見解하여 云호되 休相憶하라 하니 淸風匝地에 有何極가. 旣休相憶인댄 你脚跟下事[169]는 又作麽生고. 雪竇道호되 卽今箇裏에 匝地淸風이 天上天下에 有何所極고. 雪竇는 拈千古萬古之事하야 拋向面前하니 非止雪竇當時有何極이며 你諸人分上에도 亦有何極이리오. 他又怕人執在這裏하야 再著方便高聲云호되 這裏에 還有祖師麽아 하고는 自云호되 有라 하니 雪竇到這裏하야 不妨爲人의 赤心片片[170]이로다. 又自云호되 喚來與老僧洗脚하니 太殺減人威光이로다. 當時에 也好與本分手脚[171]이로다. 且道하라. 雪竇意在什麽處 到這裏하야 喚作驢라도 則是며 喚作馬라도 則是며 喚作祖師라도 則是이니 如何名邈고. 往往[172]喚作雪竇使祖師去也라 하나 且喜라 沒交涉이라. 且道하라. 畢竟作麽生고 只許老胡知오 不許老胡會니라.

【평창】

 에~, 설두 선사가 이 공안에 송을 붙이는 것을 살펴보면, 마치 태아의 보검을 썩 잘 다루는 것과 흡사하다. 허공에 자유자재하게 휘두르면서도 전혀 칼끝에 다치지 않는구나. 만약 이런 솜씨가 없었더라면 그저 잠깐 칼을 들기만 해도 칼끝에 손이 상하게 된다. 만일 안목을 갖춘 자라면 저 한번 들거나 한번 휘두르기도 하며, 때로는 칭찬하기도 하고 때로는 나무라기도 하는 것을 보고, 단지 불과 4구(句)로써 이 한 칙의 공안을 처리할 것이다.

---

169 니각근하사(你脚跟下事): '본래부터 자기 자신에게 갖추어 있는 일'이 원래의 의미. 견성성불하는 일을 지칭한다.
170 적심편편(赤心片片): 赤子之心. 순순한 마음.
171 당시(當時): ① 당장에. ② 그 때에. 여기서는 ①의 의미이다.
172 왕왕(往往): 자주. 또는 가끔. 여기서는 자주의 뜻이다.

일반적으로 송고(頌古)란 빙 돌아가는 길로써 말로써 선(禪)을 설명하는 것이며, 염고(拈古)란 큰 골격만을 말해 진술에 의거해서 판결을 내리는 것이다. 설두 선사는 그를 한번 콱 내지르고는 갑자기 "성스런 진리란 어디에도 없건만, 언제나 되어야 분명히 알 수 있을까?"라고 말했다. 설두 선사가 저 첫 귀절에서 이 한 마디 촌평을 붙인 것은 참으로 좋았다. 자, 어서 말해 보아라. 어떻게 해야지만 분명히 알 수 있을까? 비록 무쇠 눈과 구리 눈동자로 된 뛰어난 시력을 갖추었다 해도 찾아내지 못할 것이다. 이것을 알음알이[情識]로 따질 수 있겠는가?

그러므로 운문(雲門; 864~949) 선사는 "부싯돌에서 튀기는 불 빛 같고, 번개 불빛 닮았구나"라고 말했다. '이 미묘한 자리'는 마음 씀씀이, 의식, 알음알이[情想]로는 알 수 없다. 그대의 지결임을 기다려본들 무슨 소용이 있으리오. 이리저리 따지기 시작하면 벌써 새 잡는 매는 저 멀리 신라 지방으로 날아가 버린다. 설두 선사는 "그대들 천하의 선승들은 언제나 되어야 분명히 알 수 있을까?"라고 말했다.

"짐을 마주하고 있는 그대는 뉘시오?"라는 무제의 물음에 대하여, (설두 선사는) "끝내 '모르겠습니다'라고 대답하는구려" 라고 코멘트를 붙였다. 이는 설두 선사가 너무도 노파심이 많았기 때문에, 되풀이하여 학인들을 이끌어 준 것이다.

자 말해 보아라. "(성스러운 진리란) 어디에도 없다"는 말과 "모르겠습니다"라는 말이 같은 것인가 다른 것인가? 만약 깨달은 사람의 차원에서는 말하지 않더라도 안다. 깨치지 못한 사람이라면 반드시 두 부분에 모두 얽매이고 말 것이다. 제방에서 늘 모두 "설두 선사가 되풀이하여 (공안을) 거들먹거린 것이다"고 말한다. 참으로 이는 모르는 소리이다. 이야말로 불과 네 구절로 공안을 완전히 송(頌)한 것이다.

(이 네 개의 구절) 이하는 중생을 위하는 자비심 때문에 사안의 전 말을 송(頌)한 것이다.

"그리하여 홀로 양자강을 건너가니, 어찌 (온 세상이) 황폐해지지 않을쏘냐." 달마 조사가 본래 중국에 온 이유는 사람들의 집착과 속박을 풀어 주고, 속박하는 못과 말뚝을 뽑아주며, 가시덤불을 걷어내기 위해서이다. 그런데 무슨 까닭으로 "황폐해졌다"라고 송(頌)을 했을까? 이 말은 그 당시에만 한정하여 하는 말은 아니다. 지금 이 순간에도 발밑에 가시덤불이 수 길이나 된다.

"온 나라 사람을 가서 불러 모셔도 결코 다시 돌아오지 않으니, 영겁토록 공연히 그리워하기만 할 뿐." 이는 참으로 대장부답지 못한 짓이다.

자, 말해 보아라. 달마 조사의 의도는 어디에 있는가? 달마 조사의 뜻을 알게 되면, 설두 선사가 학인들을 마지막에 지도한 뜻을 알게 되리라. 설두 선사는 사람들이 알음알이[情見]에 휘말릴까 걱정하여 문지도리를 홱 돌려 자기 자신의 견해를 내어 놓았다. "그리워마오, 온 대지에 맑은 바람은 하염없도다." 그리워하지 않는다면, 그대 '발밑의 일'은 그럼 어쩌자는 것인가? 설두 선사가

"지금 '여기'에 온 대지의 맑은 바람이 불어와 온 천하에 하염없구나"라고 했다. 설두 선사는 천고만고의 영원한 사실을 끄집어내어 (우리들) 앞에 던져 놓았다. 이는 비단 설두 선사 당시에만 하염없었던 것이 아니라, 그대 여러분들이 놓인 상황에도 여전히 하염없다.

그는 또 사람들이 여기에 집착할까 걱정하여 다시 방편을 써서 큰 소리로, "이 자리에 조사가 있는가?"라고 묻고는, 스스로 대답했다. "있다." 이쯤 되어서는 참으로 학인을 지도하기 위한 설두 선사의 맑은 마음씨가 서리서리 어려 있다 하겠다.

다시 스스로 "(달마 조사를) 불러다 내 발을 씻도록 시켜라"라그 했다. 되게도 사람(=달마 조사) 체면 깎아내리네그려. 당시에 (그 말 떨어지자마자) 본분 종사의 솜씨를 보여 줬어야 했는데. 자 말해 보아라. 설두 선사의 의도가 무엇인가? 이쯤 되면 당나귀라고 불러도 좋고 망아지라고 불러도 좋고, 달마 조사라고 불러도 좋다. 어떻게 이름을 붙여 설명을 하면 좋을까? 흔히 사람들은 설두 선사가 달마 조사를 부려먹었다고 말들 하지만, 에, 그렇기는 하지만 전혀 핵심과 어긋난 소리이다. 자 말해 보아라. 과연 무엇인가? 다만, 달마 조사가 (불법을) 알았다고는 인정할 수는 있겠으나, 그가 그것을 체득했다고는 인정할 수 없다.

IV. 화두의 참구

 이상에서 본 것처럼, 화두를 재료로 삼아 '강의'하는 방식이나, 또 그 '강의'를 통해서 주장하려 했던 사상, 이 두 가지를 정리하면 다음과 같다. 첫째로 설두 중현 선사는 달마와 양 무제와의 '이야기[話頭]'를 거량(擧揚)하여 〈본칙(本則)〉으로 삼고 그것에 대하여 〈송(頌)〉을 붙인다. 설두 선사가 주목한 핵심적인 이야기는 그의 〈송〉에서 드러나듯이 성스런 진리는 없다는 것이다. 이 말은 공(空) 사상을 선양하려는 것이 아니고, '이것[者個些子 또는 성제(聖諦) 또는 제일의제(第一義諦) 또는 진제(眞諦)]'에 조차 속박당하지 말고, 자기의 본성을 깨닫는 일에 열중하라는 것이다. '이것'에 얽매이는 것은 물론, '이것'을 그리워하지도 말라고[173] 한다. 그러니 불사를 많이 한 공덕이나,[174] 또는 달마 조사의 권위[175] 따위는 두말할 나위도 없다. 그런 것들에 얽매이면 자기 자신의 본래면목을 퇴색시킨다는 것이다. 원오 선사가 '당나귀 잡아매는 말뚝'이라고 촌평을 붙인 것도 이런 의도에서 한 말이다.

 설두와 원오 두 선사가 각각 방법은 다르지만 이구동성으로 위에서 말한 것은 '이것'에조차도 집착하지 말고, 또 사유나 언어로 이리저리 따지지 말아서, 일체의 사량과 분별을 단칼에 베어 버

---

173 설두의 〈송〉 참조.
174 이런 공덕에 얽매임을 끊어주려고, 양 무제의 질문에 달마 조사가 '성스런 진리란 없다[無聖]'고 대답했던 것이다.
175 달마 조사에 얽매임을 끊어주려고, 〈송〉의 말미에 설두 선사는 달마 조사를 데려다가 자신의 발을 씻게 하라고 했던 것이다.

릴 것을 주문하고 있다. 한 마디로 요약하면, 원오 선사가 본칙의 평창에서도 말했듯이, "직지인심(直指人心) 견성성불(見性成佛)"하라는 것이다. 이런 심정을 원오 선사는 〈본칙〉의 〈평창〉에서 이렇게 말했다.

"이러니저러니 사량 분별하지 않고 단칼에 두 동강 내어야만 아주 맑아진다. 그러니 어찌 시비를 가릴 것이 있으며, 득이 되니 손해가 되니 나눌 필요가 있으리오."

돌이켜보면, 당대(唐代)의 선사들은 "교외별전(敎外別傳), 불립문자(不立文字)"라는 깃발을 드날려, 수행자들이 경전의 글귀에 얽매이는 잘못을 지적하고, 그것을 해결하기 위하여 이런 저런 '이야기[話頭]'를 했다. 이것은 많은 효과를 내었다. 그런데 이러한 유형이 고착화되어 이전 선사들이 남긴 '이야기[話頭]'에 얽매이는 세상이 되었다. 이런 어리석음을 치료하기 위하여, 송대(宋代)의 설두와 원오 선사 같은 분들은 당시 선승들로 하여금 선배 선사들이 남긴 '이야기[話頭]'를 제대로 알게 하려고, 당대(唐代)에 꽃을 피웠던 시문학(詩文學)을 활용했던 것이다.

시문학을 활용하여 '이야기[話頭]'를 '강의'하는 풍조는 점점 더 확산되어 중국 문학사 위에 '송고문학(頌古文學)'이라는 새로운 장르를 열어갔다. 송대 이후의 선승치고 게송 한마디 읊지 않은 이가 없을 정도이다. 고려 때 혜심 선사의 『선문염송』(98조)만 보더라도 본 논문에서 소개한 설두 선사의 송(頌) 이외에도, 대홍 보은(大洪報恩; 1058~1111)을 비롯하여 총 11명의 송(頌)을 소개하고, 또

장산 법천(蔣山法泉; 생몰연대 미상, 송대)의 염(拈)을 소개하고, 또 황룡 조심(黃龍祖心; 1025~1100)을 비롯한 3명의 거량(擧揚)을 소개하고, 장로 종색(長蘆宗賾; 생몰연대 미상, 송대)의 상당법어를 소개하며, 명교 계숭(明敎契崇)의 『진제무성론(眞諦無聖論)』과 각범 혜홍(覺範慧洪)의 『임간록(林間錄)』 등의 논(論)을 소개한다. 참으로 친절하고 다양하게 화두를 '강의'하고 있다. 물론 그 형식은 염(拈), 거(擧), 송(頌), 논(論) 등 다양하다.[176]

그런데 문제는, 수행자 자신이 몸소 수행하고, 거기에서 나온 체험을 자신만의 언어로 드러내지 못하는 소위 '작가 선지식(作家善知識)'이 되지 못하고, 남들이 남긴 멋진 말이나 또는 기연(機緣)만을 암송하여 앵무새처럼 따라하는 풍조였다. 전등사서(傳燈史書)를 보면 제방 납자들의 멋진 말을 적어 바랑 속에 짊어진 채, 이리 저리 다니면서 그 말로 수행승을 괴롭히고 현혹하는 객승(客僧)과 유랑승(流浪僧)들이 자주 등장하고, 또 그런 선승들을 꾸짖는 이야기도 군데군데 눈에 띈다.

『벽암록』의 주인인 원오 선사의 수제자 대혜 종고(大慧宗杲; 1088~1163)가 『벽암록』 필사본에 불을 질렀다는 일화도, 이런 병폐를 염려해서였을 것이다. 대혜 종고는 이 점에 대해서 매우 단호했다. 그는 '송고문학(頌古文學)'의 폐단을 잘 알고 있었다. 〈본칙〉의 〈평창〉에서 원오 선사도 말했듯이, "한 화두를 깨치면 천 만 화두

---

[176] 진각 혜심 편, 설봉 학몽 현토, 『懸吐 禪門拈頌』(서울: 불서보급사, 1979), pp.59~60.

를 일시에 알게 된다." 대혜 선사가 보기에 사실 화두가 번잡하게 많을 필요가 없었다. 그저 일체의 사량 분별을 쉴 수만 있으면 그것으로 화두의 기능은 족하다. 여기에서 화두의 기능은 일변(一變)한다. 더 이상 화두는 강의의 대상이나 이야기 거리가 아니었다. 화두의 기능은 '의심' 그 자체에 있기 때문이다. 화두를 '참구'함으로써 '의심'을 강하게 유발시켜, 마침내 '의심 그 자체'만을 오롯하게 드러나도록 하는 것으로 화두의 기능을 전환시킨 장본인이, 바로 대혜 선사이다.

남송을 지나 원대(元代)로 들어서면서, 대혜 선사의 이런 입장에 동조하는 사람들이 늘어갔다. 많은 화두 중에서 유독 '무자(無字)' 화두에 선사들이 주목을 하게 된다. 그리하여 '무자' 화두에 의심을 집중하는 간화선(看話禪)의 전통이 형성되어간다. 간화선이란 말 그대로 '화두(話頭)를 관찰[看]하는 선(禪)'이다. 이들은 '화두를 관찰하는' 방법을 이용하여 견성성불(見性成佛)하려고 한다. 간화선을 주장하는 이들은 이 방법만이 깨달음에 이르는 가장 신속하고 정확한 것이라고 주장한다. 한국 땅에도 고려 말 태고·나옹 등의 선사를 거치면서 또 조선의 여러 선사들을 거쳐 현재의 '대한불교조계종'에 이르기까지, 이런 간화선이 계승되고 있다.

그러면 그들이 말하는 '관찰함[看]'이란 무슨 뜻인가? 이 말은 '참구(參究)'한다는 말로도 쓰이는데, 화두에 온 정신을 쏟아서 화두에 의심을 사무치게 하는 것이라고 할 수 있다. 이렇게 될 때, '화두'는 더 이상 '강의'의 대상도 '송고문학(頌古文學)'의 소재거리도 아니게 된다. 오직 '의심'을 오롯이 드러내는 수단(또는 도구)이 된다. 이 점에 대하여 대혜 선사는 이렇게 말하고 있다.

"천 번이고 만 번이고 의심하되 그저 한결같이 의심하여 화두에 대하여 해오던 의심이 풀리면, 천 번이고 만 번이고 해오던 의심이 일시에 풀린다. 화두가 풀리지 않으면 <u>'마치 절벽을 마주하는 것처럼 화두 앞에 의심을 세워라.'</u>

만약 화두에 대하여 의심하지 않고, 달리 문자에 대하여 의심을 내거나, 경전의 가르침에 대하여 의심을 내거나, 고인의 공안에 대하여 의심을 내거나, 일상생활에서 생기는 번뇌에 대하여 의심을 내는 이가 있다면, 그들은 모두 삿된 마구니의 권속이다.

무엇보다 중요한 것은 거기(擧起)하는 곳에서[177] 알아차리려 해서도 안 되고, 사량하거나 분별해서도 안된다. 그저 사량분별할 수 없는 곳까지 생각해가면 마음이 더 갈 곳이 없어지는데, 이것은 마치 늙은 쥐가 소뿔에 들어가는 거와 마찬가지로 바로 가로막힌다는 것을 알게 된다."[178]

여기에서 의심의 대상은 분명해졌다. 그것은 화두인데, 이곳에서는 '무자' 화두를 지칭한다. 그렇다면 어떻게 의심하는가? 이것

---

[177] 거기(擧起)하는 곳 : 원문은 거기처(擧起處)인데, 무슨 의미인지 모르겠다. 화두가 생성된 유래를 캐는 것인가?
[178] 『大慧普覺禪師書』(제28권) 「答呂舍人」, "千疑萬疑只是一疑. 話頭上疑破, 則千疑萬疑一時破. 話頭不破, 則且就上面, 與之厮崖. 若棄了話頭, 却去別文字上起疑, 經敎上起疑, 古人公案上起疑, 日用塵勞中起疑, 皆是邪魔眷屬. 第一不得擧起處承當, 又不得思量卜度, 但着意就不可思量處思量, 心無所之, 如老鼠入牛角, 便見倒斷也.(대정장47, 930a). 厮崖 ; '厮'는 '相'의 뜻으로 송대(宋代)의 속어. 은산철벽처럼 서로 우뚝 버티고 서 있는 것을 형용한다.

이 궁금하다. 간화선을 하는 이들이 제일 꺼리는 것은 언어나 문자로 '사량복탁(思量卜度)'하는 행위이다. 그러면 왜 저들이 이것을 이토록 싫어할까?

  이 질문에 대한 대답의 실마리를 필자는 다음과 같이 풀어가려고 한다. 우선 인간들의 '언어나 문자로 사량 분별하는 행위'를 살펴보자. 인간은 자신 앞에 주어진 실존적이고 즉자적인 '사태(事態)'를 언어나 사유로써 '규정'(또는 '구성')한다. 그런데 언어나 사유에 의해 '규정'되어서 나에게 파악된 것이란 조건 속에서 만들어진 것이다. 다시 말해 연기(緣起)한 것이다. 연기한 것은 모두 공(空)하고 무상(無常)하고 무아(無我)이다. 물론 언어나 사유가 개인들 서로 간의 의사소통에 도움이 되기는 한다 그러나 '사태 그 자체'와, 언어나 사유로 그것을 우리의 의식 속에 '구성'한 것과의, 이 둘은 엄연한 차이가 있다.

  예를 들면, '물(水)의 맛'이라는 글자와 '물맛 자체'와는 차이가 있다. 뿐만 아니라, 물의 맛은 마시는 사람마다 설사 같은 사람이라도 상황에 따라 전부 다르게 느낀다. "여인(如人)이 음수(飮水)에 냉온(冷溫)을 자지(自知)"라는 말도 이런 배경에서 나온 것이다.

  사실 위에서 '물맛 자체'라는 말을 쓰기는 했지만, 그것은 추론의 결과에 불과한 것으로, 우리는 영원히 '사태 그 자체'를 알 수는 없다. 다만 우리가 알 수 있는 것은 각자가 그때그때 구체적으로 '체험한 물맛' 뿐이다. 인간의 언어나 문자로는 자신이 '체험한 물맛'을 언어나 문자로 규정하는 순간 '물맛 자체'와는 간격이 생긴다. 당사자의 직접 체험을 강조하는 선승들로서는, 언어나 문자로 '사태 그 자체'를 얽매는 것을 싫어한다. 좀 더 엄밀하게 말하면 선승들이 언어나 문자를 싫어한다기보다는, '사태 그 자체'에 대한 각자의 구체적인 '체험'을 더 높이 평가하고 그것을 더 귀하게 여겼던 것이다. 설사 부처님께서 하신 체험일지라도, 저마다 자신이 스스로 직접 체험한 것만 못하다는 뜻이다.

따라서 이제는 언어나 사유라는 매개체를 사용하지 말고, 우리 앞에 주어진 (또는 있는) '사태 그 자체'를 자신이 직접 체험해보자는 것이 이들의 주장이다. 그러나 언어와 사유를 사용해온 습관에 젖은 인간들로서는 그것을 버린다는 것은 매우 어려운 일이다. 그래서 대혜 선사는 말했다. "<u>마치 절벽을 마주하는 것처럼 화두 앞에 의심을 세워라.</u>" 이렇게 하면, 그동안 습관적으로 사용해왔던 언어나 사유가 모두 사라진다. 언어나 사유의 활동이 정지되기만 하면, 인간이 '본래부터 간직한[本有]' 청정자성(淸淨自性)이 오롯하게 드러나, 마침내 '사태 그 자체'를 있는 그대로 체험할 수 있게 된다는 것이다.

V. 맺음말

이상에서 필자는 중국 선종 역사 속에 드러난 화두의 '생성'과 '강의'와 '참구'에 대하여 논술하였다. 비록 그것이『벽암록』제1칙에 나오는 소위 '달마불식(達磨不識)' 화두에 한정되었지만 말이다. 이제 이하에서는 위에서 논술한 내용의 철학적 함의를 추궁해보기로 한다.

당나라 시대의 선사들은 상대와의 '이야기[話頭]'를 통해 일체 모든 것에 대한 집착을 깨고, '자기 자신의 본래면목'을 당사자가 직접 체험할 것을 강조했다. '성스런 진리[聖諦]'조차도 없으니 집착하지 말라고 했다. 임제 선사도 "그대. 내 앞에서 부처가 무엇이냐고 묻는 그대. 그대야말로 우리들이 스승으로 받드는 달마 조사나 부처님과 비교해서 다를 것이 뭐가 있단 말인가!"라고 추궁한다. 이렇게 자기의 본래 면목을 체험할 것을 추궁하는 수행승들 간의 '이야기[話頭]'는, 당대(唐代)에 많이 생산되었다. 때로 저들은 이런 남들의 '이야기[話頭]'를 활용하여, '자신의 입장에서 다르게 이야기하는[別語]' 방법도 개발했고, 또는 상대가 대답을 못하면 '대신 대답해주는[代語]' 방법도 개발했다. 이 책의 제4부「선사들이 가려는 세상」(pp.400~438)이 그 사례를 밝힌 것이다.

북송대에 이르러서는 일변(一變)하여, 당대(唐代)에 '선배들이 남긴 이야기[話頭]'를 소재로 문학적인 '강의'를 통해, 수행자에게 일체의 집착을 부수고 '자신의 본래 면목'을 체험할 것을 강조했다.

이 과정에서 송대(宋代) 선승들은 당대(唐代)에 갈고 닦고 축적해온 시문학(詩文學)의 솜씨를 한껏 발휘했다. 문학과 선이 함께 어울려 인류 지성사의 또 다른 지평을 열어갔다. 마침내 시 평론가 엄우(嚴羽)는 임제선의 정신에 입각하여 당시(唐詩)를 품평하는 『창랑시화(滄浪詩話)』라는 시 평론집을 내기에 이르렀다. 엄우(嚴羽)는 당시 지식사회에서 공공연하게 논의되는 선불교의 이론에 입각하여, 한(漢)·위진(魏晉)·성당(盛唐)의 시를 평론한다. 선(禪)의 이론을 기준으로, 잘된 시와 그렇지 못한 시를 품평했다. 그 기준은 이러했다.

> 대저 선을 하는 바른 길은 오직 오묘한 깨침에 있고, 시를 짓는 바른 길도 역시 오묘한 깨달음에 있다. …〈필자 생략〉… 생각하건대 깨달음이란 당사자가 해야 하는 것이고, 꾸밈없어야 [本色] 한다.[179]

오묘한 깨침이 중요한데, 이것은 당사자가 본색으로 해야 한다. 그렇지 않고 남의 말이나 외우고 이리저리 '잔 머리를 굴려' 꾸며서는 안 된다. 본색종장(本色宗匠)이어야 한다. 그러나 세월 속에서 이런 '송고문학(頌古文學)'도 고착화되어, 도리어 사람들의 '자유로움을 붙들어 매는 말뚝[繫驢橛]'이 되고 말았다. 진솔한 체험보다는 남의 멋진 말을 흉내 내게 되었다. 체험은 뒷전이고, 압운(押

---

179 嚴羽,「滄浪詩話」, "大抵禪道惟在妙悟, 詩道亦在妙悟. …〈필자 생략〉… 惟悟乃爲當行, 乃爲本色". 何文煥 編訂, 『歷代詩話』(臺北: 藝文印書館, 民國63年), p.442.

韻)이나 따지고 율격(律格)이나 맞추는 직업적인 '꾼'들이 되고 말 았다. 사량 분별을 쉬게 하려고 시작했던 '이야기[話頭]'가 이제는 도리어 사량 분별만 늘린 셈이 되었다. 마침내 대혜 선사는 화두 그 자체에 집중하여 의심만을 오롯이 드러나게 하여, 일체의 언어나 사량 분별을 쉬게 하였다. 의심을 일으키는 데에 방해가 되는 '이야기[話頭]'는 이제 더 이상 쓸모가 없었다. 이러한 요구에 딱 부합하는 화두가 바로 '무자' 화두였다. 은산철벽을 마주한 것 같아 더 이상 언어나 사유가 대상으로 향해 나아가지 못하도록 하여, '무자' 화두에 의심이 사무쳐야만 했다. 그렇게 될 때에, '자기 자신의 본래 면목'이 드러나 '사태 그 자체'를 있는 그대로 체험하게 된다는 것이다. 이렇게 하여 '이야기[話頭]'의 역할과 기능은 또 다시 일변(一變)하게 되었던 것이다.

  이상의 논술을 추궁해보면, 선사들은 결국 전(全) 시대에 걸쳐, '이야기[話頭]'를 활용했다. 물론 활용하는 방식은 달랐다. 처음에는 이야기를 '만들고', 그런 다음에는 이렇게 해서 만들어진 이야기를 소재로 '강의하고', 다시 세월이 흐른 뒤에는 그렇게 만들어진 이야기에 온 생각을 집중하여 '의심하기'로 변화・정착되어 갔다. 그러면 도대체 이렇게 이야기[話頭] '만들기' → '강의하기' → '의심하기'로 시대의 흐름에 따라 변하면서도, 저 선승들이 일관되게 목표했던 것은 무엇인가? 그것은 원오 선사가 〈본칙〉의 〈평창〉에서 말했듯이 "單傳心印(단전심인)하야 開示迷塗(개시미도)하야 不立文字(불립문자)하고 直指人心(직지인심)하야 見性成佛(견성성불)이라"이다. 더 줄여서 말하면 '見性成佛(견성성불)'이다. 이것을 더 줄이면, '견성(見性)'이다. 그러면 '견성'이란 무엇인가?

이 문제에 대해서 길게 논증할 겨를은 없다.「관음시식(觀音施食)」에서〈창혼(唱魂)〉한 다음에 내리는〈착어(着語)〉로 그 결론을 대신하고자 한다. 해당 부분만 인용하면 이렇다.

> 靈源湛寂, 無古無今, 妙體圓明, 何生何死, 便是釋迦世尊摩竭掩關之時節. 達磨大師, 少林面壁之家風. 所以泥蓮河側, 槨示雙趺, 葱嶺途中, 手携隻履. 今日○○○靈駕 諸佛子, 還會得湛寂圓明底一句麼.[180]

영가님의 신령한 근본은 본래 맑고도 고요하여 새로울 것도 오래되었을 것도 없으며, 영가님의 오묘한 본체는 완전하고도 밝아서 태어나셨다느니 돌아가셨다느니 할 것이 없습니다. 이것이야말로 석가세존께서 마가다 도량에서 빗장을 걸어 잠그고 침묵하셨던 소식이며, 역시 달마 대사께서 소림굴에서 면벽하셨던 것입니다. 그러므로 세존께서는 니련선하 강가에서 열반하시고 관 밖으로 두 발을 보이셨고, 달마 대사께서는 파미르 고원을 넘어가시면서 짚신 한 짝을 손에 들고 가셨던 것입니다. 오늘 이렇게 돌아가신 ○○○영가시여! 그리고 이 자리에 모이신 여러 불자들이시여! 맑고도 고요하며 완전하고도 분명한 이 한 마디를 아시겠소?

위의 인용문은 낮은 음으로 천천히 착어성(着語聲)으로 소리를 지어서 하는 것을 요즈음의 사찰에서도 들을 수 있는데, '견성(見

---

[180] 대한불교조계종 포교원,『통일법요집』(서울: 조계종출판사, 1998), p.192.

性)'에서의 '성(性)'이란, 위 인용문의 용어로 바꾸면 '맑고 고요한 신령스런 근본[靈源湛寂]'이고 '완전하고도 밝은 미묘한 본체[妙體圓明]'이다. 이 소식을 전하려고 석존께서는 마가다국 보리도량에서 3·7일간 꼼짝 안 하셨고, 달마 대사는 소림사에서 9년간 면벽을 했다는 것이다. 이 '성(性)'의 상주불멸을 보여주시려고 세존께서는 열반에 즈음하여 두 발을 내 보이셨고, 달마 대사는 짚신 한 짝을 메고 파미르고원을 넘으셨다는 것이다.

그러니 결국, 당대(唐代)의 선사들은 상대에게 '견성성불'을 스스로 체험하게 하려고 상대방과 대화를 했고, 북송대의 선사들은 '견성성불'을 체험토록 하기 위하여 각종 방식으로 '화두'에 대해 강의를 했고, 역시 남송대를 지나 원대 이후의 선사들도 '견성성불'을 체험하기 위하여 '화두'를 참구했던 것이다. 그러니 화두의 '참구'만이 '견성성불'로 이끄는 유일한 방법이라고 고집해서는 안 된다. 화두도 어디까지나 견성성불을 위한 '수단'이지 결코 '목적'이 아니다.

선사들이 가려는 세상

I. 머리말

당나라 시대에 새롭게 일어난 신흥 사조였던 남종선도 당나라 말엽을 지나면서 부터는 나름대로의 전통이 생기고, 송나라 시대에 들어서는 당나라 시대 선사들이 남긴 수행이 이제는 일종의 '기준'으로 굳어져갔다. 그 '기준' 중의 하나가 '화두' 내지는 '공안'이라 불리는 것이다. 서로가 공인할 만한 선사들의 일화나 언행, 혹은 경전 구절을 기준삼아 제자들을 지도한다. 그리고 뒷날 송나라 시대 이후에는 '화두'를 마음속으로 관찰하는 '간화선'이 대두하였다.

당나라 시대의 선사들이, 특히 혜능이나 마조를 포함한 남종에 속한 선사들이, '간화선'을 실천했는가? 그런데 이들에게는 선배나 스승이 사용했던 이야기를 재료로 하여 후배 수행자들을 지도하는 방법을 쓴 경우는 있지만, 자기 자신의 수행을 위해 '화두'를 드는 일은 없었다. 물론 참선을 했지만 그것이 반드시 간화선이라고 단정할 만한 문헌적 근거도 약하다.

그런데 선종의 역사에서 결과적으로는 간화선을 주장하는 송대 선가들은 자신들이 사용하는 화두의 속 내용으로 당대 남종선

계통의 선사들의 언행을 사용하고 있다. 남종선의 선사들은 '직지인심(直指人心)'과 '견성성불(見性成佛)'이라는 표어가 말해주듯이 언제나 자신의 본성을 깨칠 것을 강조한다. 이 '견성성불(見性成佛)'의 목적을 위해서 스승은 제자의 수준이나 당시의 상황에 적절한 이야기로 상대방 스스로 자각하게 한다. 당장에 깨치는 경우도 있지만, 나중에 그 말뜻을 깨치는 경우도 있었다. 향엄 지한 선사의 사례는 후자의 경우이다. 후자의 경우는 이전에 스승이 한 말이 일종의 화두 역할을 했다. 그렇지만 향엄 선사가 선방에 앉아서 화두를 든 것은 아니다. 그럼에도 송대의 선방이나, 이 전통을 계승하려는 우리나라 현재 조계종의 선방에서는 화두를 든다.

바로 이 점에 필자의 문제의식이 발동된다. 즉, 선종의 수행 방법이라는 것도 결국은 역사 속에서 여러 방면으로 실험을 거치면서 분화·형성되어간다는 것이다. 그 과정에서 '간화선'도 만들어진 것이 아닌가? 그리고 그 변화의 전환점에 오대(五代) 운문 문언(雲門文偃; 865~949년) 선사가 위치했던 것이 아닌가?

운문 선사에게는 송대의 간화선과도 다르고, 그렇다고 당대의 남종선과도 다른 면모가 보이는데, 그것은 여타 선사들의 이야기를 사용하여 후인들을 지도하는 방법을 쓰고 있는 점이다. 화두를 참구하는 수행 형태는 육조 혜능이나, 남악, 마조, 백장, 황벽, 임제, 조주, 위산, 앙산, 약산, 동산 등의 당나라 시대 선사에게는 보이지 않는 도습이다.

그러면 운문 선사는 어떤 실천을 통해서 수행을 완성시키려 했는가? 외형적으로 좌선을 한 것은 분명하다. 그렇지만 화두를 들었다는 증거는 『운문광록』에는 보이지 않는다. 그러면 운문 선사는 외형적으로는 좌선을 하면서 내면적으로 어떤 마음가짐을 가졌을까? 이것이 궁금하다. 이 물음에 대해 필자는 "『운문광록』에 한정해 보는 한 풀리지 않는다"고 이 책의 뒷부분 「Ⅴ. 선사들의 실천행」에서 결론을 내렸다.

당말·송초 시기에도 아직 선사들의 수행법으로 화두를 드는 일은 정착되지 않았고, 다만 제자들을 지도하는 과정에서는 '화두'를 사용했다는 것이다. 그 대표적인 인물과 사례가 바로 운문 선사의 『운문광록』에 잘 드러난다. 운문 선사는 후배 학인들을 지도하는 과정에서 다른 선사들의 말이나 일화를 거론하는 방법을 아주 많이 사용하고 있다. 그렇다고 이 말이 운문 자신이 화두 수행을 했음을 의미하지는 않는다. 그 자신이 어떤 방법으로 선 수행을 했는지는 분명하지 않다.

그렇다고 해서 그가 어떤 수행을 목표로 했는지를 전혀 알 수 없는 것은 아니다. 운문 선사가 당시의 어떤 수행을 비판했는지를 통해 그가 목표로 하는 바른 수행이 무엇이었는지는 짐작할 수 있다. 그것을 이 책의 「Ⅲ. 당시의 선풍을 비판하는 운문의 입장」 부분에서 분석했다.

선종사가 말해주듯이, 송대의 선이 당대와 확연하게 다른 특징의 하나로 선배 선사들이 남긴 일화를 소재로 학인들을 지도하는 '화두'가 선문답에 등장하는 것을 들 수 있다. 이렇게 화두를 매개로 하는 설법은 『설두송고』를 거쳐 『벽암록』에 이르는 과정에서 정형화된 형태로 자리 잡는다. 그러니 운문 선사는 당대선과 송대선을 연결하는 '교량역할'을 하는 셈이다.

한편, 현재 '화두선' 또는 '간화선'이 큰 흐름이 된 오늘날 한국 불교의 실천행을 염두에 두면, 선배들의 화두를 선 수행의 중요한 부분으로 끌어들이기 시작한 운문 선사야 말로 오늘날 한국에서 시시비비되는 되는 '간화선' 논쟁의 가닥을 잡는 데에 하나의 근거를 제공할 수 있을 것이다.

II. 예비적 단계 : 불립문자의 벽을 넘어서

운문의 선사상을 이해하기 위해서는 무엇보다 그의 언행이나 제자들과의 문답을 기록한 『운문광진선사광록(雲門匡眞禪師廣錄)』[181](이하에서는 『운문광록』으로 표기함)을 읽는 것에서 출발을 해야 할 것이다. 그런데 막상 이 책을 포함한 당대 선사들의 선어록을 읽으려 하면 거기에는 많은 장애물이 나타난다. 그 장애물을 필자는 '안개'라는 말로 표현하고자 한다. 분명히 저편에 실제의 풍경이 있지만 '안개'에 가려 그 풍경이 잘 안 보이거나 다른 모습으로 변질되어 보이기도 한다는 의미에서의 '안개' 말이다.

---

[181] 이 책에 사용한 텍스트는 『운문광록』(백련선서간행회, 장경각, 불기 2535년)이고, 한글 번역에서 큰 오역이 아닌 한 이 책을 따랐다. 원문으로는 北京 中華書局 點校本 『古尊宿語錄』(1994年)을 참조하였다.

선어록을 가리는 안개 중에서 가장 지독한 것으로 필자는 '불립문자'를 꼽는다. 즉, 선이란 언어와 문자에 의해서 설명될 수 없다는 견해이다. 이런 안개에는 선어록에 많이 나타나는 구어(口語)와 속어(俗語)도 상당한 몫을 했다. 그 당시 보통 사람이면 다 아는 말이었지만 지금은 도무지 알 수 없는 말이 되어버린 생생한 언어가 선어록 해독을 힘들게 한다. 선이라 하면 마음에서 마음으로 전한다는 '이심전심'의 고사가 대변하듯 언어나 문자로는 안 된다고 한다. 이렇게 주장하는 이들 중에는 선어록을 우리말로 해석한다든지 또는 화두를 풀이하면 큰 일 나는 것으로 아는 사람도 있다. 그러면 당시 선풍을 일으켰던 당사자인 당대 선사들도 그랬을까? 아니다. 몇 가지 측면에서 검토해보자.

첫째, 깨달음의 체험과 그 체험을 얻게 된 상황을 전하는 '이야기'는 나누어서 생각해야 한다. 그런데 예로부터 많은 사람들은 '이야기 모음집인 선어록'과 '선의 체험'을 혼동한다. 11세기 초 중국 송나라 때에는 선사들의 이야기 모음집인 『경덕전등록』이 편집되었다. 이 책을 만드는 과정에서 많은 사람들이 선사들의 깨달음에 관한 일을 문자로 기록하는 것에 반대했다. 선사들이 마음에서 마음으로 전한 것을 어찌 책으로 만드느냐는 비난이다. 책 만드는 일에 참석한 장락 정앙(長樂鄭昻) 스님은 이 비난에 대해 이렇게 답변한다.

혹 어떤 이는 "불조(佛祖)의 전법게는 번역해서 전한 사람이 없다"고 의심하는데, 이는 여름 벌레가 봄과 가을을 모르는 말이다. 불조가 아무리 전함 없이 전했다 하나, 전해주는 인연을 어찌 몰라서야 된단 말인가?" 〈『한글대장경182 · 경덕전등록』, 김월운 번역, 동국역경원, 1971, p.657.〉

선사들이 깨닫게 된 상황과 전후 사연은 전할 수 있다는 것이다. 그런 사연을 모은 것이 선어록이고, 그런 선어록을 계통적으로 분류하여 정리한 책이 『경덕전등록』이다.

둘째, 중국의 조사들은 '선의 체험'을 일상생활 속에서 드러내 보임은 물론, 언어로 표현하려고 수많은 애를 썼다. 물론 선사들은 '선의 체험'을 언어로 표현하기가 얼마나 어려운가를 충분히 인식하고 있다. 이런 인식을 분명히 한 위에 그 체험에 딱 들어맞게 표현하려고 애를 썼던 것이다. 상대가 어설픈 말로 어물거리면 몽둥이질도 마다하지 않았다. 낙숫물 떨어지는 소리에 깨쳤다는 경청 선원의 도부(道怤; 864~937) 선사는 이런 말을 한다.

번뇌로부터 벗어나기는 그래도 쉽지만, 번뇌에서 벗어난 체험을 있는 그대로 고스란히 말로 표현하기는 더욱 어렵다.

出身猶可易, 脫体道還難. 〈『祖堂集』第10卷, 鏡淸條.〉

표현이 얼마나 어려운가를 고백하는 말이다. 제대로 된 선사들은 자신의 체험을 고스란히 언어나 말로 표현해 보려고 한다. 결코 표현 자체를 부정했던 것은 아니다.

셋째, 선어록은 깨달음의 계기를 마련해 준다. 운문 선사는 이렇게 말한다.

> 옛사람에게 언어문자로 납자들을 도와 준 경우가 꽤 있었다. 예컨대 설봉 스님은 '온 누리가 그대이다' 하였고, 협산 스님은 '어디에서나 노승을 찾아보고 시끄러운 시장 속에서 천자를 알아내 보아라' 했고, ……. 〈『운문광록』상, p.40.〉

언어나 문자를 활용하여 납자들을 지도한 실례를 든 것이다. 이렇게 볼 때 '불립문자(不立文字)'라는 말의 잘못된 이해에서 발생한 '안개'는 더 이상 방치할 수만은 없다고 생각한다. 그렇다고 필자가 '불립문자'의 본래 정신을 부정하려는 것은 아니다. 즉, 언어나 사유로 규정되어 그것으로 표현된 것은 그것이 아무리 진리를 그대로를 드러냈다고 하더라도 역시 무상한 것이다. 진리 그 자체는 아니다. 거기에는 '제일의제(第一義諦)'와 '세속제(世俗諦)'의 구도가 깔려 있다. '제일의제'는 문자나 언설로 접근할 수 있는 것은 아니다. 문자로 쓰인 선어록은 '세속제'이지 '제일의제'는 아니다. 필자는 세속제의 범주에 속하는 선어록의 내용을 잘 분석하려는 것이다. '제일의제'는 불립문자(不立文字)의 범주에 속하는 것이다. 다만 속제인 선사들의 이야기의 분석에 장애가 되는 것을 '안개'라고 표현하고, 그것을 제거하려고 한 것일 뿐이다. 이런 입장에서 필자는 『운문광록』을 우리말로 번역하고, 그 번역을 바탕으로 그 책에 드러난 선 수행에 대한 운문 선사의 입장을 알아보려고 한다.

Ⅲ. 당시의 선풍을 비판하는 운문의 입장

그러면 위와 같이 선종사의 전환점에 서서 활동했던 운문 선사는 자기 자신은 어떤 수행 실천했고 또 제자들에게 어떻게 수행할 것을 당부하였는가? 이제부터는 이 문제를 집중적으로 검토하기로 한다.

그러기에 앞서 분명하게 해 두어야 할 것은 이미 후쓰(胡適, 1891~1962) 박사도 주장했듯이[182] "선 운동을 그것의 '시공 관계'에 원 위치시켜야 한다." 이렇게 하는 것이 "선을 올바른 역사적 배경에 자리매김하는 것"이다. 선을 초역사적이고 초이성적으로 이해하려는 일본의 종파지상주의적 선불교 연구는 재고되어야 한다. 운문선의 출현도 역시 이런 역사적인 산물로 이해해야 할 것이다. 사상은 늘 그 시대와의 관계 속에 형성되듯이, 운문의 선사상도 갑자기 생긴 것은 아니다. 그 당시에 있었던 여러 선풍들과 교류하면서 그것을 비판 극복하는 과정에서 만들어져 갔다고 보아야 할 것이다.

『운문광록』에는 당시 잘못된 수행을 나무라는 부분이 많이 나온다. 우리는 이 부분을 통하여 운문 선사가 제시하는 제대로 된 선 수행이 무엇인지를 역으로 추론해 볼 수 있다. 그 비판 중에는 당나라 시대의 여타 종사들과 공유하는 비판도 있고, 운문 선사

---

182 胡適, 신규탁 역, 「중국 선불교 그 역사와 방법」, 『다보』 제17호(서울: 대한불교진흥원, 1996), p.11.

에게만 나타나는 독특한 비판도 있다. 물론 이 양자가 엄격하게 구별되지 않는 점도 있지만, 운문의 선사상의 특징을 찾아보는 데에 이런 분류는 과정상에서 많은 유용성을 발휘한다.

1. 여타 종사들과 공유하는 비판

1) 밖에서 얻을 무엇이 있다고 생각하는 것

당나라시대 선사들은 누구를 막론하고 '견성(見性)'을 강조한다. 이런 전통은 이미 『육조단경』에서부터 선명하게 드러난다. 수행자 각자마다 부처가 가지고 있는 것과 똑 같은 지혜와 덕을 간직하고 있으니 그것을 깨치라고 한다. 이런 인간 이해는 이른바 법성종(法性宗)의 교학에서는 공통적으로 동일하게 나타나며, 특히 법성종의 대표적인 교학인 화엄교학에서는 이 점이 더욱 극명하다. 당나라시대의 남종선을 전개한 선사들의 생각들에도 인간에게는 누구나 불성(佛性)이 있음을 전제한다. 이 점은 임제 선사도 그렇고 조주 선사도 그렇고 오늘 우리가 다루는 운문 선사도 예외가 아니다. 운문 선사는 이렇게 말한다.

> 상당(上堂)하여 "누구나 자기에게 밝은 빛이 있는데, 볼라치면 보이지 않고 깜깜할 뿐이다"라고 말씀하고는 법좌에서 내려왔다.
> 〈『운문광록』상, p.94.〉

자기 자신 속에 "밝은 빛이 있으니" 밖에서 그것을 구하려고 다음을 쓰지 말라는 것이다. 그저 밖에서 구하려는 마음만을 덜고 덜어 쉬라는 것이다.[183] 이런 맥락에서 운문 선사는 말한다. "그대들에게 무슨 부족한 점이 있느냐? 대장부라면 뉘라서 분수가 없으랴."[184]

번역문의 "분수"는 원문 "大丈夫漢誰無分"에서의 '분(分)'을 번역한 것이다. 이 '분(分)'은 태어날 때부터 하늘로부터 나누어 받은 것이라는 뜻이다. 사람이라면 태어나면서부터 누구나 갖추고 있는 자질이다. 이런 입장에서 운문 선사는 이렇게 말한다. "이제 여러분에게 묻겠다. 원래 어떠한 일이 있었기에 거기에서 무엇이 빠지고 부족하냐?"[185] 즉, 자신에게 부족한 것이 무엇이냐는 것이다. 다시 말하면 부족한 게 없다는 것이다. 깨달음의 씨앗도 결국은 자기 자신 속에 간직되었다는 것이다. 그러니 깨달음을 밖에서 찾으려 하지 말라는 것이다.

2) 남에게 선을 묻고 도를 묻는 것

이것도 앞의 1)과 연관이 있다. 깨달음이란 남에게 물어서 될 일이 아니라 자신이 직접 체험해야 한다는 것이다. 이 점은 당나라시대의 많은 선사들에게 공통으로 나타나는 견해이다. 운문 선

---

[183] "하루 종일 어떻게 마음을 써야만 부처님과 조사를 저버리지 않겠습니까?" "힘을 덜어라." 《『운문광록』상, p.46.》
[184] 『운문광록』상. p.36.
[185] 『운문광록』상. p.24.

사는 이것을 아주 적절한 비유로 말한다.

> 남의 쌀 한 말(斗)을 얻고자 하면 자기의 반 년 양식을 잃는 법이니, 이처럼 행각한다면 무슨 이익이 있으랴. 신심 있는 신도들이 바치는 한웅큼 채소와 쌀 한 톨을 어떻게 받아쓰랴. 다만 스스로 살펴야지 대신해 줄 사람이 없다.
> 〈『운문광록』상, p.41.〉

더 이상의 설명이 필요 없을 정도로 분명하다. 몸소 체험하라는 것이다. 체험할만한 훌륭한 그 무엇이 자기에게 있다는 것이다. 그리고 그 체험을 실현할 수 있는 능력이 자기 자신 속에 고유하게 있다는 것이다. 그러나 당시의 선승들은 그렇지 못했다는 비판이 들어 있다.

3) 경전의 주석서를 (반성적 사유 없이) 외우고 논쟁하는 것

이것도 넓은 범위에서 보면 자기의 체험이 아닌 남의 것을 가지고 겉모습만 더듬는 어리석음을 비판하는 것이다. 운문 선사의 다음 말을 보자.

> 가령 어떤 부류의 사기꾼이라면 남의 고름이나 침을 받아먹고 한 무더기, 한 짐 잡다한 부스러기를 기억하여 걸머지고는 가는 곳마다 어리석은 입을 나불거리며 '나는 선문답을 아홉 가지 열 가지로 이해하였다' 하면서 과시할 것이다. 설사 아침부터 저녁까지 묻고 답하며 겁(劫)으로 따질 만큼 긴 시간을 대답할 수 있다 치자. 그렇다 해도 꿈에선들 보았겠느냐?
> 〈『운문광록』상, p.39.〉

경전도 그것이 부처님의 말씀이기는 하지만 결국은 남의 말이라고 선사들은 생각했다. 이런 생각은 당나라시대 선사들에게 많이 나타난다. 임제의 경우도 그 중의 하나이다.

어느 강사 스님이 물었다.
"3승 12분교가 어찌 불성을 밝힌 것이 아니겠습니까?"
임제 선사가 대답했다.
"(그것으로는) 거친 풀밭을 일찍이 일군 적이 없다."
강사 스님이 다시 물었다.
"부처님이 어찌 사람을 속이셨겠습니까?"
그러자 임제 선사가 말했다.
"부처님이 어디 있느냐?"
이쯤 되자 강사 스님은 말이 없었다. 〈『임제록』「상당」〉[186]

경전에 대한 선사들의 입장을 단적으로 보여주는 장면이다. 이것은 경전을 무시하는 것이 아니라,[187] 자기의 체험이 결여되고 남의 말에만 의존하는 것을 비판하는 것이다. 운문 선사는 이렇

---

[186] 이 부분은 우리말 해석에 번역자마다 차이가 있어서 원문을 소개한다. "有座主問, 三乘十二分敎豈不是明佛性. 師云, 荒草不曾鋤. 主云, 佛豈賺人也. 師云, 佛在什摩處. 主無語." 『臨濟錄』「上堂」이 구절에 대한 필자의 번역 고증은 「中國禪書의 飜譯을 위한 文獻學的 接近(2)」(『백련불교논집』제2집, 1992)에 소개했다. 이 책 188쪽 참조.

[187] 운문 선사는 그것이 경전이나 논서이기 때문에 비판하는 것은 아니다. 수행자 각자 저마다의 체험을 귀중하게 여겨야 한다고 강조한 것이다. 운문 선사는 당시 유통하던 중요한 논서들을 잘 알고 있었다. 예를 들면 『반야등론』, 『유가사지론』, 『백법론』, 『유식론』, 『현양성교론』, 『율초(律鈔)』, 『반야경』, 『금강경』, 『열반경』, 『법화경』, 『화엄경』 등의 경론의 내용을 가지고 선문답을 한다.

선사들이 가려는 세상 411

게 추궁한다. "3장(藏)의 가르침과 세상 큰스님의 말씀을 두꺼비 입안에서 다 집어내어 한마디로 해 보라."[188] 여기서 말하는 '두꺼비'에 대한 비유는 각주 189)를 참조하기 바란다. 여기에서 분명히 살펴야 할 부분이 있다. 그것은 운문 선사는 교학의 3장을 무조건 비판하는 것은 아니다. 자기의 체험이 결여되었으면, 그 말이 교학에서 왔건 선학에서 왔건 모두 비판의 대상이다. 이 점은 송대의 선사들이 교학의 3장이면 무조건 모두 비난했던 것과는 대조적이다. 자기반성이 없이 외워대는 경·률·론 3장의 내용이란 두꺼비의 울음[189]에 불과하다는 것이다.

한편 위의 "한 무더기 한 짐 잡다한 부스러기를 기억하여"라는 말이 있는데 이 글의 원문은 "記得一堆一擔"이다. 여기서의 '기득(記得)'은 "기록하다"의 뜻이다. 그러니까 남의 말을 기록한다는 것이다. 당시의 선승들은 선배나 스승이 남긴 말을 종이에 기록하여 소지했던 것을 상기하면 좋다.

이런 기록들이 자료가 되어 훗날 『조당집』이나 『경덕전등록』의 초고가 된다. 제 아무리 훌륭한 선승의 말을 기록해서 바랑에 넣어 가지고 다니면서도 줄줄이 외우더라도 자기반성이 없으면 두꺼비 우는 소리와 다를 게 없다는 것이다. 이렇게 볼 때 그가 유독 교학만을 비판한 것은 아님을 알 수 있다.

---

188 『운문광록』하, p.51.
189 '두꺼비 울음'의 의미 대한 고증은 「우는 두꺼비」(이 책의 177쪽) 참조. 그 의미는 두 경우가 있다. (1) 혼자서는 소리 높이지만 남 앞에서는 입을 꽉 다무는 소신 없는 말, (2) 아무리 소리쳐도 남들이 들어주지 않는 말.

4) 선방에 앉아서 명예와 이익을 구하는 것

운문 선사가 남긴 「유계(遺誡)」에 이런 말이 있다.

> 출가한 사람이란 본래 세속을 벗어나는 데 힘써야지 거기에 휩쓸려서는 안 된다. 주지 등의 일은 모두 관례를 따르고 찾아오는 사람은 일상의 법도대로 맞이하라. 젊은 제자들은 어른들의 가르침을 받들어 따르고, 총림에 소속된 농토나 상주물 등은 모두 본원(本院)의 갖가지 비용에 충당해야 하며 다른 절에 돌려써서는 안 된다. 〈『운문광록』하, p.184.〉

세속에 뜻을 두지 말고 부지런히 수행할 것을 강조하는 것은 거의 모든 수행자들이 한 목소리로 당부하는 말이다. 우리는 이 글에서 당시의 세태를 읽을 수 있다.

우선 사원에 외부 인사가 방문을 하면 "일상의 법도"대로 맞이하라고 했는데, 이것은 무엇을 의미하는가? 중앙집권적 전제왕권이 확립됨에 따라 승려에 대한 중앙정부의 관리도 정비되어 갔다. 그것들은 궁극에는 『당육전』에 정리된다.

그 권4에 의하면, "每寺上座一人, 寺主一人, 都維那一人, 共綱統衆事; 모든 절에는 상좌 1명, 사주 1명, 도유나 1명씩을 두어 함께 여러 일들을 관리하고 통제하게 했다"라고 되어 있다. 상좌, 사주, 도유나를 합쳐서 3강(綱)이라 부르는데 이 제도는 『구당서』 (권43) 「직관지(職官志)」에도 보인다. 이런 제도는 운문 선사가 활동하던 후당(後唐) 시기에도 운용되었다. 이들 3강은 「도승격(道僧格)」이라는 국법에 따라 사원을 관리하고 운영한다.[190]

그러니 외부에 인사가 찾아오면 이 국법과 사원 내부의 청규에 입각하여 제접하라는 것이다. 재정 문제에 대해서도 당시의 국법을 따를 것을 당부한다. 조세 및 부역에 관한 규정 등은 국가적으로 엄격하게 규정하였다.

그러나 당 왕조 몰락과 함께 그것들이 흔들렸는데 『운문광록』에서도 그 흔적을 볼 수 있다. 총림에 소속된 상주물이나 농토를 다른 절에 충당하는 경우가 생겼던 것이다. 이미 당시에는 거대한 사원 경제 블록을 형성해가던 시기이다. 그런데 운문 선사는 그런 세속적인 것에 물들지 말고 출가 본분에 힘쓰라는 것이다.

2. 운문 선사 특유의 비판

1) 향상(向上) 비판[191]

여기에서 말하는 '향상(向上)'의 말뜻은 "~을 초월하는 (것)"이라는 뜻이다. 한국말의 "수준이 더 낳아지는 것"[192]이라는 뜻의 '향상'과는 다르다. '向上'은 『조당집』이나 『전등록』 등의 여러 곳에서 '향상사(向上事)', '향상인(向上人)', '향상일로(向上一路)'로도 쓰이는

---

[190] 이 부분에 관한 자세한 보고는 諸戶立雄 씨의 『中國佛敎制度史の硏究』(東京: 平河出版社, 1990)가 있다.
[191] "向上"이란 말에서 '雲門の禪'을 규명한 것은 京都大의 入矢義高 선생의 혜안이다. 이미 고인이 되셨지만, 唐代의 선사상을 宋代의 선사상의 틀로 해석하는 잘못된 일본의 선 연구 풍토를 선생께서는 항상 비판적으로 게다가 엄밀한 문헌적 해석을 바탕으로 극복하려 하였다. 『自己と超越』(入矢義高, 岩波文庫, 1896년)에 실린 「雲門の禪・その '向上' ということ」 참조.
[192] 『연세한국어사전』(연세대학교 언어정보개발연구원 편, 서울: 두산동아, 1998).

데 이 경우는 모두 '~을 초월하는 (일, 사람, 외길)'이라는 뜻이다. 어디에도 안주하지 않고 그것을 초월하는 것을 말한다. 그러니까 '자기향상사상(自己向上事上)' 하면 '자기를 초월하는 일'이라는 뜻이다. 우리말에서 '실력 향상'을 '실력의 수준을 높여가는'이라고 풀이하듯이, 이 말을 '자기의 실력을 높여 가는 일'이라고 번역해서는 안 된다.

'향상(向上)'이 나오게 된 배경에는 부처면 부처, 깨달음이면 깨달음, 자기의 체험이면 체험, 그런 것들에 안주하는 풍조가 있었다. 그러나 당시 눈 밝은 선사들은 그러지 말고 그것들을 한 단계 더 초월하여 나아가야 한다고 가르친다. 그러니까 당시 수행승들이 '부처' '보리' '열반' '선' 등에 안주하는 것을 꾸짖는 것이다. 운문 선사는 이런 말을 한다.

> 옛 사람들은 그대들이 갈팡질팡하는 것을 보고 마지못해 '보리' '열반'을 말씀하셨으나, 그것은 그대를 매몰거나 말뚝을 박아 묶어두는 것이다. <u>또 그대들이 알지 못하는 것을 보고는 '보리 열반이 아니다'라고 하였으나, 이런 일은 애당초에 맞지 않는다는 것을 알겠다.</u> 〈『운문광록』상, p.95.〉

보리니 열반이니 등각이니 묘각이니 하는 것도 모두가 '당나귀 잡아 매는 말뚝[繫驢橛]'이라고 말하는 임제 선사의 이야기도 이런 차원에서 한 말이다. "이치에 딱 맞는 한 마디 말이 영원히 그대를 얽어매는 말뚝이 된다"[193]고 하는 것도 다 이런 맥락이다. 결

---

193 운문 선사는 예부터 내려오는 이 말을 인용하고는 "조주의 돌다리, 가주(嘉

국은 "그대의 마음에서 깨달음을 얻는 것이다"라고 말한 마조선의 "심즉시불(心卽是佛)"의 전통에서 나온 수행관이다.

그런데 문제는 이제부터이다. 당시의 수행자 사이에는 마조나 임제의 위와 같은 입장을 정형화하는 풍조가 생겼다. 이런 풍조가 특히 남방의 설봉교단의 아류들에게 많이 있었다. 당시 설봉교단은 전란에 휩싸였던 다른 지방에 비해 경제적으로도 정치적으로 안정된 곳이었다. 이것을 누리려는 저급 수행자들이 그의 교단에는 적잖이 있었다. 운문 선사는 자신의 스승인 설봉 선사에 대한 비판을 많이 하는데, 이것은 어디까지나 그 아류들에 대한 비판이다. 당시의 상황을 엿볼 수 있는 조주 선사의 말을 들어보자.

> 한 스님이 설봉에서 왔는데, 스님(=조주 선사)께서 말씀하셨다.
> "그대는 여기에 머물지 말라. 나의 이곳은 다만 피난하는 곳일 뿐, 불법은 모두가 남방에 있다."
> "불법에 어찌 남북이 있겠습니까?"
> "네가 아무리 설봉에서 왔다 하더라도 판때기를 진 놈일 뿐이다."
> "저 쪽의 일은 어떻습니까?"
> "너는 왜 어제 밤 자리에 오줌을 쌌느냐?"
> "깨치고 난 뒤에는 어떻습니까?"
> "어! 똥까지 쌌군." 〈『조주록』(선림고경총서), pp.150~151.〉

州)의 대상(大像)"이라고 代語한다.〈『운문광록』하, p.25.〉

이 대화에 대한 자세한 분석은 이 책의 제3부 〈조주록〉(250쪽) 부분에서도 했다. '저 쪽의 일'이라는 말에서 드러나듯이 '깨달음을 초월한 경지'를 운운하면서 남북을 오가며 세월을 보내는 선객들이 많이 생겨났다. 이렇게 선이 정형화되고 거기에 안주하는 것을 조주 선사는 비판했다. 또 "남방에서는 목숨을 잃는 사람이 많다"는 것도 '초월: 向上'을 정형화 하여 그 굴속에 빠지는 남방 설봉교단의 잘못을 비판하는 것이다.

운문 선사는 자신이 설봉의 문하생이면서도 조주 선사를 그토록 마음속으로 존경하고 따르는 것도 바로 이런 선풍이 서로 통하기 때문이다. 이 책의 415쪽에서 인용한 『운문광록』의 밑줄 친 부분 즉, "또 그대들이 알지 못하는 것을 보고는 '보리 열반이 아니다'고 하였으나, 이런 일은 애당초 맞지 않는다는 것을 알겠다"고 한 의미도 이런 맥락에서 한 것이다. '말뚝'에 매여서도 안 되지만 그렇다고 '향상'에 걸터앉아서도 안 된다는 것이다.

어떤 객승이 "불조를 뛰어넘는 도리란 무엇입니까?" 하고 묻자, 운문 선사는 "호떡"이라고 대답한다. 그리고는 이어서 "무엇을 부처라 하고 조사라 말하기에 불조를 뛰어넘는 도리를 말하는가?"라고 다그쳐 묻고는, "까닭 없이 허망한 망상을 일으켜서 무엇 하려는가?" 하고 운문 선사는 꾸짖는다.[194] 또 운문 선사는 이렇게 말한 적도 있다. "평소 긴 선상에 앉아서 향상이니 향하니 불조를 뛰어넘는 도리가 있다면 말해보아라. 물소에게도 불조를 뛰어넘

---

194 『운문광록』상, p.51.

는 도리가 있는지를."[195] 이 모두가 같은 뜻이다.

운문선은 기본적으로 초월의 경지를 존중한다. 그런데 그 초월의 경지에 다시 집착하는 것도 부정한다. 끝없는 자기 초월을 강조한다. 그것을 표현하는 단적인 말이 바로 '향상일로(向上一路)'이다. 이 말뜻은 '한 단계 향상된 하나의 길'이 아니다. '끝없이 향상해 가는 외길'이란 뜻이다. 어디에도 안주하지 않는 끝없는 자기 초월의 길이다. 이것이 운문선의 핵심이다. 자기반성 없이 남의 말이나 외우는 당시의 선풍을 비판하는 것이다.

2) '쉬는 경계[休歇處]'에 안주하는 것에 대한 비판

모든 반연을 쉬는 것을 궁극의 경지라고 생각하고, 거기에 안주하는 것을 운문 선사는 비판한다. 다음의 인용을 보자.

"모든 기연[機]이 다 없어졌을 경우라면 어떻습니까?"
"나에게 법당을 가져오면 그대에게 가르쳐 주겠다."
"그 일과 무슨 상관이 있습니까?"
스님은 혀를 차면서 말씀하셨다.
"이런 사기꾼아."
"눈앞이 깨끗해져서 아무것도 없을 경우는 어떻습니까?"
"<u>열이 나는구나. 어쩌면 좋겠느냐?</u>"
그 스님이 절하고 물러나자 스님께서 말씀하셨다.
"이리 오너라."
그 스님이 가까이 다가서자 스님은 갑자기 몽둥이로 치면서

---

[195] 『운문광록』상, p.77.

말씀하셨다.

"이 사기꾼 같은 놈이 나를 속이는구나." 〈『운문광록』상, p.53.〉

위에 인용된 "열이 나는구나. 어쩌면 좋겠느냐?"는 네가 몸에 열이 나서 제 정신이 아니라는 꾸짖음이다. "눈앞이 깨끗해져서 아무 것도 없을 경우"를 운운하는 것을 보니 너는 제 정신이 아니라는 일침이다. 이것은 고요한 상태를 '묵수'하는 것을 비판한 것이다. '간화선'의 선구가 된 운문 선사로서는 당연히 나올 만한 비판이다. 이런 비판은 조주 선사에게도 있다.[196] 운문 선사가 남방 설봉의 문하이면서도 북방의 조주 선사를 존경하는 것도 조주 선사의 이런 점과 관련이 있다.

3) 부질없이 돌아다는 것의 비판

당나라시대의 선어록에는 많은 유랑 객승들이 출현한다. 직업적인 수행승들의 안이하고 상투적인 문답에 일침을 가하여 그들을 긴장하게 한다. 운문 선사 당시에는 중원이 5대(代)의 전란에 휩싸이면서, 먹을 게 많고 자신을 대접해주는 곳을 찾아 유랑하는 승려 집단이 생기게 되었다. 운문 선사는 이것을 아주 못마땅해 한다. 운문 선사의 말을 보자.

---

[196] 『조주록』(백련선서간행회, p.103)에 이런 말이 있다.
한 스님이 물었다. "아주 깨끗하여 티끌 한 점 없을 때는 어떻습니까?"
조주 선사가 대답했다. '여기 나는 고용살이하는 놈은 두지 않는다."

상당하여 말씀하셨다.

"시절 운세가 기울어 이제 상법·말법에 들어섰다는 점을 우리는 꼭 알아야 한다. 요즈음 스님들은 문수보살을 친견한답시고 북쪽으로 가고 남악에 유람한답시고 남쪽으로 간다. 그러나 이런 식으로 행각하는 이들은 이름만 비구로서 부질없이 신도들의 시주만 소비할 뿐이니, 정말 씁쓸한 일이다."

〈『운문광록』상, p.54.〉

당시 수행자들이 정치적·경제적으로 비교적 안정된 호남 지방이나,[197] 중앙의 감독이 소홀한 하북 지방으로 옮겨 다니는 모습은 『운문광록』의 여러 곳에 보이고, 이런 모습은 『조주록』에도 보인다. 당시에는 남쪽에는 설봉 선사가 북쪽에는 조주 선사가 있어 수행승들이 남북으로 왕래하며 법 거량을 했다.[198] 이것은 당시의 수행승들이 이리저리 분주히 다니면서 남에게서 무엇을 얻으려는 것을 비판한 것이다. 이런 비판의 내용은 『조주록』에도 많이 보인다. "짚신 값 내놓아라"라는 말도 이런 맥락에서 나온 것이다. 수행하여 스스로 깨칠 생각은 아니하고 행각을 '전문'으

---

[197] 「第四節 雲門宗の興起した隆昌前期」(『唐五代禪宗史』, 鈴木哲雄, 山喜房, pp.49~52).

[198] 당시의 상황을 엿볼 수 있는 대화가 『운문광록』에 여기저기 보인다. 대표적인 것을 한두 개 들면 다음과 같다.
***
"무엇이 납승의 본분사입니까?", "남쪽에는 설봉이 있고 북쪽에는 조주가 있다." 〈『운문광록』상, p.90.〉
***
언젠가는 말씀하셨다. "그대들 납자는 강서와 호남에 있으면서 그곳에서 여름 결제를 지냈다. 가사와 발우를 누구에게 전하고 왔느냐?"
〈『운문광록』하, p.35.〉

로 하는 무리들을 비판하는 것이다.

4) 선지식을 만나 자신의 깨달음을 점검받지 않는 것

운문선의 특징으로 당시의 특히 송대의 선과 관련지어 주목받을만한 것이 바로 선배 선사들의 이야기를 자주 거론하는 것을 들 수 있다. 다음이 그 대표적인 형식이다.

> 한 스님이 설봉 스님에게 가르쳐 주실 것을 청하자, 설봉 스님이 "이것이 무엇이냐?" 하니 그 스님은 말끝에 크게 깨쳤다. 스님(=운문 선사)께서는 <u>이 이야기를 들려주시고는 말씀하셨다.</u>
> "설봉 스님이 그에게 무슨 말을 하였겠느냐?'
>
> 〈『운문광록』상, p.133〉

위의 인용문에서 밑줄 친 "<u>이 이야기를 들려주시고는 말씀하셨다</u>"는 운문 선사에게서 두드러지게 보이는 특징이다. 이미 운문선에서 부터 송대 '간화선'의 초석이 놓이기 시작했다고 생각된다.

운문 선사의 이런 의도는 자신의 깨달음을 선배 종사들의 이야기[=話頭]를 통해 점검하려고 한다. 『운문광록』에 실린 「실중어요(室中語要)」, 「수시대어(垂示代語)」는 모두 선배 선사들이 깨친 기연들을 들려주고는 그것에 대한 운문 선사 자신이 코멘트를 하는 형식으로 이루어져 있다.

형식별로는 '염거(拈擧)', '별어(別語)', '대어(代語)' 등이 있는데, 이것들은 모두 당나라시대의 여타 선사들의 어록에 비해 비교적 많이 나타나는 것으로,『운문광록』의 특징이라 할 수 있다. 이 점은 이하에서 자세하게 검토할 것이다.

IV. 운문의 학인 지도법: 화두의 활용

이상에서 우리는 운문 선사가 당시 선불교계의 어떤 점을 비판하는지를 보아왔다. 그것을 요약하면 다음과 같다.
 (1) 자신의 체험 밖에서 얻을 무엇이 있다고 생각하지 마라.
 (2) 남에게 선을 묻고 도(道)를 묻지 마라.
 (3) 향상(向上)이니 향하(向下)니를 운운하지 마라.
 (4) 경전이나 주석서를 무반성적으로 외우고 지껄이지 마라.
 (5) '쉬는 경계[休歇處]'가 깨달음이라고 안주하지 마라.
 (6) 선지식을 만나 자신의 깨달음을 점검 받아라.
 (7) 선방에 앉아서 명예와 이익을 구하지 마라.
 (8) 만행을 핑계 삼아 부질없이 돌아다니지 마라.

그러면 운문 선사는 올바른 선 수행을 위하여 본인 자신은 어떤 대안을 제시하는가? 단지 비판 행위만을 했는가? 흔히 말들 하듯이 "실천행이 근본적으로는 비판 행위라는 점을 인정하더라도", 운문 선사가 제자들을 지도하는 방법은 있었을 것이다. 게다가 그가 훗날 생긴 5가 7종 중의 하나인 운문종의 종조로 추앙되는 선종사의 현상을 감안하면, 운문과 그 제자들 사이에는 수행에 관한 고유한 내지는 일정한 공통점이 있었을 것은 예상할 수 있다. 이 문제는 운문의 선 수행을 이해하기 위해서는 꼭 풀어봐야 할 부분이라고 필자는 생각한다.

운문 선사의 경우 언제나 비판만으로 일관한 것은 아니다. 그는 적극적인 방법으로 선 수행에 대한 자신의 입장을 피력한다. 어떻게 피력하는가? 이 물음에 대한 종합적인 대답을 필자는 Ⅲ장 말미에서 했었다. 즉, "『운문광록』이 실린 「실중어요」, 「수시대어」는 모두 선배 선사들이 깨친 기연들을 들려주고는, 그것에 대한 운문 선사 자신이 코멘트를 하는 형식으로 이루어져 있다. 형식별로는 '염거(拈擧)', '별어(別語)', '대어(代語)' 등이 있는데, 이것들은 모두 당나라시대의 여타 선사들의 어록에 비해 비교적 많이 나타나는 것으로, 『운문광록』의 특징이라 할 수 있다."

필자는 여기서 '비교적 많이'라는 모호한 표현을 썼는데 그 이유는 이렇다. 염거(拈擧), 별어(別語), 대어(代語) 등이 운문 선사의 독창은 아니다. 필자가 말하려는 것은 송대 이전의 여러 선사 중에서 운문 선사가 이런 형식을 '많이' 썼고, 그리고 이것이 일종의 '전통의 한 흐름을 만들어' 송대 화두선의 연원이 되었다는 것이다. 필자의 이런 해석은 결과를 보고 원인을 꿰어 맞춘 것이라 비판할 수도 있다. 이런 비판의 여지가 있다는 것을 예측하면서도 이런 주장을 하는 데에는 다음의 이유가 있다. 당나라시대에 활동했던 선사들과 송나라시대에 활동했던 선사들 사이에는 '간화선'을 했느냐 안 했느냐는 것을 기준으로 볼 때에 그 둘 사이에는 '단절'이 있다. 양측이 나누어지는 거대한 강물이 그 사이에 흐르고 있다는 것이다. 송대에는 '간화선'을 했지만, 당대에는 '간화선'을 하지 않았다. 이 점에서 두 시대는 '단절'이 있다.

'간화선'에 대한 학문적 연구와 토론은 국내의 연구자들 사이에도 최근에는 활발히 진행된다.[199] 그리고 임제의 종도임을 자처하는 한국 조계종의 선원에서는 전통적인 참선법으로 간화선을 꼽고 있다. 화두선이란 무엇인가에 대해 필자가 다시 설명을 가필할 필요는 없다. 학문적으로도 그 얼개는 많이 연구·소개되었고, 전문 수행자들도 그들이 이해하는 '간화선'이 무엇인지를 발표했다. 거기에 말하듯이 간화선은 "오직 본참공안(本參公案) 하나만 돈독히 챙기는 것"[200]이다.

그런데, '오직 본참공안(本參公案) 하나만 돈독히 챙기는 것'이 송대의 선에는 나타나는데, 당대의 선에는 보이지 않는다. 오해를 줄이기 위해 좀 더 단순화시키면 당대 선사들은 화두 또는 공안만을 돈독히 챙겼다는 증거가 분명하지 않는다. 당시의 선사들이 좌선 수행을 한 것은 분명하다. 그러나 송대의 선사들은, 위에서 거론한 연구 성과를 보거나 현재 조계종의 전통적 수행승의 말을 통해서 보거나 분명히 화두를 참구했다. 이런 의미에서 두 시대의 '단절'이 있다.

---

199 종호 스님, 「간화선의 역사와 수행법」(『21세기 간화선 수행』, 2000년 강원 연합 공개학술토론회, 직지사, 2000년 7월 17일).
200 원융 스님, 『간화선』(경남: 장경각, 1993), p.19.

여기에서 두 '단절'을 바라보는 필자의 가설을 말해보기로 한다. 당대의 초기 선승들이 교종과는 다른 매우 유용하고도 독자적인 수행법을 개발했던 것은 분명하다. 그들이 내세운 표어인 '불립문자' '견성성불' '직지인심'이라는 말이 보여주듯이 하나의 품격을 형성했다. 그리고 세월 속에서 이런 풍모와 격조를 계승한 후배들은 선배 선승들의 일화를 제자들에게 들려주었다. <u>선배 선사들의 "이야기(당시의 말로 話頭)"가 후학을 지도하는 하나의 '지침'</u>으로 사용되었다. 송대 이후에는 이것이 주류를 이루어 이른바 간화선의 체제가 확립·정착되었다고 생각한다. 필자가 보기에 운문 선사는 이 '지침'을 매우 잘 사용하였고, 또 이것이 뒷날 송대 간화선의 대하를 흐르게 하는 발원지가 되었다는 것이다. 이것이 바로 운문 선사가 선종사 위에 남긴 중요한 유산이라는 것이다.

운문 선사가 법안 선사와 더불어 옛 조사들의 이야기에다 송(頌)을 붙이고 착어(着語)·별어(別語)·수시(垂示)·평창(評唱) 등을 첨가했다는 것은 필자가 처음 주장하는 것은 아니다. 이미 원융 스님도 『간화선』에서 밝혔다.[201] 다만 필자가 강조하고자 하는 것은 당대 선사들의 수행에서는 간화선의 면도를 찾아보기는 어렵다는 것이다. 분명히 당·송 사이에는 선종사에 커다란 변화가 생겼고, 한편으로는 송대의 간화선은 앞 시대와의 연결 고리를 갖고 있다는 점도 간과해서는 안 된다. 그 연결 고리 중에 대표적

---

201 원융 스님, 『간화선』(경남: 장경각, 1993), p.67.

인 인물 중의 하나가 운문 선사라는 것이 필자가 강조하는 점이다. 이 점이 바로 선종의 역사 속에서 운문 선사가 차지하는 위치이다. 그러면 이하에서는 구체적으로 어떤 점에서 그 연결 역할을 운문 선사가 했는지를 사례를 통해 알아보기로 한다.

앞에서도 말했지만, 운문 선사에게는 이전의 다른 선사와는 구별되는 특징으로 그가 제자들과 문답을 할 경우 선배 선사들의 일화를 자주 사용하고 있다는 것이다. 그것을 유형별로 정리하면 ① 염거(拈擧), ② 별어(別語), ③ 대어(代語)로 나눌 수 있다.

① 염거(拈擧)

'염거(拈擧)'라는 말에는 '들추어내다', '거론하다'의 뜻이 들어있다. 운문 선사는 자신의 방장실을 찾아온 이의 질문에 답하거나 혹은 대중들에게 시중을 할 경우 과거 선사들이 남긴 이야기나 일화를 소재로 사용하는 경우가 많다. 다음의 경우를 보자.

> 소산 스님이 한 스님에게 물었다.
> "어디서 왔느냐?"
> "영중(嶺中)에서 왔습니다."
> "설봉에 가본 적이 있느냐?"
> "가보았습니다."
> "내가 전에 갔을 때는 '이 일(是事)'이 부족하였는데, 요즈음은 어떠하냐?"
> "요즈음은 충분합니다."
> 소산 스님이 물었다.

"죽이 충분하더냐? 밥이 충분하더냐?"

그 스님은 대꾸가 없었다.

운문 선사가 위의 이야기를 들려주고는 말씀하셨다.

"죽도 충분하고 밥도 충분하다." 〈『운문광록』상. p.130.〉

이야기는 우선 소산(疎山) 선사와 어느 객승과의 질문으로 시작된다. 위의 인용문에서 보여주듯이 소산 선사는 찾아온 객승에게 설봉 스님 처소에 가본 적이 있느냐고 일상적인 질문을 한 것이다. 중요한 질문은 다음부터이다.

내가 예전에 설봉의 처소에 가보았을 적에는 '시사(是事)'가 부족했었는데, 지금도 그러냐는 것이다. 원문은 "我已前到時, 是事不足, 如今作麼生"이다. 문답의 핵심은 '시사(是事)'이다. 이 말은 무슨 뜻인가? '시사(是事)'는 수행자에게 절체절명으로 필요한 일이다. 그렇다면 그것은 말할 것도 없이 '견성성불'이다. 이 질문에는 설봉에 대한 비판이 담겨 있다. 소산 선사가 보기에 설봉의 문하에는 '견성성불'이라는 핵심이 빠진 수행자가 많다는 나무람이다. 그런데 찾아온 스님은 이 뜻을 모르고 "충분합니다"라고 대답한다. 여기에 소산 선사는 일격을 가한다. 그대가 충분하다고 하는 것은 고작 식량이 충분하다는 것이겠지!

당시에 중국 전역은 5대의 전란으로 정치적으로 물론 경제적으로도 혼란에 빠졌다. 그러나 남쪽의 설봉교단은 그 지방 호족들의 외호로 비교적 살림살이가 풍족하였다. 그리하여 많은 선객들이 거기로 몰려 들었다. 이러한 당시의 세태를 소산이 비판한 것이다. 납승의 본분인 '시사(是事)'는 소홀히 하고 그저 편안한 생활에 안주하는 당시의 세태를 통렬하게 비난하는 것이다.

그런데, 운문 선사는 제자들에게 이런 일화를 들추어내어 다시 거론하고 있는 것이다. 상대가 대답을 못하자, 이에 운문은 "죽도 충분하고 밥도 충분하다"고 대답한 것이다. 이 말 속에는 설봉교단에 속한 수행자들은 주위 사람들의 혹독한 비판을 받고도,[202] 정신 차리지 못하고 '시사(是事)'에 매진하지 못한다는 것이다. 설봉교단은 진리가 충만한 도량이 아니라, 그저 먹을거리만 풍족한 곳이라는 비판이다. 우리도 그런 집단이 아닌지 반성하라는 것이다.

이렇게 운문 선사는 다른 선사들의 일화를 이용하여 제자들을 일깨운다. 이런 수도법은 『운문광록』의 도처에 보인다. 물론 운문 선사는 과거 선승들의 일화만을 소재로 삼은 것은 아니다. 교학승들의 이야기나[203] 또는 경전의 중요한 구절을 거론하여 제자들을 일깨운다.

② 별어(別語)

다음은 '별어(別語)'를 보기로 한다. '별어'는 다르게 말한다는 뜻이다. 즉, 여타 선사들의 일화나 이야기를 먼저 거론하고, 더불어

---

[202] 설봉교단에 대한 이런 비판은 소산 선사만이 아니다. 당시의 조주 선사를 비롯한 하북의 선사들도 설봉교단에 모인 안이한 선승들을 실랄하게 비판하고 있다.
[203] 道生 법사의 이야기를 거론하기도 하고, 때로는 『반야심경』 한 구절을 들추어내어 학인을 지도하기도 한다.〈『운문광록』상, pp.162~163 참조.〉/ 이 책의 각주 187) 참조.

그 일화나 이야기에 대한 제 삼자의 코멘트를 이어서 소개한다. 그런 다음에 제 삼자의 코멘트와는 '다른 코멘트'를 붙이는 형식이다. 다음의 예가 그것이다.

> 설봉 스님이 한 스님의 속을 떠보려고 말하였다.
> "어디로 가느냐?"
> "깨친 분이라면 알 텐데요."
> "그대는 일 마친 사람[了事]인데 어지럽게 다녀서 무엇 하려느냐?"
> "사람 모욕하지 마십시오."
> "내 그대를 모욕했구나. 옛 사람(조과 도림 선사를 지칭)이 실오라기 하나를 불었던 일이 무엇인지 나에게 설명해 보아라."
> 그 스님이 대답했다.
> "국 찌꺼기와 쉰밥은 이미 누군가가 먹어버렸습니다."
> 운문 선사가 이 이야기를 들려주고 앞의 말에 대해서 달리 말씀[別語]하셨다.
> "부딪쳤다 하면 바로 똥 냄새가 나는구나."
> 운문 선사는 뒷말을 대신하여 말씀하셨다[代語].
> "하늘을 뚫는 독수리인 줄 알았더니 알고 보니 썩은 물속의 두꺼비였구나." 〈『운문광록』상, p.187.〉

이 화두에는 여러 선사들의 이야기가 중층적으로 구성되어 있다. 선행적으로 조과 도림(鳥窠道林) 선사와 그의 시자 회통(會通) 선사와의 일화가 하나이다. 다음은 설봉과 객승과의 문답이고, 그 다음은 이 두 일화를 바탕에 깔고 진행된 운문 선사와 객승과의 문답이다.

먼저 조과 도림 선사와 시자와의 대화는 『전등록』권4에 그 일단이 실려 있다.[204] 여기에서 보듯이 시자는 '불법'을 밖에 있는 그 무엇으로 생각하고 찾으러가려는 것이고, 스승 도림 선사가 이 점을 일깨워주는 장면이다. 자기 자신을 돌보지 않고 밖에서 구하려는 것을 질타는 하는 것은 선사들의 공통된 견해이다. 특히 운문 선사는 그의 '향상비판(向上批判)'에서 보여주듯이, '불법' 조차에도 안주하지 말고 초월해야 한다고 단호하게 비판한다. 그러니까 운문 선사는 은사인 설봉 선사가 도림 선사의 일화를 거론한 것을 또 다시 거론하는 형식으로 제자를 지도한 것이다.

다시 처음의 설봉 이야기로 돌아가자. 설봉 선사는 남으로 북으로 짚신을 떨어트리면서 유랑하는 객승을 탐탁하게 여기지 않는다. 자신의 체험이 중요한 것이기 때문이다. 그래서 그를 떠보려고 질문을 던진 것이다. 상대의 수행상태를 다시 한 번 점검하기 위해 설봉 선사는 도림 선사의 화두를 던진다. 이에 대해 객승의 대답은 훌륭하다. "국 찌꺼기와 쉰밥은 이미 누군가가 먹어버

---

[204] 그것을 인용하면 다음과 같다.
회통(會通)이라는 시자가 있었는데 하루는 떠나려고 도림 선사에게 하직인사를 하니 선사가 물었다. "어디로 가려는가?" 회통이 대답했다. "회통은 불법을 알기 위하여 출가했는데 화상께서 가르쳐주시지 않으므로 이제 여러 곳을 다니면서 불법을 배우고자 합니다." 선사가 말했다. "불법이라면 나에게도 약간은 있다." 회통이 물었다. "어떤 것이 화상의 불법입니까?" 선사가 즉시 몸에서 실올[毛布] 한 올을 뽑아서 불어 날리니 회통이 현묘한 이치를 깨쳤다.《『한글대장경181·경덕전등록』, 김월운 번역, 동국역경원, 1970, pp.145~146.》

렸습니다." 즉, '불법'은 가까운 곳에 있다는 말을 상투적으로[205] 인용하는 설봉을 한 방 먹인 것이다. 상투적인 방식으로 재탕 삼 탕 하는 문답을 비판한 것이다. 그런 것 따위는 모두 '국 찌꺼기 와 쉰 밥'에 불과하다는 것이다.

그런데 운문은 설봉의 질문에 대해서 다른 측면에서 대답을 해 본 것이다. 그것이 바로 '별어(別語)'이다. 그 별어의 내용은 이렇 다. "부딪쳤다 하면 바로 똥 냄새가 나는구나." 이 번역의 원문은 "築著便作尿臭氣"이다. '축착(築著)'[206]은 당시의 속어(俗語)로 '부딪 치다', '치다'의 뜻이다. 필자가 다시 번역하면 "건드리기만 해도 오줌냄새를 풍기는군" 정도로 하겠다. 이 말은 은사인 설봉 선사 를 비판하는 말이다. 저 노인은 누가 묻기만 하면 '불법'을 거들먹 거린다는 비아냥거림이다. 이런 비아냥거림은 바로 이어서 나오 는 대어(代語)에서 더욱 분명해진다. 즉, (우리 선생님이야말로) "하늘 을 뚫는 독수리인 줄 알았더니 알고 보니 썩은 물속의 두꺼비였 구나." 여기에도 역시 '열반'이나 '불법'이나 '깨달음' 등에 안주하 는 것을 비판하는 운문선의 정신이 계속된다.

---

205 필자는 설봉의 대화를 '상투적'이라고 평가했다. '불성', '깨달음' 등의 내재 성을 소재로 여타의 불교와 획을 긋는 종풍을 세운 것은 마조교단에서 형 성된다. 그리고 이 정신은 『육조단경』 이야기가 만들어지면서 당시에 상 식화되어 간다. 세월이 많이 지난 설봉 당시에는 이 말은 삼척동자도 말로 는 다 아는 '상투적'인 이야기이다. 이 당시는 이런 상투적인 말만하면서 자기체험을 소홀히 하는 것이 문제였다.
206 이 단어는 『전등록』이나 『대혜어록』 등에도 많이 보인다.

③ 대어(代語)

여기서 말하는 대어(代語)는 남에게 질문을 하고 상대가 대답을 못할 경우 대신 대답하는 것을 말한다. '대어'가 '염거'와 다른 점은 '염거'의 경우는 상대방이 비록 틀린 대답을 하더라도 대답을 하기는 한다. 그에 비해 '대어'의 경우는 상대방이 전혀 대답을 못하는 경우이다. 그런데 다른 선사들의 이야기를 전제로 진행되는 점에 볼 때 '대어'도 넓은 범위의 '염거'에 포함된다. 그러면 '대어'의 화법을 보도록 하자.

> 상당하여, "교의(敎意)로는 들추어내지 못한다 하니 허물이 어느 곳에 있느냐?" 하시고 대신 말씀하셨다.
> "너 때문에 두꺼비가 사는구나." 〈『운문광록』하, p.22.〉

이 선문답의 해독하기 위해서는 앞의 Ⅲ장에서 든 『임제록』의 예문을 상기할 필요가 있다. "교의(敎意)로는 들추어내지 못한다"는 말은 3승 12분교를 가지고는 번뇌의 풀밭을 김 맬 수 없다는 것이다. 이 말은 어떤 교학의 강주(講主)가 3승 12분교가 모두 불성(佛性)을 밝힌 것이라고 한 주장에 대해 임제 선사가 한 대답이 저변에 깔려 있는 이야기이다. 임제 선사의 입장은 스스로 자신이 몸소 불성을 깨치지 못하는 한 3승 12분교가 다 소용이 없다는 질책이다.

위의 인용문은 임제 선사의 이런 입장을 운문 선사가 다시 한 번 천명하는 것이다. 자기 속에서 반추되어 자신의 본성을 깨치는 데까지 이르지 못하면 부처님의 교의(敎意)도 두꺼비 울음과 다르지 않다는 것이다. 두꺼비 이야기는 『문자(文子)』, 『묵자(墨子)』 등에 나오는 말로 두꺼비가 입이 마르도록 밤낮 울어대지단 아무도 들어주질 않는다는 것이다. 당시 선사들은 다음을 깨치지 못하고 경전이나 선배 선사들의 말이나 외우는 교학의 강주와 선종의 수행자들을 '두꺼비'에 비유하곤 했다.

그러니까 임제 선사가 교의(敎意)를 비판하는 까닭이 무엇인지를 운문이 다시 거론한 것이 위에서 인용한 대화의 전모이다. 거친 번뇌의 풀밭을 일구는 것이 중요하지 두꺼비 우는 것 같은 남의 말이나 외우는 행위 따위는 수도에 아무런 소용이 없음을 운문 선사가 일깨워 주는 것이다. 이 이치를 그대가 모르고 있으니 아직도 저렇게 두꺼비(=講主 혹은 남의 말이나 외는 선승)가 울어댄다는 질책이다. 이렇게 다른 선사들의 일화나 대화를 들어 상대에게 질문하고, 상대가 대답을 못하면 대신 대답하는 형식을 『운문광록』에서는 「수시대어(垂示代語)」라는 별도의 항목을 설정하여 편집하고 있다.

그런데, '염거'나 '별어'나 '대어'나 모두가 다른 선사들의 일화나 대화를 소재로 전개된다는 점은 공통이다. 다만 '염거'의 경우는 남의 이야기만 들려주는 것이고, '별어'는 남의 이야기를 들려주되 그 이야기에 대한 코멘트를 다른 입장에서 붙이는 것이다.

끝으로 '대어'는 상대가 대답을 아예 하지 못했을 경우 대신해 주는 것이다. 결국 여기에서도 알 수 있듯이 운문 선사는 학인들을 지도하는 방법으로 여타 선사들의 일화나 이야기를 많이 사용하고 있음을 알 수 있다. 이른바 운문 선사 시대에 와서 화두가 수행자들을 지도하는 방법으로 정착되었다고 말할 수 있다.

V. 선사들의 실천행

958년에 뇌악(雷岳)에 의하여 정리된 「운문산광태선원광진대사 행록(雲門山光泰禪院匡眞大師行錄)」에 의하면 운문 선사의 공부과정을 엿볼 수 있다. 이것은 운문 선사는 어떤 수행을 했는가를 알아보는 데에 도움이 될 것이다. 그 「행록」에 의하면 『사분율』을 익혔고 그에 따르는 청정한 계행을 했음을 알 수 있다. 그리고 그는 모든 경전을 잘 외웠다는 기록도 있다. 그러나 구체적인 경전의 내용은 이 「행록」에서는 거론하지 않았지만, 이 책의 각주 187)에 열거한 경론이 예상된다.

구체적인 수행에 대한 언급은 보이지 않고, 다만 설봉 선사 밑에서 열심히 정진하고, 그 후에는 제방 총림에 두루 다니면서 다른 방법들까지도 철저하게 공부하였다고 한다. 물론 그 공부의 내용에 대한 언급은 『운문광록』 어디에도 보이지 않는다. 다만 '여름 결제'에 대한 언급이 있는 것으로 보아서 운문 선사도 그것에 참여했음은 짐작할 수 있다. 그런데 문제는 '여름 결제' 하는 동안 구체적으로 어떻게 수행을 하는지에 대한 기록은 보이지 않는다.

그래서 필자는 「Ⅲ. 운문 선사가 지적하는 잘못된 수행」이라는 장을 마련하여, 우회적인 방법으로 운문 선사 당시 수행자들의 실천행을 찾는 방법을 썼던 것이다. 즉 그것은 위에서 살펴본 대로 운문 선사가 자신의 제자나 객승들을 어떻게 지도했는지를 조사하기로 했던 것이다. 이 조사를 통해서 운문 선사 당시의 수행자들의 실천행이 어떠했는지를 알아볼 수 있다고 생각했다.

그것을 이제 요약해 보면 다음과 같다. 수행자들은 모여서 또는 각자 수행을 했고, 그러는 과정에서 지도하는 선사와 수행자들이 일대일로 문답을 해서 수행의 잘잘못을 점검하고 지적 받았다. 한편으로는 법당에 모여 지도하는 선사의 설법을 들었다. 그들의 문답과 설법의 내용은 위에서 요약한 대로이다.

그러면 당시의 수행자들은 지도하는 선사의 얘기를 듣거나 또는 대화를 하는 것 말고는 어떤 실천행을 했을까? 분명한 것은 그들이 실내에 집단적으로 앉아서 좌선을 한 것만은 분명하다. "제방에서는 머리 빠진 늙은 중들이 굽은 나무토막 선상에 앉아"라는 말이 그것을 반증한다. 유명한 오산진(鼇山鎭)에서 눈 때문에 조난당했던 이야기가 있다.[207] 그 당시 암두 전활 선사는 매일 잠만 잤다. 설봉 선사는 좌선만 했다. 조난되어 죽을지도 모르는 지경에서 걱정 없이 잠만 자는 암두를 못내 못마땅하게 여기는 설봉의 노심초사가 잘 묘사되어 있다. 운문의 스승인 설봉이 좌선을 했던 것은 분명하다.

---

207 자세한 것은 『설봉록』(벽련선서간행회간, 장경각, pp.31~33)을 참조.

그렇더라도 문제는 여전히 남는다. 좌선의 형식은 그만두고라도 무슨 생각을 하면서 좌선을 했을까? 이 궁금증을 풀 수 있는 단서는 당나라시대 선사들의 어록에서처럼 『운문광록』에도 보이지 않는다. 다만 분명한 것은 당대의 선승들이 송대의 선승들이 그랬듯이 '화두'를 들고 그것에 온 생각을 모으는 '간화선(看話禪)'을 했다고 단정할 증거는 없다. 여기에서 우리는 당대의 선과 송대의 선 사이에는 분명히 차이가 있다는 점을 인정해야 한다.

당대의 선종에서 백장 선사는 선문의 청규를 만든 선사로 유명하다. 그는 후세에 『백장청규』로 불리는 선문의 살림살이와 집단생활에 관한 여러 규칙을 정비했다. 『대정신수대장』(48권)에 실린 『칙수백장청규』(10권)는 물론 원나라 때에 재정비된 것이지만, 백장 선사의 '청규'의 면모를 엿볼 수 있는 자료는 적지 않다. 그 중의 하나가 『경덕전등록』 제6권 말미에 붙어있는 「선문규식(禪門規式)」이다.

「선문규식」에 의하면 당시의 선승들이 승당(僧堂)에 모여 앉아 좌선을 했음을 알 수 있다.[208] 그러나 '화두'를 든다는 이야기는 보이지 않는다. 원대에 재편된 『칙수백장청규』도 역시 '화두' 이야기는 보이지 않는다. 단지 『칙수백장청규』의 「좌선의(坐禪儀)」 부분에 좌선하는 자세에 대한 소개가 있기는 하다. 결가부좌 내지는 반가부좌를 튼다든가, 손이나 혀의 위치라든가, 상체의 각도라든가, 눈을 반쯤 뜬다든가 등의 자세에 대한 기술이 있다.

---

[208] 『한글대장경181 · 경덕전등록』(김월운 번역, 동국역경원, 1971), p.244.

그러나 정작 마음가짐을 어떻게 해야 하는가에 대해서는 원론적인 기술만 되어 있다. 즉, "몸과 마음을 한결같이 하여 움직일 때나 가만히 있을 때나 변함없이 하라"고 한다. 그리고 또 "좋은 생각이든 나쁜 생각이든 모두 생각하지 마라. 좋은 생각이든 나쁜 생각이든 생기기만 하면 깨버려라. 항상 깨어 있어서 혼미하거나 산란한 생각에 빠지지 마라. 천년이고 만년이고 일념(一念)에 집중하되 단견(斷見)에도 상견(常見)에도 빠지지 말라." 이 내용은 좌선하는 데에 필요한 핵심 되는 테크닉이다. 이 부분은 매우 중요한 단서가 되므로 원문을 주에 인용한다.[209] '단년일념(萬年一念)'이라고는 분명하게 말하지만 '화두일념(話頭一念)'을 운운하지는 않는다.

간화선 내지는 화두선을 주장한 송대의 대혜 종고(大慧宗杲) 선사는 화두에 온 의심을 집중할 것을 강조한다. 『서장(書狀)』에서 그는 이렇게 말한다. "천 가지 의심이든 만 가지 의심이든 단지 한 가지의 의심일 뿐이다. 화두(=無字話頭)에 관한 의심이 풀리면 천만 가지 의심이 한꺼번에 해결된다."[210] 이것은 분명히 화두 들

---

[209] 『勅修百丈淸規』(권제5), "一切善惡都莫思量, 念起卽覺, 覺覺不昧不昏不散, 萬念一念, 非常非斷. 此坐禪之要術也."(대정장48, p.1143a).
[210] 『大慧普覺禪師書』(제28권), 答呂舍人, "千疑萬疑只是一疑, 話頭上一破, 則千疑萬疑一時破.'(대정장47, p.930a). 2000년 7월 17일 직지사 만덕전에서 개최된 「2000년 강원연합 공개학술토론회」에서 필자는 「看話禪에 부치는 雜念」이라는 발표를 했다. 그때 발표자는 위의 인용문을 "천 번이고 만 번이고 의심하되 그저 한결같이 의심하여 화두에 대하여 해오던 의심이 풀리면, 천 번이고 만 번이고 해오던 의심이 일시에 풀린다'고 번역했는데 오역이다. 화두 일반에 대한 이야기로 볼 수도 있겠지만, 드경 스님의 당시 지적대로 위의 문장은 '개에게 불성이 없다는 화두' 들 것을 강조하는 문맥을

것을 강조하는 말이다.

그런데 운문 선사는 화두 들 것을 강조하기보다는 '선지식을 만나 깨달음을 점검 받을 것'을 권한다. 선문(禪門)에서는 상당법문이나 소참법문 또는 방장실로 수행자들이 방문하여 입실 참문하는 것이 아주 일반화되어 있다. 이렇게 이야기하는 과정에서 과거 선배들의 일화나 경전의 내용이 거론되기도 한다. 거론하는 형식은 위에서 본 것처럼 '염거(拈擧)', '별어(別語)', '대어(代語)' 등의 대화법이다. 이런 대화법은 운문 선사를 거치면서 송대 선승에게는 일반적 나타나는 방식이다. 이런 방식이 선서의 양식에도 그대로 반영되어 당대에는 볼 수 없었던 송고집(頌古集) 등이[211] 세상에 나오게 되었다. 운문 선사의 이런 지도법은 당대선에서 송대선으로 이행되는 선종사 이해의 중요한 단서가 된다. 바로 이 점에서 운문선의 특징을 찾을 수 있고, 나아가 어떻게 수행해야 하는가에 대한 운문 선사의 대답을 들을 수 있다.

살려야 할 것이다. 수경 스님께 감사드린다.
[211] 禪書의 양식에 관한 설명은 필자의 「선어록 독법의 문제점」(『불교평론』, 서울: 2000년 봄호, 불교평론사, 2000년 봄호, p.56)에 소개되었다.

‖ 찾아보기 ‖

(ㄱ)

가살(可殺) 363
『가태보등록』 273, 357
각범 혜홍 390
간화선 289, 290, 391, 393, 400, 401, 403, 419, 421, 423, 424, 425, 435, 437
감변(勘辨) 213, 326
강백석 86
강사(講寺) 311, 326
강주(講主) 432
개[犬] 85, 96, 97, 98, 177, 253, 254
개방고적평대 351
『개보대장경』 314
『개원석교록』 313, 314
거친 풀밭 188, 411
『건중정국속등록』 273, 357
견성(見性) 242, 398, 408
견성성불(見性成佛) 353, 354, 355, 389, 392, 401
『경덕전등록』 190, 198, 212, 216, 231, 258, 260, 261, 263, 267, 273, 282, 299, 307, 309, 310, 328, 332, 344, 357, 404, 405, 412, 435

경록(經錄) 311, 313, 314
경봉 111, 113, 114, 116, 118
『경적찬고(經籍纂詁)』 252, 335, 349
경청 도부 32, 130
경청 선원 308, 405
경청우적성(鏡淸雨摘聲) 135
경한 백운 293
계려궐(繫驢橛) 363
고경(古鏡) 259
『고문진보(古文眞寶)』 278
『고존숙어록』 230, 258, 328, 357
『공부십절목(工夫十節目)』 139
공안(公案) 43, 44, 137, 139, 285, 290, 291, 293, 309, 310, 349, 353, 354, 384, 386, 400, 424
공주규약 67
「과단(科段)」 324, 325
관음시식(觀音施食) 398
교사자(較些子) 364, 380
교상판석(敎相判釋) 323

『구당서』 211, 217, 413
구두피선(口頭皮禪) 59, 81
구산 111
국자학 243
규봉 종밀 34, 73, 93, 142,
   145, 165, 206, 239, 249, 325
『금강경』 27, 73, 208, 209,
   326, 411
꼬리 75, 76, 95
끽다거(喫茶去) 186

(ㄴ)
나옹 87, 133, 134, 138, 139,
   140, 391
『나옹록』 137, 259
난리통 30년 214
남악 회양 60, 61, 127, 134,
   212, 213, 328, 357
『남양화상돈교해탈선문직료성
   단어』 245
남전 70, 71
남전 보원 81, 177
남종선 228, 288, 298, 302,
   354, 400, 401, 408
납승가(衲僧家) 361
낭생고(娘生袴) 29
낭야 혜각 34
『노자』 144, 254
『능엄경』 35, 196, 219, 222

(ㄷ)
다소(多少) 363, 369
단하 천연 89
달마 18, 19, 20, 62, 74, 119,
   153, 154, 245, 262, 281, 290,
   311, 312, 354, 356, 357, 363,
   366, 367, 372, 373, 374, 375,
   376, 377, 378, 379, 382, 386,
   387, 388, 395, 398, 399
달마불식(達磨不識) 353, 356,
   358, 395
『달마삼론』 358
당나귀 28, 133, 238, 366, 387,
   388, 415
대기대용 129
대도(大道) 83
대매 법상 216
대소(大小) 380
대수 46, 47, 280, 282, 283,
   345
대수 법진 46, 115, 279
「대승찬(大乘讚)」 308
대어(代語) 421, 423, 426, 431,
   432, 433, 438
대통 신수 65, 356
대혜 종고 273, 288, 390, 437
덕산 27, 28, 29, 234
덕산 선사의 몽둥이 28
도안 313, 314, 323, 324

도연명 86, 131, 135
도유나 413
돈오돈수(頓悟頓修) 200
돈오무심(頓悟無心) 237
돈오무심법 92, 95, 289
돈오점수 206, 240, 245, 246, 247, 293, 298, 302
돈오점수론 94
동산 양개 42
동정일여 38, 124, 139, 291
두꺼비 177, 178, 179, 180, 181, 182, 412, 429, 431, 432, 433
두보 167, 168
득득(得得) 368
들오리 128, 129
똥 덩어리 54, 154

(ㅁ)

마조(馬祖) 26, 40, 60, 61, 62, 63, 65, 70, 78, 79, 88, 89, 127, 128, 129, 130, 151, 154, 156, 205, 210, 214, 216, 218, 228, 244, 262, 300, 301, 327, 400, 401
마조 도일 25, 65, 110, 134, 148, 212, 357
마조어록 212
만년일념 437

만법과 짝하지 않는 이 79
말뚝 19, 57, 59, 136, 238, 363, 366, 386, 388, 396, 415, 417
맥두(驀頭) 369
메타언어 22, 23
몰유(沒有) 190
몽중일여 38, 124, 291
묘체원명(妙體圓明) 399
무심(無心) 92, 110, 219
무위진인(無位眞人) 231, 232
무의도인 232
무인설(無因說) 144
미도(迷道) 85
미생(未生) 106

(ㅂ)

방 거사 78, 79, 80, 136
방온 거사 78, 79
배휴 63, 224, 227, 244
『배휴습유문』 244, 302
백거이 119, 131, 244
『백석시설(白石詩說)』 86
백운 경한 298
백운 수단 370, 375
백장 40, 41, 51, 52, 53, 67, 70, 128, 129, 130, 131, 153, 210, 213, 228, 262, 264, 301, 401, 436

백장 회해 127
『백장청규』 436
법성종 92, 408
법안 문익 36
법안종 36, 37, 290
『법화경』 164, 326, 411
『법화경』「상불경보살품」 70
베옷 114, 115
벽돌 이야기 134, 213, 215
『벽암록』 31, 47, 76, 85, 135, 190, 191, 269, 270, 271, 273, 276, 277, 278, 279, 282, 284, 285, 296, 329, 334, 340, 342, 347, 359, 390, 403
『벽암록』제1칙 19, 353, 395
『벽암록』제2칙 23
『벽암록』제3칙 25
『벽암록』제4칙 28
『벽암록』제7칙 36
『벽암록』제14칙 32
『벽암록』제21칙 340
『벽암록』제29칙 279, 282, 345
『벽암록』제77칙 55
별어(別語) 421, 423, 425, 426, 428, 431, 438
병정 동자(丙丁童子) 36, 37, 43
『보림전』 356, 358

본각묘심(本覺妙心) 91, 92
본각진심(本覺眞心) 240, 244, 246, 247
본래부터 깨달은 참 마음[本覺眞心] 94, 145, 148, 161
본색종장 396
본분사(本分事) 8, 134
『본지풍광』 123, 297, 298, 299, 301
본참공안 424
본칙(本則) 342, 362, 388
봉선사 33, 34, 87, 155, 164, 178, 196, 239, 271
봉암결사 66
부증(不曾) 189, 190
부처 뽑는 곳[選佛場] 88
불공 211
불립문자(不立文字) 30, 389
불방(不妨) 370

(ㅅ)
사인설(邪因說) 142
사주 413
산승견처(山僧見處) 234
산은 산 18
삼 세 근 42, 43, 44, 54
삼교 노인 31
3승 12분교 411, 432
삼처전심(三處傳心) 306

상당법문 123, 438
상당설법 323, 326
상요(相饒) 372
상좌 413
생철 138
서옹 237
석교연(釋皎然) 107
석두 61, 78, 79, 88, 89, 357
「선문규식(禪門規式)」 436
『선문염송』 190, 198, 298,
　　299, 354, 357, 389
선문학(禪文學) 318, 358, 359
선상 417, 435
선서(禪書) 306, 310, 312, 316,
　　318, 326, 329
선원청규 67
『선화본』 230, 231
설두 278, 296, 327, 340, 348,
　　362, 366, 379, 381, 384, 385,
　　386, 387, 388, 389
설두 중현 55, 276, 348, 359,
　　360, 388
『설두송고』 276, 327, 359,
　　375, 403
설봉 119, 255, 256, 406, 416,
　　417, 419, 420, 421, 427, 429,
　　430, 431, 434, 435
설봉교단 59, 82, 255, 416,
　　417, 427, 423

『성위집』 357
성종(性宗) 199, 239
성철(性徹) 18, 23, 25, 38, 41,
　　66, 67, 68, 123, 124, 139,
　　140, 204, 207, 289, 291, 295,
　　296, 297, 298, 299, 301, 302,
　　303
소산 123, 426, 427, 428
『소실육문』 358
소지인 280, 281, 282, 283,
　　284, 345
소참법문 438
송(頌) 278, 359, 386, 388, 389,
　　390, 425
송고(頌古) 327, 328, 340, 360,
　　385
송고문학(頌古文學) 389, 390,
　　391, 396
송고집(頌古集) 438
『송본광운(宋本廣韻)』 267
송운 378
수부지(殊不知) 383
수시(垂示) 340, 361, 425
「수시대어(垂示代語)」 421, 433
숙면일여 124, 139, 140
술지게미 39, 40, 41
숭악 혜안 212
쉬는 경계[休歇處] 418, 422
승당(承當) 365

「승도격(道僧格)」 413
『시인옥설』 57
시중(示衆) 213, 323, 326
『신당서』 217
신라(新羅) 19, 61, 84, 85, 86, 268, 363, 366, 380, 385
신령한 거북 76
신수(神秀) 63
『신심명(信心銘)』 22, 344
『심명왕』 110
심즉시불(心卽是佛) 416
십마(什麽) 361
십자가두(十字街頭) 112

(ㅇ)
아나개(阿那箇) 372
암두 전할 435
앙산 48, 49, 265, 266, 401
애이불상(哀而不傷) 87
약산 유엄 260, 308
양 무제 18, 19, 20, 356, 357, 376, 388
양중공안(兩重公案) 379
양해(梁楷) 119
어요(語要) 360
엄우 77, 396
역경(譯經) 312, 322, 324
『역대삼보기』 314
『역대시화(歷代詩話)』 107

『연등회요』 230, 273, 357
『열자』 99, 100, 101, 102
염거(拈擧) 421, 423, 426, 438
염고(拈古) 385
영가 현각 370, 375
영명 연수 327
영양 77
영양(羚羊) 58
영원담적(靈源湛寂) 398
영조 79, 80
『오가어록』 263, 265, 266
『오경정의』 243
『오등회원』 60, 76, 120, 230, 258, 261, 268, 271, 272, 273, 275, 282, 299, 328, 357
오매일여 38, 139, 291
오봉 51, 52, 53
오산진 435
오조 법연 19, 348, 375
온조 상서 94
왕범지 106, 107, 108, 109, 110
용담 27, 28
용화사 163, 164
우는 두꺼비 177, 412
우두(牛頭) 63
우두종 204
운문 55, 56, 154, 179, 180, 182, 183, 385, 402, 403, 406,

407, 408, 410, 411, 412, 413,
414, 415, 416, 417, 418, 419,
421, 422, 423, 425, 426, 427,
428, 430, 432, 434, 435, 438
운문 문언 54, 358, 401
『운문광록』 177, 179, 255,
　358, 402, 403, 406, 407,
　414, 420, 422, 423, 428,
　434, 436
운문종 290, 422
운암 51, 52, 53
웅이산 378
『원각경』 91, 222
원오 19, 20, 23, 278, 279,
　328, 341, 342, 343, 344, 348,
　356, 360, 364, 381, 388, 389,
　390, 397
원오 극근 276, 340, 359
월면불(月面佛) 26
월운 33, 178, 190, 192, 196,
　198, 239, 258, 271
위산 28, 51, 53, 121, 262,
　263, 264, 265, 266, 280, 282,
　345
위산 영우 115, 120, 262, 279
「위산경책」 262, 263
「위산록」 259, 263
『위앙록』 262, 266
『유마경』 207, 326, 327

『유마힐경』 78
유우석 240, 241, 244
유종원 240, 241
『육조단경』 204, 205, 207,
　209, 210, 242, 301, 310,
　326, 408, 431
의초부목 348
이것[這個] 24
이게[這個] 26
이마에 손을 얹고[斫額] 52
이야기[話頭] 388, 389, 395, 397
『이장의(二障義)』 73
일 마친 사람 429
일념만년 122
일등(一等) 370
일면불(日面佛) 26
일선도(一線道) 347, 348
『임간록』 390
임금께게 올리는 글 95
임마(恁麼) 368
임제 28, 29, 92, 112, 127,
　130, 133, 135, 139, 151, 189,
　210, 213, 228, 230, 231, 232,
　234, 235, 236, 238, 395, 401,
　408, 411, 415, 432
『임제록』 112, 133, 186, 187,
　188, 189, 230, 231, 232,
　242, 296, 327, 432
임제선풍 133, 134, 136, 137,

138, 139, 298
임제종 42, 78, 134, 213, 236, 290
『입당구법순례행기』 222

(ㅈ)
자기의 심령 123, 124
자성의 본래 작용 139, 140
자연설(自然說) 144
『자치통감』 241
작가 선지식 390
작가(作家) 9, 359
작마생지대 372
작용시성(作用是性) 148
장락 정앙 307, 404
장사 48, 49, 50
장수 자선 34
장안 88, 210, 241, 254, 257, 268
장위(將謂) 363
장졸 49
「장한가」 131, 242
재(在) 56
『전등록』 34, 76, 77, 120, 191, 198, 216, 217, 244, 271, 273, 283, 347, 348, 414, 430
『전심법요』 220, 221, 223, 224, 327
『절운(切韻)』 267

『정원신정석교목록』 314
정현 281
조과 도림 429, 430
『조당집』 113, 190, 191, 198, 216, 217, 230, 231, 238, 258, 260, 261, 263, 266, 267, 271, 273, 282, 328, 412, 414
조동종 42, 78, 290
조사선 125, 126
『조정사원』 336
조주 22, 23, 44, 59, 70, 81, 82, 83, 97, 98, 114, 115, 177, 186, 254, 255, 256, 257, 281, 401, 408, 416, 417, 419, 420
조주 종심 96, 114, 253
『조주록』 252, 257, 258, 420
조통설(祖統說) 310, 356
『종경록』 231, 260, 261, 327
『종리중경목록』 313, 314
『종문통요집』 230
『종용록』 254, 282, 328
좌단(坐斷) 116, 252
좌단설두(坐斷舌頭) 116
좌득단(坐得斷) 370
「좌선의(坐禪儀)」 436
좌주 188, 189
주굉 289

『주역』 143, 206, 254
『중경목록』 314
중봉광록 286
즉심즉불(卽心卽佛) 110
『증도가』 375
지공 87, 137, 367, 368, 376, 377
「지공화상입탑문」 137
지문 342, 344, 346
지해종도 205, 206
직득(直得) 370
직요(直饒) 383
진각 국사 혜심 357
진각 혜심 298, 354
짚신 값 420

(ㅊ)
차과(蹉過) 373
차도(且道) 361
차득(且得) 371
차좌끽다(且坐喫茶) 186
차희(且喜) 370
착어 340, 342, 344, 348, 398, 425
『창랑시화』 58, 77, 396
창천창천(蒼天蒼天) 379
창혼(唱魂) 398
천견 211
천론(天論) 241

천리(天理) 211
천설(天說) 241
『천성광등록』 273, 357
천연(天然) 89
청량 국사 95
청량 징관 142, 239, 246
청주 땅 114
초월적 실자 148
최호 49, 50
『출삼장기집』 314, 315, 325
『치문하마기』 178, 179

(ㅋ)
큰 도[大道] 257

(ㅌ)
탈체현성(脫體現成) 137, 349, 368
탑살아로(塔薩阿勞) 380
태고 보우 298
태극 143
태아검(太阿劍) 382
『태평어람』 178

(ㅍ)
파득정(把得定) 370
편와개두 282
평보청소(平步靑宵) 345
평창(評唱) 236, 279, 281, 328,

340, 360, 425

(ㅎ)
하마(蝦蟆) 177
하택 신회 65, 204, 245
하택(荷澤) 63
하택종 165
한유 240, 241
한한지 346
행록(行錄) 213
향상(向上) 414, 415, 422
향상(向上) 비판 414
향상일로(向上一路) 302, 414, 418
향엄 121, 122, 123, 124, 125, 264
향엄 지한 119, 120, 401
향하(向下) 422
현성공안(現成公案) 137, 293, 348
혜가 74, 119, 368, 373, 376
혜능 40, 204, 205, 206, 208, 209, 210, 212, 216, 228, 309, 310, 311, 328, 356, 400, 401
혜연 189, 230
혜충 122
호(好) 365, 379
호떡 54, 55, 154, 417
호란(胡亂) 214

호란지주(胡亂指注) 365
혼금 137, 138
화담 155, 156
화두선 403, 423, 424, 437
화두일념 124, 125, 437
화두 참구 37, 125, 139
『화엄원인론』 141, 145, 165
황벽 39, 40, 41, 70, 71, 127, 129, 134, 210, 213, 223, 224, 227, 228, 235, 236, 262, 301
황벽 희운 70, 327
황벽불법무다자 236
황학루(黃鶴樓) 49